Durch das Leben

Gertrud und Norbert Weidinger

Durch das Leben

Christliches Hausbuch für die ganze Familie

Weltbild

Inhaltsverzeichnis

JAHRESZEIT

DAS KALENDERJAHR

Mehr Leben ins Leben

Leben – gibt es ein faszinierenderes Wort für uns Menschen? Es scheint alles, was unser Dasein zur Blüte und Fülle bringen kann, wie ein Kristall einzufangen und auszustrahlen. Und doch befällt uns manchmal Sehnsucht nach »mehr Leben im Leben«. Denn mitten im Trubel des Alltags meldet sich ab und an die Frage: War oder ist das alles?

Mit unserem Buch »Durch das Leben« wollen wir die Sehnsucht nach »mehr Leben im Leben« stillen, indem wir Quellen wieder zugänglich machen, aus denen Generationen vor uns geschöpft haben. Aus der Weisheit ihres Lebenswissens haben unsere Vorfahren ihrem Alltag mit dem Kalender einen Rhythmus gegeben, mit Zeiten der Aussaat, des Reifens und der Ernte, der Ruhe und des Schaffens, des Alltags und der Feste. Sie haben auf diese Weise ihr Leben zugleich mit dem Lauf der Sonne, des Mondes, der Sterne, mit den Jahreszeiten sowie mit ihrer eigenen Lebens- und Kulturgeschichte verwoben. Wer ihrem Beispiel folgt, dem wird bewusst: Wir leben von Voraussetzungen, die wir uns nicht selbst gegeben, die wir selbst nicht geschaffen haben. Dieses Buch enthält vielseitige Informationen und Anregungen zu Namenstagen und Geburtstagen und zu Gedenktagen aus der Welt- und Familiengeschichte. Es will somit zu einer »Kultur des Gedenkens« und des Miteinander-Feierns anleiten.

Das Innewerden, dass unser Leben ein Geschenk ist, führt zur zweiten Quelle, die unser Leben so bereichern kann, dass »mehr Leben ins Leben« kommt: das Mitfeiern des Kirchenjahres und das Ausgestalten der »Knotenpunkte des Lebens« in der Tradition des christlichen Glaubens. Deshalb legen wir im zweiten Teil dieses Buches Hintergründe offen, stellen Zusammenhänge her und geben praktische Hinweise, wie im Geist Jesu Leben und Zusammenleben auch heute besser gelingen können. Dabei gilt unser Augenmerk vor allem jungen Familien.

Wir sind froh, dass Altabt Odilo Lechner unsere Gedanken und Bausteine für die Praxis mit seiner wertvollen Lebens- und Glaubenserfahrung bereichert hat und so unser Bemühen unterstützt, dem Leben mehr Leben, mehr Tiefgang und eine grundlegende Orientierung zu geben.

München, Oktober 2006
Gertrud und Norbert Weidinger

Jahreszeit

Einführung

von Altabt Odilo Lechner

Wenn ich über mein Leben nachdenke, fallen mir Orte und Zeiten ein: Orte der Kindheit, Orte der Ausbildung, Orte des Urlaubs, Orte der Arbeit - aber auch erträumte Orte, die ich gerne einmal sehen würde. Noch mehr aber sind es Zeiten, an denen ich Erinnerungen oder Erwartungen festmache: der erste Schultag, ein Skiunfall und Krankenhausaufenthalt, eine Geburtstagsfeier, aber auch die erhoffte Vollendung einer Arbeit. Jahre, die mir einst als ferne Zukunft erschienen, sind inzwischen eingetreten. Als 1943 unser Geschichtslehrer das große Ereignis der Jahrtausendwende im Mittelalter besprach, fügte er lächelnd hinzu: »Ihr könnt ja auch noch eine Jahrtausendwende erleben«. Mir schien damals mitten im Krieg das Jahr 2000 in unerreichbarer Ferne und sein Erleben als ganz unmöglich. Und nun ist dieses Ereignis schon wieder ein paar Jahre her. Während der Schulzeit waren für mich die großen Ferien der bedeutendste Einschnitt. Einmal, weil ich mich schon lange auf diese große Freiheit freute, zum andern, weil sie das Ende eines Schuljahres markierten und das wohlige Gefühl vermittelten, wieder ein Jahresziel erreicht, eine Klasse geschafft zu haben. Nie mehr später im Leben war ein solches Weiterkommen, Aufrücken, automatisch mit dem Ablauf eines Jahres verbunden. Heute habe ich eher den Eindruck, dass mir die Zeit davonläuft, dass sie weitergeht, während ich nicht weiter vorangekommen bin. Freilich hat sich auch vor meinen Augen und für den Blick des heutigen Menschen die Zeit immer weiter ausgedehnt, auf viele Jahrtausende der Menschheitsgeschichte, auf die Jahrmillionen der Erdgeschichte. Was ist da noch meine Lebensgeschichte, selbst wenn sie hundert Jahre umfassen sollte?

Wir leben in der Zeit, und unser Leben wird – oft sehr zu unserem Leidwesen – durch die Zeit bestimmt, durch Arbeits- und Geschäftszeiten, durch die Abfahrtstermine von Zügen und Flugzeugen.

Zeit will gemessen werden

Wir messen die Zeiten nach dem Umlauf der Gestirne, nach Sonne und Mond, nach Tag und Nacht, nach dem Lauf der Natur und ihrer Veränderungen während des Jahres. Wir ahnen noch etwas von diesem Rhythmus, wenn wir auf einem alten Turm die Sonnenuhr betrachten, die Stunden des Tages, vielleicht auch die Sternzeichen am Rand. Gewiss können wir heute die Zeit ganz anders selber messen und planen. Wir können die Nacht zum Tag machen mit künstlichem Licht, können Sommerfrüchte im Winter genießen und im Sommer skifahren in einer Halle mit künstlichem Schnee. Aber wir spüren auch, wie viel wir verlieren, wenn wir gegen den Rhythmus der Natur zu leben versuchen und Dinge »außerhalb ihrer Zeit« tun.

Vom Sinn der Zeit

Immer wieder haben Menschen darüber gegrübelt, was eigentlich Zeit ist, die äußere und die innere, die messbare und die erlebte. Augustinus hat in seinen Bekenntnissen darüber nachgedacht und ihre Aporie eindrücklich beschrieben: wie der Augenblick sofort zur Vergangenheit wird, wie nichts bleibt. Er hat für den Christen, für den Glaubenden deutlich gemacht, worin der Ursprung der Zeit liegt: im Ewigen, im reinen Gegenwärtigsein. Der Christ ist nicht einfach der kosmischen Zeit, ihrem Werden und Vergehen hilflos ausgeliefert, er maßt sich auch nicht an, die Zeit selber in der Hand zu haben, Sterblichkeit und Vergänglichkeit überwinden zu können. Der Mensch empfängt seine Zeit aus der Hand Gottes. Darum darf der Christ seine Zeit auf Gott beziehen und ihr dadurch Sinn verleihen, sie zu einer guten Zeit zu machen.

Der Mensch ist der Zeitlichkeit unterworfen, doch kann er »in der Zeit« vieles nach seinem Willen gestalten.

Zeit mit Gott – der Tag im Kloster

Als Geschenk empfinde ich es, dass ich in einem Kloster leben darf. Kloster ist der Versuch, einen umgrenzten Bereich, ein Stück dieser Erde, das »claustrum«, auf Gott hin auszurichten, aus dem Glauben zu gestalten. Dieser Raum befreit zu einem Rhythmus, der den Tag auf dieses Ziel hin gliedert. Da wird etwa der Tagesanbruch oder der Morgen bewusst in den Blick genommen.

Die klösterliche Gebetszeit der Vigilien könnte im Alltag jedes einzelnen Menschen bedeuten: sich positiv einstellen auf den kommenden Tag, unseren Schlaf sehen als Bereitung für den Morgen, Ja sagen zu allem, was am neuen Tag auf uns zukommt.

Stilles Erwachen

Die erste Gebetszeit heißt Vigil, die Wache, das Erwarten des Tages im Gebet. Wir fallen nicht hinein in die Helle des Tages, werden nicht überwältigt von seinem Lärm, sondern gehen ihm offen und bereit entgegen. Die Mönche tun dies in den Liedern der Psalmen und den Lesungen der Schrift. Der Sonnenaufgang ist für Christen ein Bild für das Kommen des Auferstandenen. Gott ist im Kommen, mit jedem Tag rückt auch der Tag der Vollendung näher.

Lob des Morgens

An die Gebetszeit der Vigilien schließt sich die Laudes, das Morgenlob, an. Aus der Erwartung des neuen Tages wird der Lobpreis des Morgens, des Sonnenaufgangs. Er gipfelt in dem Lobgesang des Zacharias bei der Geburt des Täufers: »Gepriesen sei der Herr, der Gott Israels. Denn er hat sein Volk besucht und ihm Erlösung geschaffen. Durch die barmherzige Liebe unseres Gottes wird uns besuchen das aufstrahlende Licht aus der Höhe, um allen zu leuchten, die in Finsternis sitzen und im Schatten des Todes, und unsere Schritte zu lenken auf den Weg des Friedens« (Lukas 1,68-79).

Den Abend nach dem Tagwerk empfangen

Für Benedikt ist die tägliche Handarbeit etwas sehr Wichtiges, nicht nur ein hartes Muss und bittere Notwendigkeit, sondern auch eine Weise, »in allem Gott zu verherrlichen«.

Dem Morgenlob entspricht als anderer Höhepunkt das Abendlob, die Vesper. Das Tagwerk ist vollendet und wird dem gewidmet, dem alles dienen sollte. Zwischen Morgen und Abend liegt das Tagwerk. Nach der Regel des Heiligen Benedikt sind das die Stunden der Arbeit und der geistlichen Lesung. Aber die Arbeit soll den Menschen nicht auffressen oder Selbstzweck werden, nicht nur dem eigenen Ruhm, dem Leistungsbewusstsein dienen. Sonst ginge der wahre Sinn des Lebensweges verloren. Darum muss er immer wieder neu in den Blick kommen, im Lesen des Wortes Gottes, im Bedenken und Betrachten seiner Wahrheit, in der Meditation, der Innerung, in der der Zuspruch Gottes im eigenen Inneren aufleuchtet.

Die Tagesgebete

Die festen Zeiten des Gebets strukturieren den Tag und geben Gelegenheit zur Reflexion.

Benedikt möchte, dass sich seine Gemeinschaft auch tagsüber immer wieder zum kürzeren gemeinsamen Gebet versammelt, am Vormittag, am Mittag und am Nachmittag, nach der römischen Stundenzählung Terz (9.00 Uhr), Sext (12.00 Uhr) und Non (15.00 Uhr) genannt. Auch wenn in unseren Klöstern diese Gebetszeiten oft zusammengezogen werden, um die verschiedenartigen Arbeiten nicht allzu sehr zu unterbrechen, erinnern sie uns doch daran, dass der ganze Tag Lob Gottes sein soll.

Vor der Ruhe der Nacht

Schließlich endet der Tag im Kloster mit dem Nachtgebet, der Komplet. Sie gipfelt im Lobpreis des greisen Simeon: »Nun lässt du, Herr, deinen Knecht, wie du gesagt hast, in Frieden scheiden« (Lukas 2,29). Es geht darum, vom Tag und all seinen beglückenden und bedrängenden, aufregenden und erschreckenden Erlebnissen Abschied zu nehmen, loszulassen, frei zu werden, in Gott Ruhe zu finden und innerlich ausgeglichen den Tag zu beschließen.

Gebete zu den Mahlzeiten

Das klösterliche Leben kennt nicht nur Gebet und Lesung, Arbeit und Schlaf, sondern auch als wichtigen Bestandteil das gemeinsame Mahl. Es soll nicht nur Essensaufnahme sein, sondern Nahrung für den ganzen Menschen, Zeichen der Fülle des Lebens, Feier der Gemeinschaft. Darum hat es feierlichen Charakter, wird mit Gebeten eingeleitet und abgeschlossen und von Lesungen begleitet.

Zeit – Inseln im Alltag

Auch in der Hektik des Familienalltags oder des Geschäftslebens, auch unter dem Druck der Leistungsgesellschaft und in der Flut des Angebots der Medien und der Unterhaltungsindustrie können wir immer wieder versuchen, solche Momente des Innehaltens einzurichten, Momente der Besinnung auf den wahren Sinn des Lebens, Momente des Freiwerdens von den Zwängen. Wir können eine kurze gemeinsame Stille im Familienkreis halten. Wir können die erzwungene Wartezeit auf den verspäteten Bus oder die allzu lange Bahnfahrt zu guten Gedanken nutzen. Wir können unseren hastigen Weg unterbrechen durch ein kurzes Verweilen in einer Kirche oder ein Ausruhen auf einer Bank in den Parkanlagen. Wir können einen Blick werfen auf ein Bild auf unserem Schreibtisch, das uns an einen lieben Menschen oder an die Liebe Gottes erinnert. Je mehr wir uns solche Momente zu einer festen Gewohnheit machen, desto eher können wir der Gefahr entgehen, uns selber ganz zu verlieren.

In solchen Momenten des Innehaltens, mitten in der so rasch vergehenden Zeit, kann ich mir ganz gegenwärtig werden, eine Gegenwart spüren, die mich trägt. Der Glaube an den liebenden Gott lässt mich nicht untergehen in den Jahrmillionen der Welt, in der verwirrenden Geschichte der Kontinente, in den nicht mehr erfassbaren und messbaren Weiten des Weltalls. Ich glaube, dass der Gott aller Zeiten mich in diesem Augenblick und in meiner Einzigartigkeit voll Liebe anschaut. Aber ich glaube auch, dass er zugleich alle anderen und alle Zeiten sieht und dass er mir und allen seinen Sinn gibt im Ganzen seiner wunderbaren Schöpfung.

Das gemeinsame Mahl ist Sinnbild für das, was uns einmal in Vollendung erwartet: das himmlische Hochzeitsmahl. Darum endet das Tischgebet mit der Bitte: »Zum Gastmahl des ewigen Lebens führe uns der König der ewigen Herrlichkeit«.

Bei all den Dingen, die ich höre und sehe, kann ich mich selber als angerufen und erblickt spüren. Es ist der Anruf, der Blick einer ewigen Liebe, die gerade mich meint.

Im Herbst erhalte ich gewöhnlich einen Kalender für das kommende Jahr. Ein schöner Anblick: lauter noch leere Seiten, außer den schon vorgedruckten Daten. So habe ich noch viel freien Raum für meine Einträge und Notizen. Aber dann übertrage ich, was ich für das kommende Jahr schon vorgemerkt habe. Auch wenn Aufgaben und Verpflichtungen dazukommen, die mich festlegen, es bleiben noch viele freie Seiten, die ich selber gestalten werde, Unternehmungen, auf die ich mich im Voraus freue. So spiegelt der Kalender wider, dass mir vieles im Leben vorgegeben ist, aber auch, dass manches meiner freien Verfügung, meiner Einteilung und Planung offensteht. Freilich weiß ich auch, dass meine schönsten Vorhaben durchkreuzt werden können, durch Anforderungen oder Nöte anderer, durch eine Krankheit, die mich ans Bett fesselt. Da muss ich meine Planung loslassen können, so sehr es mich schmerzt oder ärgert. Aber es anzunehmen, alle Zeiten aus Gottes Hand entgegenzunehmen, auch dieses Ja-Sagen ist noch Ausdruck meiner Freiheit.

Altabt Odilo Lechner

DAS KALENDERJAHR

Tag für Tag

Hat alles seine Zeit
Das Nahe wird weit
Das Warme wird kalt
Der Junge wird alt
Das Kalte wird warm
Der Reiche wird arm
Der Narre gescheit
Alles zu seiner Zeit.

Johann Wolfgang von Goethe

Der Fluss der Zeit kennt scheinbar kein Aufhalten. Um so mehr suchten Menschen von Anfang an nach einem Zeit-Takt. Das Zusammenleben der Menschen erforderte irgendwann ein Zeitmaß, damit man Absprachen treffen, geschichtliche Ereignisse und Begegnungen zeitlich ordnen und festhalten konnte. Deshalb hielten die Menschen Ausschau nach Anhaltspunkten am Sternenhimmel, im Kreislauf der Natur und im Wechsel der Jahreszeiten.

Es existierten aber zunächst verschiedene Zeit-Takte nebeneinander: Der eine Zeit-Takt richtete sich nach dem Lauf des Mondes, der andere nach dem der Sonne. Man musste sich notgedrungen irgendwann auf eines der beiden Zeitmaße einigen. Schließlich brauchte man auch einen Fixpunkt zur Vermessung der Zeit. Wann war das Jahr 1? Der Anfang von allem liegt im Dunkeln.

Der Kalender

Die Römer waren praktische Rechner und Geschäftsleute, die mit ihrem Pfund wucherten und sehr genau darauf achteten, dass sie

Zeit

Getrieben vom Stundenschlag,
eingepresst in Kalendertage, Kalenderstunden,
rechnen mit Minuten und Sekunden,
manchmal unendlich zäh,
ein andermal unfasslich kurz.

Die »innere Uhr« zählt anders,
ausgerichtet nach dem Pulsschlag des Herzens,
ohne festen Takt und Uhrschlag,
frei und leicht
im Rhythmus des Seins.

auch regelmäßig ihren Zins bekamen, am Monatsersten. Sie stellten Priester in den Dienst ihrer Sache. Diese sollten sorgfältig beobachten, wann nach dem Neumond die erste zarte Sichel des zunehmenden Mondes wieder erglänzte. Durch lautes Ausrufen wurde sodann der erste Tag des neuen Monats verkündet. Nach dem lateinischen »calo = ich rufe« nannte man diese wichtigen Tage »dies calendae«. Bald wurden die ausrufenden Seher dazu veranlasst, aufgrund ihrer Erfahrungen die kommenden »dies calendae« vorauszuberechnen. Die Gläubiger legten nun in »calaendarium« genannten Zinsbüchern die Fälligkeitstermine fest. Jetzt konnte auch für die Zukunft disponiert werden.

Leider verrechneten sich die Seher nicht unerheblich, sodass die im »calendarium« stehenden Tage mit der Zeit gar nicht mehr den Tagen der jungen Mondsichel entsprachen.

Wer keine Zeit hat,
ist ärmer als der
ärmste Bettler.
Afrikanische Weisheit

Tag für Tag

Bereits Jahrtausende vor den Römern hatten Babylonier und Ägypter damit begonnen, ein Maß für Zeit zu errechnen. Einfache Beobachtungen über die Zeitspanne von Sonnenaufgang bis Sonnenuntergang und wieder bis Sonnenaufgang führten dazu, dass man den Tag in zwei Mal zwölf Stunden einteilte. Im alltäglichen Leben waren die zwölf Stunden allerdings unterschiedlich lang, weil die Tage und

*Die Zeit,
Gott zu suchen,
ist das Leben.*

*Die Zeit,
ihn zu finden,
ist der Tod.*

*Die Zeit,
ihn zu besitzen,
ist die Ewigkeit.*

Franz von Sales

Nächte ebenfalls unterschiedliche Länge hatten. Der Astronom Ptolemäus brachte im zweiten Jahrhundert n. Chr. die Zeitrechnung in ein festes System. Er rechnete mit 24 gleich langen Stunden von je 60 Minuten. Ins allgemeine Bewusstsein drang dies jedoch erst vor, als die ersten öffentlichen Schlaguhren zu Beginn des 14. Jahrhunderts eingeführt wurden.

Hört, ihr Herrn

*Hört, ihr Herrn, und lasst euch sagen:
Unsre Glock hat zehn geschlagen!
Wahrt das Feuer und das Licht,
dass unserm Haus kein Schad geschieht.
Lobet Gott, den Herrn!*

Altes Kinderlied aus dem Mittelalter

*Gott ist von
keinem Raum, von
keiner Zeit umzirkt,
denn Gott ist da
und dann, wo er und
wann er wirkt.
Und Gott wirkt überall,
und Gott wirkt
immerfort; immer
ist seine Zeit und
überall sein Ort.*

Friedrich Rückert

Woche für Woche

Die Siebenzahl der Wochentage wurde schon sehr bald mit den sieben Planeten (Mond, Mars, Merkur, Jupiter, Venus, Saturn, Sonne) in Verbindung gebracht. Diesen Planeten wurden von alten priesterlichen Sternguckern im Zusammenhang mit der antiken Götterwelt gewisse Ausstrahlungen und Einflüsse auf das tägliche Leben zugeschrieben. Jedem der sieben Planeten wurde einem bestimmten Tag zugeordnet und erhielt so seinen Namen. Im Französischen und Englischen lässt sich das bis heute nachvollziehen: Monday (engl.) – Mondtag, mardi (franz.) – Marstag, mercredi (franz.) – Merkurtag, jeudi (franz.) – Jupitertag, vendredi (franz.) – Venustag, saturday (engl.) – Saturntag, sunday (engl.) – Sonnentag.

Mit Namen aus ihrer Götterwelt belegten die germanischen Völker später die Wochentage: Montag – Mondtag, Dienstag – Tag des germanischen Gottes Thyr (Diu), Mittwoch als Wochenmitte, Donnerstag – Tag des Donar, Freitag – Tag der Göttin Freya, Sonnabend – Tag vor Sonntag, Sonntag – Sonnentag.

Monat für Monat

Eigentlich und ursprünglich ist wohl der Monat die Zeitspanne gewesen, in welcher der Mond seinen Lauf um die Erde vollendet. Aber heller als er und schließlich siegreich leuchtete die Sonne den Kalendergestaltern in ihre Berechnungen. Ebenso klar wie die Mondperiode von etwas über 29 Tagen erkannte man, dass der Jahresumlauf der Sonne von einer Frühjahrs-Tagundnachtgleiche bis zur nächsten etwa 365 Tage dauert. Diese beiden Zeitmaße brachten jahrhundertelange Auseinandersetzungen. Man konnte sie einfach nicht auf einen Nenner bringen.

Die einen teilten das Jahr nach Mondumläufen und kamen dabei auf zu wenig Tage im Jahr; denn zwölf Mondumläufe ergaben nur 354 bis 355 Tage. Das hieß, alle paar Jahre einen lästigen 13. Monat einzuschieben, wenn die Menschen mit dem Jahresanfang immer wieder auf die gleiche Jahreszeit kommen wollten. Die anderen teilten die 365 Tage des Sonnensystems durch 12, in sogenannte »Sonnen-Monate«. Sie hatten mit dem Mondumlauf nun nichts mehr zu tun. Diese Zeitrechnung hat sich schließlich durchgesetzt.

Der julianische Kalender

Julius Caesar erst machte den abenteuerlichsten und willkürlichsten Kalenderberechnungen im Römischen Reich ein Ende. Beraten von dem kundigen Gelehrten Sosigenes ging Caesar von einer Jahreslänge von 365 ¼ Tagen aus. Das Normaljahr sollte 365 Tage dauern und jedes vierte Jahr ein Schaltjahr mit 366 Tagen eingeschoben werden. Ebenso setzte er die noch heute gültigen Monatslängen fest: sieben Monate mit 31 Tagen, vier Monate mit 30 Tagen und einen Monat mit 28 bzw. 29 Tagen.

Der Mensch ahnt nichts
von seiner Frist.
Du aber bleibest,
der du bist,
in Jahren ohne Ende.
Wir fahren hin durch
deinen Zorn,
und doch strömt
deiner Gnade Born
in unsre leeren Hände.

Und diese Gaben,
Herr, allein
lass Wert und Maß
der Tage sein,
die wir in Schuld
verbringen.
Nach ihnen sei
die Zeit gezählt;
was wir versäumt,
was wir verfehlt,
darf nicht mehr
vor dich dringen.
Jochen Klepper

Der gregorianische Kalender

Nach dieser tiefgreifenden Reform funktionierte der Kalender eine ganze Weile tadellos. Allerdings stellte sich ein paar Jahrhunderte später heraus, dass es immer noch einen Rechenfehler geben musste, denn die Frühjahrs-Tagundnachtgleiche entfernte sich mehr und mehr dem ihr zugedachten Datum, dem 21. März. Es wurde deutlich, dass ein Jahr doch nicht genau 365 Tage und sechs Stunden lang, sondern einige Minuten kürzer war. Diese summierten sich nach 128 Jahren bereits auf einen Tag! Abhilfe schuf Papst Gregor XIII. im 16. Jahrhundert, indem er auf den 4. Oktober unmittelbar den 15. Oktober folgen ließ. Des Weiteren sollte in den Jahren, die auf 00 endeten, ein Ausgleich erfolgen, und zwar so, dass nur alle durch 400 teilbaren Jahre ein außerordentliches Schaltjahr sein durften (nicht wie bisher alle hundert Jahre).

Noch im gleichen Jahr wurde diese Lösung von vielen Ländern übernommen. Der deutsche Kaiser und die katholischen Reichsstände schlossen sich ihr in den Jahren 1583 und 1584 an. Aber schließlich dauerte es noch bis 1776, bis sich auch die Protestanten der gregorianischen Regelung unterordneten.

> *Einen Menschen lieben heißt, Zeit für ihn zu haben.*
>
> Hans Bürki

Es war eine Mutter

I. Es war ei - ne Mut-ter, die hat - te vier Kin-der,
den Früh-ling, den Som-mer, den Herbst und den Win-ter.

Es war eine Mutter, die hatte vier Kinder,
den Frühling, den Sommer, den Herbst und den Winter.
Der Frühling bringt Blumen, der Sommer den Klee,
der Herbst bringt die Trauben, der Winter den Schnee.

Altes Kinderlied

Fixpunkte verschiedener Jahreszählungen

Eine ganz wichtige Festlegung musste sehr bald schon getroffen werden. Es ging um den Punkt, auf den sich die Berechnung des zeitlichen Ablaufs beziehen sollte, den Ausgangspunkt, das Schlüsselereignis einer Zeitrechnung. Mit welchem Ereignis, mit welcher Datierung beginnen die Jahreszählungen?

Das christliche Abendland legte den Zeitpunkt von »Christi Geburt« als Jahr 1 fest. Von dieser Festlegung her gesehen, ergeben sich die Zeitordnungen »vor Christus« und »nach Christus«.

Das islamische Morgenland dagegen benutzte Mondjahre als generelle Jahreszählung. Fixpunkt und damit das Jahr eins für den Islam ist der Zeitpunkt der Flucht Mohammeds nach Medina. Das ist das Jahr 622 nach christlicher Zeitrechnung. So ergibt sich dort die Zeitordnung »vor der Flucht Mohammeds« und »nach der Flucht«. Inzwischen haben sich die meisten islamischen Länder allerdings offiziell der abendländischen Jahreszählung angeschlossen.

Die jüdische Zeitrechnung wiederum beginnt in dem Jahr, in dem nach dem Schöpfungsbericht die Erde erschaffen wurde. Das war nach den Berechnungen der jüdischen Gelehrten das Jahr 3761 v. Chr. Nach dem jüdischen Kalender leben wir also im Jahr 5768.

Für jedes Geschehen
unter dem Himmel gibt
es eine bestimmte Zeit:
eine Zeit zum Weinen
und eine Zeit
zum Lachen,
eine Zeit für die Klage
und eine Zeit
für den Tanz.
Kohelet 3,4

Die Zeit ist Ewigkeit.
Zeit ist wie Ewigkeit
und Ewigkeit wie Zeit,
so du nur selber
nicht machst einen
Unterschied.
Angelus Silesius

Jahr für Jahr

Was der Frühling
nicht säte,
kann der Sommer
nicht reifen,
der Herbst
nicht ernten,
der Winter
nicht genießen.
Johann Gottfried von Herder

Jahr für Jahr ziehen uns die vier Jahreszeiten in ihren Bann. Jede auf ihre Weise: Das aufbrechende Leben im Frühling, die Lebensfülle im Sommer, die Ernte des Herbstes und das Erstarren und Ruhen im Winter. Jede Zeitspanne hat ihre Gesetzmäßigkeiten, ihren ganz eigenen Rhythmus, und jede birgt in sich Widrigkeiten, Überraschungen und Schönheiten. Gerade deshalb werden die Jahreszeiten zu Sprachbildern, um Gefühle und menschliches Leben zu beschreiben, zum Beispiel den Frühling und den Herbst unseres Lebens. Solche Metaphern finden sich auf der ganzen Welt, obwohl auf unserem Erdball die Jahreszeiten auf der nördlichen Halbkugel und auf der südlichen unterschiedlich wechseln und sich ablösen.

Frühling

Die ersten Sonnenstrahlen überziehen das brach liegende Land mit goldenen Tönen.
Die Erde hat geschlafen. Blumen und Blätter trauen sich aus ihren Träumen hervor. Auf den Beeten recken die prallen, glänzenden Krokusse ihre Köpfe. Was gibt es Neues zu sehen? – Im Frühling öffnet das Land wieder seine Augen. Und wir feiern das Erwachen der Natur.

Bauernregeln

Lässt der März sich trocken an,
bringt er Brot für jedermann.

Ist der April schön und rein,
wird der Mai umso wilder sein.

Wenn die Drossel schon schreit,
ist der Lenz nicht mehr weit.

Mairegen auf die Saaten, dann
regnet es Dukaten.

Er ist's

Frühling lässt sein blaues Band
wieder flattern durch die Lüfte;
süße, wohl bekannte Düfte
streifen ahnungsvoll das Land.
Veilchen träumen schon,
wollen balde kommen.
Horch, von fern ein leiser Harfenton!
Frühling, ja du bist's!
Dich hab ich vernommen!
Eduard Mörike

Sommer

Sollte sie nicht ewig dauern, diese unbeschwerte Zeit? Sollte er nicht immer blühen, der Sommergarten? Sommer, das ist die Ferienjahreszeit, fast wie im Paradies.

In steilen, blauen Wänden reckt sich der Rittersporn, betörend duften Lilien, Glockenblumen, weißer und violetter Fingerhut, knallroter Mohn: Eine Symphonie der vollen Düfte und der warmen, ruhevollen Farben des herbeigesehnten Sommers.

Bauernregeln

Soll gedeihen Korn und Wein,
muss im Juni warm es sein.

Im Juni viel Donner
verkündet trüben Sommer.

So golden die Sonne im
Juli strahlt, so golden sich der
Roggen mahlt.

Im Juli muss die Hitze braten,
was im Herbste soll geraten.

An Augustin, gehen die
warmen Tag' dahin.

Der Tau ist dem August so not
wie jedermann sein täglich Brot.

Was Juli und August nicht taten,
lässt der September ungebraten.

Im August der Morgenregen
wird vor Mittag sich nicht legen.

Sommerfest in grünen Zweigen
ist für heute angesagt,
Blumenelfen tanzen Reigen,
ehe noch der Morgen tagt.

Amsel, Drossel, Fink und Meise
stimmen längst ihr Instrument.
Schon erklingt die alte Weise,
Meister Specht ist Dirigent.

Wie das flötet, wie das klinget,
hoch im Baum und wie im Spaß
zupft ein alter schwarzer Rabe
liebevoll den Brummelbass.

Willst du auch zum Feste gehn,
musst du vor der Sonn' aufstehn.

Volkslied

Herbst

Ich ziehe deshalb den Herbst dem Frühjahr vor, weil das Auge im Herbst den Himmel, im Frühjahr aber die Erde sucht.

Søren Kierkegaard

Herbstfeuer leuchtet jetzt in unwahrscheinlichen Farben. Der Blick geht hinaus ins Weite, wirbelndes Laub weht über Teiche und Beete. Früchteschmuck unter aufgespanntem Himmel ersetzt die Blumenvielfalt. Die Herbstzeitlosen stehen hell und zart unter glühenden Bäumen. Alles schimmert rot und golden.

Die herbstliche Wildnis schenkt uns mit wechselndem Wetter immer neue, bezaubernde Bilder.

Bauernregeln

Wenn im September viele Spinnen kriechen, sie einen harten Winter riechen.

Fällt das Laub zu bald, wird der Herbst nicht alt.

Bringt Oktober Schnee und Eis, ist Januar nicht kalt und weiß.

Sitzt im Oktober das Laub noch am Baum, so fehlt ein strenger Winter kaum.

Novemberdonner verspricht guten Sommer.

Im November ist hinter jeder Staude ein anderes Wetter.

Der Herbst

Der Herbst streut weiße Nebel aus,
es kann nicht immer Sommer sein!
Der Abend lockt mit Lampenschein
mich aus der Kühle früh ins Haus.

Bald stehen Baum und Garten leer,
dann glüht nur noch der wilde Wein
ums Haus, und bald verglüht auch der,
es kann nicht immer Sommer sein.

Was mich zur Jugendzeit erfreut,
es hat den alten frohen Schein
nicht mehr und freut mich nimmer heut –
es kann nicht immer Sommer sein.

O Liebe, wundersame Glut,
die durch der Jahre Lust und Mühn
mir immer hat gebrannt im Blut –
O Liebe, kannst du auch verglühn?

Hermann Hesse

Winter

Das ist die Zeit zwischen den Zeiten. Das Land schläft und träumt.
Unter den luftigen Decken des Reisigs scheint alles ausgestorben.
Aber wir wissen, überall in der Tiefe gibt es atmendes Leben, entsteht Neues, Verborgenes.
Das ist die Zeit des Wartens, Zeit des Advents. In diesen dunklen,
versunkenen Tagen des Winters macht uns der Garten ein letztes,
beglückendes Geschenk: Die Christrose blüht!

*Selbst der strengste
Winter fürchtet sich
vor dem Frühling.*
Litauisches Sprichwort

Verschneit liegt rings die ganze Welt

*Verschneit liegt rings die ganze Welt,
ich hab nichts was mich freuet.
Verlassen steht der Baum im Feld,
hat längst sein Laub zerstreuet.*

*Der Wind nur geht bei stiller Nacht
und rüttelt an dem Baume.
Da rührt er seine Wipfel sacht
und redet wie im Traume.*

*Er träumt von künftger Frühlingszeit,
von Grün und Quellenrauschen,
wo er im neuen Blütenkleid
zu Gottes Lob will rauschen.*
Joseph von Eichendorff

Bauernregeln

*Häslein im Dezemberschnee,
labt sich Ostern am grünen Klee.*

*Ist der Dezember wild mit viel
Regen, dann hat das nächste
Jahr wenig Segen.*

*Fällt auf Eligius ein kalter Tag,
die Kälte Monate dauern mag.*

*Wirft der Maulwurf im Januar,
dauert der Winter bis Mai sogar.*

*Der Februar muss stürmen und blasen,
soll das Vieh im Lenze grasen.*

*Heftige Nordwinde im Februar
vermelden ein gar fruchtbar Jahr.*

*Wenn der Nordwind aber im
Februar nicht will, dann
kommt er sicher im April.*

Ein immerwährendes Kalendarium

*Termine sind not-
wendig, aber Notwen-
digkeiten können auch
auf schöne Art und
Weise notiert werden. In
diesem übersichtlichen
Kalendarium können
immer wiederkehrende
Verpflichtungen,
Geburtstage und viele
weitere Fix- und Höhe-
punkte des gesamten
Jahres vermerkt werden.*

In dieses Kalendarium lassen sich Geburtstage, Namenstage, persönliche Gedenktage (beispielsweise der Hochzeitstag, der Tauftag des
Kindes …) aller Lieben eintragen. Nur: Man sollte ab und zu auch
mal hineinschauen. Niemand möchte vergessen werden!

Das Kalendarium kann auch von mehreren Familienmitgliedern
benutzt werden. Jeder notiert dann seine Termine in einer anderen
Farbe, ebenso können Ferien und freie Tage eingetragen werden. Mit
so einem »Familienplaner« ist schnell ersichtlich, wer wann welche
Verpflichtungen hat und welche gemeinsamen Termine anstehen.

Als Informations- und Koordinationszentrum sollte das Kalendarium
möglichst zentral an einem Ort liegen, sodass es von allen schnell
eingesehen werden kann.

So kann dieser immerwährende Kalender zum Bindeglied, zur Dreh-
scheibe und zum Glücksbringer unseres Zusammenlebens werden.

Januar

1 **Hochfest der Gottesmutter Maria,** Wilhelm

2 Gregor, Basilius von Caesarea

3 Hermine (Irmina), Adele, Odilo von Cluny

4 Roger, Marius, Angela

5 Simeon, Emilie

6 **Heilige Drei Könige/Epiphanie,** Kaspar, Melchior, Balthasar

7 Raimund, Reinhold, Sigrid, Virginia

8 Gudula (Guda, Gudrun), Severin, Erhard

9 Eberhard, Julian, Alice

10 Gregor, Paulus von Theben, Wilhelm

11 Werner, Paulinus von Aquileja

12 Ernst, Erna, Tatiana von Rom, Tanja

13 Gottfried, Hilarius, Hilmar, Jutta, Ivette

14 Felix, Engelmar, Berno

15 Roland, Arnold, Maurus

16 Tillo (Tillmann), Ulrich von Blücher, Theobald

17 Anton, Beatrix von Cappenberg

18 Regina, Prisca, Odilo von Bayern

19 Martha, Marius

20 Fabian, Sebastian, Ursula Haider

21 Agnes, Meginrad, Meinrad

22 Isabella, Vinzenz, Elisabeth von Österreich

23 Hartmut, Eugen Bolz

24 Vera, Franz von Sales, Arno

25 Wolfram, Heinrich Seuse

26 Edith, Thimoteus und Titus, Albert

27 Angela, Alrun, Julian von Le Mans, Gerhard

28 Karoline, Thomas von Aquin, Manfred

29 Valeria, Valerius von Trier, Aquilin

30 Martina, Adelgundis, Serena, Maria Ward

31 Johannes Bosco, Marcella, Emma

Februar

1 Brigitta von Kildare, Severus

2 **Darstellung des Herrn (Mariä Lichtmess),** Bodo, Alfred Delp, Dietrich

3 Blasius, Ansgar

4 Veronika, Christian von Himmerod

5 Adelheid, Elke, Agatha

6 Dorothea, Amandus, Hildegund, Reinhild

7 Richard, Ava

8 Elfriede, Philipp Jeningen

9 Erich, Apollonia, Lambert

10 Wilhelm, Scholastika

11 Theodor, Anselm

12 Helmwart (Helmut), Benedikt von Aniame, Gregor (Papst, der II.)

13 Gisela, Reinhild, Irmhild

14 Valentin von Terni, Cyrillus und Methodius

15 Sigfried (Sigurd), Trudmar

16 Juliana, Philippa Mareri

17 Benignus, Mazelin

18 Bernadette, Simon, Konstantia

19 Susanne, Korona

20 Leo, Falko, Amata

21 German, Petrus Damiani

22 Margareta, Isabella von Frankreich

23 Romana, Willigis, Otto von Cappenberg

24 Matthias, Ida, Irmengard, Irmgard

25 Adeltrud, Adelhelm, Walburga

26 Gerlinde und Mechthild von Sponheim

27 Markward

28 Roman, Silvana

29 August, Oswald

März

1 David, Roger von Ternes, Albin	17 Gertrud von Nivelles, Patrick
2 Agnes, Karl von Flandern, Ines	18 Eduard, Cyrill
3 Tobias, Kunigunde von Luxemburg	19 Josef (Josefine)
4 Rupert, Kasimir von Polen	20 Claudia, Irmgard von Tours, Wolfram
5 Oliva (Olivia), Dietmar von Minden	21 Benedikt, Christian von Brun
6 Nicolette, Fridolin, Franziska Streitel	22 Lea, Elmar
7 Felizitas, Perpetua, Volker, Reinhard	23 Rebekka, Merbot
8 Johannes von Gott, Eddo	24 Katharina, Elias
9 Bruno, Franziska von Rom	25 **Mariä Verkündigung**, Annunziata, Jutta
10 Silvia, Gustav	26 Larissa (Lara), Ludger
11 Christoph, Rosina, Ulrich von Kaisheim	27 Ernst, Rupert von Salzburg, Heimo
12 Beatrix, Almud	28 Ingbert, Gundelinde, Guntram
13 Judith (Jutta), Leander, Sancha von Portugal	29 Berthold, Helmut
14 Alfred, Paulina von Paulinzella, Mathilde	30 Roswitha, Diemut
15 Louise, Klemens Maria Hofbauer, Zacharias	31 Benjamin, Cornelia, Lambert Conradi, Guido
16 Heribert, Gunnar	

Woche der Brüderlichkeit im März,
Weltgebetstag der Frauen am 1. Freitag im März

April

1	Irene, Ina, Hugo	16	Bernadette, Benedikt Josef Labre
2	Sandra, Franz von Paola	17	Max, Rudolf von Bern, Eberhard von Obermarchtal
3	Richard, Elisabeth Koch, Lutbirg	18	Wiggo, Aya (Agia) von Mons
4	Heinrich, Isidor, Konrad von Schwaben	19	Werner, Gerold
5	Kreszenz, Vinzenz Ferrer	20	Hildegund, Odette
6	Wilhelm, Petrus der Märtyrer	21	Konrad, Anselm von Canterbury
7	Burkard, Johann Baptist de la Salle	22	Kai, Wolfhelm
8	Beate, Walter, Manegold	23	Georg, Jürgen, Jörg, Adalbert
9	Waltraud, Konrad von Salzburg	24	Fidelis, Wilfried von York, Karl Franken
10	Engelbert, Hulda, Eberwin von Helfenstein	25	Markus, Erwin, Franka
11	Reiner, Stanislaus von Krakau	26	Helene, Richarius, Ratbert
12	Herta, Zeno, Julius (Papst, der I.)	27	Zita, Salman von Weiden, Petrus Kanisius
13	Ida, Paulus Diaconus, Paternus	28	Valeria, Hugo von Cluny, Pierre Chanel
14	Ernestine, Lidwina, Ludwina	29	Katharina von Siena, Roswitha, Irmtrud (Ermentrud)
15	Otmar, Nidker (Nidgar) von Augsburg	30	Quirin, Rosamunde, Heimo von Bayern, Suitbert (Sven)

Mai

1	Arnold, Augustin Schoeffler, Josef, der Arbeiter	17	Walter, Paschalis von Aragonien
2	Boris, Sigismund (Sigmund), Zoe	18	Erich, Burkhard, Dietmar von Holstein
3	Viola, Philippus und Jakobus, Alexander I.	19	Yvonne, Ivo, Bernarda Bütler
4	Florian, Guido	20	Valeria, Bernhardin von Siena
5	Gotthard, Godehard, Sigrid	21	Konstantin, Hermann Joseph, Ehrenfried
6	Jutta, Gundula, Antonia	22	Renate, Rita, Julia von Karthago
7	Notker (Gernot), Gisela von Ungarn, Helga	23	Anno, Bartholomäus, Wibert, Wibke
8	Désirée, Klara Fey	24	Esther, Dagmar, Auxilia
9	Volkmar, Beatus, Theresia Gerhardinger	25	Gregor, Maria Magdalena von Pazzi
10	Anton, Gordanius	26	Alwin, Philipp Neri, Regintrud
11	Angelika, Gangolf, Joachim Tabernitz	27	Johannes Calvin, Augustinus von Canterbury
12	Pankratius (»Eisheiliger«), Nereus und Achilleus	28	German, Wilhelm von Aquitanien, Dietlind
13	Servatius (»Eisheiliger«), Ellinger vom Tegernsee	29	Irmtrud, Maximin von Trier
14	Bonifatius (»Eisheiliger«), Iso von St. Gallen	30	Ferdinand, Jeanne d'Arc, Reinhilde
15	Sophia (»Eisheilige«), Isidor	31	Helmtrud, Hiltrud, Mechthild von Dießen
16	Johannes Nepomuk, Ubald		

Am 2. Sonntag im Mai ist Muttertag.
An Christi Himmelfahrt feiern wir den Vatertag.

Juni

1	Luitgart, Justin, Simeon von Trier	17	Rainer, Euphemia von Dießen
2	Erasmus, Armin, Marcellinus und Petrus	18	Gerland, Potentin, Felicius und Simplicius
3	Karl Lwanga, Karola, Karolina, Hildburg	19	Elisabeth von Schönau, Rasso (Ratho), Hildegrim
4	Christa, Qurin von Siscia, Werner von Ellerbach	20	Adalbert, Benigna, Deodat
5	Bonifatius (Winfrid), Eoban und Adalar	21	Aloisius, Alban, Radulf
6	Norbert von Xanten, Kevin, Falko	22	Eberhard von Biburg, Thomas Morus
7	Robert, Dietger von Fulda	23	Ortrud, Edeltraud
8	Helga, Ilga, Giselbert, Engelbert von Ursberg	24	Johannes der Täufer, Rumold, Erembert
9	Ephräm, Primis, Felizian, Gratia	25	Dorothea, Eleonore
10	Diana, Gerlach, Heinrich von Bozen	26	Johannes und Paulus, Vigilius von Trient
11	Adelheid, Alice, Alke, Barnabas	27	Daniel, Hemma von Gurk
12	Leo, Odulf, Eskil	28	Diethild, Irenäus, Gero von Köln
13	Antonius von Padua, Rambert	29	Petrus und Paulus, Petra, Paula
14	Gerald, Gottschalk, Meinrad Eugster	30	Ernst, Otto von Bamberg, Erentrud
15	Gebhard, Lothar, Vitus, Veit		
16	Luitgard, Benno von Meißen, Quirin der Märtyrer		

Juli

1	Dietrich, Eckart	16	Carmen, Elvira, Reinhild, Irmengard
2	Wiltrud, Ruzo (Rugo)	17	Marina, Alexius, Donata
3	Thomas, Anatol	18	Friedrich, Arnulf, Arnold, Radegund
4	Ulrich von Augsburg, Ulrike, Elisabeth von Portugal, Berta	19	Bernold, Poppo von Schleswig
5	Antonius, Lätizia, Kyrilla	20	Margareta von Antiochien, Margot, Wilmar
6	Goar, Maria Goretti	21	Daniel, Laurentius von Brindisi, Stilla von Abenberg
7	Willibald, Edelburg, Bodard	22	Maria Magdalena, Verena, Elvira
8	Kilian von Würzburg, Edgar	23	Birgitta von Schweden, Liborius
9	Veronika, Wigfrid	24	Christine, Christophorus, Kunigunde von Ungarn
10	Knud, Alexander, Sandra	25	Jakobus, Thea, Thomas von Kempten
11	Benedikt, Olga, Rachel, Oliver Plunket	26	Anna und Joachim, Anita, Anja, Gloriosa
12	Felix und Nabor, Sigisbert	27	Bertold, Glodesinde, Lukan von Säben
13	Heinrich, Silvas, Silvan, Arno von Würzburg	28	Benno, Beatus und Bantus, Innozenz I.
14	Kamillus, Roland, Goswin	29	Martha, Ladislaus von Ungarn
15	David von England, Bonaventura, Donald	30	Ingeborg von Dänemark, Hadebrand von Antwerpen
		31	Ignatius von Loyola, German

August

1	Alfons von Ligurien, Petrus Faber	**16**	Stephan von Ungarn, Altfried, Rochus
2	Eusebius, Gundekar (Gunzo) von Eichstätt	**17**	Jutta (Guda), Karlmann
3	Lydia, Benno, Burchard	**18**	Helena, Helene, Klaudia, Reinald
4	Johannes Maria, Rainer	**19**	Sigbert, Sebald, Johannes Eudes
5	Oswald, Dominika	**20**	Bernhard von Clairvaux, Samuel, Oswin
6	Hermann, Gilbert von Maria Laach	**21**	Gratia, Balduin von Clairvaux
7	Kajetan, Afra, Donatus von Besancon, Juliana	**22**	Regina, Sigfrid von Wearmouth
8	Dominikus von Kastilien (Dominikus der Ordensgründer), Hildiger, Hilger	**23**	Rosa von Lima, Richild
9	Edith Stein, Altmann, Roman	**24**	Bartholomäus, Isolde, Sandrad
10	Laurentius, Asteria, Asta, Astrid	**25**	Patricia, Elvira, Ebba
11	Klara, Philomena, Nikolaus von Kues, Susanna	**26**	Gregor
12	Karl Leisner, Radegund	**27**	Monika, Gebhard, Cäsarius
13	Gerold, Gertrud von Altenberg, Wigbert, Kassian	**28**	Augustin, Elmar, Adelind
14	Maximilian Kolbe, Werenfried, Eberhard von Einsiedeln, Meinhard	**29**	Sabine, Thoedora, Beatrix von Aa
15	**Mariä Himmelfahrt,** Assunta, Rupert, Mechthild von Magdeburg	**30**	Inge, Ingeberg, Amadeus, Amaltrud
		31	Raimund Nonnatus, Paulinus von Trier

September

1 Ägidius, Egid, Ruth, Artur

2 Ingrid, Franz Urban, Appolinaris Morel

3 Gregor der Große, Sophia von Minden, Sonja

4 Swidbert (Sven) der Angelsachse, Iris,
Irmgard von Süchteln, Rosalia, Rosa

5 Maria Theresia, Roswitha von Gandersheim

6 Theobald, Magnus, Gundolf, Eskil

7 Otto von Freising, Dietrich, Regina

8 **Mariä Geburt,** Alan, Adrian (Hadrian),
Franz von Retz

9 Otmar, Orthold, Gorgonius

10 Diethard, Nikolaus von Tolentino

11 Adelmar (Almar), Maternus, Felix und Regula

12 Mariä Namen, Guido, Degenhard

13 Notburga, Johannes Chrysostomus, Tobias

14 Kornelius, Conan, Kornelia

15 Melitta, Notburga, Dolores, Roland

16 Cornelius (Papst), Cyprian, Julia

17 Hildegard von Bingen, Robert von Bellarmin,
Lambert, Ariande, Ariane

18 Lantbert von Freising, Richardis

19 Albert, Theodor, Thorsten, Igor

20 Warin, Euchstachius

21 Matthäus (Apostel), Debora, Jonas

22 Moritz (Mauritius), Emmeram (Emmeran)

23 Thekla, Linus, Rotrud, Gerhild

24 Virgil, Rupert von Salzburg, Virgil

25 Nikolaus von der Flüe, Firmin, Gottfried

26 Kaspar Stangassinger, Kosmas und Damian

27 Vinzenz von Paul, Dietrich, Hiltrud von Lissies

28 Dietmar, Wenzel, Lioba, Thekla von Kitzingen

29 Michael, Gabriel, Raphael

30 Hieronymus, Urs und Viktor, Leopard

Oktober

1	Emanuel, Werner	17	Anselm von Wien, Ignatius von Antiochien
2	Jakob, Hermann	18	Lukas (Evangelist), Mono (Muno)
3	Udo, Ewald	19	Jean de Brebeuf, Paul vom Kreuz, Friederike
4	Franziskus v. Assisi	20	Johanna Merzenich, Vitalis, Wendelin
5	Galla, Meinolf, Attila	21	Ursula, Irmtraud
6	Bruno der Karthäuser, Adalbero, Renatus (René)	22	Salome, Kordula, Ingbert
7	Gerold, Gerwald, Justina	23	Uta, Oda, Severin
8	Gunther, Simeon, Amor	24	Antonius Maria Claret
9	Sara, Abraham, Sibylle, Dionysius (Denis)	25	Crispin, Daria
10	Kassius, Viktor, Gereon	26	Josephine Leroux, Amandus, Wigand
11	Quirin von Vexin, Bruno von Köln	27	Wolfhard von Augsburg
12	Maximilian, Edwin, Edistus (Aristus, Orest)	28	Judas Thaddäus, Simon
13	Simpert, Aurelia, Eduard der Bekenner	29	Margarete von Hohenfels, Hermelinde
14	Burkhard von Würzburg, Alan, Kalixtus	30	Dietger, Bernhard
15	Teresa von Avila, Aurelia	31	Wolfgang, Jutta von Kleve
16	Hedwig von Schlesien, Luitgard		

Woche der Welthungerhilfe in der ersten Oktoberwoche
Am dritten Sonntag im Oktober: Kirchweihfest

November

1	Allerheiligen, Arthur, Luitpold, Rupert Mayer	16	Walter (Waltger), Margarete von Ungarn
2	Allerseelen, Angela, Willibold	17	Gertrud von Helfta, Hilda, Florin
3	Hubertus, Pirmin, Silvia von Rom	18	Gerung, Odo
4	Karl Borromäus, Reinhard (Reginhard)	19	Elisabeth von Thüringen, Toto
5	Emmerich von Ungarn, Bernhard Lichtenberg	20	Edmund, Korbinian von Freising
6	Leonhard, Rudolf, Modesta	21	Amalberg (Amalie), Amalberga
7	Gisbert, Engelbert, Ernst von Zwiefalten	22	Cäcilia
8	Willehad, Gottfried	23	Detlef, Kolumban, Klemens von Metz
9	Roland, Theodor, Torsten	24	Hildo, Flora
10	Leo der Große, Justus	25	Katharina von Alexandrien
11	Martin von Tours	26	Ida, Konrad, Gebhard, Adalbert
12	Diego, Kunibert	27	Bilhild, Oda
13	Wilhelm von Niederalteich, Gerberg	28	Berta, Gunther
14	Alberich, Sidonius	29	Jutta (Julitta von Heiligental), Jolanda
15	Albert der Große, Leopold III.	30	Andreas (Apostel), Gerwald

Der Volkstrauertag wird jeweils zwei Sonntage, der Totensonntag einen Sonntag vor dem 1. Advent gefeiert.

Dezember

1 Edmund, Natalie, Natascha	**16** Adelheid, Ado
2 Johannes von Ruysbroek, Luzius von Chur	**17** Jolanda, Lazarus
3 Franz Xaver, Gerlinde, Emma	**18** Wunibald, Philipp von Ratzeburg
4 Barbara, Christian, Adolph Kolping	**19** Konrad, Petrus von Paderborn
5 Niels, Anno von Köln	**20** Regina Hueter, Heinrich
6 Nikolaus, Dionysia	**21** Richard, Hagar
7 Gerald, Gerhard, Ambrosius	**22** Jutta von Sponheim, Marian der Schotte
8 Edith, Elfriede, Sabine	**23** Ivo, Yvonne, Dagobert II.
9 Pierre, Liborius Wagner, Eucharius	**24** **Heiligabend,** Adam und Eva
10 Bruno, Angelina	**25** **1. Weihnachtsfeiertag,** Eugenia, Anastasia
11 Damasus, Tassilo, Arthur Bell	**26** **2. Weihnachtsfeiertag,** Stephanus
12 Hartmann, Johanna Franziska von Chantal	**27** Johannes (Apostel), Fabiola
13 Lucia, Odilia, Ottilie	**28** Hermann und Otto von Heidelberg
14 Johannes vom Kreuz, Berthold von Regensburg	**29** David, Lothar, Tamara
15 Carlo, Cristiane, Nina	**30** Germar, Felix, Sabinus
	31 Silvester, Melanie

Persönliche Fest- und Gedenktage

In der Familie feiern, was gibt es Schöneres? Im Jahreslauf bieten sich da eine Reihe von Festen an, ganz besonders natürlich die Geburts- und Namenstage.

Ein solcher Tag ist ein besonderer Tag, der auch besondere Aufmerksamkeit verdient. Dieser Tag ist Anlass, auf das vergangene Lebensjahr zurückzublicken: auf die glücklichen und weniger glücklichen Ereignisse, auf die Menschen, die uns begleitet haben und denen wir – vielleicht mit einer Einladung – Anerkennung und Dank zeigen möchten. Ein Geburtstag ist aber auch Anlass, nach vorne zu blicken: Wie wird es weitergehen, was bringt das neue Lebensjahr?

Rund um Geburts- und Namenstage

Wer in alten Brauchtumsbüchern nachliest, findet dort die Auskunft: »Gemeinhin gilt die Regel, dass Namenstag von Katholiken und Geburtstag von Protestanten gefeiert wird.« Beide Tage unterscheiden sich jedoch grundlegend im Hinblick auf die Festanlässe.

*Warum
feiert der Mensch
Feste?*

*Weil er es nötig hat,
weil Feste
Not wenden,
weil Feste
leben lassen.*

*Wir müssen,
um zu überleben,
feiern,
ausgiebig feiern.*

*Warum
feiert der Mensch
Feste?*

*Weil ohne Feier und
Spiel,
ohne Tanz und Musik,
ohne Essen und Trinken,
ohne ein Miteinander
kein Mensch
leben kann.*

Darum.
Quelle unbekannt

Der Geburtstag bezeichnet neben dem Tag der Geburt selbst auch dessen jährlich wiederkehrenden Termin, an dem man den Eintritt in ein neues Lebensjahr feiert.

Der Namenstag dagegen ist in der Regel der Todestag des Heiligen, auf dessen Namen das Kind, die Frau, der Mann getauft ist. Längst grenzen sich katholische und evangelische Christen nicht mehr durch die Feier von Namens-, bzw. Geburtstagen voneinander ab. Oft werden beide Feste gefeiert.

Wenn die Eltern natürlich an einem alten Brauch festhalten und ihrem Kind den Namen des Heiligen geben, der gerade an dem Tag der Geburt im Namenstagskalender steht, fallen beide Feste ohnehin zusammen.

> ## Als mir die Zeit entgegen kam
>
> *Als mir die Zeit entgegen kam,*
> *erschien sie mir hübsch wundersam*
> *und angenehm und lecker.*
> *Sie ging vorüber, und o weh!*
> *Nun, da ich sie von hinten seh,*
> *bemerk ich ihren Höcker.*
>
> Wilhelm Busch

Der Geburtstag

Geburtstagsfeiern haben in unserem Kulturkreis schon eine sehr lange Tradition. Bereits vom Mittelalter an sind sie bekannt. Bis zum Beginn des 18. Jahrhunderts war es allerdings ein Privileg von Königen, Fürsten, Herzögen und Ratsherren, ihren Geburtstag als besonderes Fest zu begehen. Später übernahm auch die bürgerliche Schicht diese Sitte, und heute gehört der Geburtstag zum »Feierkalender« fast aller Menschen.

Glückwünsche und Gratulationen werden über Brief, Glückwunschkarte, Telefon, SMS, über Zeitung, Fax und E-Mail versandt.

Die schlichteste, zeitloseste und herzlichste Form ist und bleibt die persönliche, liebevolle Gratulation. Wie schön, wenn dies bei einem Geburtstagsfest mit anderen angenehmen Gästen geschieht!

Der Namenstag

Jedes Kind ist stolz, wenn es einen Namenspatron hat. Erzählen Sie ihm von dessen Leben und Wirken, von dessen Eigenschaften und positiven Charakterzügen.

Egal, ob nun der Namenstag im Großen oder Kleinen gefeiert wird, ein Glückwunschkanon oder eine liebe Karte sind immer angebracht! Der Gefeierte entwickelt dadurch eine besondere Beziehung zu seinem Namen.

Für viele Katholiken ist der Namenstag ein beachtenswerter Tag. Er kann Anlass und Anstoß sein, sich einmal etwas näher mit dem Leben seines Namenspatrons oder einer Persönlichkeit zu beschäftigen, die den gleichen Namen trägt. Warum haben mir meine Eltern gerade diesen Namen gegeben? Lässt sich das noch in Erfahrung bringen? Hatte es etwas mit Tradition oder mehr mit dem Namenspatron zu tun? Könnte eine dieser Frauen bzw. einer dieser Männer, deren Vornamen ich trage, mir vielleicht ein Vorbild sein, vielleicht einen Weg zeigen in meine Zukunft?

Wer versteckt sich dahinter?

Manche Namen tragen eine große Geschichte in sich: Vom Fischer am See Genesaret zum ersten Papst. Nicht umsonst bedeutet *»Petrus«* auf Griechisch »der Fels«; denn auf ihn war Verlass. Als die anderen schon fliehen wollten, zog er sein Schwert. Aber sein »Chef«, Jesus, hielt ihn zurück: »Steck dein Schwert in die Scheide! Wer zum Schwert greift, kommt durch das Schwert um!« Auch wenn Petrus einmal versagte und in höchster Not zur Lüge griff (»Ich kenne diesen Menschen nicht!«), blieb er doch die Autorität unter den ersten Christen – nicht zuletzt wegen seiner flammenden, mutigen Predigt am ersten Pfingstfest. Wie Jesus starb er leidvoll am Kreuz – jedoch nicht in Jerusalem, sondern in Rom.

Ihr Name ist auch in unserer Zeit nach wie vor einer der beliebtesten Mädchennamen – nicht nur weil man ihn vorwärts und rückwärts lesen kann: *Anna*. Viel wissen wir allerdings nicht über sie, außer dass sie um die Zeitenwende, also zur Zeit der Geburt Jesu, lebte und mit einem Mann namens *Joachim* verheiratet war. Aber beide schenkten einer anderen, noch berühmteren Frau das Leben: *Maria*, der Mutter Jesu.

Maximilian gehört ebenfalls zu den besonders beliebten männlichen Vornamen. Vielleicht denken manche Eltern dabei an Pater Maximilian Kolbe, jenen polnischen Ordensmann, der am 14. August 1941 stellvertretend für einen Familienvater freiwillig im Konzentrationslager Auschwitz in den Hungertod ging. 1982 wurde er zum Heiligen erklärt. Bewunderung und Verehrung erfuhr er jedoch schon viele Jahre zuvor.

Er gehört zu den schillerndsten Gestalten, die sein Heimatland, die Schweiz, hervorbrachte, und er ist ihr Schutzpatron: *Klaus von der Flüe*. Vielen Berufen und Berufungen ging er nach als Bergbauer, Ratsherr, Richter, Politiker, Mystiker und – Vater von 10 Kindern.

Früher war es in vielen Familien Tradition, einem Sohn, meist dem ältesten, den Vornamen des Vaters zu geben. Auch besonders geschätzte Personen im Verwandtenkreis dienten als Namensgeber. Heute richtet man sich oft nach anderen Kriterien, sodass die Vornamen der Elterngeneration meist veraltet oder unpassend erscheinen.

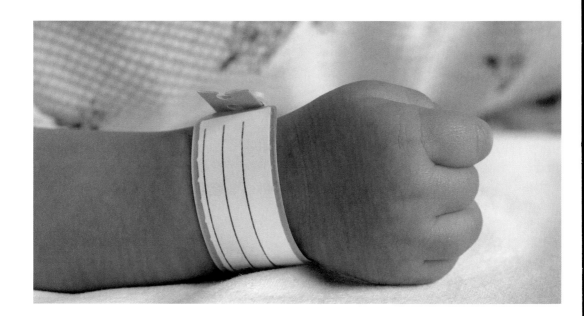

Die Namenswahl ist oft Modeströmungen unterworfen, und Eltern haben es nicht leicht mit der Suche nach einem passenden Namen für ihren Nachwuchs. Bibliotheken und Buchhandlungen halten Namen- und Heiligenbücher bereit, in denen man Inspiration für den Namen des eigenen Kindes finden kann.

Er überließ diese jedoch mit 50 Jahren alle seiner Frau *Dorothea* und zog sich in die Einsiedelei im Ranft zurück. Dieser Schritt wirkt auf viele heute noch rätselhaft und geheimnisvoll. Das Erstaunliche: Je mehr er sich aus dem öffentlichen Leben in die Stille und in die Armut zurückzog, umso mehr Anziehungskraft übte er auf Menschen aus, die Rat und Hilfe suchten. 1481 verhinderte er die Spaltung der Schweizer Kantone.

Neun Jahre lang war er Benediktinermönch, da entschloss sich *Thomas von Aquin* im Jahr 1244, den Dominikanern beizutreten. Er schloss sich diesem Bettelorden an, um sich ganz von der weltlichen Umtriebigkeit zurückzuziehen und den Glauben intensiv zu studieren. *Thomas von Aquin* war kein Mann der großen Worte, im Gegenteil. Schon bald betitelten ihn einige seiner Mitstudenten als »stummen Ochsen«. Doch sein Lehrer Albertus Magnus erkannte die Intelligenz dieses stillen Menschen und förderte ihn. Trotz seiner großen Schweigsamkeit und tiefen Nachdenklichkeit wurde *Thomas von Aquin* Universitätsprofessor, denn er war einer der scharfsichtigsten und rationalsten Denker seiner Zeit. Aus seiner Feder stammen für die Kirche richtungsweisende Schriften, und als er 1274 starb, verlor die Kirche einen wichtigen Denker, der sich nicht scheute, die Probleme der Zeit anzugehen. Im Jahr 1323 wurde er heiliggesprochen.

Der Kindergeburtstag – ein geliebter Tag

»Geburtstag ist ein schöner Tag, ich jeden Tag Geburtstag mag!« So singt Pumuckl bei seinem Meister Eder. Dieser Ausspruch gilt nicht nur für die Kleinen. Auch Schulkinder kennen die glühende Vorfreude auf den großen Tag. Natürlich verändert sich mit dem Alter des Kindes auch die Art, Geburtstag zu feiern, aber eines bleibt doch gleich: Der Geburtstag ist der eigene Jahrestag der Freude – auch und gerade für das Kind. Geburtstage heben sich aus all den anderen Tagen des Jahres heraus. Die Familie kommt zusammen, die Freunde wollen teilnehmen. Das Geburtstagskind steht im Mittelpunkt. Es spürt an diesem Tag besondere Wertschätzung. Schon dieses Gefühl ist ein Grund zur Vorfreude und das größte Geburtstagsgeschenk. Vorfreude ist auch das Stichwort für die Planung der Geburtstagsfeier. Günstig ist es, das Kind mit einzubeziehen, es einzelne Spiele, Lieder oder Speisen bestimmen und wählen zu lassen.

So gelingt das Kinderfest

Es empfiehlt sich, den Kindergeburtstag nach einer festen Grundstruktur aufzubauen, nämlich nach der bewährten Fünf-Finger-Regel »Wer? Wann? Wo? Was? Wie?«

Ab dem dritten Lebensjahr wird eine Geburtstagsfeier mit gleichaltrigen Kindern immer wichtiger für Ihren Sohn bzw. Ihre Tochter. Als Faustregel gilt: Die Feier sollte nicht mehr Gäste zählen als das Geburtstagskind alt ist. Kindergeburtstage sind eine gute Gelegenheit, das Zusammenspiel des eigenen Kindes mit den anderen Kindern zu beobachten. Mit Beginn des Kindergartenbesuchs erfahren Kinder eine wichtige Bereicherung ihres sozialen Lernens. Jedes Kind sollte dann in der Lage sein, sich Regeln unterzuordnen, die Wünsche anderer zu berücksichtigen und sich als Mitglied einer Gruppe alters- und situationsadäquat zu verhalten.

Für jeden Sturm einen Regenbogen

*Gott gebe dir
für jeden Sturm einen Regenbogen,
für jede Träne ein Lachen,
für jede Sorge eine Aussicht
und eine Hilfe in jeder Schwierigkeit.
Für jedes Problem, das das Leben schickt,
einen Freund, es zu teilen,
für jeden Seufzer ein schönes Lied
und eine Antwort auf jedes Gebet.*

Irischer Segenswunsch

Wer?

Die Einladung:

- Mit dem Geburtstagskind die Gästeliste besprechen
- Die Eckdaten des Festes festlegen
- Um Rückmeldung der Gäste bitten
- Die Einladung rechtzeitig zwei Wochen vor dem Fest versenden

Wann?

Der Zeitpunkt:

- Ist der Geburtstag tatsächlich der geeignete Tag für die Feier?
- Gibt es Kinder, die wegen fester Termine nicht teilnehmen könnten?
- Kann die Feier evtl. auf einen anderen Zeitpunkt verschoben werden? Ist auch ein später Vormittagstermin oder ein Wochenende dafür möglich?

Wo?

Auswahl des Ortes:

Feste im Freien, im Wald, am See oder auf einem Grillplatz verursachen zwar einigen planerischen Aufwand, aber sie sind einfach abenteuerlich und spannend. Einige Besonderheiten müssen bei Outdoor-Aktivitäten beachtet werden:

- Ist das Gelände sicher?
- Ist eine Genehmigung erforderlich, z.B. für eine Feuerstelle?
- Gibt es Toiletten in der Nähe?
- Ist genügend freier Platz für Spiele?
- Kann das Fest bei schlechtem Wetter in die Wohnung verlegt werden?
- Eine Erste-Hilfe-Ausrüstung ist unerlässlich
- Auch die Telefonnummern der Eltern, um im Notfall direkt informieren zu können, sind nötig
- Ein Hinweis auf wetterfeste Kleidung und/oder eine Ersatzgarnitur gehört auf die Einladung

Die Geburtstagstorte, natürlich selbst gebacken, ist wichtig an einem solchen Tag!

Feste im Haus bieten einen wetter- und jahreszeitenunabhängigen Raum für Kreativität. Im Vorfeld muss geprüft werden, ob der Platz für Spiele und Bewegung ausreicht:

- Kann Mobiliar zur Seite geschafft werden?
- Sind lärmempfindliche Nachbarn informiert?

Bei einem Fest in angemieteten Räumen sollten Größe und Aufteilung des Raumes, Hellhörigkeit, Steckdosen für Kassettenrekorder sowie der Zugang zur Teeküche und zur Toilette überprüft werden. Sind ausreichend Teller, Besteck, Trinkbecher, Toilettenpapier und Küchenrollen vorhanden?

Was?

Die Inhalte:
- Soll es ein Themenfest werden, ein reines Spielfest oder soll eine Aktion im Mittelpunkt des Festes stehen?
- Spiele, Lieder, Aktionen miteinander aussuchen
- Gastgeschenke suchen, z.B. eine Tüte Süßes für jedes Kind
- Ersatzspiele, Ersatzgeschenke, Ersatzaufgaben überlegen

Wie?

Die Abfolge:
- Es gilt die Grundregel, zwischen lebhaften und ruhigeren Elementen abzuwechseln
- Zu Beginn der Feier genügend Zeit zum Gratulieren und Auspacken der Geschenke einplanen

Ab dem sechsten Lebensjahr sind bei Kindern Themenfeste beliebt: Egal ob Piraten- oder Zaubererparty, Elfen- oder Prinzessinnenfest, für alle Themen lassen sich mit ein bisschen Fantasie Spiele, Dekorationen und Verkleidungen anpassen.

Geburtstagsständchen

I. Kräht der Hahn früh am Ta - ge, kräht er
laut, kräht er weit: »Gu - ten Mor - gen, lie - be(r)
................., dein Ge - burts - tag ist heut.«

Worte: Paul Dehmel; Weise und Satz: Karl Marx

Spiele für den Kindergeburtstag

Im Folgenden sind einige Spiele für etwa Sechs- bis Zehnjährige zu finden: Kennenlernspiele, Spiele für drinnen und draußen (auch Pfandspiele), Spiele im Freien (im Sommer), ruhige Spiele im Raum (im Winter und an verregneten Tagen), Tanzspiele und lustige Auszählverse (Wer darf beim Spiel beginnen?).

Rate, was ich gerne mag

So geht's:

Tipp
Entspannende Spiele sollten sich mit bewegungsreicheren Aktionen abwechseln. Zur Stärkung gibt's zwischendurch einen Snack; die Geburtstagsfeier sollte mit einem ruhigen, stillen Spiel enden.

Der Spielleiter/die Spielleiterin stimmt die Gäste ein: »Stellt euch vor, ihr sitzt alle zusammen im Bus, kennt euch nicht und wollt eure Mitfahrer kennenlernen«.
Das Geburtstagskind eröffnet nun das Spiel und beginnt mit einem Satz, der etwas mit seinen ganz persönlichen Vorlieben zu tun hat. Allerdings vollendet es diesen Satz nicht, weil alle Mitspieler nun reihum raten sollen, wie der Satz tatsächlich zu Ende geht. Heißt der Satz beispielsweise: »Ich fahre am liebsten nach I...«, vollendet ein Mitspieler den Satz nach seiner Einschätzung und sagt: »Ich fahre am liebsten nach Italien, ... nach Innsbruck, nach Irland, nach ...«. Haben alle nacheinander ihre Vermutung geäußert, darf der Spieler, der richtig geraten hat, die nächste Raterunde eröffnen.
Beispiele für andere Raterunden: »Ich mag am liebsten Bücher von H...«, »Ich trinke sehr gerne L...«, »Mein größtes Hobby ist R...«, »Mein Lieblingstier ist eine S...«.

Flieg, Täublein

Material
1 großes Tuch

So geht's:
Alle Kinder sitzen im Stuhlkreis. Das Geburtstagskind wirft einem Gast ein geknotetes Tuch zu. Dabei sagt es: »Flieg Täublein, flieg dahin, fliege schnell zur/zum ... (Namen eines Kindes) hin!«
Das angesprochene Kind fängt die »Taube« und schickt sie mit dem gleichen Spruch wieder zu einem anderen Kind auf die Reise.

Schnapp

So geht's:
Die Gäste sitzen im Kreis am Boden oder um einen runden Tisch, die Hände auf dem Rücken, das Obst liegt in der Mitte.
Nun erzählt die Spielleiterin eine Fantasiegeschichte, in der diese Gegenstände vorkommen, zum Beispiel: »Gestern ging ich spazieren. Ich kam an einem großen Feld vorbei. Und was glaubt ihr, sah ich? Einen riesengroßen Baum voller Birnen. Ach nein, war das nicht ein Baum mit einem Apfel? ...« Bei den Worten »Birne« oder »Apfel« müssen alle ganz schnell versuchen, die Früchte mit einer Hand vom Tisch zu schnappen, und »schnapp« rufen.
Sind alle Früchte vom Tisch, lässt sich aus diesen Früchten miteinander ein Obstsalat zubereiten.

Material
Verschiedenes Obst
(für jedes Kind
mindestens 1 Stück)

Kartoffelziehen

So geht's:
Alle sitzen in einem großen Kreis, in der Mitte des Kreises liegt für jeden Spieler eine rohe Kartoffel. Jedes Kind hat eine Kordel in der Hand, und zwar das eine Ende in der linken Hand, das andere in der rechten. Die Mitte der Kordel muss nun um eine Kartoffel herumgelegt werden. Auf ein Startkommando ziehen alle an beiden Kordelenden und versuchen so, die rohe Kartoffel zu sich zu bewegen. Wer seine Kartoffel verliert, gibt ein Pfand.

Material
Pro Spieler eine Kartoffel und eine etwa
2 m lange Kordel
(oder dicke Schnur)

Variante:
Statt einer Kartoffel kann auch ein entsprechend großer Stein verwendet werden. Wenn jedes Kind den Stein zu sich hergezogen hat, malt es mit einem Farbstift ein Detail eines Gesichts auf den Stein, etwa eine Nase, ein Auge, eine Augenbraue, ein Ohr usw. Dann werden die Steine reihum getauscht. Das Spiel ist beendet, wenn jeder Stein ein komplettes Gesicht trägt, zu dem jedes Kind seinen Teil beigetragen hat. Zum Schluss bekommen die Steine die Namen der Kinder.

Für die Variante
Steine, Kordel,
Filzstifte

Auf der Mauer, auf der Lauer

1. Auf der Mau-er, auf der Lau-er, sitzt 'ne klei-ne Wan-ze,

auf der Mau-er, auf der Lau-er sitzt 'ne klei-ne Wan-ze.

Seht euch mal die Wan-ze an, wie die Wan-ze tanz-en kann!

Auf der Mau-er, auf der Lau-er, sitzt 'ne klei-ne Wan-ze.

1. Auf der Mauer, auf der Lauer sitzt 'ne kleine Wanze,
auf der Mauer, auf der Lauer sitzt 'ne kleine Wanze.
Seht euch mal die Wanze an, wie die Wanze tanzen kann!
Auf der Mauer, auf der Lauer sitzt 'ne kleine Wanze.

2. *Anstatt »Wanze« singt ihr nun »Wanz« und anstatt »tanzen« nur*
»tanz«!

3. … »Wan« … »tan« …

4. … »Wa« … »ta« …

5. … »W« … »t« …

6. … … …

Achtung:
Wer nicht daran denkt, jeweils einen Buchstaben wegzulassen
und das ganze Wort singt, muss ein Pfand geben!

Text und Melodie: mündlich überliefert

Taucherfrosch-Laufstaffel

So geht's:
Zunächst müssen zwei Gruppen gebildet werden. Jede Gruppe stellt sich hintereinander an der Startmarkierung auf. Die ersten Beiden jeder Gruppe ziehen auf ein Kommando hin die Taucherbrille und die Schwimmflossen an und watscheln in Richtung Wendepunkt. Diesen umrunden sie und kommen zum Startpunkt zurück. Dort angekommen, entledigen sie sich ihrer Froschmontur und übergeben sie an den nächsten Spieler … Gewonnen hat die Gruppe, die als erste wieder am Startpunkt steht.

Material
2 Taucherbrillen,
2 Paar Schwimm-
flossen, Markierung
für Start- und
Wendepunkt

Varianten:
In den Parcours Hindernisse einbauen, z.B. Bänke, Stöcke, alles, was man in der Natur an Materialien findet.

Aufgabenstaffel: Jeder Läufer bekommt, bevor er losgeht, eine Aufgabe, z.B. »Bring den Ball, der vorne an der Wendemarke liegt, mit«.

Auf die Pferde!

So geht's:
Immer drei Kinder gehen zusammen. Das leichteste Kind ist der Reiter, die beiden anderen bilden das Pferd: Einer läuft aufrecht (als Kopf und Vorderbeine des Tieres), der Zweite knickt in der Hüfte ab, macht sich ganz lang und klammert seine Arme um die Hüfte des Vordermannes (als Pferderücken und Hinterbeine). Nun muss der Reiter aufsitzen. Sitzen alle im Sattel, geht es um die Wette bis zum Wendepunkt und zurück.
Wer »pferdelos« ist, gibt das Startzeichen oder hilft beim Aufsitzen.

Material
Markierung für Start-
und Wendepunkt

Lirum, larum, Löffelstiel

Material
1 Esslöffel

So geht's:
Der erste Spieler nimmt den Esslöffel in die Hand und beginnt eine Bewegung in die Luft zu zeichnen. Der Nächste muss diese Bewegung korrekt nachahmen, der erste Spieler bestätigt mit »richtig« oder »falsch«. Mit Sicherheit kann nur der die Aufgabe richtig ausführen, der den Luftschreiber genau beobachtet (z. B. dass der Löffel vor dem Luftschreiben von der linken in die rechte Hand genommen wurde, oder dass er nochmals in beide Hände genommen wurde, oder dass vor dem Luftschreiben eine kleine Verbeugung erfolgte …). Wer auf den Trick kommt, darf sich selbst einen ausdenken und die nächste Spielrunde beginnen.

Wo ist er?

Material
1 Wecker zum Aufziehen

So geht's:
Einer verlässt den Raum, während die anderen den tickenden Wecker so verstecken, dass er nicht zu sehen ist. Wenn der Weckersucher kommt, muss im Raum Mäuschenstille herrschen. Der Sucher muss am Geräusch den Platz des Weckers finden.

Auszählverse

Lirum, larum, Löffelstiel,
alte Weiber essen viel,
junge müssen fasten,
und diese darf jetzt rasten.

Timpel, Tampel, Nagelstock,
wie viel Hörner hat der Bock?
Eins, zwei, drei,
du bist frei!

Um was woll'n wir wetten,
um drei goldne Ketten,
um zwei Flaschen Wein:
Du musst es sein!

Eins, zwei, drei, vier, fünf, sechs, sieben,
meine Mutter kochte Rüben,
deine Mutter kochte Speck,
und du bist weg.

Fröhliche Tanzspiele

Geeignete, peppige Musikstücke in ausreichender Anzahl müssen vor dem Fest vom Geburtstagskind ausgesucht worden sein.

Luftikustanz

So geht's:
Jeder hat einen aufgeblasenen Luftballon. Mit den Fingern wird er ständig in der Luft gehalten. Alle müssen gemeinsam versuchen, die Ballons nicht auf den Boden fallen zu lassen.

Material
Für jedes Kind
1 Luftballon

Ballontanz

So geht's:
Jedes Paar bindet einen aufgeblasenen Luftballon mit der Schnur um den Knöchel von einem der beiden Tänzer und fasst sich an beiden Händen. Während des Tanzes soll versucht werden, möglichst viele Ballons der anderen Tanzenden zum Platzen zu bringen, bzw. den eigenen zu schützen.

Material
Pro Paar 1 Luftballon
und eine Schnur
von 1 Meter Länge

Spiegeltanz

So geht's:
Wieder werden Paare gebildet: Einer ist der »Angeber«, der andere ist der »Spiegel«. Der »Spiegeltänzer« muss sich bemühen, alle Bewegungen und Verrenkungen des »Angebers« nachzuahmen. Nach einer gewissen Zeit werden die Rollen getauscht.

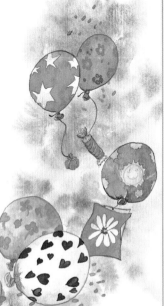

Feine Rezepte für den Kindergeburtstag

Die beiden Anregungen »Glücksbringer« und »gebackenes Selbstportrait« können gut während des Kindergeburtstages mit den Kindern selbst durchgeführt werden. Das folgende Rezept für einen Hefeteig ist Grundlage dazu. Er wird am besten vorher schon zubereitet.

Hefeteig

Zutaten
500 g Mehl,
1–2 Tassen Milch,
1 Würfel Hefe,
1 Ei, 2 EL weiche
Butter, 1 TL Zucker

Zubereitung:
Alle Zutaten zu einem Hefeteig verkneten und mindestens 20 Minuten gehen lassen. Teig erneut durchkneten und zu Glücksbringern oder Selbstporträts verarbeiten.
Hefeteig kann auch fertig gekauft werden, doch das gemeinsame Vorbereiten des Teigs macht Kindern großen Spaß und kann als ruhige Aktion zwischendurch eingeschoben werden.

Du bist einfach toll!

Glückskekse

Zutaten
Kleine Zettel, Stifte,
Hefeteig (s. o.),
1 Eigelb mit etwas
Milch vermengt,
Alufolie

Zubereitung:
Zu Beginn der Backaktion werden auf kleine Zettelchen Glückwünsche geschrieben. Jedes dieser Zettelchen wird winzig klein zusammengefaltet und mit einem kleinen Stück Alufolie gut umwickelt, sodass es die anschließende Backaktion unbeschadet übersteht. Dann werden die Glücksbotschaften gemischt, und jeder Gast sucht sich eine kleine Aluminiumkugel aus. Dann zupft sich jeder ein walnussgroßes Stück Teig ab, drückt es flach, legt das in Alufolie gewickelte Papierchen darauf und faltet den Teig so zusammen, dass alle Seiten geschlossen sind. Nun die Glückskekse mit Eigelb bestreichen und auf ein gefettetes Blech legen.
Bei 200 bis 220 °C ungefähr 15 bis 20 Minuten backen.

Gebackenes Selbstporträt

Zubereitung:
Jeder nimmt sich vom Hefeteig eine handgroße Kugel und gestaltet damit ein Selbstporträt. Alle Teile eines Gesichtes lassen sich aus dem Teig formen, auch Haare, Mund und Augen. Das Gesicht mit Eigelb bestreichen und mit den Verzierungen verschönern.

Vorsicht: Der Hefeteig geht auf, und die Gesichter werden deshalb nach dem Backen breiter sein!

Bei 200 °C im vorgeheizten Ofen backen, bis die Gebäckstücke eine schöne bräunliche Farbe haben (etwa 20 Minuten).
Später werden die erkalteten Werke herumgezeigt und das spannende Rätsel gelöst: Wer ist wer?

Zutaten
Fertigen Hefeteig (Seite 52), 1 Eigelb mit etwas Milch vermengt, Verzierungen aller Art wie Mandeln, Rosinen, Haselnüsse, Sonnenblumenkerne, Kürbiskerne, Orangeat, Zitronat, Sesam, Mohn usw.

Tiramisu
Für 6 Kinder

Zubereitung:
Eigelb, Zucker und Vanillinzucker schaumig rühren. Cremig gerührte Mascarpone zugeben und gut verrühren. Eiweiß zu steifem Schnee schlagen und unterheben. Eine nicht zu große, rechteckige Auflaufform mit einer Schicht Biskuits auslegen und mit der Hälfte des Kakaos beträufeln. Die Hälfte der Creme daraufstreichen. Die übrigen Löffelbiskuits auflegen, mit dem restlichen Kakao beträufeln und mit der restlichen Creme überziehen. Die dunklen Kekse mit den Händen ganz fein zerbröseln und über die Creme streuen. Mindestens 2 Stunden zugedeckt im Kühlschrank kalt stellen.

Zutaten
3 Eigelb, 3 EL Zucker, 1 Päckchen Vanillinzucker, 300 g Mascarpone, 3 Eiweiß, mindestens 20 Löffelbiskuits, dunkelbraune Kekse, 2 Tassen angerührter Kakao

Der Steinegeburtstag
Eine Geschichte zum Vorlesen

Wer einen Stein nicht heben kann, der sollte ihn wälzen.

Sprichwort

Ein Mädchen hatte Steine sehr gerne. Wirklich, es spielte lieber mit Steinen als mit Puppen und all solchen Sachen. Es redete mit den Steinen, es sammelte Steine, es putzte sie blank, und es trug die Steine spazieren. Das Mädchen trug die Steine spazieren, weil sie ja nicht wegkonnten. Sie mussten immer nur da liegen. Einfach so da liegen am Weg oder im Garten. Das Mädchen dachte, dass das langweilig sein müsste für die Steine. Einmal fand das Mädchen wieder einen Stein. Der lag ganz versteckt in der Hecke. Es war ein sehr weißer Stein, und er hatte überall grüne Flecken, ganz kleine Flecken zwar nur, fast so wie Pünktchen, aber er sah wunderschön aus. Und der Stein fühlte sich glatt an. Er war weiß, grün gepunktet und schön glatt. Eigentlich sah er aus wie ein ganz großes Ei. Aber diesen Stein konnte das Mädchen nicht tragen. Dazu war er zu groß. Und dann steckte er auch in der Erde, so, als ob der Stein Wurzeln hätte, so fest.

Das Mädchen hockte sich zum Stein hin, und es sprach auch mit ihm. Es sagte ihm, dass er der schönste Stein wäre, den es jemals gesehen hätte, und es gab dem Stein einen Namen. Es sagte: »Donania ist ein schöner Name für dich.« Jeden Tag besuchte das Mädchen den Stein in der Hecke, und einmal wollte es, dass am kommenden Sonntag Donanias Geburtstag sein sollte. Am Abend vor dem Geburtstag putzte das Mädchen den Stein. Mit dem Taschentuch und mit Spucke putzte ihn das Mädchen, und nachher war Donania noch weißer und glatter. Drei Überraschungen sollte es am Sonntag für den Stein geben. »Richtige Geburtstagsgeschenke«, sagte das Mädchen. Es freute sich auf Donanias Geburtstag so sehr wie auf den eigenen. Endlich war es so weit. Ganz früh am Morgen lief das Mädchen nach draußen und pflückte viele Gänseblümchen vom Rasen. Donania sollte einen Geburtstagskranz kriegen. Den gab ihm das Mädchen zuerst. Es kroch in die Hecke und legte ihn auf den Stein. Das zweite Geschenk war ein Lied. Das Mädchen sang das Geburtstagslied:

»Donania, Donania,
heut' ist dein Geburtstag da.
Bleib gesund und glatt und rein,
du mein allerliebster Stein.«

Zwei kalte Steine,
die sich reiben,
fangen auch Feuer.
Sprichwort

Die dritte Überraschung holte das Mädchen aus einem Korb, den es
mitgebracht hatte. Darin waren Steine, sehr viele Steine. Es waren
alle die Steine, die das Mädchen gesammelt hatte, und die legte es
jetzt rund um Donania hin in die Hecke, damit auch Steingäste da
waren zur Feier. Es war ein schönes Geburtstagsfest an diesem Sonntag. Es war so schön, dass die Steingäste, die das Mädchen gebracht
hatte, nie wieder weg wollten. Sie liegen noch heute dort in der Hecke rund um Donania.

Elisabeth Stiemert

Glück

Glück ist gar nicht mal so selten,
Glück wird überall beschert,
vieles kann als Glück uns gelten,
was das Leben uns so lehrt.

Glück ist jeder neue Morgen,
Glück ist bunte Blumenpracht,
Glück sind Tage ohne Sorgen,
Glück ist, wenn man fröhlich lacht.

Glück ist Regen, wenn es heiß ist,
Glück ist Sonne nach dem Guss,
Glück ist, wenn ein Kind ein Eis isst,
Glück ist auch ein lieber Gruß.

Glück ist Wärme, wenn es kalt ist,
Glück ist weißer Meeresstrand,
Glück ist Ruhe, die im Wald ist,
Glück ist eines Freundes Hand.

Glück ist eine stille Stunde,
Glück ist auch ein gutes Buch,
Glück ist Spaß in froher Runde,
Glück ist freundlicher Besuch.

Glück ist niemals ortsgebunden,
Glück kennt keine Jahreszeit,
Glück hat immer der gefunden,
der sich seines Lebens freut.

Quelle unbekannt

Was Kinder zum Geburtstag schenken

Auch Kinder entwickeln den Wunsch, ihren Eltern, Großeltern, Geschwistern und großen wie kleinen Freunden auf eine besondere, eigene Art zu gratulieren. Und Kinder haben mehr Ideen, als »Happy Birthday« zu singen. Zum Beispiel ein frohes, lustiges oder besinnliches Gedicht oder selbst gemachte Geschenke.

Geburtstagsgedicht für den Vater

Lieber Vater ich bin hier,
um zu gratulieren dir.
Wünsche dir von ganzem Herzen
lauter Tage ohne Schmerzen,
nur noch Sonnenschein in dir,
ab und zu ein Gläschen Bier*.

Ist der Himmel einmal trübe
wünsch ich dir 'ne gelbe Rübe*,
ein Stück Brot* und auch ein Ei*,
dass es wieder heiter sei.

Sei gesund und immer lustig,
alles andre, das ist wurstig*,
bis das Jahr vollendet ist,
bleibe so, wie du jetzt bist!

* Die genannten Dinge werden dem Geburtstagskind überreicht: ein Glas Bier, eine gelbe Rübe (Möhre), ein gekochtes Ei, ein Stück Wurst. Das Ganze kann aber auch in ein großes Brotzeittuch aus Leinen (Geschirrtuch) gepackt und zugeknotet werden.

Geburtstagsgedicht für die Mutter

Mutter, du bist meine Beste,
und zu deinem Wiegenfeste
wünsche ich viel Glück und Segen,
bleib gesund auf allen Wegen!

Darum will ich dir nun schenken,
was ich für dich ausgedacht.
Immer will ich an dich denken,
deshalb hab' ich's selbst gemacht.

Nimm sie hin, die kleine Gabe,
die ich schön gestaltet habe.
Dieses _____* soll bedeuten:
Glück und Segen und viel Freuden!

* Hier kann das Geschenk genannt werden. Wenn sich die Bezeichnung nicht eignet, kann man auf Wörter wie »Zeichen«, »Geschenk« usw. ausweichen.

Dass du heut' Geburtstag hast

Lied für Oma oder Opa zum Geburtstag

1. Dass du heut' Ge-burts-tag hast, Ge-burts-tag hast, Ge-burts-tag hast, das ist für mich kei-ne Last, kei-ne Last! Drum gra-tu-lie-re ich dir und sag' ganz leis': *Refrain:* Du bist die al-ler-bes-te O-ma, die ich weiß!

---

1. Dass du heut Geburtstag hast, Geburtstag hast, Geburtstag hast,
   das ist für mich keine Last, keine Last!
   Drum gratuliere ich dir und sag' ganz leis':
   Refrain: Du bist die allerbeste Oma *, die ich weiß! (*der allerbeste Opa)

2. Alles Glück der Welt für dich, der Welt für dich, der Welt für dich,
   ja, das wünsche nicht nur ich, nicht nur ich.
   Refrain: Du bist …

3. Lebe froh und munter weiter, munter weiter, munter weiter
   wie der Frosch auf seiner Leiter, seiner Leiter.
   Refrain: Du bist …

4. Was ich dir noch geben muss, ja geben muss, ja geben muss,
   ist ein riesengroßer Kuss, riesengroßer Kuss!
   Refrain: Du bist …

Text und Melodie: Gertrud Weidinger

Weitere Ideen für Kinderhände

Hier ein paar Rezepte, die Kinder fast allein meistern können. Auch das stimmungsvolle Windlicht können sie ganz ohne Hilfe basteln.

Einfaches Windlicht

<u>Material</u>
1 großes Marmeladen- oder 1-Liter-Einmachglas, kleine Muscheln oder grober Sand, 1 farbige Schwimmkerze

Leicht zu basteln

So geht's:

In alte, sauber gespülte Marmeladen- oder Einmachgläser kleine, schöne Muscheln vom letzten Urlaub oder groben Sand geben, das Glas mit Wasser zur Hälfte füllen und eine schwimmende, farbige Kerze hineinsetzen. Solch ein Windlicht ist dekorativ und passt auf jeden noch so kleinen Tisch.

Gebackene Herzen

<u>Zutaten</u>
300 g Mehl, ½ TL Salz, 200 g Rohrzucker, 180 g Butter, 1 großes Ei, etwas Milch 120 g Kochschokolade, evtl. Fertigglasur in der Tube, Herzschablone aus Karton, Seidenband

Ein Rezept für etwas erfahrenere Bäckerinnen und Bäcker
Für 6 Herzen

Zubereitung:

Mehl und Salz sieben, Zucker mit Butter schaumig rühren. Das Ei dazugeben. Mit Mehl und Salz zu einer cremigen Masse verrühren. Wenn der Teig zu fest wird, 1 bis 2 Esslöffel Milch dazugeben. Die Schokolade in einer kleinen Schüssel im Wasserbad schmelzen und zu dem Teig geben. Die dunkle Masse 15 Minuten in den Kühlschrank stellen, dann in 6 Teile schneiden, mit dem Nudelholz ½ Zentimeter dick ausrollen und auf Backpapier legen. Die Schablone auf den ausgerollten Teig legen und mit einem Messer entlang der Form Herzen ausschneiden. Für das Band zwei kleine Löcher bohren.
Bei 180 °C 8 bis 10 Minuten lang backen. Auskühlen lassen und mit Fertigglasur verzieren. Dann ein Seidenband durch die beiden Löcher ziehen.

Ein Herz aus meiner Küche, ein Gläschen guter Wein, soll mit Geburtstagswünschen für dich verbunden sein!

Kartoffelsalat – einfach und lecker
Rezept für Kinderköchinnen und -köche
Für 4 Personen

Zubereitung:
Die Kartoffeln in dünne Scheiben schneiden, Zwiebel würfeln. Mayonnaise, gehackte Zwiebelstückchen, Fleischbrühe, Öl, Essig, Salz, Pfeffer und Senf verrühren, über die Kartoffeln gießen und alles vermischen. Den fertigen Kartoffelsalat mit Ei-Vierteln und Essiggurkenscheiben verzieren.
Nicht neu, aber immer gut: Dazu gibt es Wiener Würstchen.

Zutaten
700–800 g Salatkartoffeln, gekocht und geschält, 1 Zwiebel, 4 EL Mayonnaise, ¼ Liter fertige Fleischbrühe, 3 EL Öl, 3 EL Essig, Salz, Pfeffer und Senf, 2 hart gekochte Eier, 2 Essiggurken

Kürbiscremesuppe – mit Mamas Hilfe
Für 4 Personen

Zubereitung:
Den Kürbis aufschneiden, schälen, von den Kernen befreien und in Würfel schneiden. Die Kartoffeln waschen, schälen und ebenfalls würfeln. Den Lauch waschen und in Ringe schneiden.
Die Butter in einem großen Topf erhitzen und die Lauchringe kurz darin andünsten. Dann den Kürbis und die Kartoffeln dazugeben und kurz weiterdünsten. Die Fleischbrühe dazugießen und zum Kochen bringen. Mit Salz und Pfeffer würzen und mit geschlossenem Deckel etwa 20 Minuten garen. Dann die Suppe pürieren und die Sahne unterrühren. Schon ist die Kürbiscremesuppe servierfertig.

Zutaten
800g Kürbis, 2 mehlig kochende Kartoffeln, 1 Stange Lauch, 2 EL Butter, ½ l Fleischbrühe, Salz, Pfeffer, ¼ l Sahne

Rote Grütze – mit Mamas Hilfe
Für 6 Personen

Zubereitung:
Frische Früchte säubern, Kirschen und Erdbeeren halbieren bzw. vierteln. Rote sowie schwarze Johannisbeeren und Himbeeren in ½ Liter Wasser kurz aufkochen. Dann etwas ziehen lassen, die Masse durch ein Sieb streichen und mit Wasser zu einer Menge von einem Liter auffüllen. Etwas Speisestärke anrühren, den Saft mit dem Zucker erneut kurz aufkochen und mit der angerührten Speisestärke andicken. Die Erdbeeren und Kirschen dazumischen und kalt stellen.

Zutaten
1000 g frische oder tiefgefrorene Früchte (Johannisbeeren rot und schwarz, Sauerkirschen, Erdbeeren, Himbeeren), 40 g Speisestärke, 150 g Zucker

Fröhliche Geburtstagswünsche

Kürzere und längere Geburtstagsreime für Jung und Alt

Gesundheit und ein froher Mut
sind besser als viel Geld und Gut!

Volksmund

Kummer sei lahm!
Sorge sei blind!
Es lebe das Geburtstagskind!

Theodor Fontane

So viel Stern' am Himmelszelt,
so viel Korn im Ährenfeld,
so viel Wein aus dicken Trauben,
so viel Stunden unter Lauben.
So viel Gutes wünsch ich Dir,
darum diese Karte hier:
Alles Gute zum Geburtstag!

Johann Wolfgang von Goethe

Mit diesem Tage reihe sich
ein schönes frohes Jahr für Dich
zum Kranz der frühen Jahre an,
das wünsche ich, so sehr ich kann!

Volksmund

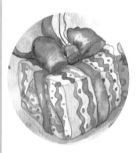

Diesen Strauß hab' ich gebannt
auf die Karte mit der Hand.
Gute Wünsche und Gedenken
woll'n Dir diese Blumen schenken:
Munter bleib' und frisch – fürwahr
in dem neuen Lebensjahr!

Volksmund

Ich wünsche Dir ein frohes Jahr,
dass Dich der liebe Gott bewahr';
ich wünsche so viel Glück und Segen,
wie Tropfen sind in einem Regen;
ich wünsch Dir so viel Wohlergeh'n,
wie Sterne an dem Himmel steh'n!

Volksmund

Gesundheit und Zufriedenheit,
nebst allem, was dich sonst erfreut,
ein langes Leben obendrein,
soll alles Dir bescheret sein.

Volksmund

Weißt Du, worin der Spaß des Lebens liegt?
Sei lustig! – geht das nicht, so sei vergnügt.

Johann Wolfgang von Goethe

Mach auf, Frau Griesbach*! Ich bin da
und klopf an Deine Türe.
Mich schickt Papa und die Mama,
dass ich Dir gratuliere.

Ich bringe nichts als ein Gedicht
zu Deines Tages Feier;
denn alles, wie die Mutter spricht,
ist so entsetzlich teuer.

Sag selbst, was ich Dir wünschen soll,
ich weiß nichts zu erdenken.
Du hast ja Küch' und Keller voll,
nichts fehlt in deinen Schränken.
Es haben alle Dich so gern,
die Alten und die Jungen,
und Deinem lieben, braven Herrn
ist alles wohl gelungen.

Du bist wohlauf; Gott Lob und Dank!
Musst's auch fein immer bleiben;
ja, höre, werde ja nicht krank,
dass sie Dir nichts verschreiben.

Nun lebe wohl! Ich sag ade.
Gelt, ich war heut bescheiden.
Doch könntest Du mir, eh ich geh,
'ne Butterbemme schneiden.

Friedrich Schiller

* anstelle des Namens kann der
Name des »Geburtstagskindes«
eingesetzt werden

Ein ganzes Leben

»Weißt du noch«, so frug die Eintagsfliege
abends, »wie ich auf der Stiege
damals dir den Käsekrümel stahl?«

Mit der Abgeklärtheit eines Greises
sprach der Fliegenmann:
»Gewiss, ich weiß es!«
Und er lächelte: »Es war einmal –«

»Weißt du noch«, so fragte weiter sie,
»wie ich damals unterm sechsten Knie
jene schwere Blutvergiftung hatte?«

»Leider«, sagte halbverträumt der Gatte.

»Weißt du noch, wie ich, weil ich dir grollte,
Fliegenlein-Selbstmord verüben wollte?? –
Und wie ich das erste Ei gebar?? –
Weißt du noch, wie es halb sechs Uhr war?? –
Und wie ich in die Milch gefallen bin??« –

Fliegenmann gab keine Antwort mehr,
summte leise, müde vor sich hin:
»Lang, lang ist's her – – lang – – –«

Joachim Ringelnatz

Dem schönen Tag sei es geschrieben!
Oft glänze Dir sein heiteres Licht.
Uns hörest Du nicht auf zu lieben,
doch bitten wir: Vergiss uns nicht.

Johann Wolfgang von Goethe

Geburtstagslieder

Beliebte Ständchen für Kinder und Erwachsene

Wir feiern heut' Geburtstag, wir feiern heut ein Fest

1. **V:** Wir fei - ern heut' Ge - burts - tag, wir fei - ern heut' ein
   A: Wir fei - ern heut' Ge - burts - tag, wir fei - ern heut' ein

Fest! **V:** Ich gra - tu - lie - re,
Fest! **A:** Wir gra - tu - lie - ren,

und ju - bi - lie - re. **A:** Wir wün-schen Glück, wir
und ju - bi - lie - ren.

wün - schen Glück, wir wün - schen Glück für dich!

1. *Refrain/Vorsänger:* Wir feiern heut' Geburtstag,
   wir feiern heut' ein Fest!
   Alle: Wir feiern heut' Geburtsgsfest,
   wir feiern heut' ein Fest!

2. *Vorsänger:* Ich gratuliere/*Alle:* Wir gratulieren
   V: auf allen Vieren/*A:* Auf allen Vieren: Wir wünschen Glück …

3. *V:* Ich gratuliere/*A:* Wir gratulieren
   V: mit allen Tieren/*A:* mit allen Tieren: Wir wünschen Glück …

4. *V:* Ich jubiliere/*A:* Wir jubilieren
   V: und applaudiere/*A:* und applaudieren: Wir wünschen Glück …

Text: Gertrud Weidinger, Melodie: Wir sind die Musikanten

Rundgesang

1 Sin -ge, wem Ge-sang ge - ge-ben, ...* soll hoch le-ben!

Drum nun ran, Maus und Mann, je - der sing' so laut er kann!

1. Singe, wem Gesang gegeben, (Name des Geburtstagskindes)* soll hoch
leben! Drum nun ran, Maus und Mann, jeder sing' so laut er kann.

2. Wenn wir auch das Grade lieben, ist dies' Lied doch rund geschrieben.
Bald wird mein – und auch dein – Kopf verdreht von diesem Zopf.

3. Überall schallt's aus dem Wald: Du bist heut' … Jahre alt!
Jedermann ruft sodann: »Seht euch dieses Prachtstück an!«

4. Es ist bald wie zum Verrenken, wer kann dabei klar
noch denken? Seid nicht bang, singt voll
Klang dennoch diesen Rundgesang!

5. Friede und ein langes Leben
möge dir der Himmel
geben, Glück und Freud'
für dich heut – und in
alle Ewigkeit.

6. Unser Lied wird
immer runder,
doch wir singen frisch
und munter:
Lebe hoch, lebe hoch,
viele schöne Jahre noch!

Text: mündlich überliefert,
Melodie: Petersilien Suppenkraut

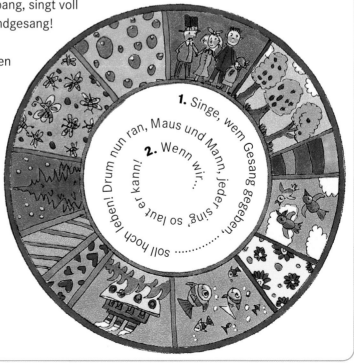

Gott ist unendliche Fülle, Christus ist unauslotbares Geheimnis, der ewige Logos und zugleich der Mann aus Nazaret, der Gekreuzigte und der Auferstandene, der Richter und Vollender aller Zeiten. In jeder Messe feiern wir das Ganze: den Lobpreis der Engel und der Heiligen im Himmel, die Gegenwart Christi, die Gemeinschaft der ganzen Kirche. Dieses Ganze klingt im Zuruf des Hochgebets an: »Deinen Tod, o Herr, verkünden wir, deine Auferstehung preisen wir, bis du kommst in Herrlichkeit«. Wir Menschen leben freilich im Nacheinander, können nie alles zugleich denken, sagen und tun. Darum ist es gut, dass wir das Kirchenjahr haben, das einzelne Aspekte hervorhebt. Es entfaltet die ganze Heilsgeschichte: die Erwartung der Völker, Geburt und Kindheit Jesu, sein Lehren und Heilen, sein Leiden und Sterben, seine Auferstehung und Himmelfahrt. So dürfen wir Jahr für Jahr ein wenig diese Fülle abschreiten und so mit dem Ganzen immer tiefer in Verbindung kommen.

Altabt Odilo Lechner

DAS
KIRCHENJAHR

Der Weihnachts-festkreis

Die Feste des Kalender- und die besonderen Zei- ten des Kirchenjahres heben sich vom Alltag ab wie Inseln im Strom der Zeit: Ziele zum Ansteuern, Festland zum Ausruhen, Treff- punkte zu Besinnung und Begegnung, Start- blöcke zum Aufbrechen ins Neuland der Zukunft.

Das Kirchenjahr beginnt mit der Adventszeit im Dezember. Das Wort »Advent« heißt wörtlich übersetzt »Zu-Kunft«, »An-Kunft«. Es bezeich- net die Wartezeit auf das Fest der Geburt Jesu, verbunden mit der Hoffnung auf eine neue, bessere Welt. Die Ankunft Jesu auf Erden ist Anlass für Freude und Feststimmung.

Mit dem Geburtsfest, dem Heiligen Abend, beginnt die Weihnachts- zeit. Das Fest der Heiligen Drei Könige (6. Dezember) erinnert an die drei Weisen aus dem Morgenland, die dem göttlichen Kind huldigen wollten. Dieses Fest wird auch »Epiphanie« oder »Erscheinung des Herrn« genannt. Es schließt die Weihnachtszeit ab. Maria Lichtmess (2. Februar) wirft vierzig Tage nach Weihnachten noch einmal einen Blick zurück auf Christi Geburt. Jesus wurde von seinen Eltern in den Tempel gebracht und dort gesegnet.

Überblick über das Kirchenjahr

Verschiedene Jahreskreise bestimmen das Leben: das Kalenderjahr, das Schuljahr, das Arbeitsjahr. Auch die Kirche hat ihren eigenen Jahreskreis: das Kirchenjahr, auch christli- cher Jahreskreis genannt. Dieser Jahreskreis orientiert sich zunächst am Leben Jesu. Die wichtigsten Ereignisse aus seinem Leben gliedern das Kirchenjahr.

Zusätzlich, manchmal gleichzeitig zu diesen Zeiten, die durch das Leben Jesu bestimmt sind, gibt es Feste im Kirchenjahr, die mit Monaten und Jahreszeiten verknüpft sind: Das Osterfest (der Sonntag nach dem ersten Frühlingsvollmond), die Auferstehung Jesu und das erwachende Leben, der beginnende Frühling in der Natur. Beides vollzieht sich fast gleichzeitig im Kalenderjahr und im Kirchenjahr.

Speziell mit dem Kalendermonat Oktober ist der Dank der Menschen für die Früchte und die Ernte des Jahres verbunden, das Erntedankfest.

Das Sterben in der Natur erinnert daran, dass auch wir Menschen sterben müssen. So feiert die Kirche am 2. November das Fest Allerseelen.

Außerdem erinnert die Kirche das ganze Jahr über an Heilige, Menschen, die durch ihr Leben ein Glaubenszeugnis für Gott abgelegt haben. Dieser Menschen wird an den Heili- genfesten gedacht. Dazu gehören der heilige Martin, die heilige Barbara, der heilige

Nikolaus und viele andere. An einem Tag, zu Allerheiligen, wird ihnen allen gedacht. Die Feste der heiligen Maria, der Mutter Gottes, knüpfen meist an Ereignisse aus ihrem Leben an. Die ersten Christen kannten im ganzen Jahreslauf nur einen immer wieder-kehrenden Festtag, den Sonntag. Er war das »kleine Osterfest«. Ab dem zweiten Jahrhun-dert hat sich der heutige Kalender für das Kirchenjahr entwickelt.

Erwartung

Die Kindlein sitzen im Zimmer –
Weihnachten ist nicht mehr weit –
bei traulichem Lampenschimmer
und jubeln: »Es schneit! Es schneit!«

Das leichte Flockengewimmel,
es schwebt durch die dämmernde Nacht
herunter vom hohen Himmel,
vorüber am Fenster sacht.

Und wo ein Flöckchen im Tanze
den Scheiben vorüberschweift,
da flimmert's in silbernem Glanze,
vom Lichte der Lampe bestreift.

Die Kindlein sehn's mit Frohlocken.
Sie drängen ans Fenster sich dicht.
Sie verfolgen die silbernen Flocken …
Die Mutter lächelt – und spricht:

»Wisst, Kinder, die Engelein schneidern
im Himmel jetzt früh und spät.
An Puppendecken und Kleidern
wird auf Weihnachten genäht.

Da fällt von Säckchen und Röckchen
manch silberner Flitter beiseit',
vom Bettchen manch Federflöckchen.
Auf Erden sagt man: Es schneit!«

Karl Gerok

Warten, warten, warten

Warten auf die große Zeit: Schon ein kleines Kind lernt zu warten. Die Mutter kann nicht immer und sofort zur Stelle sein. Das Thema Warten beschäftigt aber auch die Erwachsenen. Oft genug macht es uns ungeduldig, unleidlich, manchmal sogar nervös. Warten fällt den meisten Menschen in unseren Breiten schwer. Doch im Warten ste-cken Vorfreude und Erwartung. Sie können unser Erleben intensivie-ren. Besonders die Weihnachtszeit ist vom Warten geprägt.

Zeit der Lichter und der Vorfreude

Tannengrün zum Kranz gebunden, rote Bänder reingewunden. Und das erste Lichtlein brennt – erstes Leuchten im Advent.
Quelle unbekannt

Ende November, Anfang Dezember beginnt die Adventszeit, vier Wochen vor Weihnachten. Wer nicht in den Kalender schauen würde, bekäme spätestens dann bei einem abendlichen Einkauf oder Spaziergang mit: Es hat sich etwas verändert! Die Hauptstraßen sind mit Lichtergirlanden geschmückt, leuchtende Sterne verschönern die Fassaden der Geschäfte. Aus so manchem Fenster der Wohnhäuser blinken gelbe, rote, blaue und grüne Lämpchen, die Tannenbäume in den Vorgärten erstrahlen im abendlichen Glanz einer Lichterkette. Der Advent, die Lichterzeit, hat Einzug gehalten in die dunkle, kahle Jahreszeit. An diesen Abenden zünden wir gerne zu Hause Kerzen an und genießen das wohlige, warme Licht. Die strahlenden Kinderaugen vor dem Adventskranz gehören ebenso in diese Zeit wie auch der vorweihnachtliche Wohnungsschmuck und der Duft selbst gebackener Plätzchen.

Der Adventskranz

Der Adventskranz, das leuchtende Sinnbild des Advents, begleitet uns während der Vorweihnachtszeit. Johann Hinrich Wichern hat den Adventskranz vor ungefähr 150 Jahren in Hamburg ins Leben gerufen. Damals leitete er ein Haus für Kinder und Jugendliche und wollte

Advent ist eine Zeit der Erschütterung, in der der Mensch wach werden soll zu sich selbst.
Alfred Delp

ihnen die Adventszeit deutlich und erfahrbar machen. Dazu richtete ihm ein Freund einen riesigen Holzreifen mit Kerzen her. Jeden Tag versammelten sich die Hausbewohner an diesem Kerzenkranz. Sie entzündeten immer eine Kerze mehr, sangen und beteten miteinander. Später schmückten sie den Holzreif mit grünen Zweigen.
Seit dieser Zeit finden wir den Adventskranz in den Kirchen und in unseren Wohnungen. Die ursprünglich vielen Kerzen des Adventskranzes wurden im Lauf der Zeit verringert auf vier Stück, die die vier Adventssonntage symbolisieren sollten.
In vielen Familien gibt es inzwischen zwei unterschiedliche Adventskränze: Einen Gästekranz, der im Eingangsbereich der Wohnung hängt und reich bestückt ist mit herunterhängenden kleinen, »süßen« Päckchen für die Gäste. Der andere, eigentliche Adventskranz hängt an der Decke im Wohnzimmer oder liegt auf dem Tisch. Er ist mit Kerzen geschmückt und nach eigenem Geschmack verziert.
Im Adventskranz verbinden sich drei für diese Zeit wichtige Sinnbilder: der Kreis, das Grün und die Kerze, das Licht. Was hat es mit diesen drei Symbolen auf sich?

Der Kreis

Der Kreis ist Zeichen für Ganzheit und Harmonie. Er versinnbildlicht im Advent: Gott hat versprochen, die Erde ganz heil zu machen. Sie soll wieder gut sein, ohne Anfang und Ende. Das ist ein Zeichen dafür, dass Gott uns seine neue Welt in Aussicht gestellt hat. Der Kreis des Kranzes meint aber auch: Ich vergesse dich nicht! Deshalb legen wir bei der Beerdigung eines lieben Menschen einen Kranz auf das Grab. Und gleichzeitig ist der Kreis auch ein Ring: Gott hält zu uns. Er sagt: »Ich halte zu dir, jeden Tag, ob es dir gut geht oder schlecht, ich bin bei dir.« Der Kreis, der Kranz, der Lebensreifen, steht als Zeichen für Gottes Treue zu den Menschen.

Das Grün

Das Grün des Adventskranzes steht für das Wort Hoffnung: Der Geruch, die Frische und das Grün des Tannenzweiges erinnern an das Leben, an den Sommer. Und gleichzeitig schenkt das Grün Hoffnung auf das nächste Frühjahr, auf den nächsten Sommer. Es sagt: Ich gebe Hoffnung, es kommt wieder Leben, alles wird wieder grün!

Das Licht

Die Kerzen des Adventskranzes bedeuten Lebendigkeit, Licht, Helligkeit und Wärme. Je mehr Kerzen die dunklen Abende erhellen, umso mehr Zuversicht breitet sich im Menschen aus. Eigentlich ist die Kerze, die echte Wachskerze, ein Produkt, das wir den Bienen zu verdanken haben. Sie sammeln in der Sommerzeit die Pollen der Blüten. Diese Zeit ist eine helle, warme Zeit. Die Kerze, das Licht, erinnert daran: Ich schenke das Licht und die Süße des Sommers. Ich bin lebendig. Ich verbreite Wärme und Geborgenheit. In all der Dunkelheit, in allen Sorgen des Lebens gibt es Hoffnung auf Wege ins Licht, in ein gutes, neues Leben. Für jeden Sonntag in der Adventszeit steht eine Kerze. Das sind also vier Adventskerzen. Die Zahl vier hat eine große Bedeutung in der Ordnung der Welt: es gibt vier Himmelsrichtungen, vier Jahreszeiten, vier Altersstufen (Kind, Jugendlicher,

Die vielen Feste und Bräuche des Kirchenjahres bergen wie eine Schatztruhe das Lebens-Wissen vieler Generationen vor uns. Wer diese Schatztruhe öffnet und die Schätze näher betrachtet, wird das eine oder andere Fest im Kirchenjahr neu und anders erleben können.

Frauentragen (Marientragen)

An den letzten neun Tagen der Adventszeit wird ein Marienbild (z. B. die szenische Darstellung der Heimsuchung und Herbergssuche) oder eine Marienstatue von Haus zu Haus getragen. Dort versammeln sich dann die Nachbarn und Freunde, um eine Marienandacht zu halten. Auch dieser Adventsbrauch findet heute wieder mehr Beachtung.

Erwachsener, Greis). In der Zahl vier ist alles enthalten. Deshalb weist diese Zahl auf die neue, bessere Welt, die von Gott kommt, hin. Mit jeder Adventskerze wird es heller. Die Hoffnung wird stärker, das Licht sichtbarer. Christus, das Licht der Welt, wird alle Dunkelheit überwinden.

Der Adventskalender

Besonders Kinder lieben in dieser Zeit vor Weihnachten den Adventskalender. Man sagt, die ungeduldigen Fragen eines Kindes seien der Anstoß zum Adventskalender gewesen. Dessen geplagte Mutter nämlich nahm kurzerhand einen großen viereckigen Karton und malte 24 Felder auf. Für jeden Tag eines. Auf jedes Feld steckte sie eine kleine Süßigkeit. Das Kind durfte täglich ein Feld abräumen und wusste nun, wieviel Tage es jeweils noch bis Weihnachten waren. Das war vor knapp hundert Jahren.

Die meisten Adventskalender zeigen uns ein großes Bild, zum Beispiel die Häuser einer kleinen Stadt in der Winterlandschaft oder den heiligen Nikolaus, der auf einem Schlitten durch die verschneite Welt fährt … Jeden Tag (vom 1. Dezember an) wird in dem großen Bild ein kleines Türchen geöffnet. Dahinter verbirgt sich ein kleines Fensterbild. Am 24. Dezember schließlich wird das schönste und prächtigste Fensterbild geöffnet: Jesus in der Krippe oder ein leuchtender Christbaum, unter dem Geschenke liegen.

Rorate-Messen

Der Ausdruck »Rorate« leitet sich von einem alten lateinischen Gesang ab. Übersetzt bedeutet dies: »Tauet Himmel den Gerechten«. Der alte Adventsbrauch der Rorate-Messen ist im katholischen Leben weit verbreitet. Er wird auch heute noch gepflegt. Gerade beim einfachen Volk waren diese Messen früher sehr beliebt. Man schrieb den Ämtern eine Segenskraft für Lebende und Tote zu. Dazu kommt aber ein weiteres, fast gemüthaftes Element. Da die Rorate-Messen schon ganz früh am Tag gefeiert wurden, musste man oft bei klirrender Kälte und in der Dunkelheit den Gang zur Kirche antreten. In der Kirche hatte jeder Besucher eine brennende Kerze auf der Betbank stehen. Weihrauch und festliche Gesänge brachten sinnenhaft die Vorfreude auf das Weihnachtsfest zum Ausdruck.

Auch heute finden Rorate-Messen Zuspruch. Sie erfreuen sich selbst bei jungen Menschen immer größerer Beliebtheit.

Maria durch ein' Dornwald ging

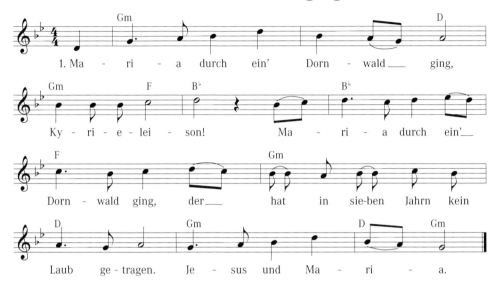

1. Ma - ri - a durch ein' Dorn - wald __ ging, Ky - ri - e - lei - son! Ma - ri - a durch ein'__ Dorn - wald ging, der __ hat in sie-ben Jahrn kein Laub ge - tragen. Je - sus und Ma - ri - a.

1. Maria durch ein' Dornwald ging, Kyrieleison!
   Maria durch ein' Dornwald ging, der hat in sieben Jahrn kein
   Laub getragen. Jesus und Maria.

2. Was trug Maria unter ihrem Herzen? Kyrieleison!
   Ein kleines Kindlein ohne Schmerzen, das trug Maria unter
   ihrem Herzen. Jesus und Maria.

3. Da haben die Dornen Rosen getragen: Kyrieleison!
   Als das Kindlein durch den Wald getragen, da haben die Dornen
   Rosen getragen. Jesus und Maria.

Geistliches Volkslied aus dem Eichsfeld, um 1850

Der Barbaratag

Gleich zu Beginn der Adventszeit feiert die Kirche das Fest der heiligen Barbara. Sie wurde um das Jahr 300 in der Nähe des heutigen Istanbul geboren. Ihr Vater war ein reicher Kaufmann, die Mutter starb, als Barbara noch klein war. Barbara hatte ihren Vater sehr gern. Und ihr Vater behütete sie wie einen Edelstein. Während ihr Vater wieder einmal auf Reisen war, hörte sie von Jesus und seinen Taten. Sie ließ sich schließlich taufen. Damit war sie eine Christin. Der Vater versuchte alles, Barbara vom Christentum abzubringen. Schließlich hatte er bereits einen Ehemann für sie ausgesucht. Dieser allerdings hasste, wie der römische Kaiser auch, die Christen. Barbara ließ sich davon nicht einschüchtern und bekannte sich weiter zu Jesus. Da ließ der Vater seine eigene Tochter in ein Gefängnis sperren. Es war Winter. Im Gefängnis war es sehr kalt und unwirtlich. Auf dem Weg zum Gefängnis streifte Barbara der Legende nach einen kahlen Kirschbaum, und ein Zweig blieb in ihren langen Kleidern hängen. Diesen Zweig nahm sie mit ins Gefängnis und stellte ihn in einen Becher. Sie füllte Wasser aus ihren knappen Wasservorräten hinein. Barbara wurde zum Tod verurteilt. Am Tag, an dem sie getötet werden sollte, begann der Zweig wunderschön zu blühen. Es war immer noch tiefster Winter! Sie sagte: »Zweig, ich dachte, du wärest tot. Aber nun blühst du wie im Sommer. So wird es auch mit den Menschen und mit mir geschehen: Wenn sie sterben, werden sie verwandelt zu neuem, blühendem Leben!«

Barbarazweige

Seit dem 12. Jahrhundert feiert man am 4. Dezember das Andenken an die heilige Barbara. An diesem Tag holt man nach altem Brauch die Barbarazweige ins Haus, knospenreiche Pflaumen-, Kirsch-, Forsythien-, oder Mandelbaumzweige. In Wasser gestellt und mit der Wärme des Zimmers entfalten sich die Knospen und blühen meist bis zum Weihnachtsfest auf.

Geh in den Garten am Barbaratag.
Geh zum kahlen Kirschbaum und sag:
»Kurz ist der Tag, grau ist die Zeit.
Der Winter beginnt, der Frühling ist weit.
Doch in drei Wochen, da wird es geschehen:
Wir feiern ein Fest wie der Frühling so schön.
Baum, einen Zweig gib du mir von dir!
Ist er auch kahl, ich nehm' ihn mit mir.
Und er wird blühen in leuchtender Pracht
mitten im Winter in der Heiligen Nacht.«

Josef Guggenmoos

Ein blühender Zweig bedeutet Leben, Sieg über das Dunkel, ist Zeichen für die Gnade Gottes im Triumph über das Sterben. So wird mit dem Barbarazweig ein Zeichen der Hoffnung und des ewigen Lebens gesetzt.

Der Nikolaustag

Ein ganz besonderer Abend für die Familie ist der Nikolausabend: Die Vorfreude, aber auch das Zittern und Zaudern, wenn der Nikolaus wirklich im Haus steht! Am 6. Dezember, dem Nikolaustag, zieht der heilige Nikolaus im Bischofsornat mit Mitra und Krummstab zu Fuß oder zu Pferd durch die Straßen und in die Häuser. Er wird begleitet von seinem rauen Knecht Ruprecht oder in Österreich von dem roten Krampus mit der Teufelsfratze.

Nikolaus war im vierten Jahrhundert n. Chr. Bischof von Myra (in der heutigen Türkei). Seine Eltern waren sehr reich, und so konnte er mit diesem Geld vielen Not leidenden Menschen helfen. Wegen dieser Freigiebigkeit war er hoch angesehen. Nachdem er schon fast 700 Jahre tot war, herrschte in der Gegend um Myra wieder einmal Krieg. Da kamen Kaufleute aus Italien und nahmen die restlichen Knochen des geehrten Mannes mit in ihre Heimatstadt, nach Bari in Italien. Man legte die Gebeine in einen mit Edelsteinen verzierten Sarg und baute eine Kirche, in der dieser Sarg aufbewahrt wurde. So wurde auch hier in Europa die Kunde vom wohltätigen Nikolaus verbreitet. Der heilige Nikolaus gilt als Freund der Kinder und als Schutzpatron der Kaufleute und Seefahrer.

Holler, boller,
Rumpelsack,
Niklas trug sein
Huckepack,
Weihnachtsnüsse
gelb und braun,
runzlich, punzlich
anzuschaun.

Knackt die Schale,
springt der Kern,
Weihnachtsnüsse
ess ich gern.
Komm bald wieder
in mein Haus,
alter guter Nikolaus!

Aus dem Hunsrück

Der Heilige Nikolaus und die Kornschiffe

Ein Gedicht zum Vorlesen

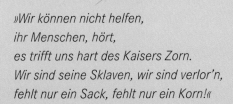

Es ist schon viele Jahre her,
da litten die Menschen in Myra Not.
Die Quellen und Brunnen waren leer,
verdorrt war der Weizen, es gab kein Brot.

Von Afrika wehte der Wüstenwind,
und Felder und Äcker waren verbrannt.
In Myra hungerte jedes Kind,
es gab kein Wasser, es glühte der Sand.

Die Menschen baten den Bischof sehr:
»O Nikolaus, sieh unser Elend an!
Wir haben zu essen und trinken nicht mehr,
o sag, wer uns jetzt noch helfen kann.«

Da sprach der Bischof: »Wir sind nicht allein,
die Hilfe Gottes ist nicht fern.
Er wird uns aus der Angst und Not befrei'n.
Drum betet zu Gott,
unsrem Heiland und Herrn:

Seht ihr die Schiffe im Sturm auf dem Meer,
beladen mit Korn bis zum höchsten Rand?
O Gott, so hilf, führ die Schiffe her,
es leite sie deine göttliche Hand!«

Gott lenkte sie in den Hafen hinein,
die Menschen baten in ihrer Not:
»Ihr Schiffer, hört unsre Kinder schrein!
O gebt uns Weizen, wir brauchen Brot!«

»Wir können nicht helfen,
ihr Menschen, hört,
es trifft uns hart des Kaisers Zorn.
Wir sind seine Sklaven, wir sind verlor'n,
fehlt nur ein Sack, fehlt nur ein Korn!«

Da trat der Bischof Nikolaus her:
»Gott half euch
in Wellen- und Sturmgebraus.
Dankt ihm für die Rettung aus dem Meer
und ladet eure Schätze aus.

Gott führte euch aus Angst und Not,
glaubt eurem Bischof Nikolaus.
Zählt eure Säcke, wiegt Korn und Brot,
mit gleicher Fracht fahrt ihr nach Haus.«

Es luden die Schiffer den Weizen aus,
wie Nikolaus es ihnen gebot.
Es freuten sich Menschen in jedem Haus,
Gott hat sie errettet aus großer Not.

Das war die Geschichte vom Nikolaus,
von diesem gütigen, hilfreichen Mann.
Er liebt die Menschen, Haus bei Haus,
er zeigt, wie man teilen und helfen kann.

Barbara Cratzius

Heiliger Nikolaus

1. Hei - li - ger Ni - ko - laus, du bra - ver Mo, i
sing dir a Lia - dl, so guat wia i ko, i
sing dir a Lia - dl, so guat wia i ko.

1. Heiliger Nikolaus, du braver Mo, i sing dir a Liadl,
so guat wia i ko, i sing dir a Liadl, so guat wia i ko.

2. Hast in dein Sackerl drinn Apferl und Kern,
viel Nussn und Feign, mei, de mog i gern!

3. Sag zu dein Kramperl glei, bin no so kloa,
er darf mi fei ja net in Sack einitoa!

Text und Melodie: Wastl Fanderl

Der Nikolausschuh

Der bekannteste Brauch zum Nikolaustag ist der Nikolausschuh oder Stiefel. Kinder und Erwachsene stellen ihre gut geputzten Stiefel oder ein Paar Socken vor die Tür, und Nikolaus (wer auch immer dies ist) füllt sie über Nacht mit Nüssen, Mandarinen, Backwerk, Schokolade, kleinen Geschenken etc.

Die Nikolausbescherung

Am Vorabend des Nikolaustages kommt bei Einbruch der Dunkelheit der Nikolaus mit Mitra, Bischofsstab und prächtigen Gewändern angetan ins Haus. Nach einer kurzen Begrüßung wird das Kind aufgefordert, ein Gedicht oder ein Lied zu singen. Nun öffnet der heilige Mann sein goldenes Buch, in dem alles verzeichnet ist (zumindest alles, was von den Eltern Tage zuvor berichtet wurde). Er beginnt die guten Taten, aber auch – mit entsprechend ernstem Gesichtsausdruck – die Missetaten und Fehler des Kindes vorzulesen. Sofort danach mahnt er das Kind zur Besserung. Endlich greift er in seinen Sack und holt das Nikolausgeschenk. Nach dem artigen Bedanken darf das Kind noch eine Strophe eines Nikolausliedes singen, bevor der heilige Mann sich verabschiedet und die Wohnung verlässt.

Der etwas andere Nikolaus

Freudig, aber auch ein bisschen ängstlich wird der Nikolaus erwartet – vor allem, wenn er mit Knecht Ruprecht kommt. Eine pädagogisch entspanntere Variante, bei der Eltern und Kinder stärker ins Geschehen mit eingebunden sind, stellt eine gute Alternative zum herkömmlichen Nikolausbesuch dar.

Aus diesem Brauch könnte eine Variante entstehen: Man bittet einen Bekannten, den Nikolausdienst zu übernehmen. Er soll unverkleidet ankommen. Vor den Kindern zieht sich der Bekannte um, und die Feier beginnt mit einem gemeinsamen Lied. Das goldene Buch dieses Nikolaus' enthält nur die guten Seiten des Kindes, und der heilige Mann spart nicht mit Lob. Auch die Eltern sollten mit positiven Bemerkungen aus diesem Buch bedacht werden.

Nun können der Nikolaus oder die Eltern selbst ein kleines, bereit liegendes Geschenk überreichen. Mit einem gemeinsamen Lied schließt eine solche Nikolausfeier ab. Der Nikolaus legt dann vor den Augen der Kinder sein Nikolausgewand wieder ab – und siehe da: Es ist immer noch der Mann, den die Kinder sowieso kennen!

Wie Sankt Nikolaus einem Menschen ein neues Herz gegeben hat

Eine Geschichte zum Vorlesen am Nikolausabend

Es lebte einst in Myra ein wohlhabender Kaufmann. Obwohl es ihm gut ging, war er nicht zufrieden mit dem, was er besaß. Man weiß ja, oft ist es so, je mehr einer hat, umso mehr will er zusammenscharren. Eines Tages begegnete ihm der Teufel. Der bot dem Kaufmann an, ihn über alle Maßen reich zu machen. Das einzige, was er dafür tun müsse, sei, ihm sein Herz zu geben. Er, der Teufel, versprach ihm statt dessen ein Herz aus Stein. »Denn so ein steinernes Herz musst du haben, wenn du unermesslich reich werden willst«, schloss er seine Rede.

Der Kaufmann willigte ein. Von nun an war sein ganzes Denken und Sinnen darauf gerichtet, seinen Reichtum zu mehren und Schätze aufzuhäufen. Er verlieh oft Geld zu Wucherzinsen an Menschen, die in Not geraten waren, und trieb ihre Schulden nach der vereinbarten Zeit mit aller Härte ein. Er scherte sich nicht darum, wenn die Menschen Haus und Hof verloren und den Bettelstab nehmen mussten. Es kam, wie der Teufel versprochen hatte, der Kaufmann wurde bald der reichste Mensch weit und breit.

Aber die Zahl seiner Feinde wuchs. Schließlich scheute sich jeder, mit diesem Menschen etwas zu tun zu haben.

Sie gingen ihm aus dem Weg. Der Kaufmann verlor selbst seine besten Freunde und wurde sehr einsam. Er spürte, dass Geld und Gut in einem Menschenleben längst nicht alles ist, und das steinerne Herz lag ihm schwer in der Brust. Traurig lief er durch die Straßen. Da begegnete ihm der heilige Nikolaus.

»Was bedrückt dich, Bruder?«, fragte er den Kaufmann. Der erzählte ihm sein Leid.

»Es gibt eine einfache Medizin, die dich heilen kann«, sagte Nikolaus. »Aber wie manche gute Medizin wird sie dir bitter schmecken«.

»Ich würde dir für eine solche Medizin geben, was immer du verlangst«, versprach der Kaufmann eilig.

»Ich, mein Lieber«, sagte der Nikolaus, »brauche nichts von dir. Aber geh zu den Armen, zu den Kranken, zu denen, die kein Haus haben und in Not sind. Gib denen von deinem Überfluss, und lindere ihre Leiden. Dann wird dein steinernes Herz mehr und mehr schmelzen.« Es fiel dem Kaufmann zunächst schwer, dem Rat des Heiligen zu folgen. Aber dann versuchte er es, erst heimlich und bei Nacht. Er schlich sich zu den Häusern der Armen, und legte ihnen einige Geldstücke vor die Haustür. Er gab denen, die keine warme Kleidung besaßen, von seinen eigenen Kleidern etwas ab. Wer Hunger leiden musste, der fand einen Korb mit Brot und Fleisch vor seinem Haus, ja er ließ kleine Häuser bauen und überließ sie armen Familien mit Kindern, ohne einen Mietzins von ihnen zu verlangen. Sogar ein Haus für die Kranken stiftete er. Bald schon hatten die Leute in Myra den erkannt, der vielen eine Hilfe wurde. Von Mal zu Mal fiel es dem Kaufmann leichter, sich von seinen Schätzen zu trennen. Er spürte, wie es ihm wärmer ums Herz wurde. Als er all seinen Reichtum weggegeben hatte, war auch sein steinernes Herz verschwunden, und ein Menschenherz schlug wieder in seiner Brust.

Nun dachte der Kaufmann voller Furcht, ich habe nichts mehr, was ich weggeben kann. Bald wird mich keiner mehr lieben. Aber es kam ganz anders. Er wurde oft eingeladen, ja, sogar die Armen teilten ihr Brot mit ihm, und er hatte viele Freunde in der Stadt.

Als er in Frieden starb, ging jeder, der laufen konnte, mit seinem Leichenzug, und tausend Zungen lobten seine guten Taten. Bischof Nikolaus hielt ihm die letzte Predigt und sagte, er wisse sicher, dass diesem Mann die Himmelstür offen stehe; denn Jesus selbst habe es ja gesagt: Was ihr dem Geringsten meiner Brüder und Schwestern tut, das habt ihr mir getan.

Willi Fährmann

*Nebel hängt wie
Rauch ums Haus.
Drängt die Welt
nach innen.
Ohne Not geht
niemand aus,
alles fällt ins Sinnen.*

*Leiser wird die Hand,
der Mund,
stiller die Gebärde.
Heimlich, wie auf
Meeresgrund,
träumen Mensch
und Erde.*

Christian Morgenstern

Wenn Nikolaus naht

Einige Abende in der Adventszeit sollten ganz der Familie vorbehalten sein: Neben dem gemeinsamen Singen, Plätzchen backen und Basteln gibt es noch allerlei zu besprechen und vorzubereiten. So zum Beispiel am Vorabend des Nikolaustages das Backen der Nikolausmänner (auch Kuchenklaus genannt).

Kuchenklaus

Für 10 Nikolausmänner

Zutaten für den Teig
40 g Hefe, ½ l lauwarme Milch, 800 g Mehl, 150 g flüssigen Honig, ½ TL Salz, 100 g weiche Butter, 1–2 Eier

Zum Verzieren
Korinthen, Mandeln, Orangeat oder Zitronat, 1 Eigelb (geschlagen mit etwas Milch)

Zubereitung:

Die Hefe in der lauwarmen Milch auflösen. Mehl, Honig, Salz, Butter und Eier in einer Schüssel mit der Hefemilch zu einem geschmeidigen Teig verkneten. An einem warmen Ort mindestens eine Stunde lang zugedeckt gehen lassen. Den Teig nochmals kräftig durchkneten und in 10 Stücke schneiden. Jedes Teigstück soll einen Nikolausmann ergeben. Den Nikolausmann mit der Hand als Ganzes auf einer bemehlten Arbeitsunterlage formen. Der Hals darf nicht zu dünn werden, sonst bricht er leicht ab. Die Arme und Beine werden durch Einschnitte mit dem Messer vom Rumpf abgeteilt. Das Gebäck wird verziert mit Korinthen, Mandeln, Orangeat oder Zitronat (als Augen, Nase und Mund, oder auch als Verschönerung des Rumpfes und als Mitraschmuck). Die fertigen Figuren vorsichtig aufs gefettete Blech legen, mit Eigelbmilch bestreichen und so nochmals 30 Minuten gehen lassen. Bei 175 °C werden die Nikoläuse etwa 25 Minuten gebacken.

Servietten-Nikolaus

Zu einem richtig schönen und gemütlichen Nikolausabend gehören ein festlich gedeckter Tisch und feines Essen. Als Tischdekoration bietet sich der Servietten-Nikolaus an.

Material
Rote Servietten, weißes und hautfarbenes Tonpapier, Watte, Schere und Kleber

So geht's:

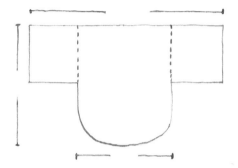

1 Die rechte und linke Spitze der Serviette nach hinten falten (Drachenform), den unteren Teil so falten, sodass die Serviette steht.

2 Mithilfe der Skizze den Gesichtsrahmen aus weißem Tonpapier (Vorlage vergrößern!) fertigen und ausschneiden.

3 Auf das orangefarbene Tonpapier ein Gesicht in der entsprechenden Größe zeichnen, ausschneiden, bemalen und in den weißen Gesichtsrahmen kleben.

4 Wattebart ankleben und den fertigen Gesichtsrahmen so über die Serviette legen, dass die seitlichen Laschen wie Haltebänder an den Enden zusammengeklebt werden können.

Ideen zur Adventszeit

Spiele und Basteleien für die ganze Familie. So werden die dunklen Abende mit gemeinsamen Unternehmungen sinnvoll gefüllt.

Wichteln

Material
Bunte Papierstreifen
als Lose, Stift,
kleine Geschenke

So geht's:
Jeder schreibt seinen Namen auf ein kleines Stück Papier. Das wird wie ein Los zusammengerollt und zugebunden. Die Lose werden gemischt, und jeder zieht sich eins. Darauf steht der Name dessen, der in der Adventszeit besonders liebevoll betreut, »bewichtelt«, werden soll. Die Wichtelei soll heimlich und leise (wie bei den Wichteln in Köln) vor sich gehen, das heißt: Keiner weiß, wer ihn bewichtelt. Zum Wichteln gehören kleine Überraschungen, heimliche Hilfe, ein winziges, liebes Päckchen im Federmäppchen … Der Fantasie sind keine Grenzen gesetzt. Erst am Heiligen Abend wird das Geheimnis gelüftet.

Nusspyramide – ein lustiges Spiel

Material
Würfel, für jeden
Mitspieler 21 Nüsse
und 1 Säckchen

So geht's:
Jeder Mitspieler legt vor sich auf den Tisch eine Nusspyramide. Die unterste Reihe besteht aus sechs Nüssen, die nächste aus fünf, die folgende aus 4 usw. Insgesamt liegen in der Pyramide 21 Nüsse. Dann wird reihum gewürfelt. Wer etwa eine 3 würfelt, nimmt zuerst die Reihe mit den drei Nüssen aus seiner eigenen Pyramide und steckt sie in sein Säckchen. Dann gibt er den Würfel weiter. Wer eine Zahl würfelt und keine entsprechende Reihe in seiner eigenen Pyramide hat, darf sich bei einem Mitspieler bedienen. Wenn alle Nüsse vom Tisch verschwunden sind, wird nachgezählt, wer am meisten Nüsse in seinem Säckchen hat. Dann beginnt die nächste Spielrunde.

Variante:
Wer eine Zahl würfelt, zu der in keiner Pyramide die entsprechende Anzahl Nüsse liegt, muss die Nüsse aus dem eigenen Säckchen nehmen und die Reihe wieder auf den Tisch legen. Gelingt es, alle Pyramiden vollständig vom Tisch zu würfeln?

Sternenbaum

So geht's:
Aus Tonpapier wird eine etwa 2 Zentimeter breite Spirale geschnitten, die in einem Tannengesteck endet (das ist der Mittelpunkt). Die Spirale zeigt den Weg dorthin. Auf diesem Weg werden kleine goldene Sternchen verteilt, eines nach dem anderen, 24 Sternchen. Von außen beginnend, hängt das Kind jeden Tag einen Stern an das Tannengesteck in der Mitte. Bis zum Weihnachtsfest ist daraus einen Sternenbäumchen geworden.

Material
Schwarzes Tonpapier, Tannenzweig, mit Draht zu einem Gesteck gebunden, kleine goldene Klebesternchen

Adventswurzel

Die Adventswurzel soll an die Wurzel Jesse erinnern, wie der Prophet Jesaja im Alten Testament sagt: Ein neuer Spross wird kommen, er wird der Erlöser sein.

So geht's:
Bei einem Spaziergang im Wald finden sich immer wieder Wurzeln, die schon kleine Triebe zeigen. Hier kündigt sich das kommende Leben nach dem toten Winter schon an. Hebt man sie auf und betrachtet sie von verschiedenen Seiten, kann man ab und zu ein Gesicht oder die Gestalt eines Tieres darin entdecken. Solche Wurzeln kann man einfach mitnehmen und eine Adventswurzel daraus gestalten. Sie wird zunächst gut gesäubert, dann mit Tannengrün, Naturmaterial und einer Kerze geschmückt.

Material
Schöne Wurzel aus dem Wald, weiteres Naturmaterial, wie Gräser, Blätter usw.

Wunderknäuel

Das Wunderknäuel ist ein alter Adventsbrauch, der besonders bei Mädchen Anklang findet.

So geht's:
Ein Knäuel Wolle wird neu aufgewickelt. Dazwischen werden in Alufolie oder Weihnachtspapier eingepackte Bonbons, Schokolade oder Marzipanstückchen gewickelt. Wer fleißig strickt, bekommt viele gute, süße Sachen!

Material
Wolle, Glanzpapier, kleine Überraschungen

Weihnachten – das Fest der Liebe

Die Weihnachtstage und besonders der Heilige Abend sind für viele Menschen Höhepunkte des Jahres. Für die Kinder ist alles so spannend, so geheimnisvoll, so zauberhaft. Und in ihren Köpfen fliegen die Engelein von Haus zu Haus, von Christbaum zu Christbaum. Wie sie das nur alles schaffen? Und überall gleichzeitig ... Die glänzenden, freudvollen Augen der Kinder lassen auch unsere Augen leuchten und schenken uns, den Erwachsenen, Glück, Freude und Hochstimmung: Gesegnetes, frohes Fest!

*Wunderbarer
Gnadenthron,
Gottes und
Marien Sohn,
Gott und Mensch,
ein kleines Kind,
das man in der
Krippen findt,
großer Held von
Ewigkeit,
dessen Macht
und Herrlichkeit
rühmt die ganze
Christenheit:
Du bist arm und
machst zugleich
uns an Leib und
Seele reich.*
Johann Olearius

*Es kommt ein Schiff geladen,
bis an sein' höchsten Bord,
trägt Gottes Sohn voll Gnaden,
des Vaters ewigs Wort.*

*Zu Betlehem geboren
im Stall ein Kindelein,
gibt sich für uns verloren:
Gelobet muss es sein!*

Weihnachtslied aus dem Elsass um 1500

Die Weihnachtszeit beginnt mit dem 24. Dezember

Der 24. Dezember ist der Heilige Abend, der Abend vor dem Weihnachtsfest. Das Warten auf den Retter hat ein Ende: Jesus wird geboren. Gott wird Mensch. Das kleine Kind im Stall von Betlehem ist die Erfüllung aller Träume und Sehnsüchte der Menschen. Die Engel verkündeten diese frohe Botschaft zunächst den Hirten. Dazu muss man wissen, dass die Hirten früher zu einem sehr geachteten Berufsstand gehörten. Moses und der König David waren Hirten. In vielen Texten des Alten Testaments wird Gott als Hirte bezeichnet. Diese große Freude, die heute Kund getan wird, soll allem Volk widerfahren, heißt es. Sie gilt also auch uns und für heute: Gott hat seinen Sohn auf die Welt gesandt, um uns ein Stück Paradies wieder zu geben. Übrigens ist der 24. Dezember auch das Fest der ersten Menschen und Paradiesbewohner Adam und Eva.

Das Weihnachtsevangelium

In jenen Tagen erließ Kaiser Augustus den Befehl, alle Bewohner des Reiches in Steuerlisten einzutragen. Dies geschah zum ersten Mal; damals war Quirinius Statthalter von Syrien. Da ging jeder in seine Stadt, um sich eintragen zu lassen. So zog auch Josef von der Stadt Nazaret in Galiläa hinauf nach Judäa in die Stadt Davids, die Betlehem heißt; denn er war aus dem Haus und Geschlecht Davids. Er wollte sich eintragen lassen mit Maria, seiner Verlobten, die ein Kind erwartete. Als sie dort waren, kam für Maria die Zeit ihrer Niederkunft, und sie gebar ihren Sohn, den Erstgeborenen. Sie wickelte ihn in Windeln und legte ihn in eine Krippe, weil in der Herberge kein Platz für sie war.

In jener Gegend lagerten Hirten auf freiem Feld und hielten Nachtwache bei ihrer Herde. Da trat der Engel des Herrn zu ihnen, und der Glanz des Herrn umstrahlte sie. Sie fürchteten sich sehr; der Engel aber sagte zu ihnen: Fürchtet euch nicht; denn ich verkünde euch eine große Freude, die dem ganzen Volk zuteil werden soll: Heute ist euch in der Stadt Davids der Retter geboren; er ist der Messias, der Herr. Und das soll euch als Zeichen dienen: Ihr werdet ein Kind finden, das, in Windeln gewickelt, in einer Krippe liegt. Und plötzlich war bei dem Engel ein großes himmlisches Heer, das Gott lobte und sprach: Verherrlicht ist Gott in der Höhe, und auf Erden ist Frieden bei den Menschen seiner Gnade. Als die Engel sie verlassen hatten und in den Himmel zurückgekehrt waren, sagten die Hirten zueinander: Kommt, wir gehen nach Betlehem um das Ereignis zu sehen, das uns der Herr verkünden ließ. So eilten sie hin und fanden Maria und Josef und das Kind, das in der Krippe lag. Als sie es sahen, erzählten sie, was ihnen über dieses Kind gesagt worden war. Und alle, die es hörten, staunten über die Worte der Hirten.

Maria aber bewahrte alles, was geschehen war, in ihrem Herzen und dachte darüber nach. Die Hirten kehrten zurück, rühmten Gott und priesen ihn für das, was sie gehört und gesehen hatten; denn alles war so gewesen, wie es ihnen gesagt worden war.

Lukas 2,1-20

Es ist ein Ros entsprungen
aus einer Wurzel zart,
wie uns die Alten sungen
von Jesse kam die Art,
und hat ein
Blümlein bracht,
mitten im halben Winter
wohl zu der
halben Nacht.

Altes Weihnachtslied,
Mainz um 1587

Die Geschichte des Weihnachtsfestes

Er ist gewaltic
unde starc
der ze wîhen naht
geborn wart.
daz ist der heilige Krist,
jâ lobt in allez,
daz dir ist.
Ende des 12. Jahrhunderts

Das Wort Weihnachten stammt sehr wahrscheinlich aus dem Mittelhochdeutschen und bedeutet »in den heiligen Nächten«. Seit dem vierten Jahrhundert feiern Christen das Weihnachtsfest. Das genaue Geburtsdatum von Jesus ist nicht bekannt. Die christlichen Kirchen im Westen feiern am 25. Dezember Weihnachten, die christlichen Kirchen im Osten halten ihr Weihnachtsfest am 6. Januar.

Bis zum Jahr 354 war der 25. Dezember ein hoher Feiertag im Römischen Weltreich. Der römische Kaiser wurde an diesem Tag als die unbesiegbare Sonne gefeiert. Die Christen übernahmen dieses Datum bewusst, um zu zeigen, dass für sie Christus die wahre, unbesiegbare Sonne ist.

Die Nacht vom 24. auf den 25. Dezember ist die Heilige Nacht. Die Sonne hat gerade ihren tiefsten Stand überwunden. Diese Tage um die Wintersonnwende lassen schließlich die Hoffnung auf Sonne, Licht und neues Leben aufkeimen (siehe das Grün des Weihnachtsbaumes). Bei vielen heidnischen Völkern war diese Nacht den Lichtgöttern gewidmet.

Der Weihnachtsbaum

Wenn es einen »Baum des Tages« gibt, dann ist das für den Heiligen Abend der Tannenbaum. Er ist immer noch die Nummer eins unter den Weihnachtsbäumen. Mit ihren schlanken, grünen Nadeln und dem unvergleichlichen Duft bleibt die Tanne Favorit neben den verschiedenen Fichtenarten und Kiefern. Eine frisch geschlagene Tanne hält im warmen Zimmer wesentlich länger als eine Fichte. Vielerorts bieten Forstämter die Möglichkeit, sich im Wald einen eigenen Tannenbaum zu suchen und zu schlagen. Auch das Bäumchen im Topf (also mit dem Wurzelballen) ist begehrt. Es hat den Vorteil, dass es im Frühjahr in den Garten gepflanzt werden kann und dort lange Freude macht.

Der Brauch, einen Christbaum aufzustellen, kam im Elsass im 17. Jahrhundert auf. Erst Ende des 19. Jahrhunderts hielt der Weihnachtsbaum Einzug in die Wohnstuben der Menschen. Er stand damals stellvertretend für den Paradiesbaum, deshalb behängte man ihn mit allerlei paradiesischen »Früchten«: mit Äpfeln, Nüssen und Gebäck. Die Weihnachtskugeln heute sind eine Erinnerung an die Äpfel des Paradieses.

1816 beschrieb E. T. A. Hoffmann in seinem Weihnachtsmärchen »Nussknacker und Mäusekönig« den mit Süßigkeiten und Tand behängten Tannenbaum so:

» … es ist ein Baum, der viele goldne und silberne Äpfel trug, und wie Knospen und Blüten keimten Zuckermandeln und bunte Bonbons und was es sonst noch für schönes Naschwerk gibt aus allen Ästen. Als das Schönste an dem Wunderbaum muss wohl gerühmt werden, dass in seinen Zweigen hundert kleine Lichter wie Sternlein funkelten und er selbst in sich hinein und heraus leuchtend die Kinder freundlich einlud, seine Blüten und Früchte zu pflücken …«

Der Weihnachtsbaum oder Christbaum geht eigentlich auf vorchristliches Brauchtum zurück. Dies hängt mit der Wintersonnwende zusammen und mit den zwölf Raunächten. In der Zeit zwischen dem Heiligen Abend und Dreikönig fegen gerne Winterstürme durch unser Land. Früher glaubte man, die Geister und Götter wüteten gegen den Sieg des Lichtes. Zur Dreikönigsnacht war deren Wut gebrochen. Das Licht konnte sich durchsetzen. In diesen Raunächten wurden grüne Zweige als Schutz und Zaubermittel geschlagen.

Der schönste Baum

Ich kenn ein Bäumchen gar fein und zart,
das trägt euch Früchte seltener Art.
Es funkelt und leuchtet mit hellem Schein
weit in des Winters Nacht hinein.
Das sehen die Kinder und freuen sich sehr
und pflücken vom Bäumchen - und pflücken es leer!

Volksgut

Die Weihnachtskrippe

Schon in frühester Zeit kamen Christen nach Betlehem und verehrten dort jene Holzkrippe, in der das Christkind gelegen haben soll. Man weiß auch, dass um das Jahr 400 die Gläubigen aufgefordert wurden, in den Weihnachtsgottesdienst zu kommen, um dort »unseren Herrn in der Krippe« liegen zu sehen. Diese Aufforderung wird gerne als ältester Hinweis auf eine bildhafte Darstellung der Heiligen Nacht verstanden.

Der Weihnachtsbogen

Am Heiligen Abend leuchtet von vielen Fenstern der Weihnachtsbogen. Vermutlich stammt er aus nordischen Ländern und stellt eigentlich ein altes Fruchtbarkeitszeichen dar. Ein hölzerner Rundbogen mit aufgesteckten Kerzen ist der Mittelpunkt. Unter dem Bogen stehen oft Figuren: das Christkind in der Krippe, Maria und Josef, die Hirten. Ein solcher Lichtbogen war viele hundert Jahre lang so etwas wie der Christbaum für uns heute.

Die Weihnachtskrippe, so wie wir sie kennen, stammt aber erst aus dem Jahr 1223. Der heilige Franz von Assisi stellte damals während des Weihnachtsgottesdienstes einen Futtertrog auf. Daneben standen die legendären Tiere Ochs und Esel und eine lebendige Mariengestalt, ein Jesus und ein Josef. Wie die Hirten in Betlehem, so pilgerten die Christen zu dieser Krippe. In vielen Kirchen und Klöstern konnte man bald darauf Krippen finden, und schließlich wurden auch zu Hause und in den Schulen Krippen aufgestellt.

Im Spätmittelalter kamen dann auch die Krippenspiele auf, welche die Weihnachtsbotschaft anschaulich darzustellen versuchten.

Die Legende vom Honigkuchen

Das Wunder der Christnacht, in der die ganze Welt verwandelt wurde, haben sich frühere Generationen in der Legende vom ersten Weihnachtsgebäck zu verdeutlichen versucht.

Demnach sollen die Hirten, die auf dem Weg nach Betlehem waren, vergessen haben, ihr Brot aus dem Backofen zu holen. Als sie wieder zurückkamen, strömte ihnen aus dem Backrohr ein wunderbarer Duft entgegen. Sie entnahmen das dunkel gewordene Gebäck dem Ofen und hielten statt eines verkohlten Brotes schmackhaftes, dunkles Gebäck in Händen. Sie teilten dieses mit allen Hirten und ihren Verwandten. Zur Erinnerung an dieses Wunder backten sie jährlich zur Christnacht kleine süße, dunkle Honigkuchen.

Wunderbare Weihnachtsfestessen

Wo wird zu Weihnachten was gegessen? Werfen wir einen Blick auf alte Traditionen: Die Germanen schmausten zum Julfest (dem skandinavischen Weihnachtsfest) einen Eber. In der Steiermark isst man traditionsgemäß Nuss- oder Mohnpotize, in Schlesien sind es Hefeklöße und Backobst (»Himmelreich« genannt). In Tirol stellt man der Mutter Gottes und ihrem Kind zum Weihnachtsessen eine Schüssel Milch ans Fenster und legt zwei Löffel dazu. Nach einem Fasttag mit Kuttelsuppe am Vorabend des Weihnachtsfests wurde im Tessin an Weihnachten vor allem Fleisch festlich aufgetischt.

In verschiedenen Gegenden wird auch heute noch eine Tradition beim Weihnachtsfestessen gepflegt: Karpfen, Gans, Truthahn usw. In der Mark Brandenburg sagt ein Sprichwort: Wer Weihnachten nicht tüchtig Grünkohl isst, bleibt dumm. In Sachsen behauptet man dasselbe vom Heringssalat.

Ein Fest der Kinder – überall auf der Welt

Überall in der Welt feiern Christen am 24. und 25. Dezember Weihnachten, das Geburtsfest Jesu. Für viele Menschen ist es das wichtigste und schönste Fest des Jahres. Sie erinnern sich daran, dass Jesus, das göttliche Kind, vor über 2000 Jahren in einem Stall irgendwo in Betlehem geboren wurde, um der Welt Frieden zu bringen. Dieses Fest wird rund um den Erdball, auf der südlichen Erdhalbkugel oftmals bei sehr heißen Temperaturen, auf der nördlichen Erdhalbkugel an oft eiskalten Tagen begangen. So unterschiedlich die Erdteile und Länder und so unterschiedlich die Völker sind, so verschieden zeigen sich auch die Formen der Feiern und die daraus hervorgegangenen Bräuche. Was für uns selbstverständlich zum Fest gehört, zum Beispiel der grüne Weihnachtsbaum, ist für andere Regionen gar nicht so wichtig. Dort grünt und blüht es nämlich zu dieser Zeit. Ob heiß oder kalt, Meer oder Schnee, eines ist auf der ganzen Welt gleich: Weihnachten ist besonders das Fest der Kinder. Und so verwundert es nicht, dass in Liedern und Geschichten immer wieder Kinder im Mittelpunkt stehen – überall auf der ganzen Welt. Und deshalb warten besonders die Kinder sehnlichst auf ihre Geschenke – überall auf der ganzen Welt.

Noch heute gibt es bei uns die alte Bezeichnung »Lebkuchen« für ein bestimmtes Weihnachtsgebäck. Das Wort »leb« bedeutet eigentlich »Heil-, Arzneimittel«. In alten Klöstern bereitete man aus bestimmten Heilkräutern Säfte zu. Die besonders wohlschmeckenden Säfte wurden in der Weihnachtszeit in einem Heilgebäck verarbeitet, den Lebkuchen.

Weihnachtsdeko und Weihnachtsessen

Es müssen nicht immer gekaufte Kugeln sein, die den Christbaum schmücken. Die Besonderheit einer Dekoration kommt viel besser zum Tragen, wenn einige Kugeln selbst gestaltet sind. Dasselbe gilt fürs Weihnachtsgebäck und natürlich fürs festliche Weihnachtsmahl.

Bemalte Styroporkugeln

Material

Styroporkugeln mit Loch in verschiedenen Größen aus dem Bastelgeschäft, Plakafarben, Borsten- und Feinpinsel, Klar-Sprühlack und Goldkordel zum Aufhängen, evtl. noch kleine bunte Holzkügelchen mit Loch

So geht's:

Die Styroporkugel mit Borstenpinsel und Plakafarbe grundieren und gut trocknen lassen; mit dem Feinpinsel dann z. B. kleine gelbe Sterne aufmalen. Ist die Kugel trocken, wird sie mit Klarlack besprüht und die Goldkordel durch das Loch in der Kugel gezogen. Unten wird die Kordel mit einer Schleife zugebunden oder nochmals durch ein kleines, buntes Kügelchen befestigt.

Vanille-Zitrus-Sterne

Für etwa 60 Stück

Zutaten für den Teig

200 g Butter, 400 g Mehl, 120 g Zucker, 2 Eier, 4 Päckchen Zitronenschalenaroma, Mark von 2 Vanilleschoten, 2–3 TL Zitronensaft, 1 Prise Salz

Zum Verzieren

2 Eigelb, 2 EL Sahne, 100 g Hagelzucker

Zubereitung:

Die Zutaten für den Mürbteig werden rasch verknetet und der Teig eine Stunde kalt gestellt. Auf einer mit Mehl bestäubten Arbeitsfläche wird er 4–5 Millimeter dick ausgerollt. Sterne in verschiedenen Größen müssen nun ausgestochen und auf das gefettete Backblech gelegt werden. Zum Verzieren werden Eigelb und Sahne verrührt, die Plätzchen damit bestrichen und schließlich mit Hagelzucker bestreut. Bei 200 °C brauchen die Sterne etwa 10 Minuten.

In weihnachtliche Cellophantütchen verpackt und mit einem schönen Geschenkanhänger versehen, sind die Sterne ein nettes, kleines Weihnachtsgeschenk.

Ein Festmahl –
Lachsforelle im Gemüsebett

Für 6 Personen

Zubereitung:

Den Fisch innen und außen mit kaltem Wasser abspülen und mit Küchenpapier trocken tupfen, salzen und mit Zitronensaft beträufeln. Gemüse putzen und in feine, gleichmäßige Streifen schneiden. Auf den Boden einer Fettpfanne zuerst das Gemüse, dann den Fisch legen und alles mit Butterflöckchen bestreuen.

Von dem Wein 150 Milliliter abmessen, mit Zitronenschale und Gewürzen vermischen und über den Fisch gießen.

Das Ganze in das vorgeheizte Backrohr schieben und bei 200 °C eine gute halbe Stunde garen lassen.

In der Zwischenzeit die Sauce zubereiten: Crème frâiche, restlichen Wein und Sahne 15 Minuten lang leise einkochen lassen. 1 Zitrone waschen, ½ Teelöffel Zitronenschale abreiben und 1 Esslöffel Saft auspressen. Die Soße mit Zitronensaft, Zitronenschale, Salz und Pfeffer abschmecken.

Die Fettpfanne aus dem Rohr nehmen, das Gemüse und den Fisch auf eine vorgewärmte Platte legen. Mit der zweiten, in dünne Scheiben geschnittenen Zitrone und mit Dillzweiglein verzieren, dazu die Zitronensoße reichen.

Tipp: Zu diesem Fisch passt körniger Reis oder einfach Baguette.

Zutaten
1 Lachsforelle
(3–3,5 kg), geschuppt
und ausgenommen,
Salz, Zitronensaft,
je 500 g Lauch,
Möhren und Knollen-
sellerie, 100 g Butter,
¼ l trockenen,
guten Weißwein,
1 TL abgeriebene
Zitronenschale,
Salz, Pfeffer,
etwas geriebene
Muskatnuss

Für die Sauce
150 g Crème frâiche,
200 g Schlagsahne,
2 unbehandelte Zitro-
nen, Salz, Pfeffer
und etwas Dill zum
Verzieren

Schönes rund um Weihnachten

Kleine Bastelarbeiten und Aktionen für die Adventszeit, die mit einfachen Mitteln von Kindern – manchmal mit etwas Erwachsenenhilfe – durchgeführt werden können.

Eisblüten

Material
Lupe, schwarzes Tonpapier, weiße Wachsmalkreide

So geht's:
Auch im Winter können wir Blüten sehen. Es sind die Schneeflocken- oder Eiskristalle. Eine Lupe genügt, und wir können die wunderschönen Naturbilder draußen bewundern. Mit weißer Wachsmalkreide werden sie auf schwarzem Tonpapier nachgezeichnet.

Kartendruck

Material
Wollfäden, Klebstoff, Tonkarton, Plakafarben

So geht's:
Weihnachts- und Neujahrskarten lassen sich gut mit Wollfadendruck herstellen. Einfache Formen und Symbole (Kerze, Kreuz) werden mit Wollfäden auf ein Blatt in Kartenformat geklebt. Dazu streicht man zunächst flüssigen Klebstoff in der gewünschten Form auf das Blatt, lässt ihn etwas antrocknen und drückt dann einen oder mehrere Wollfäden auf. Sind die Fäden getrocknet, werden die entstandenen Wollmuster mit Plakafarbe bestrichen und auf eine vorbereitete Weihnachtskarte gedruckt.

Futterbaum

Material
Astgabel am Baum, Schnur, Mohnkapseln, Meisenringe, Futterknödel, Getreideähren etc.

So geht's:
Die Vögel sollen in dieser Weihnachtszeit auch nicht hungern! Wir stellen einen Vogelweihnachtsbaum zusammen: Im Garten oder auf dem Balkon wird eine dicke Futtergarbe aufgestellt. Das sind an eine kahle Astgabel gebundene Kugeln von gefüllten Mohnkapseln, Getreideähren mit Körnern, gekaufte Sonnenblumenringe und Futterknödel. Ein Festschmaus für unsere gefiederten Freunde!

Festtagslose

So geht's:
Einige Tage vor dem Festtag werden Lose beschrieben und gezogen.
Da gibt es zu gewinnen: Tischdecken und Dekorieren am Heiligen
Abend, Vorspeise oder Nachspeise am Heiligen Abend,
Abspülen am Heiligen Abend und dasselbe für den
1. und 2. Weihnachtsfeiertag. Das gibt einen Spaß!
Mutti hat »nur« noch für das Hauptgericht zu sorgen.
Alles andere wird von der Restfamilie erledigt – vom
Einkauf bis zur Zubereitung. Vielleicht brauchen die Kinder
dazu ein wenig Geld und die Mithilfe von Papa?

Material
Kleine Zettelchen
als Lose

Eispalast

So geht's:
Eine Eiswürfelschale wird mit Wasser gefüllt. In die verschiedenen
Fächer der Schale kommen nun jeweils ein paar Tropfen Wasserfar-
be. Vorsichtig die Schale in das Gefrierfach stellen. Sind mehrere
Eiswürfelschalen vorhanden, lässt sich schnell eine ausreichende
Anzahl bunter Eiswürfel herstellen, ansonsten müssen die fertigen
Würfel eingefroren werden, während weitere Würfel hergestellt
werden. Wenn genügend bunte Eiswürfel vorhanden sind, wird im
Freien ein schöner Eiswürfelpalast gebaut. Dabei werden die Würfel-
kanten kurz in Wasser getaucht, damit sie aneinander festfrieren.
Zum Schluss kann ein Teelicht in den Palast gestellt werden, sodass
er im Dunkeln bunt leuchtet. Dafür muss er aber oben ein Loch
haben, sonst schmilzt das Eis und tropft in das Teelicht.

Material
Wasserfarben, Eis-
würfelschale, Teelicht

Adventskalender

So geht's:
24 Schächtelchen werden weihnachtlich-bunt mit den verschiedens-
ten Papierresten verziert. Auch kleine Zapfen, Nüsse oder Zweige
können aufgeklebt werden. Dann werden die Schächtelchen von 1
bis 24 durchnummeriert und schließlich auf das Stoffband geklebt.
Die Schächtelchen einfach mit kleinen Überraschungen füllen.

Material
24 leere Schächtel-
chen, Buntpapier-
reste, Schere, Nüsse,
Zweige etc., Kleb-
stoff, Stoffband,
Filzstift, kleine
Überraschungen

Weihnachten früher: Das weiße Schürzchen
Geschichte zum Vorlesen

Du lieber heilger
frommer Christ,
der für uns Kinder
kommen ist,
damit wir sollen
weiß und rein
und rechte Kinder
Gottes sein.

Du Licht vom lieben
Gott gesandt,
in unser dunkles
Erdenland,
du Himmelskind und
Himmelschein,
damit wir sollen
himmlisch sein:

Du lieber heilger
frommer Christ,
weil heute dein
Geburtstag ist,
drum ist auf Erden
weit und breit
bei allen Kindern
frohe Zeit.

Dass ich wie Engel
Gottes sei
in Demut und in
Liebe treu,
dass ich dein bleibe
für und für,
du heilger Christ,
das schenke mir!
Ernst Moritz Arndt

Weihnachten als Kind? Was ist da Besonderes dran? – Heute bin ich fast 90 Jahre alt, doch ich erinnere mich sehr genau an damals … Damals, ja, da war zunächst, dass wir zu dieser Zeit ganz arm waren. Meine Mutter hat gespart, wo sie nur konnte. Wie gerne hätte ich ein schönes neues Kleid gehabt – ich hatte doch nur eines: mit großen bunten Blumen und einem großen weißen Kragen aus einem einfachen Stoff. Wie dringend hätte ich ein Paar neue Schuhe gebraucht … Als Kinder wussten wir, dass wir wenige, kleine Geschenke zu Weihnachten zu erwarten hatten, zum Beispiel einen bunten kleinen Metallvogel, der hüpft, wenn man ihn aufzieht. Und doch war es immer spannend: Was wird diesmal unter dem Baum liegen?

Unser Baum, eine Fichte, war geschmückt mit vielen bunten Kugeln, mit Lametta und Engelshaar, und natürlich mit Kerzen. Aber bei uns zu Hause hingen auch Wunderkerzen am Baum. Und das war ein Erlebnis, wenn ein Sternenwerfer nach dem anderen angesteckt wurde und geräuschvoll seine Sterne herabrieseln ließ. Und der Geruch dabei! Das Zimmer war eingehüllt in schwefligen Dampf.

Mein Vater war Dichter. Und so kam es, dass am Heiligen Abend die Kerzen angezündet wurden, ein Lied, meist »Ihr Kinderlein kommet« gesungen und schließlich aus den Dichterwerken vorgelesen wurde. Die Geschenke lagen – mit einem weißen Betttuch abgedeckt – unter dem Baum. Nun wurden die Geschenke verteilt.

Am nächsten Tag, dem ersten Weihnachtsfeiertag, ging es zu den Verwandten. Wir mussten ein Stück aus der Stadt hinausfahren. Bei meinen Großeltern versammelten sich alle, auch mein Onkel Hans. Auf ihn waren wir Kinder besonders scharf. Schließlich war er ein gemachter Mann und hatte in unseren Augen ganz viel Geld! Er war Advokat, und Advokaten waren angesehene Leute. Jedenfalls musste ich für dieses Zusammentreffen eine gute Figur machen. Ich bekam also von meiner Mutter ein sauberes, gut gebügeltes weißes Schürzchen umgebunden und musste, so herausgeputzt, vor den Verwandten – und natürlich besonders vor diesem Onkel Hans – Gedichte meines Vaters rezitieren. Das war für mich immer fürchterlich. Am liebsten wäre ich ins nächste Mauseloch gekrochen. Immer sollte ich die Gedichte aufsagen! Und was war mit meinem Bruder? Der durfte einfach nur dabeistehen, musste nicht diese komische Schürze anhaben und kein Gedicht auswendig lernen … Aber es kam ja auch die Bescherung von den Großeltern und den anderen Verwandten. Und ich glaube, von Onkel Hans habe ich immer ein besonders schönes Geschenk bekommen. Hat das Schürzchen doch Eindruck gemacht?

Hertha Lang

Zumba- zumba

1. Heut ist der Heiland geboren, Tröster und Retter der Welt.
   Er hat zum Heil uns erkoren, ewig er Treue uns hält.

2. Jeder will ihm etwas bringen, ich aber hab nicht viel Geld.
   Ich kann dem Kindlein nur singen, hoffen, dass es ihm gefällt.

3. Dass sich das Kindlein erfreute, spielten die Hirten ihm vor.
   Singt nun mit mir, liebe Leute, singt mit den Hirten im Chor.

Text: Lieselotte Holzmeister, Melodie: aus Spanien

Feste um den Jahreswechsel

Ein neues Jahr kündigt sich an. Die Jahreswende wird vielfach mit bunten Ideen, traditionellen Gedanken und jeder Menge Fröhlichkeit begangen.

Auch ein schöner Silvesterbrauch: Zwischen fröhlicher Ausgelassenheit zurückdenken, was im vergangenen Jahr alles passiert ist, und kurz vor Mitternacht alles bereinigen, was noch an kleinen Unstimmigkeiten vorhanden ist.

Silvester

Silvester schließt den Kreis des Kalenderjahres. An diesem Abend, oder besser gesagt in der Silvesternacht, üben viele Menschen Bräuche aus: Aus der Form des gegossenen Bleis werden die Ereignisse des kommenden Jahres gedeutet, »böse Geister«, die an der Schwelle des neuen Jahres stehen, werden durch Feuerwerke vertrieben. Manche halten auch Rückschau auf das vergangene Jahr, still oder in der Familie: Das alte Jahr geht zu Ende. Vieles ist gelungen, es gab manche »Highlights«, anderes hätte besser laufen können. Der Dank gilt Gott, der uns dieses Jahr geschenkt hat. Ein Jahr zu Ende bringen, heißt: Von dem Guten des vergangenen Jahres leben wie von einer Sparbüchse mit schönen Erinnerungen, aber auch von den Misserfolgen lernen. Um Mitternacht tönen allerorten Glocken und Posaunenklänge aus den Kirchen: Prost Neujahr!

Der Neujahrstag

Der Neujahrstag lag keineswegs immer am 1. Januar. Im alten Rom begann das neue Jahr mit dem Amtsantritt der neuen Beamten. Dies erfolgte am 15. März, also an den Iden. Mit der Einführung des Julianischen Kalenders (45 v. Chr.) galt für Rom der 1. Januar als offizieller Beginn des neuen Jahres. Die Kirche feierte ihre eigenen Jahresanfänge. Im dritten Jahrhundert war dies zunächst der Epiphanietag. Im sechsten Jahrhundert wurde das Weihnachtsfest als der christliche Neujahrstag begonnen. Mit der gregorianischen Kalenderreform brachte die Kirche ihren Kalender mit dem julianischen in Einklang, d. h. der weltliche Jahresbeginn war nun der 1. Januar.

Der Jahreskreis der kirchlichen Feste beginnt jedoch seit dem zehnten oder elften Jahrhundert am ersten Adventssonntag. Am 1. Januar feiert die Kirche das Hochfest der Mutter Maria.

Brauchtum zu Neujahr

Zu Neujahr werden oft Gegenstände verschenkt, mit denen wir symbolisch Glück wünschen wollen.

Das Glücksschwein: Wer früher ein Schwein hatte, war reich. Fleisch gab es ja nur sehr selten zu essen.

Der Schornsteinfeger: Die Menschen heizten früher mit Holz und Kohle. Dabei blieb viel Ruß im Kamin hängen und die Arbeit des Schornsteinfegers war lebensnotwendig, damit das Haus nicht so leicht abbrannte. Zum Jahreswechsel brachte der Kaminkehrer die Jahresrechnung ins Haus und wünschte dabei viel Glück.

Das Hufeisen: Vor vielen Jahren nagelten die Menschen ein Hufeisen vor die Tür, damit die bösen Hexen nicht in ihr Haus kämen. Sie glaubten nämlich, dass Hexen Angst vor Pferden hätten. Das Hufeisen musste man finden, oder man bekam es geschenkt. Welch ein Glück!

Der Glückscent: »Wer den Pfennig nicht ehrt, ist des Talers nicht wert«, so lautet noch heute ein Sprichwort. Der Beginn von Reichtum und Glück ist also das kleine Centstück.

Das vierblättrige Kleeblatt: Findet jemand ein Kleeblatt mit vier Blättern auf der Wiese, so hat er Glück. Die meisten Kleeblätter haben nämlich nur drei Blätter!

Ein Hausschlappen, am Neujahrsmorgen über die Schulter nach hinten geworfen, gibt Auskunft: Zeigt die Spitze nach draußen, steht eine wichtige Erfahrung an, zeigt sie nach innen, kommt interessanter Besuch ins Haus.

Der Dreikönigstag

Das Fest der Heiligen Drei Könige wird am 6. Januar gefeiert. Diesen Tag nennt man auch »Erscheinung des Herrn« (auf Griechisch »Epiphanie«). Im Mittelpunkt des Festes stehen die drei Weisen aus dem Morgenland, die dem Stern gefolgt sind. Der Stern ist gewandert, die drei Weisen zogen mit, fanden das Kind Jesus, brachten ihm Geschenke und beteten es an.

Die drei Weisen haben die Namen Caspar (persisch »der Schatzmeister«), Melchior (»Gottesschutz«) und Balthasar (»Lichtkönig«). Caspar brachte aus Afrika Myrrhe, Balthasar Weihrauch und Melchior Gold mit zum Jesuskind in der Krippe.

Mit dem 6. Januar ist die Weihnachtszeit beendet.

Als Jesus zur Zeit des Königs Herodes in Betlehem in Judäa geboren worden war, kamen Sterndeuter aus dem Osten nach Jerusalem und fragten: Wo ist der neugeborene König der Juden? Wir haben seinen Stern aufgehen sehen und sind gekommen, ihm zu huldigen.

Matthäus 2,1-3

Herr! Schicke,
was du willst,
ein Liebes oder Leides:
ich bin vergnügt
dass beides
aus deinen
Händen quillt.

Wollest mit Freuden
und wollest mit Leiden
mich nicht
überschütten!
Doch in der Mitten
liegt holdes Bescheiden.

Eduard Mörike

Sternsingerspruch

Wir kommen daher aus dem Morgenland,
wir kommen geführt von Gottes Hand.
Wir wünschen euch ein fröhliches Jahr,
Caspar, Melchior und Balthasar.

Die Sternsinger

Kinder, meist Ministranten, ziehen am 6. Januar als Heilige Drei Könige bekleidet singend von Tür zu Tür. Sie tragen neben einem goldenen Stern das Weihrauchfass mit duftendem Weihrauch und geweihte Kreide mit sich. Während das Weihrauchfass geschwenkt wird, sagen sie gemeinsam einen Spruch auf. Dann zeichnen sie mit der gesegneten Kreide den Haussegen an die Türe, und zwar folgende drei Buchstaben (die Anfangsbuchstaben der drei Weisen) und die entsprechende Jahreszahl

$$20 + C + M + B + 07$$

Das bedeutet »Christus mansionem benedicat« (Christus segne dieses Haus). Schließlich bitten sie um eine Gabe für notleidende Kinder in anderen Ländern (z.B. für Schulen in Indien).
Im Jahr 1958 wurde dieser Brauch offiziell als »Aktion Dreikönigssingen« in allen Bistümern Deutschlands eingeführt.

In Tirol tollen in der
Nacht vor Dreikönig die
Perchten-Läufer (das
sind die kräftigsten
Männer des Dorfes)
mit furchterregenden
Masken durch die
Straßen. Mit lautem
Lärmen vertreiben sie
die bösen Geister.

Zeit der Raunächte

Die zwölf Raunächte, die zwischen Weihnachten und Epiphanie liegen, gehen auf vorchristliche, heidnische Überlieferungen zurück. In diesen Nächten wüten die alten Geister und Götter, das »wilde Heer«, gegen den Sieg des Lichts.
Zu Epiphanie ist diese Macht gebrochen. Während dieser Zeit aber muss das Böse ausgeräuchert und mit einer geweihten Kerze gebannt werden. Darum gingen Bauer und Bäuerin in Süddeutschland und Österreich in der Nacht vor Dreikönig räuchernd und mit der brennenden Kerze durch Hof und Stall.

Mariä Lichtmess

Das Fest heißt auch »Darstellung des Herrn«. Das Datum begründet sich vom 1. Weihnachtstag her (25. Dezember). Bis zum 2. Februar sind es nämlich genau 40 Tage. 40 Tage sind in der jüdisch-christlichen Tradition eine Zeiteinheit, die man auch in der Fastenzeit wieder entdeckt.

Inhaltlich bezieht sich das Fest auf die biblischen Ereignisse im Tempel von Jerusalem. Jesus wird im Tempel »dargestellt« (nachzulesen bei *Lukas 2,22-38*). Dahinter verbirgt sich die alttestamentliche Vorschrift, dass sich Frauen 40 Tage nach einer Geburt einer kultischen Reinigung unterziehen müssen. Da der Erstgeborene Gott geweiht war, wurde er im Tempel »dargestellt«.

Eine neue Arbeitsstelle

»Heut' ist Lichtmess!« – Wenn ein Knecht von seinem Dienstherrn diesen Satz – manchmal mitten im Jahr – hören musste, wusste er, dass dies die fristlose Kündigung bedeutete. Wurde ihm aber am 2. Februar vom Bauern ein Wachsstock (Kerze) überreicht, war mit dieser Geste sein Arbeitsvertrag um ein weiteres Jahr verlängert. Von daher ist zu verstehen, dass früher Lichtmess ein wichtiger Termin in der Arbeitswelt war. An diesem Tag, dem Beginn des ländlichen Arbeitsjahres, konnten die Dienstboten ihre Stelle wechseln und die Bauern ihren Zins bezahlen. Man feierte mit gutem und reichlichem Essen und musste nicht arbeiten.

Kerzensegnung

Am 2. Februar wurden seit dem vierten Jahrhundert die Wachsvorräte nicht nur für die Kirche, sondern auch für Haus und Hof gesegnet. Die Menschen hofften beim Schein dieser Kerzen von Gewittern, Seuchen und Missgeburten verschont zu werden. Deshalb gab man sogar dem Vieh im Stall einige Wachstropfen ins Futter.

Jahrhundertelang waren Lichterprozessionen zu Mariä Lichtmess Brauch. Mit brennenden Kerzen zogen die Menschen am Abend durch die Dörfer und Städte. Heute beschränken sich die Lichterprozessionen meist auf die Kirche.

Lichtmess-Spruch

Heut ist der schöne Lichtmesstag,
da bin i munter und frisch,
da pack i all mei Kleider z'samm
und setz mi hintern Tisch.
Ei Bäure, hol de Beutel rei,
ei Bauer zahl mi aus;
i bin dr scho lang z'wider g'west –
jetz komm dr aus deim Haus!

Alter Knechtsspruch zu Lichtmess

Die Zeit der Narren naht

Genau mit dem Fasten-
beginn verbinden sich
die verschiedenen
Bezeichnungen von
»Fastnacht«: ab sofort
soll auf Fleisch verzich-
tet werden. »Fleisch,
leb wohl« heißt im
Lateinischen »carne
vale«, daher der Name
Karneval. Auch das Wort
»Fasching« steht mit
der Fastenzeit im
Zusammenhang. Es
bedeutet so etwas wie
»Ausschank« vor der
Fastenzeit (»vast-
schanc« heißt das alte
Wort). Im Wort »Fast-
nacht« steckt auch
das alte deutsche
Wort »faseln«, dummes
Zeug reden.

Bevor der Ernst der Fastenzeit beginnt, bietet uns die Narrenzeit noch einmal die Gelegenheit zu Tanz und buntem Treiben.

Ob Fasching, Fastnacht oder Karneval, die närrische Zeit beginnt immer bereits am 11.11. des Vorjahres um 11 Uhr 11. Mit dem Ascher-mittwoch endet sie. Nur die Basler Fastnacht findet erst am ersten Fastensonntag statt. Eine verkehrte Welt! Viele Menschen schlüpfen in farbenprächtige Kostüme und fantasievolle Rollen: der Manager wird zum Clochard, der Bettler zum König.

Die Umzüge in Köln, Düsseldorf, München und anderswo haben frühe Vorbilder schon im ausgehenden Mittelalter. Die ältesten Über-lieferungen stammen aus dem 13. Jahrhundert und berichten von der Einsetzung eines Karnevalskönigs, der gewählt und inthronisiert wurde und dem man huldigte. Er hielt Bankette, theatralische Spiele und Rügegerichte ab. Am letzten Faschingsabend erschien der Nar-renkönig und legte nach kurzer Rede seine Amtszeichen nieder.

Buntes Treiben

Die letzen bunten Faschingstage beginnen mit dem »Weiberfasching«, auch »fetter Donnerstag« genannt, und setzen sich am Faschings-sonntag, Rosenmontag und Faschingsdienstag fort. Dieser ist Höhe-punkt und zugleich Ende dieser Feierzeit.

Das Faschingstreiben hängt auch mit dem Umbruch in der Natur zusammen: Dem Winter mit seinen dunklen Geistern und Dämonen soll endgültig der Garaus gemacht werden. Dahinter steckt ein alt-heidnisches, bäuerliches Früh-lingsfest. Mit Furcht erregenden, geschnitzten Masken, mit Hexen und ihren Besen und mit allerlei lärmenden Rasseln, Trommeln und Schellen wird der Winter vertrieben. In einigen Gegenden werden diese seltsamen Plage-geister und damit auch der Win-ter symbolisch als Strohpuppe verbrannt. All dieses Getöse gilt der Abwehr böser Mächte und dem Heraufbeschwören und Wachrütteln guter Geister.

Lustige Ideen fürs Faschingsfest

Eine einfache Maske zum Winteraustreiben (und zu Fastnacht) ist leicht gebastelt. Ebenso einfach ist die Zubereitung von typischem Faschingsgebäck und -getränk.

Narrenmaske

So geht's:

Den Pappteller an das Gesicht anpassen, Augen, Nase und Mund markieren. Die Maske abnehmen und die Öffnungen für Augen, Nase und Mund ausschneiden. Mit Wachsmalkreide oder Wasserfarbe die Augenränder, Mund- und Nasenränder nachziehen, das Gesicht evtl. noch weiter bemalen und mit Luftschlangen oder Wolle bekleben. Abschließend in Ohrenhöhe das Hutgummiband an beiden Seiten der Maske durchfädeln und verknoten.

Material
1 großer, weißer Pappteller, Schere, Farben (Wachsmalkreiden oder Wasserfarben), Luftschlangen, Klebstoff, alte Wolle und ein Hutgummiband

Faschingspunsch für Kinder
Für 3–4 Kinder

Zubereitung:
Alle Zutaten werden in einem Topf erhitzt (nicht kochen!) und nach Wunsch mit Honig gesüßt.

Zutaten
½ l roter Traubensaft, ½ l Orangensaft, ½ l Hagebuttentee

Faschingsgebäck: Mutzenmandeln
Für etwa 4 Personen
Im Kölner Raum werden neben den bekannten Faschingskrapfen gerne Mutzenmandeln gebacken.

Zubereitung:
Mehl und Backpulver mischen und mit den restlichen Zutaten zu einem Teig verkneten. 30 Minuten ruhen lassen, dann etwa 1 Zentimeter dick ausrollen. Mit dem Teigrädchen kleine Rauten ausradeln und in das heiße Butterschmalz geben. Sind die Mutzenmandeln knusprig goldbraun, nimmt man sie heraus, lässt sie auf Küchenpapier abtropfen und bestäubt sie mit Puderzucker.

Zutaten
270 g Mehl, 1 TL Backpulver, 50 g Butter, 40 g Zucker, abgeriebene Schale einer halben Zitrone, 2 Eier, 1 EL saure Sahne, Butterschmalz zum Ausbacken, Puderzucker

Der Osterfestkreis

Kein Festkreis im Kirchenjahr trägt so viel Spannung in sich: von der tiefsten Trauer in die höchste Freude, vom toten Schwarz in das lebendige Licht eines farbenfrohen Feuers im Morgengrauen. Diese Zeit bündelt das ganze Leben, das wir Menschen täglich erfahren und bringt es auf den Punkt. Leben ist ausgestreckt zwischen tiefen Tälern und Höhepunkten, zwischen seelischer Not und Gipfelerlebnissen, zwischen unendlicher Traurigkeit und unermesslicher Freude. Diese Spannung bestimmt das Auf und Ab im Alltag und in unserer Lebenszeit.

Wer die Sonne hinter vielen grauen Wolken nicht zu erahnen weiß, der könnte verzweifeln angesichts so vieler Missstände und Unwägbarkeiten, die das Leben zweifellos mit sich bringt. Aber die Sonne ist da, auch wenn sie nicht zu sehen ist. Dies ist die tröstliche Botschaft der Osterfestzeit.

In manchen orientalischen Gesängen und Klageliedern ist sogar die Rede von »Asche essen« oder »in der Asche sitzen« oder »sich in Sack und Asche legen«. Diese und ähnliche Bilder haben sich auch bei uns in Redewendungen und Sprichwörtern tief eingeprägt und erhalten.

Das höchste Fest der Christen

An den Weihnachtsfestkreis und eine Zeit zwischen den Festkreisen schließen sich die wichtigsten Wochen des Kirchenjahres an, der Osterfestkreis. Er beginnt mit der Fastenzeit. Das sind sechs Wochen oder 40 Tage (ohne die Sonntage), die auf Ostern hinführen. Die letzte Woche dieser Fastenzeit, die Karwoche oder »Heilige Woche«, besonders der letzte Freitag (Karfreitag) erinnern an den Tod Jesu.

Zielpunkt des gesamten Kirchenjahres jedoch bildet das größte Fest der katholischen Christen: Ostern. Jesus hat den Tod überwunden. Er ist auferstanden.

In die Osterfestzeit fällt das Fest Christi Himmelfahrt: Jesus kehrt zu seinem Vater in den Himmel zurück. Er verspricht, immer bei den Menschen zu sein. Er fordert sie auf, seine Botschaft weiterzugeben. Dazu schenkt er ihnen Kraft und Begeisterung. Am Pfingstfest sendet er seinen Geist. Mit Pfingsten ist die lange Osterzeit beendet.

Aschermittwoch

Mit der Asche, von welcher der Aschermittwoch seinen Namen hat, wurden ursprünglich die öffentlichen Büßer bestreut, die zudem noch mit einem sackähnlichen Bußkleid bekleidet waren. Asche und Staub sind biblische Bilder für Vergänglichkeit und Wertlosigkeit, aber auch für Trauer und Buße – zum Beispiel in der berühmten Legende von Jona, der die Stadt Ninive zur Buße aufrief.

Nach der Bestreuung mit der Asche mussten in alten Zeiten die Büßer die Kirche verlassen. Dabei schritten sie durch die so genannte Adamspforte, ein Portal, das die Darstellungen Adams und Evas, die Vertreibung aus dem Paradies, sowie das Jüngste Gericht zeigt. Im Vorraum der Kirche mussten sie auf der »Armesünderbank« Platz nehmen. Dort hatten sie sich bei jedem Gottesdienst aufzuhalten, bis ihre Wiederaufnahme am Gründonnerstag erfolgte.

Noch heute wird das Zeichen des Aschenkreuzes in der katholischen Kirche benutzt, um die Gläubigen an die Vergänglichkeit allen Lebens zu erinnern und zur Umkehr aufzufordern. Die Asche wird durch das Verbrennen der Palmzweige vom vorjährigen Palmsonntag gewonnen. Der Priester zeichnet mit ihr ein Kreuz auf die Stirn der Gläubigen und spricht dabei die Worte »Gedenke, Mensch, dass du Staub bist und wieder zum Staub zurückkehren wirst!« oder »Bekehrt euch, und glaubt an das Evangelium!« Von diesem Zeitpunkt an verstummt in der Kirche der Jubelruf des Halleluja bis zur Osternacht.

Was sich am großen Osterfest im Jahresfestkreis zeigt, findet sich auch in kleineren Zeitkreisen: Der Sonntag als Tag der Auferstehung Jesu ist der Beginn einer neuen Woche, der erste Tag. Und auch der Anbruch des Morgens spielte einst für Christen, die die Nacht als Durchgang durch den Tod in das Leben interpretierten, eine Rolle: Sie war quasi ein Osterfest im Kleinen.

Der Beginn der Fastenzeit

Auch wenn mancherorts die Nacht vom Faschingsdienstag auf den Aschermittwoch ihren Höhepunkt in seltsamem Brauchtum, im Verbrennen einer Hexenpuppe fand, hat dies nur indirekt mit diesem Tag zu tun. Mit diesem Tag beginnt seit dem siebten Jahrhundert die 40-tägige Fastenzeit als Vorbereitung auf das Osterfest.

Brauchtum: Geldbeutelwaschen und Fischessen

Auch außerhalb des kirchlichen Brauchtums haben sich einige Bräuche, die einen neuen Zeitabschnitt kennzeichnen, erhalten. So ist es in München üblich, am Aschermittwoch seinen leeren Geldbeutel im Fischerbrunnen zu waschen. Weil an diesem Fastentag kein Fleisch gegessen werden durfte, kam man auf die naheliegende Idee, auf Fische auszuweichen. Fisch ist ja kein Fleisch! Daraus hat sich das traditionelle Fischessen am Aschermittwoch entwickelt.

Die Fastenzeit

Die Zahl 40 hat in der Bibel eine besondere Bedeutung: 40 Tage fastete Moses auf dem Berg Sinai, bevor er die Zehn Gebote empfing; 40 Jahre dauerte der Zug des Volkes Israels durch die Wüste ins Gelobte Land; von Jesus wird berichtet, dass er nach seiner Taufe 40 Tage und Nächte gefastet hat. Die 40 Tage weisen somit auf eine Zeit der Prüfung und Läuterung hin.

Die Fastenzeit (auch österliche Bußzeit genannt) umfasst einen Zeitraum von 40 Tagen. Weil man sonntags aber nicht fastete, ergaben sich nur 36 Fasttage. Schon im fünften Jahrhundert verlegte man deshalb den Beginn um vier Tage vor: vom Aschermittwoch bis zum ersten Fastensonntag.

Ursprünglich war diese Zeit zur Vorbereitung der Taufbewerber bestimmt, die in der Osternacht die Taufe empfangen wollten. Auch die am Aschermittwoch mit dem Aschenkreuz bezeichneten öffentlichen Büßer sollten diese Zeit nutzen, um in sich zu gehen und umzukehren. Sie hatten die Aufgabe, im Mit- und Füreinander neue Wege zu suchen und zu gehen.

Fasten, was ist das?

- Fasten ist ein Weg zur eigenen Stärkung
- Fasten dient Leib und Seele gleichermaßen
- Fasten beschränkt sich nicht nur auf die Fastenzeit
- Fasten ist eine uralte Erscheinung in allen Religionen
- Wer fastet, macht körperliche und seelische Grenzerfahrungen
- Fasten heißt: jeden Tag eine gute Tat
- Fasten heißt: unabhängig werden vom Luxus
- Fasten heißt: teilen
- Fasten heißt: verzichten
- Fasten heißt: auf den anderen zugehen
- Fasten heißt: anderen helfen

Fastenaktionen

Die Hilfswerke der evangelischen und katholischen Kirche »Brot für die Welt« und »Misereor« rücken mit ihren Fasten-Aktionen den Gedanken in den Blickpunkt: »Anders leben, damit andere überleben!« Sie fordern die Menschen der reichen, nördlichen Erdhalbkugel zur Solidarität auf mit den armen Völkern der südlichen Hemisphäre. So wird der ursprüngliche Sinn der Fastenzeit für unsere Zeit verlebendigt: Fasten hat neben einer gesundheitlichen oder religiösen auch eine soziale Dimension.

Das einfache Fastenessen

Fastenzeit heißt offen werden für sich, für die Menschen in der Umgebung und für die Not in der Welt. Deshalb wird während der Fastenzeit in vielen Kirchengemeinden ein Fastenessen angeboten. Oft gibt es nur Reis. Dieses einfache Essen soll uns, die wir reichlich zu essen haben, daran erinnern, dass viele Menschen auf der Welt nicht wissen, wie sie den nächsten Tag überstehen sollen.

Die Fastenbrezel – ein uralter Brauch

Als Fastengebäck gab es früher ein spezielles Gebildebrot, die Fastenbrezel. Sie wurde im Mittelalter nur während dieser Zeit gebacken. Ab dem Aschermittwoch wurden Arme, die an eine Klosterpforte klopften, mit einer Fastenbrezel bedacht. Jeder, der eine Fastenbrezel aß, sollte an das Leiden Christi erinnert werden. Diese spezielle Brezel war ursprünglich ein Kreis aus Teig, der als Mittelpunkt ein Teigkreuz hatte.

Misereor-Hungertuch

Ähnliche Gedanken verfolgt das jährlich neue Hungertuch von Misereor, dem kirchlichen Hilfswerk in armen Ländern. In großen Bildern erzählt es Geschichten aus Lateinamerika, Haiti, Indien, Äthiopien usw. Manche Szenen berichten von Begegnungen Gottes mit den Menschen.

*Wenn du zum Tor
des Lebens gelangen willst,
musst du aufbrechen,
einen Weg suchen,
der auf keiner Karte verzeichnet
und in keinem Buch beschrieben ist.
Dein Fuß wird an Steine stoßen,
die Sonne wird brennen
und dich durstig machen,
deine Beine werden schwer werden.
Die Last der Jahre
wird dich niederdrücken.
Aber irgendwann wirst du beginnen,
diesen Weg zu lieben.
Weil du erkennst, dass es dein Weg ist.
Du wirst straucheln und fallen,
aber die Kraft haben,
wieder aufzustehen.*

*Du wirst Umwege und Irrwege gehen,
aber dem Ziel näher kommen.
Alles kommt darauf an,
den ersten Schritt zu wagen.
Denn mit dem ersten Schritt
gehst du durch das Tor.*

Wolfgang Poeplau

Der Hamster

Fastenzeit heißt anders denken, nicht nur an sich denken. Dieser Gedanke spiegelt sich in dieser Geschichte wider.

Einmal hatte ein Hamster ein Feld mit vielen guten Körnern gefunden. Er hat sich die Backentaschen vollgestopft und ist zu seinem Bau gelaufen und hat die Körner in seine Vorratskammer ausgespuckt. So ist er zehnmal hin- und hergelaufen, dann war die Vorratskammer voll, und der Hamster war müde. Aber er hat gedacht: »Eine Vorratskammer voll Körner ist gut, aber zwei sind besser.« Schnell hat er eine neue Vorratskammer gegraben und ist wieder hin- und hergelaufen und hat Körner und Körner herangeschleppt. Dann war auch die andere Vorratskammer voll, und der Hamster war so müde, dass er kaum noch laufen konnte. Aber er hat gedacht: »Zwei Vorratskammern voll Körner sind gut, aber drei sind bestimmt besser!« Er hat also wieder eine Vorratskammer gegraben und noch mehr Körner geholt. Als dann die dritte Vorratskammer voll war, haben immer noch viele Körner auf dem Feld gelegen. Der Hamster wollte sie alle haben. Jetzt konnte er aber nicht mehr graben, er war zu müde. Er hat die letzten Körner einfach in seine Schlafkammer getragen. Aber auf einmal war es Winter, und alle Hamster sind in ihren Bau gekrochen und haben geschlafen. Nur der eine Hamster konnte nicht schlafen. Bis zum Hals hat er in seinen Körnern gesessen.

Ursula Wölfel

Laetare oder Mittfasten

Aus Breslau, Heidelberg und Eisenach ist an Laetare der Brauch der »Sommertagsstecken« überliefert. Kinder veranstalten einen fröhlichen Festzug mit Haselgerten, an denen Äpfel, Eier, Brezeln und Veilchensträuße hängen.

Am dritten Sonntag vor Ostern wird der Sonntag »Laetare« (deutsch: freue dich!) gefeiert. Der freudige Charakter dieses Fastensonntages hebt sich aus all den anderen Fastensonntagen heraus. Von manchen wird dies darauf zurückgeführt, dass mit diesem Tag die Mitte der Fastenzeit erreicht ist (daher auch der Name Mittfasten). Der Priester in der katholischen Kirche trägt an diesem Tag ein Messgewand in Rosa, nicht das sonst in der Fastenzeit übliche Violett. Der Grund dafür liegt wohl in dem päpstlichen Brauch, an diesem Tag die »goldene Rose« zu weihen. Sie wird dann an verdiente Persönlichkeiten verschenkt. Dieser Brauch hat seine Wurzeln wahrscheinlich in einem altrömischen Frühlingsfest, bei dem man sich mit Blüten schmückte. Vorfreude ist das Thema an diesem Fastensonntag, an dem in der Kirche die Gedanken an das kommende Osterfest im

Vordergrund stehen. An Laetare wurde früher das Winterende gefeiert. Da vermummten sich Burschen als Winter, und andere schlugen sie mit Heugabeln und Sensen in die Flucht.

Die Karwoche

In den Tagen zwischen Palmsonntag und Ostern feiern die Kirchen die wichtigsten Ereignisse, auf die sich die christlichen Religionen begründen. Die Feste dieser Woche hängen mit den letzten Tagen im Leben Jesu zusammen: dem Einzug in Jerusalem, dem letzten Mahl mit seinen Freunden, seiner Kreuzigung und Auferstehung. In diesen Tagen kommen entscheidende Grunderfahrungen aller Menschen in der Person Jesu zum Ausdruck:

- Erfolg und Unterstützung durch Freunde (Einzug in Jerusalem)
- Erleben von Gemeinschaft beim Essen mit lieben Menschen (letztes Mahl Jesu mit seinen Jüngern)
- Machtkämpfe und Intrigen (Verrat und Festnahme am Ölberg)
- Einsamkeit und Angst (Jesus alleine vor dem Richter, Verurteilung und Kreuzweg Jesu, Todesangst am Kreuz)
- Beginn eines neuen veränderten Lebens (Auferstehung Jesu)

Die Leute aber, die vor ihm hergingen und die ihm folgten, riefen: Hosanna dem Sohn Davids! Gesegenet sei er, der kommt im Namen des Herrn! Hosanna in der Höhe!
Matthäus 21,9

Palmsonntag

Die heilige Woche beginnt mit dem Palmsonntag. Dies ist der letzte Sonntag vor Ostern. Der Name Palmsonntag entstammt einem Brauch, der aus Jerusalem kommt. Seit dem 18. Jahrhundert begeht man dort eine Prozession mit Palmwedeln. Sie erinnert an den Einzug Jesu in Jerusalem. Damals haben die Menschen Jesus zugejubelt, ihn als den neuen König und Retter des Volkes Israel gefeiert. Der Überlieferung nach hielten sie Palmzweige in den Händen und riefen: »Gepriesen sei Jesus! Er kommt im Namen Gottes. Gepriesen sei Gott!«
Bei seinem Einzug in Jerusalem sitzt Jesus auf einem Esel und gibt sich so als König der Gerechtigkeit und des Friedens zu erkennen, der auf Reichtum und herrschaftliche Macht verzichtet. Für das Volk ging damit die Prophezeiung Sacharjas in Erfüllung: »Juble laut, Tocher Zion! Jauchze Tochter Jerusalem! Sieh, dein König kommt zu dir. Er ist gerecht und hilft; er ist demütig und reitet auf einem Esel, auf einem Fohlen, dem Jungen einer Eselin.«

Der Palmzweig und der Palmbaum sind ein Symbol für Sieg, Wiedergeburt und Unsterblichkeit. Die Palmzweige beim Einzug Jesu in Jerusalem weisen auf die kommende Auferstehung hin. Viele christliche Märtyrer sind daher mit einem Palmzweig als Sinnbild für ihren himmlischen Lohn des ewigen Lebens dargestellt.

Sacharja 9,9

Segensgebet

*Allmächtiger,
ewiger Gott,
segne diese Zweige,
die Zeichen des Lebens
und des Sieges,
mit denen wir Christus,
unseren König,
huldigen.*

Aus dem Gotteslob

Palmprozession

Heute noch sind auch bei uns Palmprozessionen zur Erinnerung an damals lebendig. Oft sehen wir Jesus, auf einem Esel reitend, als Holzfigur dargestellt. Sie ist Mittelpunkt der Prozession.

Palmen gibt es allerdings in unseren Breiten nicht. Sie wurden in Babylon als heilige Bäume verehrt, den römischen Soldaten verlieh man sie als Siegeszeichen nach einem Triumph.

Wir tragen bei der Prozession anstelle der Palmwedel Zweige von Palmkätzchen (Saalweide), Wacholder und Buchsbaum. Das sind die Palmbuschen. Vor der Prozession werden sie aber in allen Gegenden in jedem Fall geweiht.

Zum Palmsonntag haben sich vor allem die feierliche Prozession und das Brauchtum um die Palmzweige/Palmbuschen erhalten. Die Prozession wird in den Gemeinden unterschiedlich gestaltet, und die Palmweihe ist fester Bestandteil der Palmsonntagsliturgie.

Palmbuschen

Saalweide, Buchs und Wacholder sollen schon seit ewigen Zeiten vor Bösem, Schädlichem und Ungeziefer schützen. Das ist der Grund, warum viele Menschen die geweihten Palmbuschen nach der Prozession auf die Gräber der Verstorbenen legen oder sie hinter das Kreuz im Wohnzimmer stecken.

Geweihte Palmbuschen finden sich in manchen Gegenden auch im Stall bei den Tieren. Dieser Brauch hat sich seit Jahrhunderten erhalten und wird in vielen Gegenden bis heute gepflegt.

Ein richtiger Palmbuschen besteht aus drei Zweigen blühender Palmkätzchen, drei Zweigen vom Buchs und drei Zweigen vom Wacholder. Sie werden kunstvoll an einen Haselstock gebunden und mit langen bunten Bändern verziert. Als Spitze und Mitte des Palmbuschens findet man oft schon im Vorgriff auf Ostern ein bunt bemaltes Ei.

Gründonnerstag

Die Kartage beginnen am Abend des letzten Donnerstages vor
Ostern, dem Gründonnerstag. Ein wesentliches Merkmal bei den
katholischen Christen ist die für einen Donnerstag ungewöhnliche
abendliche Eucharistiefeier mit Fußwaschung. Sie erinnert an das
letzte gemeinsame Mahl, das Jesus mit seinen Freunden gefeiert hat,
bevor er festgenommen und hingerichtet wurde. Während dieses
Mahles nahm Jesus das Brot, dankte Gott und sprach: »Nehmt und
esst, das ist mein Leib.« Und er nahm auch den Becher mit Wein,
dankte Gott und sprach: »Das ist mein Blut. Von heute an sollt ihr
dies in meinem Namen tun und an mich denken. Dann werde ich bei
euch sein.«
Seit dieser Zeit feiern Christen miteinander das Abendmahl.
Die Eucharistiefeier am Gründonnerstag wird auch gerne als »Liebes-
mahl« bezeichnet, weil das Waschen der Füße, das nach alter orienta-
lischer Tradition zur Vorbereitung eines Mahles gehört, von Jesus
selbst für alle seine Gäste übernommen wurde.

*Ich bin das Brot
des Lebens;
wer zu mir kommt,
wird nie mehr hungern.*
Johannes 6,35

Die Herkunft der Bezeichnung und das Brauchtum

Die Herkunft des Namens »Gründonnerstag« ist ungeklärt. Eine
mögliche Erklärung leitet sich aus dem Wort »dies viridium« (Tag der
grünenden Zweige) ab. An diesem Tag durften in alter Zeit die öffentlichen Büßer wieder die Eucharistie mitfeiern, deshalb steht dieser
lateinische Ausdruck für »Wiederaufleben« und »Aufblühen«. Für
diese Namensherkunft spricht auch die Tatsache, dass im Süden vom
»Antlasstag« gesprochen wird, was auf die Entlassung der Büßer
verweist. In Schweden heißt dieser Tag »skärtorstag« und bedeutet in
der wörtlichen Übersetzung »Reinigungsdonnerstag«. In Frankreich
spricht man vom »jeudi absolu«, das ist der Donnerstag der Lossprechung. Möglich wäre auch die Herkunft des Namens vom Wort »grei-
nen«, also »weinen«.

Fußwaschung

Die Geschichte erzählt von diesem Tag, dass auch weltliche Herren
den Brauch der Fußwaschung gepflegt haben. So wird von Fußwa-
schungen bei Hof berichtet.
In Wien, London und München zum Beispiel wuschen die Regenten
am Gründonnerstag einigen Landeskindern die Füße. Im 16. Jahrhundert soll erstmals ein deutscher Kaiser diesen Dienst an seinen

Ölbergspiele

*Dem Geschehen in
Jerusalem nachzuspü-
ren, stand hinter einem
weiteren Brauch: den
Ölbergprozessionen
und Ölbergspielen, die
auch »Christussuchen«
genannt wurden.*

Untertanen ausgeführt haben. In Bayern wusch der König zwölf alten Männern die Füße, während die Königin zwölf Mädchen aus einer ärmeren Gesellschaftsschicht neu einkleiden ließ.

Im Gottesdienst findet man heute diese Fußwaschung in einem wiederbelebten Brauch: In der katholischen Liturgiefeier werden ausgewählten Frauen und Männern der Gemeinde die Füße vom Priester gewaschen. 1955 wurde dieser uralte, aber schon bald nach seiner Entstehung wieder vergessene Brauch erneut lebendig.

Chrisamweihe

Bereits zu Beginn des dritten Jahrhunderts wird an diesem Tag das Chrisam geweiht. Es wurde früher aus reinem Olivenöl mit einer Prise Balsam hergestellt. Heute finden auch andere aromatische Stoffe Verwendung. Dieses Öl wird unter anderem bei der Taufe verwendet. Und weil in der Osternacht die Taufe der Katechumenen (Taufbewerber) vollzogen wurde, weihte man das Chrisam bereits am Donnerstag zuvor.

Baumbeten

Einen sehr interessanten alten Brauch finden wir im Alpenvorland. Er hängt wohl mehr mit anderen Frühjahrsbräuchen zusammen, wurde aber am Gründonnerstag von den Bauern begangen: das Baumbeten. Dazu ging der Bauer mit allen Hausbewohnern in den Obstgarten und betete drei Vaterunser. Das erste unter einem Baum kniend, das zweite stehend und das dritte Vaterunser im Gehen. Damit erbittet er den himmlischen Segen auch für die häusliche Umgebung, die Bäume, deren Ertrag an Früchten und letzter Nutzen als Brenn- und Bauholz ebenso wichtig war wie der Ertrag der Äcker und des Stalls.

Grüne Suppe

Im häuslichen Bereich wird an Gründonnerstag eine Fastenspeise gekocht, die grün ist. Vielleicht hängt mit diesem Brauch auch der Name des Tages zusammen.

Gerne gibt es auch heute noch Spinat an diesem Tag zu essen. Auch die »Neun-Kräuter-Suppe« ist in einigen Gegenden bekannt. Meist befinden sich Brennnessel, Brunnenkresse, Gundermann, Sauerampfer, Gänseblümchen, Erdbeerblätter, Kuhblume, Rapunzel und Schafgarbe darin.

Tag der Verheirateten

Ungewöhnlich ist der Brauch, der aus der Mitte des vorigen Jahrhunderts stammt und in der Gegend des Lechs beheimatet ist. Dort ist der Gründonnerstag der Tag der Verheirateten. An diesem Tag durften die Frauen mit in das Wirtshaus gehen. Dorfbewohner, die sich stritten, gaben sich die Hand und versöhnten sich wieder.

Karfreitag

Der Karfreitag erinnert an das Leiden und den Tod Jesu am Kreuz.
In der katholischen Kirche wird dieser Tag in Stille und absolut
schmucklos gefeiert, alle Glocken verstummen, es spielt keine Orgel.
Die Gläubigen versammeln sich meist um 15 Uhr am Nachmittag in
der Kirche und denken an das Leiden und Sterben Jesu. Das Kreuz
als Sinnbild des Leidens Christi steht im Mittelpunkt. Es ist zum
Zeichen der Trauer mit einem violetten Tuch verhüllt. Die Katholiken
sind aufgefordert, an diesem Tag zu fasten, d. h. sich nur einmal am
Tag satt zu essen. Als Todestag Jesu ist der Karfreitag seit jeher ein
Tag der Trauer und der Klage. Von daher erklärt sich auch der Name:
»kara« bedeutet im Althochdeutschen »Klage« oder »Trauer«. Eine alte
Bezeichnung für diesen Tag ist auch »Tag des Trauerfastens«.

*Der Statthalter
fragte sie: Wen von bei-
den soll ich freilassen?
Sie riefen: Barabbas!
Pilatus sagte zu ihnen:
Was soll ich dann mit
Jesus tun, den man
den Messias nennt?
Da schrien sie alle:
Ans Kreuz mit ihm!*
Matthäus 27,21–22

Karsamstag

Karsamstag ist der große Ruhetag zwischen Tod und Auferstehung
Jesu. Es findet kein Gottesdienst statt. Die Kirche bleibt leer. Dieser
Tag erinnert an die Grabesruhe Jesu. In vielen katholischen Kirchen
kann das Heilige Grab besichtigt werden. Das ist eine Nachbildung
des Grabes Jesu, wie es ausgesehen haben könnte. Seit Karfreitag ist
es in der Kirche aufgebaut – oft von viel Schmuck umgeben – und
wird gerade am Karsamstag von den Gläubigen gerne besucht. Diesen Tag kennzeichnet eine Art Innehalten, bevor in der Nacht auf
Ostersonntag nach 40 Stunden der Trauer das neue Leben gefeiert
wird und sich damit der große innere Bogen vom Einzug in Jerusalem
über Kreuzigung und Tod hin zur Auferstehung rundet.

*In der Familie laufen die
letzten Vorbereitungen
auf das höchste Fest im
Kirchenjahr. Der Kar-
samstag gilt als Back-
tag: Osterlämmer und
Osterfladen duften, die
letzten Ostereier wer-
den bemalt. Alles berei-
tet sich auf den Höhe-
punkt vor: auf Ostern.*

Ideen zur Fastenzeit und zu Ostern

Die Fastenzeit, wenn der Frühling und Ostern nah sind, kann Anlass sein für ein paar besondere Ideen, Aktionen und auch Rezepte.

- Wir unternehmen in der Vorfrühlingszeit Waldspaziergänge und beobachten dabei die Natur ganz genau: Was hat sich seit dem letzten Spaziergang verändert?

- Wer keinen Garten hat, kann an der Fensterbank ein kleines Gärtchen anlegen: In einen länglichen Blumenkasten aus Ton wird Blumenerde gefüllt. Nun sät man Weizenkörner, Kresse oder Gras. Auch kleine, vorgetriebene Narzissenzwiebeln haben Platz. Stellt man den Blumenkasten an ein helles Fenster und hält die Erde feucht, kann man bald den kommenden Frühling sehen, riechen und schmecken. Ein winziges Gärtlein in einem bemalten Blumentopf ist ein wunderbares Geschenk!

- Eine aus rotem Papier gefaltete Tulpe holt den Frühling ins Zimmer. Ein quadratisches Bastelpapier wird Ecke auf Ecke zu einem Dreieck gefaltet. Die Spitze zeigt nach oben. Nun werden die Spitzen rechts und links nach oben gefaltet. Das ergibt eine Tulpe. Aus grünem Tonpapier werden Stiel und Blätter der Tulpe geschnitten. Die Blüte wird aufgeklebt und mit Tesafilm am Fenster befestigt.

- Aus Naturmaterialien kann man wunderschöne, einfache Kreuze basteln. Das können kleine Äste, getrocknete Gräser oder Binsen sein, die mit Bast zur Kreuzform verbunden werden: vom Himmel zur Erde und von rechts nach links. Dieses Kreuz lässt sich in der Wohnung aufhängen und zu Ostern mit Blumen schmücken.

Ein feines Frühlingsrezept: Grüne Soße

Zutaten
Je 1 Hand voll Petersilie, Schnittlauch, Dill, Basilikum, Majoran und Thymian, Salz und Pfeffer, ½ l gutes Olivenöl

Zubereitung:
Kräuter waschen, trocken schleudern und fein hacken. Dann salzen und pfeffern und mit dem Olivenöl im Mixer pürieren. Diese Soße passt gut zu Fisch, sie kann aber auch mit Quark zu gekochten Kartoffeln gegessen werden.

Das grüne Osternest

So geht's:
Ungefähr zwei Wochen vor dem Osterfest wird in eine Schale mit Erde Hafer angesät. Ständige Feuchtigkeit, Licht und Wärme sorgen dafür, dass zum Osterfest das grüne Nest, in das die bunt bemalten Eier gelegt werden, in voller Pracht steht.

Material
Haferkörner, Erde, Schale

Natürlich gefärbte Ostereier

So geht's:
Mit natürlichen und damit ganz ungefährlichen Farben lassen sich Ostereier herrlich färben: Gekochte Zwiebelschalen bringen einen gelblichen, orangen oder rotbraunen Ton. Mit Möhrenschalen bekommt man ein kräftiges Rosa, manchmal sogar Rot. Rotkraut dagegen ergibt Blaugrün. Will man goldgelbe Töne, nimmt man am besten Kiefernzapfen. Aus den Zutaten wird jeweils ein Sud gekocht. Die beste Färbung erreicht man, wenn Eier mit weißer Schale verwendet werden und in den Sud ein Schuss Essig kommt. Nach dem Färbebad mit Fett einreiben und kräftig polieren. Diese Art zu färben ist für gekochte und für ausgeblasene Eier anwendbar.

Material
Zwiebelschalen, Möhrenschalen, Rotkraut, Kiefernzapfen, Essig, Fett

Kreuz mit Pfeifenputzern und Holzperlen

So geht's:
Die beiden Pfeifenputzer zunächst in Kreuzform legen und miteinander verdrehen; das ist der Mittelpunkt des Kreuzes. Von oben senkrecht drei Perlen auffädeln und das Pfeifenputzerende umbiegen, das Gleiche rechts und links wiederholen, unten sechs Perlen anbringen.

Material
2 Pfeifenputzer (25 cm und 17 cm) und 18 farblich passende Holzperlen mit Bohrung

Ostern – das Fest der Freude

Das Hochfest der Auferstehung Jesu wird am Sonntag nach dem ersten Frühlingsvollmond gefeiert. Der Termin schwankt deshalb zwischen dem 22. März und 25. April. Wie Weihnachten wird in der katholischen Kirche das eigentliche Fest in der Nacht gefeiert, in der Osternacht.

Ostersonntag

Ostern ist die große Freudenfeier der christlichen Kirche, der große Wendetag nach vierzigtägiger Buß- und Fastenzeit. Bei der Feier der Osternacht auf den Ostersonntag kündigen das festliche Gloria und das Glockengeläut an: Halleluja, Jesus ist auferstanden! Der Ostersonntag ist der festlichste Tag der Osterzeit: Freude über die Auferstehung Jesu bestimmt die Atmosphäre.

Die österliche Freude dauert nicht nur wenige Tage, sie wird sieben Wochen lang gefeiert und am fünfzigsten Tag (Pfingsten) abgeschlossen. Die eigentliche Osteroktav (Nachfeier durch eine Woche) lässt sich bis in die ersten christlichen Jahrhunderte zurückverfolgen. Der Oktavtag von Ostern hieß ursprünglich »Weißer Sonntag«, weil die erwachsenen Ostertäuflinge nach der beendeten Osterfeier die weißen Taufkleider ablegten. Diese hatten sie die ganze Osterwoche über getragen.

Ostermontag

Am Ostermontag wird das Evangelium *(Lukas 24,13–35)* von den beiden Emmausjüngern verlesen. Diese beiden Jünger verließen Jerusalem enttäuscht und traurig. Sie hatten auf Jesus gehofft, und nun war er tot. Jesus gesellte sich unterwegs zu ihnen, aber die beiden erkannten ihn nicht. Während des gemeinsamen Weges deutete Jesus ihnen das Alte Testament und wies sie darauf hin, dass »der Messias all dies erleiden musste, um in seine Herrlichkeit zu gelangen«. Später, bei der Einkehr in Emmaus, aßen sie gemeinsam. Erst dann erkannten sie ihren Herrn und Meister, weil Jesus vor ihren Augen das Brot gebrochen hatte.

Die frohe Osterbotschaft

Im »Urevangelium«, dem ältesten biblischen Text über die Auferstehung, berichtet der Apostel Paulus: Denn vor allem habe ich euch überliefert, was auch ich empfangen habe:

Jeder kennt das Weihnachtslied »O du fröhliche, o du selige, gnadenbringende Weihnachtszeit«, doch kaum jemand weiß, dass es noch zwei weitere Lieder gibt: eines zu Pfingsten und eines zu Ostern:

*O du fröhliche,
o du selige, gnaden-
bringende Osterzeit!
Welt lag in Banden,
Christ ist erstanden:
Freue, freue dich,
o Christenheit!*

*O du fröhliche,
o du selige, gnaden-
bringende Osterzeit!
Tod ist bezwungen,
Leben errungen:
Freue, freue dich,
o Christenheit!*

*O du fröhliche,
o du selige, gnaden-
bringende Osterzeit!
Kraft ist gegeben,
göttlich zu leben:
Freue, freue dich,
o Christenheit!*

J. D. Falk

Christus ist für unsere Sünden gestorben,
gemäß der Schrift, und ist begraben worden.
Er ist am dritten Tag auferweckt worden,
gemäß der Schrift, und erschien dem Kephas, dann
den Zwölf. Danach erschien er mehr als fünfhundert
Brüdern zugleich; die meisten von ihnen sind noch
am Leben, einige sind entschlafen. Danach erschien
er dem Jakobus, dann allen Aposteln. Als letztem von
allen erschien er auch mir …

1 Korinther 15,3–8

Ostern ist das höchste und älteste Fest der christlichen Kirche und hängt seit den Uran-
fängen mit dem jüdischen Paschafest zusammen. Auf diesen Ursprung weisen viele
Bezeichnungen für Ostern in anderen Sprachen hin, zum Beispiel »pasqua« im Italieni-
schen, »pascuas« im Spanischen. Der Name Ostern hängt vermutlich mit »Osten« zusammen, dem Ort der Morgenröte. Andere Quellen sprechen von einem Zusammenhang mit
dem germanischen Wort »ausa«, was im Nordgermanischen »schöpfen, gießen« bedeutet.

Sinnbilder in der Osterzeit

Rund ums Osterfest gibt es viele Elemente, deren Bedeutungen uns
vielleicht nicht immer klar sind.

Die ganze Welt,
Herr Jesus Christ,
zur Osterzeit jetzt
fröhlich ist.

Das Osterfeuer

Bereits seit dem achten Jahrhundert beginnt die Osternachtsfeier mit
der Weihe des Osterfeuers vor der Kirche.

Jetzt grünet, was nur
grünen kann,
die Bäum zu blühen
fangen an.
Friedrich von Spee

Die Osterkerze

Am Osterfeuer wird die Osterkerze entzündet: Jesus Christus ist das
wahre Licht. Verziert ist die Kerze mit den beiden griechischen Buchstaben Alpha und Omega (Anfang und Ende) und einem Kreuz. Das
bedeutet: Jesus Christus ist Anfang und Ende, Herr über Leben und
Tod. In feierlicher Prozession wird die Kerze in die Kirche getragen.
Dort entzünden nun die Gläubigen ihre eigene Osterkerze.

Das Osterwasser

Wasser ist wie das Licht Zeichen des Lebens. Deshalb wird in der
Osternacht auch Osterwasser geweiht. Es versinnbildlicht Jesus als

das lebendige Wasser. Mit diesem Wasser wird, oft in der Osternacht selbst, die Taufe gespendet.

Osterverse

*Freundschaft hab
ich dir versprochen,
und noch nie
mein Wort gebrochen,
zum Zeichen
meiner Treu
schenk ich dir ein
Osterei.*

Feuerrad

Um Mitternacht zwischen Karsamstag und Ostersonntag werden in vielen Bergregionen Feuerräder angezündet, um den Winterdämon zu verjagen. Diese Wagenräder sind dick mit Stroh umwunden und werden auf einen Hügel oder Berg gebracht. Um Mitternacht nun entzündet man die Räder und lässt sie brennend hinab ins Tal rollen.

Osterlamm

Das eigentliche Sinnbild für Ostern ist das Osterlamm. Vielerorts wird zu Ostern ein Lammbraten gegessen. Den Ursprung bildet die jüdische Tradition, zum Paschafest ein Lamm zu verzehren. Damit geht diese Tradition auf Sitten der semitischen Hirtenvölker zurück. Aber auch an Bußtagen der Juden hatte das Lamm eine Bedeutung: Der Priester übergab dem Lamm alle Sünden und schickte es dann in die Wüste. Jesus wird als Lamm bezeichnet, das geopfert wird und damit die Sünden der Menschen tilgte. In 1 Korinther 5,7 steht dazu »… als unser Paschamahl ist Christus geopfert worden …«.

*Ich schenke
dir ein Osterei,
wenn du's zerbrichst,
dann sind es zwei!*

Osterkorb

Ein gebackenes Osterlamm steht in jedem Osterkorb, den die Christen zur Osternacht von zu Hause mitnehmen. Je nach Gegend befinden sich außerdem meist ein Osterfladen, gefärbte Ostereier, etwas

*Unterm Baum im
grünen Gras
sitzt ein kleiner
Osterhas!
Putzt den Bart und
spitzt das Ohr,
macht ein Männchen,
guckt hervor.
Springt dann fort
mit einem Satz,
und ein kleiner
frecher Spatz
schaut jetzt nach,
was denn dort sei.
Und was ist's?
Ein Osterei!*
Volkstümlich

Salz und Schinken im Korb. Nach dem Gottesdienst und der Speisen-weihe werden diese Speisen zum Osterfrühstück verzehrt.

Osterei

Das Osterei findet sich im Christentum von frühester Zeit an. Während der Fastenzeit durften Eier nicht gegessen werden, denn man betrachtete sie als eine Art flüssiges »Fleisch«. Das Ei gilt als Symbol für das Wunder der Entstehung neuen Lebens und ist schon seit Jahrhunderten das wichtigste Geschenk der Ostertage. Zu Ostern wird es gefärbt, bemalt, verziert, zu Kunstwerken verschönert.

Osterhase

Der Osterhase, der nach deutschem Kinderglauben die Ostereier legt, ist wohl mehr eine Umbildung des Osterlammes. In Gegenden ohne Schafzucht aß man anstelle des Osterlammes einen Hasen. Bis ins 16. Jahrhundert allerdings brachte nicht nur der Osterhase die Eier, sondern der Hahn in Sachsen, der Storch im Elsass oder der Kuckuck in der Schweiz. Vielleicht hängt der Brauch des Osterhasen auch damit zusammen, dass die bäuerlichen Arbeiter früher ihrem Herrn zu Ostern Eier und einen Hasen als Pacht bringen mussten.

Osterfladen

Der Osterfladen ist das älteste Bildbrot. Er soll die Sonne darstellen. Er wird aus einem Hefeteig mit vielen Eiern hergestellt und als flacher Fladen geformt. Vor dem Backen werden Sonnenstrahlen mit Mandelstiften oder Korinthen gelegt. Er erinnert im Aussehen an das Sonnenrad, das es mancherorts zum Frühlingsbeginn gibt.

Osterritt

In der Lausitz hat sich die sorbische Volksgruppe ein eigenes Brauchtum zu Ostern bewahrt: Reiter bringen die Botschaft von der Auferstehung in die Dörfer. Auch die Kirchen und Friedhöfe werden bedacht; denn die Toten sollen auch die frohe Botschaft hören.

Osterspaziergang

Der Osterspaziergang ist schon seit langer Zeit Tradition. Jung und Alt machen sich nach dem festtäglichen Mittagessen auf zum legendären Osterspaziergang. Manchmal entdecken die Kinder beim Spazierengehen Ostereier im Moos oder Gras.

*Osterhas, Osterhas,
leg mir in mein
Nestlein was:
große Eier, kleine Eier,
Süßes für die
Osterfeier!*

Nachts

*Des Nachts im Traum
auf grünem Rasen
beschenken Paul die
Osterhasen.
Zwei Eier legen sie
gewandt
ihm auf den Arm und
unter die Hand.
Am Himmel steht der
Mond und denkt:
Ich werde nicht so
schön beschenkt.*

Christian Morgenstern

Osterspaziergang

*Vom Eise befreit sind
Strom und Bäche
durch des Frühlings holden,
belebenden Blick,
im Tale grünet Hoffnungsglück;
der alte Winter, in seiner Schwäche,
zog sich in rauhe Berge zurück.
Von dort her sendet er, fliehend,
nur ohnmächtige Schauer
körnigen Eises
in Streifen über die grünende Flur.
Aber die Sonne duldet kein Weißes,
überall regt sich Bildung und Streben,
alles will sie mit Farben beleben;
doch an Blumen fehlts im Revier,
sie nimmt geputzte Menschen dafür.
Kehre dich um von diesen Höhen
nach der Stadt zurück zu sehen!
Aus dem hohlen, finstern Tor
dringt ein buntes Gewimmel hervor.
Jeder sonnt sich heute so gern.
Sie feiern die
Auferstehung des Herrn,
denn sie sind selber auferstanden:
Aus niedriger Häuser
dumpfen Gemächern,
aus Handwerks- und
Gewerbesbanden,
aus dem Druck von Giebeln
und Dächern,
aus der Straßen quetschender Enge,
aus der Kirchen ehrwürdiger Nacht
sind sie alle ans Licht gebracht.*

Johann Wolfgang Goethe

Osterstrauß

Wenn Ostern sehr früh im Jahr liegt, ist in der Natur noch kein blühender Baum und Strauch zu finden. Wer trotzdem gerne blühende Zweige im Osterstrauß möchte, muss bereits zwei, drei Wochen vorher knospende Forsythienzweige abschneiden und in warmes Wasser stellen. Das Gleiche gilt für Kirsch- oder Apfelzweige. Wem Palmkätzchen genügen, findet sie sicher schon in der Natur. Der Strauß wird mit bemalten, beklebten, gefärbten oder gebatikten Eiern festlich geschmückt. Ganz besonders schön sieht es aus, wenn bunte Taftbänder verwendet werden, um die Eier aufzuhängen. So bringt der Strauß für die nächsten Wochen Farbe und Leben ins Haus.

Halleluja
Eine Geschichte zum Vorlesen

Hannas Mutter singt im Kirchenchor. Manchmal übt sie ihre Lieder auch zu Hause. Hanna hört andächtig zu. Sie kann die Worte nicht verstehen, aber es klingt so schön, wenn die Mutter singt. Ein Wort singt die Mutter immer wieder. Es kommt in vielen Liedern vor. Es heißt HALLELUJA. »Was heißt HALLELUJA?«, fragt Hanna. »Es heißt: Lieber Gott, ich liebe dich und lobe dich und ehre dich«, sagt die Mutter. »Deshalb kommt es so oft vor.« »Wissen denn auch die Leute, die euch zuhören, was es heißt?«, fragt Hanna. »Natürlich«, sagt die Mutter. »Das wissen nicht nur die Leute in unserem Land. Das wissen auch die Leute, die in Frankreich und England und Italien und Spanien und Russland und Amerika und vielen anderen Ländern leben. Sie singen und sprechen es, wenn sie den lieben Gott loben und ehren wollen.« »Halleluja«, sagt Hanna. »Halleluja«, singt sie. »Ein schönes Wort«, meint sie. Ein paar Tage später

kommt Besuch aus Amerika. Hanna und Vater und Mutter fahren auf den Flughafen, um Tante Milly und Onkel Jeff abzuholen. Sie müssen lange warten. Das Flugzeug hat sich verspätet. Hanna hat viel Zeit, um sich umzuschauen. Was für ein Trubel! So viele Leute gehen in der Halle hin und her, steigen Treppen hinauf und hinunter, warten an den Schaltern, sitzen und stehen herum. Hanna schaut die Leute an. Manche sehen merkwürdig aus. Sie haben braune Gesichter oder schiefe Augen oder ganz krauses Haar. Manche Leute haben komische Kleider an und seltsame Mützen und Hüte auf. Hanna hört ihnen zu. Aber viele von ihnen sprechen so, dass Hanna sie nicht verstehen kann. Sie sprechen fremde Sprachen. Aber HALLELUJA verstehen sie, denkt Hanna. Sie schaut eine junge Frau an, die langes schwarzes Haar und eine braune Haut hat. »Halleluja«, sagt Hanna erwartungsvoll zu ihr. Die junge Frau lächelt ihr zu und antwortet: »Halleluja.« Da freut sich Hanna und geht weiter. Zwei Männer sitzen auf einer Bank und reden miteinander in einer fremden Sprache. Die Männer haben krauses Haar und Schnurrbärte und weiße Anzüge. »Halleluja!«, sagt Hanna laut. Die beiden Männer hören auf zu reden. Sie lachen. Sie nicken Hanna zu und sagen »Halleluja«. Hanna strahlt. Sie denkt: Wenn ich HALLELUJA sage, verstehen sie mich. Es ist wie ein Zauberwort. »Halleluja, Halleluja!«, ruft sie allen zu. Sie läuft durch die Halle und jubelt: »Halleluja, Halleluja!« »Pst, Hanna –«, mahnt die Mutter. Aber die Leute freuen sich. Viele drehen sich nach Hanna um, lächeln und nicken und winken ihr zu, und manche rufen »Halleluja!« zurück. Ein dicker Mann fängt sogar an zu singen. Er singt auch so wie die Mutter im Kirchenchor. Er singt dreimal »Halleluja«, dann fängt er an zu lachen und schenkt Hanna ein Stück Schokolade. Hanna staunt. Wie freundlich die Leute von diesem Wort werden! Später, als Tante Milly und Onkel Jeff schon angekommen sind und mit Vater und Mutter und Hanna durch die Halle zum Ausgang gehen, winkt eine Frau und ruft: »Halleluja!« »Sie meint sicher dich«, sagt der Vater zu Hanna. »Halleluja!«, ruft ihr Hanna zu und winkt zurück. Tante Milly und Onkel Jeff wundern sich. »Ist das ein Gruß?«, fragen sie. »Es ist Hannas Gruß«, erklärt die Mutter. »Wirklich ein schöner Gruß, viel schöner als GUTEN TAG oder AUF WIEDERSEHEN. Versuch doch mal, Hanna, ob du den Menschen deinen neuen Gruß angewöhnen kannst.«
»Ja«, sagt Hanna ernst, »ich will's versuchen.«

Gudrun Pausewang

Der Osterhase

Der Osterhase hat
über Nacht
zwölf Eier in unseren
Garten gebracht.
Eins legte er unter
die Gartenbank,
drei in das grüne
Efeugerank,
vier in das
Hyazinthenbeet,
drei, wo die weiße
Narzisse steht;
eins legte er auf
den Apfelbaumast;
da hat sicher die
Katze mit angefasst.

Volkstümlich

Österliches Backen, Spielen und Basteln

Spielen und Basteln um Ostern macht viel Freude, denn es wird bunt und lustig.

Gebackenes Osterlamm für den Osterkorb

Zutaten
Etwas Butter, Semmelbrösel, 4 Eier (getrennt), 200 g Zucker, 200 g Mehl mit 2 TL Backpulver vermischt und gesiebt

Dazu benötigt man unbedingt eine Lämmchenbackform.
Für 2 Lämmer

Zubereitung:
Lämmchenform sehr gut fetten und mit Semmelbrösel ausstreuen, Backofen auf 175 °C aufheizen.
Mit dem Handrührgerät zunächst das Eiweiß zu festem Schnee schlagen, in einer anderen Schüssel Eigelb mit Zucker und 4 Esslöffeln Wasser aufschlagen bis das Ganze eine feste, hellgelbe Schaummasse ergibt. Das mit Backpulver vermischte Mehl und den Eischnee vorsichtig unterheben. Das Lamm im heißen Backofen (175 °C) je nach Größe zwischen 25 und 35 Minuten backen.

Gebackenes Osternest

Zutaten
1 Päckchen fertiger Hefeteig, 1 rohes Ei, 1 Eigelb, etwas Milch, 1 gefärbtes und gekochtes Ei

Zubereitung:
Aus dem Teig 3 Rollen formen und zu einem Zopf flechten, den Zopf als Kreis legen und die beiden Zopfenden miteinander verbinden.
Das rohe Ei in den Mittelpunkt des Kranzes legen (wie in ein Nest), den Kranz an einem geschützten Ort mindestens 30 Minuten gehen lassen. Backofen auf 175 °C vorheizen, Eigelb und Milch vermischen, den Kranz damit bestreichen. Im heißen Backofen etwa 25 Minuten backen bis er schön braun ist. Etwas abkühlen lassen und das weiße Ei durch ein gefärbtes und gekochtes Ei ersetzen.

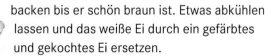

Osterkranz

Der Osterkranz wird aus ausgeblasenen, gefärbten oder bemalten Eiern gefertigt.

So geht's:

Den Draht in der gewünschten Länge zu einem Kranz biegen, die gefärbten oder verzierten Eier auf den Draht fädeln. Zwischen jedes Ei eine oder mehrere Perlen reihen. Es sieht auch schön aus, wenn verschiedenfarbige bunte Schleifen zwischen Eiern und Perlen angebracht werden. Den Draht anschließend mit einer feinen Zange schließen und verzwirbeln. An diese Stelle eine schön gebundene große Schleife anbringen. Den Kranz an die Wohnungstür, ans Fenster oder die Haustüre hängen. Er ist übrigens auch ein nettes Ostergeschenk.

Material
Kräftiger, beschichteter Blumendraht, Eier, verschiedenfarbige Perlen mit Loch (Ø etwa 0,5 cm), Taftband (etwa 2 cm breit) und andere bunte Bänder

Häschen hilf – ein Spiel mit Bewegung

So geht's:

Dieses Spiel ist ein Fangspiel. Ein Mitspieler ist der Fuchs, alle anderen sind Hasen. Alle Mitspieler rennen wild durcheinander. Der Fuchs versucht, einen Hasen zu fangen. Merkt das der Verfolgte, kann er sich Hilfe suchend nach der Hand eines anderen Hasen umsehen und rufen: »Häschen hilf!« Sobald er die Hand eines Hasen erreicht hat, ist er gerettet. Hat der Fuchs ihn aber erwischt, muss er in der nächsten Runde den Fuchs spielen und Hasen jagen.

Dreht euch nicht um – ein altes Kinderspiel

So geht's:

Dreht euch nicht um, der Has' hüpft herum! »Der Fuchs geht rum« ist das Vorbild für dieses Hasenspiel. Die Mitspieler stehen im Kreis, einer steht außerhalb, der Hase. Er hat ein Schokoladenei dabei und hüpft um den Kreis herum. Hinter einem Mitspieler lässt er sein Ei fallen. Wird das bemerkt, muss der Hase davonspurten, weil er ja verfolgt wird. Schafft der Hase den Weg bis zum frei gewordenen Platz, kann er das Ei selbst essen. Gewinnt aber der Verfolger, darf dieser das Osterei verspeisen.

Material
Mehrere Schokoladeneier

Kirchliche Feiern in der Osterzeit

Die österliche Zeit dauert 50 Tage. In diesen Wochen finden sich jede Menge Festtage und von Brauchtum durchsetzte Feierlichkeiten.

Weißer Sonntag

Kommunion, das ist die Wandlung des Brotes, die Wandlung des Weines, unseres Brotes und unseres Weines. Wir werden Brot und Wein füreinander und miteinander, für Gott und mit Gott; wir werden Leib und Blut Jesu Christi; wir werden Christen, wir sind Christen. Kommunion, das ist die Feier der christlichen Gemeinschaft.

Leopold Haerst

Am Sonntag nach Ostern gehen in vielen Pfarrgemeinden Kinder im Grundschulalter (meist in der dritten Klasse) zur ersten heiligen Kommunion. An diesem Tag dürfen sie zum ersten Mal das heilige Brot, die heilige Kommunion empfangen und sind von diesem Zeitpunkt an in besonderer Weise mit Gott verbunden. Die zu diesem Fest gehörende Erstkommunionkerze soll die Mädchen und Jungen an ihre Taufe erinnern. Damit verbunden ist der Gedanke an die Osterkerze und der Satz aus der Bibel: »Ich bin das Licht der Welt«. Oft sind die Mädchen wie kleine Bräute gekleidet, die Jungen in einem neuen Anzug. Dies rührt daher, dass man im 19. Jahrhundert die Erstkommunionkinder als Braut und Bräutigam Christi bezeichnete. Um dies sichtbar zu machen, zogen die Mädchen lange weiße Kleider an, die Jungen ihren ersten Anzug.

Trotz der weißen Mädchenkleider stammt die Bezeichnung »Weißer Sonntag« nicht daher. Vielmehr geht sie zurück auf die frühe Kirche. An diesem Tag legten die zu Ostern getauften Erwachsenen ihr weißes Gewand ab. Seit dem 16. Jahrhundert wird die Erstkommunion am Weißen Sonntag gefeiert. Dieser einheitliche, festgelegte Termin wird aber flexibel gehandhabt. Aus praktischen Gründen hat es sich inzwischen mehr und mehr eingebürgert, den Weißen Sonntag erst im Mai zu feiern, wenn es im Freien wieder angenehmer ist. Traditionell werden den Erstkommunionkindern ein Gebetbuch und ein Rosenkranz zu diesem Fest geschenkt.

Bitttage

An den drei Tagen vor Christi Himmelfahrt gibt es besonders in ländlichen Gegenden Bittgänge, auch Flurumgänge oder Flurprozessionen genannt. Menschen wenden sich mit ihren Nöten und Sorgen an Gott und bitten um Hilfe. Sie danken bei diesen Prozessionen im Freien auch für die Schöpfung und bitten um eine gute Ernte und Erfolg bei ihrer Arbeit. Das Singen und Beten auf dem Prozessionsweg stärkt die Gemeinschaft und das Vertrauen auf Gott. Mit der gleichen Intention werden anstelle von Bittgängen im Freien Bittgottesdienste in den Kirchen abgehalten.

> *Allmächtiger Gott, Schöpfer der Welt und Herr des*
> *Lebens! Alles steht in deiner Macht. Du bist unser*
> *Vater und weißt, was wir zum Leben brauchen.*
> *Gib den Früchten der Erde Wachstum und Gedeihen.*
> *Beschütze unsere Felder, unsere Gärten und Fluren,*
> *unsere Wälder und Weinberge vor Unwetter, Hagel-*
> *schlag und Verwüstung, vor verderblichem Regen und*
> *schädlicher Dürre. Segne das Werk unserer Hände*
> *und unseres Geistes, unsere Arbeit auf Feld und Flur,*
> *in Familie und Beruf. Wir vertrauen auf deine Hilfe.*
> *Sei uns nahe, und steh uns bei. Darum bitten wir*
> *durch Christus unseren Herrn.*
>
> Gebet beim Bittgang

Christi Himmelfahrt

Die elf Jünger gingen nach Galiläa auf den Berg, den Jesus ihnen genannt hatte. Und als sie Jesus sahen, fielen sie vor ihm nieder. Einige aber hatten Zweifel. Da trat Jesus auf sie zu und sagte zu ihnen: Mir ist alle Macht gegeben im Himmel und auf der Erde. Darum geht zu allen Völkern und macht alle Menschen zu meinen Jüngern; tauft sie auf den Namen des Vaters und des Sohnes und des heiligen Geistes, und lehrt sie alles zu befolgen, was ich euch geboten habe. Seid gewiss:

> Ich bin bei euch alle Tage bis zum Ende der Welt.
>
> Matthäus 28,16–20

Auslöschen der Osterkerze

Am Himmelfahrtstag wurde früher die Oster-kerze im Gottesdienst nach dem Evangelium ausgelöscht als Zeichen für das endgültige Entschwinden Jesu von der Erde.

Dieser letzte Satz aus dem Tagesevangelium im katholischen Gottes-dienst kennzeichnet das Fest Christi Himmelfahrt. In den ersten Jahrhunderten wurde es am Pfingsttag, dem Fest der Geistsendung, gefeiert und nicht gesondert begangen. Im vierten Jahrhundert (etwa 370 n. Chr.) legte man fest, dass Christi Himmelfahrt am 40. Tag nach Ostern gefeiert werden soll. Zwischen Ostern und Pfingsten (das ist ja der Abschluss der Osterzeit) liegen 50 Tage. Offensichtlich hat aber die hohe Einschätzung der heiligen Zahl 40 und der Satz in der Bibel »40 Tage hindurch ist er (Jesus) den Jüngern erschienen« dazu geführt, dass Christi Himmelfahrt zu einem eigenen Fest wurde.

Besondere Speisen

Früher aß man an Christi Himmelfahrt nur Geflügel. Offensichtlich hatte man sich die »Auffahrt« Christi (wie das Fest im 16. Jahrhundert genannt wurde), als eine Art Flug in den Himmel hinauf vorgestellt.

Die beiden Feste hängen vom Inhalt her untrennbar miteinander zusammen: Himmelfahrt heißt, dass Jesus den Jüngern nicht mehr begegnet, weil er zu Gott zurückgekehrt ist. Jesus lebt ganz bei Gott und ist mit den Menschen durch seinen Geist verbunden.

Hochziehen der Christusfigur

Eine bildliche Umsetzung von Christi Himmelfahrt ist der bekannte Brauch des Hochziehens einer Christusfigur im Inneren der Kirche. Diese Tradition stammt wohl aus der Barockzeit: Durch eine Luke wurde die hölzerne, meist blumengeschmückte Figur zur Mittagszeit hochgezogen.

Vatertag

Heute ist der Tag Christi Himmelfahrt mehr bekannt als Vatertag. Warum gerade dieser Tag dafür auserkoren wurde, ist unklar. Mit dem Inhalt des Himmelfahrtstages hat er nichts zu tun.

Die Geschichte vom Luftballon

Eine Geschichte zum Vorlesen

Als wir Kinder waren, da war es noch etwas Besonderes, wenn am Sonntagnachmittag in der Rödelheimer Gastwirtschaft unser Vater bei dem Mann mit der großen Luftballontraube uns einen bunten runden Luftballon kaufte – einen von denen, die man an der Kordel ganz fest halten musste, weil sie sonst fortflogen. Wie hielt ich den fest. Ich ließ ihn tanzen, ich tätschelte ihn mit der Hand, ich zog ihn rennend hinter mir her und spürte den Widerstand der Luft.
Aber ich wusste zugleich: Einmal werde ich ihn fliegen lassen. Einmal kommt der Moment, da ist es noch wichtiger, als ihn zu haben, dass er fliegt, in den Himmel hinein steigt. Das kann er nur, wenn ich ihn loslasse. So ließ ich ihn irgendwann plötzlich los. Und er stieg.
Alle legten den Kopf zurück, mit großen Augen und offenem Mund, und sahen ihn steigen. Sie riefen: »Schau da, ein Luftballon!« Bald war er kaum noch zu sehen. Wir mussten uns zeigen, wo er flog. Dann war er weg. Meine Hände waren leer. Ich fühlte die Trennung. Aber ich weinte nicht. Ich war sogar glücklich. Obwohl ich ihn nicht mehr hatte, besaß ich ihn jetzt – in meinem Herzen.

Nach Adolf Adam

Pfingsten

50 Tage nach Ostern wird das Pfingstfest gefeiert. Entsprechend den wechselnden Terminen des Osterfestes liegt Pfingsten in der Zeit zwischen dem 10. Mai und dem 13. Juni. Als Fest des Heiligen Geistes erhielt Pfingsten, ebenso wie Weihnachten und Ostern, einen zweiten Feiertag, den Pfingstmontag. Mit dem Pfingstfest ist die Osterzeit abgeschlossen.

Das Wort Pfingsten leitet sich vom griechischen Wort »pentecoste«, auf Deutsch »fünfzig«, ab. Die Bedeutung des zugrunde liegenden hebräischen Wortes für Pfingsten ist Atem, Wind, Hauch. Pfingsten gilt als Gründungsfest der Kirche. Die junge Gemeinde brach auf, um vom Leben, Sterben und der Auferstehung Jesu zu erzählen. Gottes Geist verband und beflügelte die Jünger, und sie begannen zu predigen. So steht die Farbe Rot an Pfingsten nicht nur für die Feuerzungen, sondern auch als Ausdruck der Liebe, der treibenden Kraft des Gottesgeistes.

Durch die Taufe wohnt Gottes Geist in jedem Christen, er ist »Tempel des Heiligen Geistes«. In der Firmung wird dies deutlich gemacht.

Die Pfingsttaube

Die Taube gilt als Sinnbild für den Heiligen Geist. Bereits im vierten Jahrhundert findet man erste Darstellungen von Tauben. Sie stammen aus dem Gebiet des heutigen Irak. Dort galt die Taube als Tier der Seele. Im Judentum und in der Antike bedeutet sie Sanftmut und Liebe. Das hat einen einfachen Grund: Die Menschen nahmen an, die Taube habe keine Gallenblase und wäre daher frei von Bitterem und Bösem. Im Alten Testament wird von Noah berichtet, der nach der großen Flut eine Taube aussendet. Sie kehrt zurück mit einem Ölzweig im Schnabel. Das bedeutete Hoffnung auf trockenes Land, Hoffnung auf ein friedliches Zusammenleben von Natur und Mensch. So wurde die Taube in den letzten Jahren zum Sinnbild für Versöhnung und Frieden, zur Friedenstaube.

Pfingstmaien

Die Pfingstmaien sind frische Birkenzweige, die gerne hinter Bilder und Kreuze gesteckt werden. Solche Äste, allerdings mit Blumen geschmückt, benutzen junge, verliebte Burschen gerne, um ihrer Angebeteten ihre Sympathie zu zeigen. Sie stellen sie vor die Tür der jungen Dame zum Zeichen ihrer glühenden Liebe.

Als der Pfingsttag gekommen war, befanden sich alle am gleichen Ort. Da kam plötzlich vom Himmel her ein Brausen, wie wenn ein heftiger Sturm daherfährt, und erfüllte das ganze Haus, in dem sie waren. Und es erschienen ihnen Zungen wie von Feuer, die sich verteilten; auf jeden von ihnen ließ sich eine nieder. Alle wurden mit dem Heiligem Geist erfüllt und begannen, in fremden Sprachen zu reden, wie es der Geist ihnen eingab.

Apostelgeschichte 2,1–4

Ideen von Ostern bis Pfingsten

In dieser brauchtumsreichen Zeit lassen sich viele Bastel- und Spielaktionen für Groß und Klein veranstalten.

Pfingstbowle – für die Großen

Für mindestens 6 Erwachsene

Zutaten
500 g Erdbeeren,
300 g Aprikosen,
Saft von 1 Limette,
4 cl Marillenlikör,
2 Flaschen
trockener Weißwein,
1 Flasche Sekt

Zubereitung:
Erdbeeren waschen, putzen und klein schneiden, in eine Schüssel geben, Aprikosen waschen und entsteinen und in feine Spalten schneiden, zu den Erdbeeren geben. Das Ganze mit Limettensaft und Marillenlikör beträufeln, mit einer halben Flasche Wein angießen und zugedeckt für einige Stunden kühl stellen. Dann in ein Bowlegefäß füllen und mit dem restlichen Wein und dem Sekt aufgießen.

Überraschungseier

Material
Luftballons, Klebestreifen, Tapetenkleister, alte Zeitungen, Kreppklebeband, Karton, Klebstoff, Finger- oder Wasserfarben, Pinsel, Sprühlack zum Fixieren

So geht's:
Zunächst werden die Luftballons zu einem Durchmesser von 15 bis 20 Zentimeter Größe aufgeblasen und fest zugeknotet. Mithilfe von Klebestreifen erhalten die Ballons die unregelmäßige Form von großen Eiern. Dann werden aus den Zeitungsseiten etwa handgroße Stücke gerissen. Dickflüssig angerührter Tapetenkleister wird mit einem Pinsel auf den eiförmigen Luftballon gestrichen. Nun werden die Zeitungsstücke daraufgelegt, angedrückt und wieder mit Kleister bepinselt. Lage um Lage wächst so diese Papierschicht, bis sie etwa 1 Zentimeter Stärke erreicht hat. Diese Papiermaschee-Eier müssen nun gut durchtrocknen (etwa 1 bis 2 Tage) und werden dann mit einer feinen Säge oder einem Messer mit Wellenschliff der Länge nach halbiert. Die Schnittkanten werden mit einem Streifen Kreppklebeband gefestigt, sodass die beiden Eierhälften gut aufeinanderpassen. Ein etwa 5 Zentimeter breiter Streifen Kartonpapier wird an einer Eihälfte entlang der Schnittkante so festgeklebt, dass er etwa zur Hälfte übersteht. Nun verrutscht nichts mehr. Dann wird das Papiermaschee-Osterei innen und außen bunt bemalt und zum Schluss mit Klarlack übersprüht. Nun finden kleine Ostergeschenke in diesem Überraschungsei Platz.

Osterglocke aus dem Blumentopf

Manche Osterbräuche stammen aus heidnischer Vorzeit und wurden vom Christentum aufgegriffen. So zum Beispiel die Osterglocke, die, vom Frühlingswind bewegt, neues Leben einläutet.

So geht's:

Ein kleiner Blumentopf wird mit Plakafarbe bemalt und lackiert. Ein stärkeres Stück Schnur wird durch das Loch am Boden des Blumentopfes gezogen und mit einer Holzkugel verknotet. Das ist der Glockenschwängel. Damit die Schnur nicht durchrutscht, knoten wir sie noch einmal am Bodenloch innen mit einem dicken Knoten fest. Hängt die Glocke auf dem Balkon oder im Garten, klingt sie bei jedem Windstoß wunderschön.

Material
Kleiner Tontopf, Plakafarben, Pinsel, Schnur, Holzperle

Eierrollen – ein Spiel für die Familie

Ostereier verleiten Kinder natürlich auch zum Spielen, z. B. zum lustigen Eierrollen.

So geht's:

Über einen kleinen Abhang (zu Hause ein schräg gestelltes Brett) lässt man gekochte und gefärbte Eier (oder Schokoladeneier) herunterkugeln. Wer das Ei des Vorspielers wegrollen kann, dem gehören beide Eier. Oder: Alle Mitspieler lassen nacheinander ihr Ei herunterrollen. Wessen Ei am weitesten gerollt ist, darf alle anderen Eier behalten.

Material
Gekochte Eier, Brett

Pfingstbuschen

Ähnlich wie beim Brauch des Pfingstmaien binden manche einen Pfingstbuschen. Oft sind es die Eltern, die für ihre Kinder nachts einen Pfingstbuschen herstellen.

So geht's:

Mit einem frischen Birkenzweig, weißem Geschenkband und gebackenen Pfingsttauben ist die Überraschung am Morgen schnell gelungen. Das Backwerk wird mit Geschenkband an den Zweig gebunden. Schleifen zieren den Buschen zusätzlich. Nun wird er im Zimmer aufgestellt.

Material
Birkenzweig, Geschenkband, gebackene Tauben aus Teig

Kirchenfeste während des Jahres

Neben den großen Zeiten des österlichen und weihnachtlichen Festkreises gibt es den Jahreskreis, der die Zeit von Dreikönig bis Aschermittwoch und von Pfingstmontag bis Ende November umfasst. In diesem Jahresrhythmus finden sich neben den »normalen« Sonntagen, die ja auch »kleine Osterfeste« genannt werden, besondere Festtage und damit verbundenes Brauchtum. Sie geben diesem Jahreskreis Form und Kontur.

Eine herausgehobene Stellung kommt in der katholischen Kirche den vielen Marienfesten zu. Daneben gliedern die Ideenfeste, das Erntedankfest, Allerheiligen, Allerseelen und die Heiligenfeste den Jahreskreis. Alle Feste werden je nach Region, in der sie gefeiert werden, und Familientradition ein bisschen anders begangen.

Nachdem das Fest zunächst an verschiedenen Tagen gefeiert wurde (etwa am letzten Sonntag vor der Adventszeit, am zweiten Sonntag nach Pfingsten, am Sonntag nach dem 24. Juni), unterstreicht es am jetzigen Feiertag, dem ersten Sonntag nach Pfingsten, das Wirken des Vaters (Weihnachten), des Sohnes (Ostern) und des Heiligen Geistes (Pfingsten).

Dreifaltigkeitssonntag

In der katholischen Kirche wird der Sonntag nach Pfingsten als »Dreifaltigkeitssonntag« bezeichnet. Der Sinnbezug des Festes liegt schon in der Bezeichnung verborgen: Ein Gott in drei Personen. Hier kommt der eindeutige, spezifische christliche Gottesbegriff zum Tragen.

Der Sonntag der Heiligen Dreifaltigkeit ist ein Ideenfest, dessen Thema das Glaubensgeheimnis der Heiligen Dreieinigkeit ist. Gott ist Vater, Sohn und Heiliger Geist gleichermaßen.

Immer wenn Christen ein Gebet beginnen mit den Worten »Im Namen des Vaters, des Sohnes und des Heiligen Geistes«, wenden sie sich an Gott den Vater, durch Jesus Christus, seinen Sohn, im Heiligen Geist. Dieses Bekenntnis zur Dreifaltigkeit ist die Grundaussage des christlichen Glaubens, in dem Gott Vater die Welt erschaffen hat und sich durch Jesus, in dem Gott Mensch geworden ist, den Menschen erfahrbar gemacht hat. Im Heiligen Geist schließlich, der den Menschen immer beisteht und sie nach Gottes Willen handeln und leben lässt, ist Gott allgegenwärtig.

Das Fest ist in Frankreich entstanden und wurde 1334 für die ganze Kirche eingeführt.

> *Das Jahr erscheint mit*
> *seinen Zeiten*
> *wie eine Pracht, wo Feste*
> *sich verbreiten,*
> *der Menschen Tätigkeit*
> *beginnt mit neuem Ziele,*
> *so sind die Zeichen in der Welt,*
> *der Wunder viele.*
>
> Friedrich Hölderlin

Fronleichnam

Die Katholiken feiern am darauffolgenden Donnerstag das Fronleichnamsfest. Die offizielle Bezeichnung dafür lautet »Hochfest des Leibes und Blutes Christi«. Die Übersetzung des althochdeutschen Wortes Fronleichnam bedeutet »Lebendiger Leib des Herrn«. Dahinter steht der Glaube, dass sich Christus mit seinem Leib, also mit Fleisch und Blut, für die Menschen hingegeben hat. Dies nahmen die Menschen des Mittelalters zum Anlass, um Ausschau nach einem Symbol zu halten, das die Gegenwart Gottes sichtbar darstellte. Im Schauen dieses Symbols wollten sie die Begegnung mit Christus suchen. Da die Gestalt des Weines den Gläubigen nicht so gut sichtbar gemacht werden konnte, stand die Brotgestalt als Ausdruck für die Anwesenheit Gottes im Mittelpunkt. Der mittelalterliche Mensch und seine Frömmigkeit waren also Ursprung dieses Festes.

Feierliche Prozessionen

Mit diesem Fest war schon sehr früh eine Prozession verbunden. Die erste Prozession dieser Art wird uns aus Köln bezeugt. Man gibt das Jahr 1274 an. Sicher hat diese Prozession aber auch mit den damals schon üblichen Flur- und Bittgängen zu tun. Bei solchen Prozessionen wurden sehr viele Heiligtümer mitgetragen: ein Kreuz, Reliquien, Fahnen, Bilder, Statuen. Am Fronleichnamstag lag es nahe, das eucharistische Brot mitzutragen. So entstand die Monstranz (lateinisch: »monstrare« = zeigen). Im Zeitalter des Barock bekam die Prozession mehr den Anstrich eines Triumphzuges. Lebende Bilder wurden in großen Prunkwägen mitgezogen. Engel und Teufel waren

Morgengebet

O wunderbares,
tiefes Schweigen,
wie einsam ist's
noch auf der Welt!
Die Wälder nur sich
leise neigen,
als ging der Herr
durchs stille Feld.

Ich fühl mich recht
wie neu geschaffen,
wo ist die Sorge nun
und Not?
Was mich noch gestern
wollt erschlaffen,
ich schäm mich des
im Morgenrot.

Die Welt mit ihrem
Gram und Glücke
will ich, ein Pilger
frohbereit,
betreten nur wie
eine Brücke
zu Dir, Herr übern
Strom der Zeit.

Und buhlt mein Lied,
auf Weltgunst lauernd,
um schnöden Sold
der Eitelkeit:
Zerschlag mein Saiten-
spiel, und schauernd
schweig ich vor dir
in Ewigkeit.

Joseph von Eichendorff

In allen Religionen wird Erntedank gefeiert. Bei den Naturvölkern gilt der Dank den Naturgöttern. Die Juden feiern einige Erntedankfeste im Laufe des Jahres. Das Laubhüttenfest zum Beispiel gilt als das »Fest der Lese« (Fest der Weinernte), das Wochenfest, genannt »Schavou« gilt als Dank für die Weizenernte. Unser Erntedankfest im Herbst geht wahrscheinlich schon auf das dritte Jahrhundert zurück.

dabei beliebte Gestalten. In der Zeit der Aufklärung blieb nur noch wenig von der ursprünglichen Fronleichnamsprozession übrig. Während der Zeit des Nazi-Regimes flammte dieser Brauch wieder auf. Nun aber unter dem Zeichen der »Demonstration des Katholischen«. In traditionsbewussten katholischen, ländlichen Gebieten hat die Fronleichnamsprozession auch heute noch einen hohen Stellenwert. Ihre gesellschaftliche Bedeutung steht der religiösen in keiner Weise nach.

Das Erntedankfest

Solange Menschen unmittelbar mit der Natur zusammenleben, nehmen sie am Wachsen und Gedeihen der Pflanzen und Tiere Anteil. Juden und Christen sehen in Gott den Schöpfer, der die Natur erschaffen hat und erhält. Das Erntedankfest, das am ersten Oktobersonntag (manchmal auch Ende September, in jedem Fall aber am folgenden Sonntag nach Michaeli, 29. September) in der Kirche gefeiert wird, greift die Idee der Schöpfung als Geschenk Gottes auf. Zu Erntedank sind die Kirchen üppig geschmückt mit allem, was die Natur zu bieten hat. Rotbackige, glänzende Äpfel, Zwetschgen und Birnen, Nüsse und anderes Obst liegen im Früchtekorb, der vor dem Altar aufgebaut ist. Gemüse verschiedenster Art ziert die Stufen,

orange Riesenkürbisse, verschiedenste Salate, Kartoffeln und Karotten leuchten. Goldgelbe schwere Erntekränze und Erntekronen, gebunden aus verschiedenen Getreidehalmen, zieren den Raum. Wir Menschen können die Ernte, auch wenn wir uns noch so viel Mühe geben, nicht manipulieren. Mit dem Dank an Gott für diese Gaben ist aber zugleich auch die Aufforderung zur Solidarität verbunden. Solidarität mit den Menschen, die hungern, die auf der Schattenseite dieser Erde leben.

Almabtrieb in den Bergen

Ein alter Brauch, der in der Zeit des Erntedankfestes ausgeübt wird, ist uns erhalten geblieben: der Almabtrieb in den Alpenregionen. Im späten Frühjahr werden die Kühe und das Jungvieh auf die Almen getrieben, wo sie von Sennerinnen und Sennern betreut den Sommer über bleiben. Je nach Witterung wird das Vieh nun im September wieder talabwärts gebracht. Dazu wird es »bekränzt«. Kränze aus Latschenwedeln werden mit Blumen zusammengebunden. Dieser Kranz wird nun um den Hals der Kuh gehängt oder auf dem Kopf der Kuh befestigt. In einem farbenfrohen, heiteren Zug bringen die mit prächtigen Kleidern ebenfalls herausgeputzten Sennerinnen und Senner die Tiere wieder in den heimischen Stall zurück.

Die Aktion »Mini-Brote«

Dem Gedanken der Solidarität zum Erntedank folgt eine Aktion der katholischen Landjugendbewegung. Sie verteilt nach dem Erntedankgottesdienst »Mini-Brote«, kleine runde Wecken. Die Beschenkten entrichten nach eigenem Ermessen eine kleine Spende. Der Erlös dieser Aktion kommt den hungernden Menschen zugute. Dies ist ein neuer Brauch zum Erntedankfest, der aber inzwischen schon weit verbreitet ist.

Erntedankteppiche

In manchen Gegenden wurde der Brauch, zu Erntedank in der Kirche eine reichhaltige Auswahl verschiedenster Feldfrüchte, Obst und Blumen auszustellen und segnen zu lassen, um kunstvolle Erntedankteppiche erweitert. Mit Blumen, Samen, Körnern, Früchten und Gemüse werden in einigen Kirchen große bildliche Darstellungen auf dem Kirchenboden gestaltet, die meist Szenen aus dem Neuen Testament aufgreifen.

Segnung der Erntewerkzeuge

Früher waren besonders der Beginn und das Ende der Ernte von Brauchtum begleitet: Vor dem ersten Schnitt des Grases wurden die Erntewerkzeuge gesegnet, das erste Fuder musste ohne Lärm und Streit heimgebracht bzw. den Armen im Dorf überlassen werden. In manchen Gegenden wurde der erste Erntewagen vor die Kirche gefahren. Wenn die Ernte abgeschlossen war, wurde aus den letzten Ähren, aus Blumen und bunten Bändern eine Erntekrone geflochten und dem Hofherrn überreicht. Danach wurde ein Fest gefeiert, bei dem die erflogreiche Ernte gefeiert wurde. Die letzten Körner der Ernte wurden in das Saatgut für das nächste Jahr eingestreut.

Erntedank – Rezepte und Aktionen

Zu Erntedank ist Gelegenheit, die Gaben der Natur mit offenen Sinnen aufzunehmen und zu würdigen.

Tomatenketchup

<u>Zutaten</u>
1,5 kg Tomaten,
200 g Zwiebel,
200 ml Rotweinessig,
50 g Salz, 50 g Zucker, Paprikapulver,
Majoran

Ketchup ist vor allem bei Kindern sehr beliebt. Im Gegensatz zu den fertig gekauften Produkten schmeckt ein selbst gemachtes Tomatenketchup viel natürlicher. Es kommt ohne Geschmacksverstärker und Konservierungsstoffe aus und sollte deshalb im Kühlschrank aufbewahrt werden.

Zubereitung:

Tomaten waschen, Stielansatz entfernen, klein schneiden. Die Zwiebel klein schneiden und zusammen mit den Tomatenstückchen, Essig, Salz, Zucker, Paprikapulver und Majoran 30 Minuten kochen. Abkühlen lassen und in ein Glas füllen. Ein schönes Etikett aufkleben und zum Erntedank in den Erntekorb stellen oder verschenken.

Hasenkeulen mit Rotkohl

<u>Zutaten</u>
2 Hasenkeulen, 1 TL Salz, ½ TL Pfeffer, ½ l Buttermilch, 50 g Speck, ⅛ l saure Sahne, 1 TL Speisestärke, ⅜ l Fleischbrühe, 4–5 EL Rotwein, 1 Lorbeerblatt, 4 Wacholderbeeren, 2 Gläschen Weinbrand, 1 mittleren Kopf Rotkohl, 3 EL Öl, ¼ l Rotwein, 1 Apfel, 1 Kartoffel, 4 Pimentkörner, je 1 Msp. gemahlene Nelken und Zimt, Salz, Zucker

Für 4–6 Personen

Zubereitung:

Hasenkeulen waschen, abtrocknen, mit Salz und Pfeffer einreiben, über Nacht in die Buttermilch legen; Speck würfeln, Sahne mit Speisestärke verrühren. Hasenkeule aus der Beize nehmen, abtrocknen, mit dem Speck scharf von allen Seiten in einer Raine anbraten, mit Fleischbrühe und Rotwein aufgießen, Rest der Beize zugeben, ebenso Lorbeerblatt und Wacholderbeeren, Sahne mit Speisestärke zum Abschluss einrühren. Das Ganze mindestens 40 Minuten schmoren lassen. Danach mit Weinbrand aufgießen und dünsten lassen. Rotkohl zubereiten: Kohlkopf achteln, Strunk entfernen, den Rest in feine Streifen schneiden. Öl erhitzen, Rotkohl leicht anbraten, mit Rotwein ablöschen. Apfel entkernen, in feine Würfel schneiden, dazu geben. Kartoffel schälen, in den Rotkohl reiben (evtl. noch etwas Wasser zuführen). Mit Pimentkörnern, Nelkenpulver, Zimt, evtl. Salz und Zucker abrunden und bei schwacher Hitze noch etwa 20 Minuten köcheln.

Weitere Ideen für festliche Tage

● Zum Erntedanksonntag zusammen ein Brot backen. Am besten, man mahlt das Getreide selbst, nötigenfalls übernimmt das der Bioladen. Mit den Kindern zusammen wird der Teig geknetet und nach dem Aufgehen in verschiedene Formen gebracht: als runder Laib, als längliches Stangenbrot, als Zopf, als Gebildebrot mit einer Brotteigähre als Verzierung … Was für ein Duft!

● Einen Erntekranz, eine Erntekrone für die Haustür oder das Wohn-zimmer basteln. Dazu muss man rechtzeitig lange Ähren von einem Getreidefeld holen. Die Ähren werden auf einen Styroporkranz gebunden.

● Zu Hause einen kleinen Erntetisch als Dekoration herrichten: Äpfel, Birnen, Nüsse, einen kleinen Krautkopf, Möhren, eine Zwiebel und einen kleinen Laib Brot auf einem dekorativen Tuch zusammenstel-len.

● In dieser Zeit einen Spaziergang unternehmen und Früchte der Wiesen und des Waldes sammeln, z.B. Schlehen, restliche Brom-beeren, wilde Äpfel, Nüsse, Holunder oder Kräuter, Pilze, Buch-eckern … Lässt sich aus dem Gesammelten eine Marmelade kochen oder eine Suppe verfeinern?

● Einen bunten Herbststrauß aus der Natur zusammenstellen (auch trockene Gräser, Blüten, Binsen usw. verwenden!)

● Mit buntem Laub die Tischdekoration für das Erntedankessen gestalten

● Buntes Laub eignet sich auch gut, um Einladungskarten originell zu gestalten. Es wird in schönen Formen (Hahn, Maus …) und abwechselnden Farben auf eine weiße Postkarte geklebt und mit Haarlack besprüht.

● Natürlich dürfen die berühmten, mit Kastanien und Zahnstocher gebastelten Männchen nicht vergessen werden. Dazu kann man auch Bucheckern und Eicheln verwenden.

Novembergedenktage

Der November, der gleich zu Beginn von zwei Erinnerungstagen (Allerheiligen und Allerseelen) geprägt ist, wird oft als »Trauer- und Totenmonat« bezeichnet:

Nach dem Allerseelentag schließen sich Buß- und Bettag (am vorletzten Mittwoch des Kirchenjahres), Volkstrauertag (am Sonntag vor dem Totensonntag) und Totensonntag (am letzten Sonntag des Kirchenjahres) an. Das sind besinnliche Novemberfeste, die uns zum Nachdenken über uns selbst auffordern.

Darüber hinaus erinnert die Kirche das ganze Jahr über zu bestimmten Tagen an wichtige Frauen und Männer, die sich für die Nachfolge Christi besonders eingesetzt haben. Oft mussten sie ihr Leben dafür lassen. Es waren Märtyrerinnen und Märtyrer, Apostel, Bekenner, Bischöfe, Priester und viele Frauen und Männer, die durch ihre Lebensweise ein Glaubenszeugnis abgelegt haben. Schon im vierten Jahrhundert begann die Kirche solche Menschen durch Heiligenfeste zu ehren. Das Datum des jeweiligen Heiligenfestes hängt meist mit dem Todestag des Heiligen zusammen.

In Südtirol gibt es noch heute Allerheiligenbrote. Das ist ein Gebäck aus süßem Hefeteig, das reich verziert ist. Der Pate bringt das Brot als kleine Aufmerksamkeit seinem Patenkind ins Haus. Manchmal ist in das Allerheiligenbrot ein Geldstück eingebacken. Es soll dem Patenkind zu Allerheiligen Glück bringen.

Allerheiligen

An Allerheiligen (1. November) gedenkt die Kirche aller Frauen und Männer, die ihren Glauben beispielhaft bezeugt haben und deshalb heilig genannt werden. Früher wurden an diesem Tag Allerheiligenbrote gebacken. Sie wurden an Arme und Hilfsbedürftige verschenkt – wie in der folgenden Geschichte zu lesen ist:

Schon ein paar Tage vor dem Allerheiligenfest schaut jedes Haus wie eine große Bäckerei aus. Die Bäuerin herrscht in der Küche und schafft selbst wacker mit beim Kneten und Backen. Der Bissen des neuen Brotes, den sie zur Probe verzehrt, bleibt der einzige den ganzen Tag. Ihr Herz ist gesättigt vom Brote, das andere essen. Am Vorabend des Allerheiligenfestes ziehen die Armen in ganzen

Familien von Haus zu Haus, von Ort zu Ort. Sie stehen an der Türschwelle, sie grüßen mit dem vielstimmigen Ruf: »Bitt gar schön um einen Allerheiligenstriezel!« Da wird geteilt, und jeder bekommt seinen Allerheiligenstriezel. »Vergelt's Gott, Allerheiligen!«, rufen sie und ziehen weiter zur nächsten Tür. Die Säcke und die Körbe werden schwer, aber das Herz jauchzt vor Freude.

Peter Rosegger

Allerseelen

Dieser Tag, der 2. November, ist der eigentliche Gedenktag an alle toten Angehörigen. Überall gehen die Menschen zu den Gräbern ihrer Verstorbenen. Die Gräber sind mit Blumen geschmückt und das Allerseelenlicht wird zum Zeichen unseres Glaubens an die Auferstehung angezündet. Viele Familien versammeln sich an den Gräbern ihrer Lieben und gedenken im stillen Gebet der Verstorbenen. Der Gang zu den Gräbern ist seit 1578 bekannt.

Eine große Anzahl von Pfarrgemeinden begeht den Allerseelentag mit einem »Gräberumgang«. Die kleine Prozession beginnt in der Kirche und findet den Schlusspunkt mit der Gräbersegnung auf dem Friedhof.

Ein anderer Brauch zu Allerseelen ist das Schälchen mit Butter und kalter Milch, das vor das Küchenfenster gestellt wird. Auch Seelenbrezeln werden zu diesem Tag gebacken und sollen den Toten zeigen, dass man an sie denkt.

Sankt Martin

Das Fest des heiligen Martin wird am 11. November (seinem Begräbnistag) begangen.

Geboren ist der heilige Martin (»der Kriegerische, Streitbare«) 316/317 in Sabaria, Pannonien, dem heutigen Ungarn. Dort war sein Vater stationiert als Berufssoldat im römischen Heer. Tradition war, dass die Söhne von Soldaten wiederum Soldaten wurden. Martin kam schon als Kind zum ersten Mal mit dem Christentum in Berüh-

Merk es dir!

Schreib in den Sand,
die dich betrüben,
vergiss sie und schlaf darüber ein,
denn was du in den Sand
geschrieben,
das wird schon morgen nicht
mehr sein.

Schreib in den Fels,
was du erfahren,
an Freude, Seligkeit und Glück,
denn dieser Fels
nach langen Jahren
gibt dir die Inschrift noch zurück.

Schreib in dein Herz
all deine Lieben
von Nord und Süd und
Ost und West,
denn was du in
dein Herz geschrieben,
das hält für alle Zeiten fest.

Inschrift in einem Südtiroler Gasthaus

Martinslied

Sankt Martin, Sankt Martin, Sankt Martin ritt durch Schnee und Wind, sein Ross, das trug ihn fort geschwind. Sankt Martin ritt mit leichtem Mut, sein Mantel deckt ihn warm und gut. Im Schnee, da saß ein armer Mann, hat Kleider nicht, hat Lumpen an: »O helft mir doch in meiner Not, sonst ist der bittre Frost mein Tod.« Sankt Martin zieht die Zügel an, das Ross steht still beim armen Mann. Sankt Martin mit dem Schwerte teilt den warmen Mantel unverweilt. Sankt Martin gibt den halben still, der Bettler rasch ihm danken will. Sankt Martin aber ritt in Eil hinweg mit seinem Mantelteil.

rung (seine Eltern bekannten sich zum Heidentum) und bat mit etwa zehn Jahren schließlich darum, als Taufbewerber anerkannt zu werden. Das Christentum war inzwischen durch Kaiser Konstantin erlaubt. Sein Vater sah das nicht gern und zwang ihn dazu, mit 15 Jahren den Fahneneid zu schwören. Martin war nun Soldat in der kaiserlichen berittenen Gardetruppe, bekleidet mit einem schönen weiten Mantel. Martin allerdings ließ sich von den rauen Soldatenmanieren nicht anstecken. Er war beliebt bei den Kameraden wegen seiner Bescheidenheit und Hilfsbereitschaft. Als junger Soldat kam er nach Frankreich. Dort ereignete sich die Geschichte mit dem Bettler am Stadttor von Amiens. Der nachfolgende Traum und das, was Jesus Christus in diesem Traum gesagt hat (»Martinus, der noch nicht getauft ist, hat mich mit diesem Mantel bekleidet«), weckten erneut die tiefe Sehnsucht, getauft zu werden. Mit 18 Jahren wurde er schließlich vom Bischof von Amiens getauft. Einige Zeit später nahm er, kurz vor einer Schlacht, Abschied vom Militärdienst mit den Worten: »Bis heute habe ich dir (Kaiser) gedient, erlaube mir, dass ich jetzt Gott diene … Ich bin Soldat Christi, es ist mir nicht erlaubt zu kämpfen.« Martin lebte nun zurückgezogen in großer Demut und Bescheidenheit ein strenges, enthaltsames Leben, das geprägt war von Liebe und Gerechtigkeit den Armen und Notleidenden gegenüber. Etwa zehn Jahre später starb der Bischof von Tours. Martin sollte Bischof werden. Das wollte er jedoch nicht. Mit Hilfe einer Finte gelang es den Menschen, Martin doch noch umzustimmen. Er widmete sein Leben weiterhin Gott und den Armen.

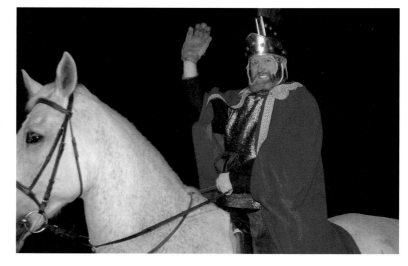

Zeichen und Symbole um den heiligen Martin

Mit dem heiligen Martin sind neben Pferd und Mantel
zwei Zeichen eng verbunden: Das Licht in der Martinslaterne und die Gans. Das Zeichen Licht (Kerze/Feuer)
findet sich in der Martinslaterne und dem Martinsfeuer.
Licht ist ein Wegweiser, steht für Wärme, ist verbunden
mit guten Einfällen, mit Erinnerung (Grablicht). Es ist
also ein Zeichen für Leben. Die Gans war zu Zeiten der
Römer, also vor über 2000 Jahren, Begleiter des Kriegs-
gottes Mars. Durch ihr lautes Schnattern und ihre Aufmerksamkeit sollen die Gänse Rom vor einem feindli-
chen Überfall bewahrt haben. Die Verbindung von
Martin mit dem Symboltier Gans hängt sicher auch mit
der Legende zusammen, dass schnatternde Gänse das
Versteck von Martin verraten haben sollen. So wurde er
gefunden und musste das Bischofsamt antreten.

Die Gans am Martinitag

Dem Gänsebraten wird schon seit alters her besondere
Heilkraft zugemessen. Gänsefett soll gegen Gicht helfen und Gänseblut gegen Fieber. Eine Feder vom linken
Flügel galt als Wundermittel gegen Epilepsie (verbrannt, mit Wein vermengt und getrunken). Auch mit
dem Brustbein der gebratenen Gans waren weitere
sonderbare Dinge verbunden: Haben zwei Leute das
Brustbein zerbrochen, ging für den ein Wunsch in Erfüllung, der das
größere Stück hatte. Des Weiteren las man aus der Farbe des Brust-
beines die Vorhersage für den kommenden Winter: War es weiß,
wurde der Winter hart, und die Vorräte gingen aus, war es rosarot,
gab es einen milden Winter mit genügend Vorräten.

Pachtzins am Martinitag

Zu Martini war der Pachtzins für den Gutsherrn fällig. Die armen
Bauern, die für Großgrundbesitzer arbeiteten, konnten nur mit Naturalien bezahlen. Das taten sie dann z.B. mit Gänsen; denn sie waren
um diese Zeit fett und schlachtreif. Wer selbst einen Hof besaß,
schlachtete um den Martinstag herum eine Gans und lud Verwandte
und Nachbarn ein. Ein Teil des Gänsebratens wurde unter den Armen
in Dorf verschenkt.

Die Martinsgans

*Wann der heilge Sankt Martin
will dem Bischof sehr entfliehn,
sitzt er in dem Gänsestall,
niemand findt ihn überall,
bis der Gänse groß Geschrei
seine Sucher ruft herbei.
Nun dieweil das Gickgackslied
diesen heilgen Mann verriet,
dafür tut am Martinstag
man den Gänsen diese Plag,
dass ein strenges Todesrecht
gehn muss über ihr Geschlecht.
Drum wir billig halten auch
diesen alten Martinsbrauch,
laden fein zu diesem Fest
unsre allerliebsten Gäst
auf die Martinsgänslein ein
bei Musik und kühlem Wein.*

Simon Dachs Zeitvertreiber 1700

Beginn der Weih-
nachtsfastenzeit

Früher begann nach
dem Martinsfest eine
40-tägige Fastenzeit,
die bis Weihnachten
dauerte. Das macht
wiederum verständlich,
dass der Tag des
heiligen Martin wirklich
als besonderer Feiertag
galt und Anlass war,
noch einmal eine fette
Gans zu verspeisen
und neuen Wein
(Martiniwein, schon zu
Beginn des 14. Jahrhun-
derts dokumentiert)
zu genießen.

Hier wohnt ein
reicher Mann,
der uns was
geben kann.
Viel soll er geben,
lange soll er leben.
Selig soll er sterben,
das Himmelreich
erwerben.
Lasst uns nicht zu
lange stehn,
denn wir müssen
weitergehn!

Heischespruch aus der
Schweiz

Entlasstag und Anstellungstag

Martini war früher auf dem Land ein Tag, der das Ende des Arbeits-jahres bedeutete. Das hieß, dass Knechte und Mägde an diesem Tag entlassen wurden und sich eine neue Stelle suchten. Diese Dienst-boten wurden meist mit Naturalien (Getreide, Kartoffeln usw.) oder Wäsche (z. B. Stoffen oder Weißwäsche, bei Mägden für die Aussteuer gedacht) entlohnt. Ebenso wurden zu Martini auch Mägde und Knechte neu angestellt. Ihr Vertrag bestand in einem Martinitaler.

Bildbrote

Sogenannte Bildbrote wurden zu St. Martin gebacken:
Der Weckmann und die Martinsbrezel erinnern daran, dass für den heiligen Martin die Armen und Hungernden im Mittelpunkt standen. Der Weckmann besteht aus süßem Hefeteig und wird mit fünf Rosi-nen verziert. Meist hat er eine Tonpfeife im Arm. Er ist ein Zeichen der Freigiebigkeit, die uns Martin vorgelebt hat. Die Martinsbrezel soll uns die bevorstehende Adventsfastenzeit in Erinnerung bringen (sie dauert 40 Tage: vom 11.11. bis 24.12.). Ähnlich wie die Fastenbre-zel verweist sie in ihrer Form auf das Kreuz und Leiden Jesu.
Das Martinshörnchen soll uns an Martin, den Reitersmann, erinnern. Angeblich ist die Form des Hefegebäcks dem Pferdehuf von Martins Pferd nachgebildet. Die von der Hausfrau gebackenen Bildbrote wurden oftmals an noch verbliebene Bedienstete verschenkt.

Martinszug

Die Lichterprozession zu Ehren des heiligen Martin (Martinszug, erstmals beurkundet 1867) ist zum wichtigsten Brauch am Martinitag geworden. Verschiedenfarbige und verschiedenartige Laternen brin-gen Licht in die Dunkelheit. Es sollte früher die in der Dunkelheit wohnenden bösen Geister verscheuchen und soll heute auf die Bot-schaft des heiligen Martin aufmerksam machen.

Martinsheischen

Das Martinssingen (Martinsheischen) der Kinder, die heischend durch das Dorf zogen, entstand ursprünglich daraus, dass Brennholz für das Martinsfeuer (Martinifunken) geheischt (gefordert, verlangt) wurde. Dazu kam sicher auch die früher herrschende Not unter den Bauern und kinderreichen Bauersfamilien. So ging es beim Martins-singen/Martinsheischen der Kinder dann auch mehr um Wurst,

Fleisch oder andere Naturalien (siehe Martinsspruch aus der Altmark oder der Schweiz). Heute ziehen mancherorts die Kinder mit ihren leuchtenden Laternen von Haus zu Haus, singen Lieder und sagen Sprüchlein auf. Sie sammeln dabei Lebkuchen, Weckmänner, allerlei Süßes und auch Geld.

Martinstag

Laternen schwingen, Lieder singen:
Martinstag ist heut!
Ein frohes Lachen, Gutes machen:
dass es alle freut.
Komm freu dich, komm freu dich,
und tanze dazu!

Doch nicht nur eilen - auch verweilen:
Martinstag ist heut!
Die Hände drücken, freundlich nicken:
dass es alle freut.
Komm freu dich, komm freu dich,
und tanze dazu!

An Kranke denken, Zeit verschenken:
Martinstag ist heut!
Die Kälte wenden, Wärme spenden:
dass es alle freut.
Komm freu dich, komm freu dich,
und tanze dazu!

Die Lichterpracht erhellt die Nacht:
Martinstag ist heut!
Ein Fest gestalten mit den Alten:
dass es alle freut!
Komm freu dich, komm freu dich,
und tanze dazu!

Gertrud Weidinger

Ich hab gehört,
ihr habt geschlacht.
Habt ihr für mich 'ne Wurst gemacht?
Ich habe Hunger
und auch Durst
auf eine lange
Leberwurst.

Aus der Altmark

Martin schenke guten Most
und hat dabei viel gute Kost.
Auf Martin schlacht man fette Schwein,
auch wandelt sich der Most in Wein.
Man isst dann auch gebratne Gans
und trinkt den Most halb oder ganz.

Aus Hannover

Es gibt viele Steine und Wurzeln,
ich könnt leicht drüber purzeln.
Würstli raus, Würstli raus,
Glück und Segen in das Haus.

Aus der Schweiz

Wir feiern Sankt Martin

Im ruhigen, nebligen Monat November ist Zeit für gemeinsame Bastel- und Spielaktionen, aber auch für Erzählrunden und nicht zuletzt dafür, dem heiligen Martin nachzuspüren.

Erzählrunde

Die schillernde Gestalt des heiligen Martin kann zu einer Erzählrunde anregen. Eltern und Großeltern erzählen von den Martinsbräuchen früher, in der Kinderzeit oder in der früheren Heimat.

Einen »anderen« Martinszug gestalten

Bei einem Spaziergang in der Dunkelheit erleben wir gemeinsam, was Dunkelheit bedeutet. Wir nehmen die Dunkelheit (nichts sehen, unsicher gehen, …) und die damit verbundenen Gefühle wahr (ein bisschen Angst …). Auch die übertragene Bedeutung von Dunkelheit im Leben eines Menschen kommt zur Sprache (»Es ist dunkel im Herzen«), wir suchen nach Situationen, in denen Menschen in Dunkelheit leben (eine Freundschaft wird aufgekündigt, Sorgen um die Gesundheit, Trauer über erlittenes Unrecht …), versuchen uns einzufühlen in solche Menschen. Wir suchen nach Beispielen, wo wir uns selbst im Dunkeln erlebt haben.

Ziel dieser Wanderung ist es, Dunkelheit erfahrbar zu machen, um intensiv zu erleben, was Licht bedeutet. Dann entzünden wir in die Dunkelheit hinein eine Martinslaterne, wir betrachten das Licht, die Veränderungen, die um uns herum geschehen. Wir erleben das Licht und die Gefühle, die wir dabei haben (angstfrei, wohlig …). Wir überlegen miteinander, was Licht im übertragenen Sinn für eigene Erlebnisse oder für Schicksale anderer bedeuten könnte: Was war für dich – damals – ein Hoffnungsschimmer, ein kleines Licht? Was könnte für Menschen in Dunkelheit Licht bedeuten? Nun wird das Licht »ausgeteilt«: Jeder hat eine Martinslaterne und das Licht wird geteilt. Dann machen wir uns gemeinsam auf den Heimweg und erzählen dabei vom heiligen Martin, dem Lichtbringer für viele Menschen. Zu Hause gibt es Martinsgebäck und einen feinen Punsch.

Gebackene Martinsgans

So geht's:
Die Gans zu St. Martin muss kein Braten sein. Man kann auch aus süßem Hefeteig kleine Gänse formen und sie backen. Wenn sie eben aus dem Backofen gekommen sind, lässt sich mit einem Messer leicht ein Loch bohren und eine Kordel durchziehen. So können die Kinder die Gans umhängen. Sind mehr Gänse gebacken worden, werden sie im Kindergarten oder in der Schule verteilt.
Bei 175 °C werden die Gänse etwa 25 Minuten gebacken.

Material
Fertiger Hefeteig, Kordel

Gänsebild

So geht's:
Die Martinsgans wird als Bild aus verschiedenen getrockneten Hülsenfrüchten geklebt. Dazu braucht man möglichst verschiedenartige und farbige Hülsenfrüchte: weiße, rote, dicke, dunkelbraune Bohnenkerne, rote und gelbe Linsen und getrocknetes Laub. Nun geht's ans Kleben der lustigen Gänseform.

Material
Tonpapier, Naturmaterial (Hülsenfrüchte), Klebstoff

Ideen zu Allerheiligen

- »Wer liegt da eigentlich im Grab?« Kinder stellen häufig solche Fragen, wenn sie zu Allerseelen mit den Eltern auf den Friedhof gehen. Das ist die Gelegenheit, später, im warmen Zuhause, alte Bilder von den Verstorbenen zu zeigen, Geschichten von ihnen zu erzählen, Alben anzuschauen …

- Kinder haben originelle Ideen, wenn es um den Grabschmuck geht. Was spricht dagegen, mit ihnen zusammen das Grab herzurichten? Vorher sollte man besprechen, wie das Grab dann aussehen soll.

- Dem eigenen Namenspatron auf die Spur kommen: Wann und wie hat er gelebt? Was bedeutet sein bzw. mein Name? Vielleicht findet sich in Büchern über Heilige und Namenspatrone eine Geschichte, die vorgelesen werden kann.

Marienfeste im Jahreslauf

Der heiligen Jungfrau Maria wird an verschiedenen Tagen das ganze Jahr über gedacht. Im Kalender wie in den Herzen der Menschen haben die Marienfeste einen sicheren Platz.

Mariä Verkündigung

Neun Monate (die Zeit für eine normale Schwangerschaft) vor dem 25. Dezember, genau am 25. März, findet, meist mitten in der Fastenzeit, dieses Marienfest statt. Es gehört eigentlich zu Weihnachten. Im Osten wurde das Fest bereits seit dem fünften Jahrhundert als »Verkündigung der Gottesgebärerin« gefeiert. Die Verkündigung des Herrn wird vom Evangelisten Lukas als Begegnung des Erzengels Gabriel mit der Jungfrau Maria geschildert. Der Engel grüßt Maria in besonderer Weise. Daraus hat sich übrigens später der »engelische Gruß«, das Ave Maria, entwickelt. Maria soll ein Kind empfangen durch die Kraft des Heiligen Geistes. Maria gibt in demütigem Vertauen dazu ihr Ja. Da das Fest in das Frühjahr fällt, ist dieser Tag wichtig für die Aussaat und den ersten Viehaustrieb.

Angelus

Der Engel des Herrn brachte Maria die Botschaft, und sie empfing vom Heiligen Geist.
Gegrüßet seist du …
Maria sprach: Siehe, ich bin die Magd des Herrn; mir geschehe nach deinem Wort.
Gegrüßet seist du, Maria …
Und das Wort ist Fleisch geworden und hat unter uns gewohnt.
Gegrüßet seist du, Maria …
V Bitte für uns, heilige Gottesmutter,
A dass wir würdig werden der Verheißung Christi.
V Lasset uns beten. – Allmächtiger Gott, gieße deine Gnade in unsere Herzen ein.
Durch die Botschaft des Engels haben wir die Menschwerdung Christi, deines Sohnes, erkannt. Lass uns durch sein Leiden und Kreuz zur Herrlichkeit der Auferstehung gelangen. Darum bitten wir durch Christus, unsern Herrn.
A Amen.

Aus dem Gotteslob

Marienmonat Mai

Die Verehrung der Mutter Gottes ist bereits in frühen Glaubenszeugnissen der Kirche angelegt. Schon im fünften Jahrhundert wird Maria als Gottesgebärerin bezeichnet. Seitdem wird die Mutter Gottes als Fürsprecherin in der Kirche angerufen. Grundlage für die starke Marienverehrung in der katholischen Kirche bilden Marias Vertrauen auf Gott und ihr Gehorsam.

Im 18. Jahrhundert entwickelte sich in Italien der Brauch, die Gottesmutter im Mai, wenn die Natur zu neuem Leben erwacht, in Form von Maiandachten zu verehren. Die erste Maiandacht in Deutschland fand 1841 im Kloster der Guten Hirtinnen in München statt. Im Mai werden deshalb Marienbilder und Marienstatuen in Kirchen, Kapellen, Häusern und an den Wegen besonders geschmückt und mit brennenden Kerzen versehen. Darüber hinaus errichten sich manche Gläubige zu Hause einen kleinen Maialtar.

Der Oktober wird neben dem Mai als weiterer Marienmonat gefeiert. Er gilt als Rosenkranzmonat, weil Maria durch das Rosenkranzgebet besonders geehrt wird. Der Rosenkranz ist eine alte meditative Gebetsform, die von ständigen Wiederholungen lebt.

Mariä Himmelfahrt

Der 5. August als »Hochfest Mariä Aufnahme in den Himmel« gilt der Erinnerung an die Aufnahme Mariens in den Himmel und ihrer Einsetzung als »Königin der Engel«. Nach dem Glauben der frühen Kirche wurde Maria mit Leib und Seele in den Himmel aufgenommen. Dies hebt die besondere Bedeutung Mariens als Mutter Gottes hervor. Seit Ende des vierten Jahrhunderts wurde die Himmelfahrt mit einem eigenen Fest gewürdigt und später mit der Kräuterweihe verbunden.

Die Kräuterweihe

Nach der Legende fanden die Apostel, als sie das Grab Mariens noch einmal öffneten, statt des Leichnams Blumen und Kräuter darin vor. Darum findet zur Feier dieses Tages vielerorts eine Kräuterweihe statt. Nach christlichem Verständnis soll die Weihe verdeutlichen, dass Gott uns die Heilkräfte der Natur geschenkt hat, damit wir sie zu unserem Wohl einsetzen und gebrauchen.

Seit dem zehnten Jahrhundert ist die Kräuterweihe am Fest Mariä Himmelfahrt

bekannt. Manche Menschen, die die Kunst verstanden, mit diesen geheimnisvollen Kräutern zu heilen, wurden mit strengen kirchlichen Strafen belegt. Das änderte aber nichts daran, dass der Brauch des Heilkräutersammelns weiterhin lebte.

So entschloss man sich bereits im zehnten Jahrhundert, das Kräutersammeln zu legalisieren und weihte die Heilkräuter. Man führte somit die Heilkraft der Kräuter auf Gott und auf die Fürsprache Mariens zurück. Die geweihten Kräuter wurden zu Hause zum Schutz gegen Feuer und Blitz aufbewahrt, sie wurden auf Saatfelder gesteckt und hinter die Fresströge im Stall gelegt.

Dass die Kräuterweihe an diesem Marienfeiertag stattfand, hat zum einen sicher mit dem Reifen der Kräuter und des Getreides in dieser Zeit zu tun. Zum anderen besteht ein Zusammenhang zur Person Marias. Sie wird in altchristlichen Gebeten als die »Blume des Feldes« und die »Lilie der Täler« bezeichnet.

Ein weiterer Grund für dieses Datum der Kräuterweihe liegt im Namen »Maria«. Viele Heilkräuter, die zum »Würzwisch« (auch: »Würzbüschel«) verwendet werden, tragen den Namen Marias: Marienblümchen, Mariendistel, Mariä Bettstroh u. a.

Für den »Würzwisch« werden Heilkräuter wie Spitzwegerich, Schafgarbe, Tausendgüldenkraut, Kamille, Holunder und alle anderen zu dieser Zeit verfügbaren Heilkräuter mit einem Band zusammengebunden und geweiht.

Mariä Geburt

Aus der Bibel wissen wir nichts über die Geburt Marias. Der 8. September als Termin für dieses Fest rührt von der Weihe einer Jerusalemer Kirche her, die der heiligen Anna, der Mutter Mariens gewidmet ist. Dieser Tag kennzeichnet die ersten Herbsttage in der Natur. Ein Sprichwort sagt:

> *»An Maria Geburt*
> *fliegen die Schwalben furt.«*

Die Schwalben sind eng mit zwei Marienfesttagen verbunden: Als Frühlingsboten kommen sie am 25. März in unsere europäischen Gefilde zurück und verlassen in den ersten Herbsttagen, um den 8. September, das Land gen Süden wieder.

Mariä Namen

Mariä Namen oder das Fest der Schutzmantelmadonna am 12. September ist seit 1683 bekannt. Damals wurde es zum Dank für den Sieg über die Türken bei Wien eingeführt. Dieser Sieg wurde auch auf das Gebet zu Maria zurückgeführt. Das Vertrauen in die Schutzmacht Mariens und deren immerwährende Hilfe spiegelt sich in diesem Gedenktag wider.

Die Darstellung als Schutzmantelmadonna zeigt Maria als Zufluchtsmöglichkeit vieler Menschen, die in Sorge und Not leben müssen.

LEBENSZEIT

Einführung

von Altabt Odilo Lechner

Als der türkische Autor Orhan Pamuk am 23. Oktober 2005 in Frankfurt den Friedenspreis des deutschen Buchhandels erhielt, führte er in seiner Dankrede aus, welch besonderer Zauber durch die Fantasie des Romanschriftstellers der Welt verliehen wird. Es gehe darum, »in einer verwirrend schwierigen, schnelllebigen Welt, inmitten des Trubels und Getöses den verblüffenden Windungen des Lebens einen Anfang, einen Mittelpunkt und ein Ende abzugewinnen«.

Das wichtigste Ereignis

Kann ich mein Leben so sehen wie einen guten Roman mit einer verheißungsvollen Ouvertüre, mit einem Mittelpunkt des Geschehens, mit einem Ende, auf das alles zuläuft? Oder ist die Geschichte der Welt und die meines Lebens nur eine sinnlose Aufeinanderfolge von Zufällen ohne einen Zusammenhang? Als Zwölfjähriger ist mir eine Ahnung geschenkt worden, wie christlicher Glaube die Sicht der Zeit verändert. Im Herbst des Kriegsjahres 1943 hatten wir an unserem Münchner Gymnasium einen neuen Klassenlehrer bekommen. Wir wussten nicht, zu welcher Art von den damaligen Lehrern er gehörte, zu fanatischen Nazis oder eher zu Gegnern der Diktatur. Er begann seine erste Geschichtsstunde mit der Frage: »Was, glaubt ihr, ist das wichtigste Ereignis der Weltgeschichte?« Als Schüler tippten wir zunächst auf das, was wir beim Lehrer vermuteten, den Anfang des Jahresstoffes Mittelalter, nämlich die Völkerwanderung. Als er verneinte, nannte einer das Ende dieses Stoffes, die Reformation. Wir nannten noch vieles bis zu den zeitgemäßen Antworten: der jetzige Weltkrieg oder gar die nationalsozialistische Machtergreifung 1933. Immer war seine lächelnde Antwort: »Das ist nicht das Wichtigste.« In die Stille unserer Ratlosigkeit sagte er schließlich: »Das wichtigste Ereignis der Weltgeschichte ist selbstverständlich das, nach dem wir unsere Jahre zählen.« Einerseits war es für uns Christen in der Klasse ein wenig beschämend, dass keiner von uns sich das zu sagen traute, ja überhaupt daran gedacht hatte. Andrerseits wurde deutlich, welche Überzeugung unser Lehrer hatte. Der christliche Glaube weiß im Wirrwarr der verschiedenen nationalen und kulturellen Geschichten,

---

Der Sonnengesang des heiligen Franziskus von Assisi

Du höchster, mächtigster, guter Herr, Dir sind die Lieder des Lobes, Ruhm und Ehre und jeglicher Dank geweiht; Dir nur gebühren sie, Höchster, und keiner der Menschen ist würdig, Dich nur zu nennen.

Gelobt seist Du, Herr, mit allen Wesen, die Du geschaffen, der edlen Herrin vor allem, Schwester Sonne, die uns den Tag heraufführt und Licht mit ihren Strahlen, die Schöne, spendet; gar prächtig in mächtigem Glanze: Dein Gleichnis ist sie, Erhabener.

Gelobt seist Du, Herr, durch Bruder Mond und die Sterne. Durch Dich sie funkeln

im Chaos der Aufstiege und Abstürze um einen guten Anfang, um das Segenswort des schöpferischen Ursprungs. Er weiß um ein Ende und Ziel allen Geschehens. Er weiß um eine Mitte: Die Fülle, die Ursprung und Ziel zugleich ist, mitten in die Zeit eingetreten, begleitet unser Dasein als geheimer Sinn und gültiger Maßstab.

Ein Geschenk des Ewigen

So dürfen wir Christen die Zeit annehmen als Geschenk des Ewigen, als Gabe und Aufgabe, als Entwicklung der Welt, die auch der freien Mitgestaltung der Geschöpfe anvertraut ist. So dürfen wir immer wieder die Schöpfungsberichte der Bibel in ihrer wunderbaren Bildhaftigkeit betrachten, als fortwährend gegebenen Rahmen von Weltentstehung und Weltentwicklung. So dürfen wir in allem, was wir an Gutem und Schönem in der uns umgebenden Natur entdecken, einen Gruß des schöpferischen Wortes erkennen und im Dank und Lobpreis beantworten. So dürfen wir hoffend auf eine gute Vollendung der Geschichte warten, auf einen Richter, der zurechtrückt, der aufrichtet, der alles Unglück und Schreckliche in der Welt erhellt. Und eben dies ist der unserer Geschichte eingestiftete Maßstab des Gerichtes: der Mensch Jesus, in dem Gottes Herrschaft sichtbar wird. Sein Gehorsam gegenüber der Sendung des Vaters lässt die unendliche Liebe aufscheinen, die alles umgreift und sich mit einem jeden Menschen identifiziert: »Was ihr für einen meiner geringsten Brüder getan habt, das habt ihr mir getan« *(Matthäus 25,40).*

Der Glaube umfasst alles

Für den Glaubenden also hat Geschichte eine Mitte. Christus, in dem Anfang und Ende, die Fülle des Ewigen in der Zeit gegenwärtig wird. Von Jesus von Nazaret ging heilende Kraft aus, sodass man die Kranken auf die Straßen hinaustrug und ihn bat, »er möge sie wenigstens den Saum seines Gewandes berühren lassen. Und alle, die ihn berührten, wurden geheilt« *(Markus 6,56).* Die Begegnung mit ihm bringt ewiges Leben, weil er »das Brot des Lebens ist« *(Johannes 6,35).* So ist Jesus das **Ursakrament der Welt** schlechthin. In seiner irdischen Erfahrbarkeit ist der unsichtbare Gott gegenwärtig. »Er ist das Ebenbild des unsichtbaren Gottes« *(Kolosser 1,15).* Und eben dies sollen die Jünger weitersagen: »Was wir gehört haben, was wir mit unseren Augen gesehen, was wir geschaut und was unsere Hände

am Himmelsbogen
und leuchten köstlich
und schön.

Gelobt seist Du, Herr,
durch Bruder Wind
und Luft
und Wolke und Wetter,
die sanft oder streng,
nach Deinem Willen,
die Wesen leiten,
die durch Dich sind.

Gelobt seist Du, Herr,
durch Schwester
Quelle: Wie ist sie
nütze in ihrer Demut,
wie köstlich und keusch!

Gelobt seist Du, Herr,
durch Bruder Feuer,
durch den Du zur Nacht
uns leuchtest. Schön
und freundlich ist er am
wohligen Herde, mäch-
tig als lodernder Brand.

Gelobt seist Du, Herr,
durch unsere Schwes-
ter, die Mutter Erde,
die gütig und stark
uns trägt und mancher-
lei Frucht uns bietet
mit farbigen Blumen
und Matte.

Gelobt seist Du, Herr,
durch die, so vergeben
um Deiner Liebe willen
Pein und Trübsal
geduldig tragen.

Selig, die's überwinden
im Frieden:
Du, Höchster, wirst sie
belohnen.

Gelobt seist Du, Herr,
durch unsern Bruder,
den leiblichen Tod;
ihm kann kein lebender
Mensch entrinnen.
Wehe denen, die
sterben in schweren
Sünden!

Selig, die er in Deinem
heiligsten Willen findet!
Denn sie versehrt
nicht der zweite Tod.
Lobet und preiset
den Herrn!
Danket und dient Ihm
in großer Demut!

angefasst haben, das verkünden wir« *(1 Johannes 1,1)*. Das ist ja die Verheißung an seine Jüngergemeinde: »Ich bin bei euch alle Tage bis zum Ende der Welt« *(Matthäus 28,20)*. Und so gilt: »Wo zwei oder drei in meinem Namen versammelt sind, da bin ich mitten unter ihnen« *(Matthäus 18,20)*. So ist die Versammlung der Glaubenden, die Kirche, wiederum solch ein **Ursakrament**, sichtbares Zeichen für die Gegenwart des erhöhten Christus. Wo immer sich Christen zu einem gemeinsamen Gebet und Lobpreis versammeln, wo immer sie die Botschaft Jesu gemeinsam bezeugen, wo immer sie dem Auftrag des Herrn zur Liebe, zum Dienst aneinander folgen, ist Gegenwart des Herrn. An ihr Anteil zu erhalten, gibt unserem Leben Sinn - Anfang, Mitte und Ziel. In besonderer Weise wird den Glaubenden diese Gegenwart des Heils in den Sakramenten geschenkt. In diesen Zeichen verdichtet sich die Zusage der Gegenwart Gottes. Er ist da, unabhängig vom Grad unseres Mittuns, unserer Frömmigkeit.

Die Sakramente des Lebens

So wird uns in der **Taufe** der Anfang dieser Gemeinschaft des Lebens geschenkt. Wir werden hineingetaucht in Tod und Auferstehung Jesu, in das Leben mit ihm *(vgl. Römer 6,2-11)*. Dieses segensvollen Anfangs dürfen wir uns immer erinnern. In allen Bedrängnissen bleibt dieser Anfang uns eingestiftet. Wir dürfen ihn immer wieder erneuern - etwa in der Besprengung mit dem geweihten Wasser.

In der **Firmung** wird das Zeichen der Taufe vollendet, wenn uns die Gaben des Geistes geschenkt werden, als Stärkung für die Aufgaben des Lebens.

Mitte des Lebens der christlichen Gemeinde ist die **Eucharistie**, in der uns die befreiende Hingabe Jesu, sein Kreuzesopfer, die Versöhnung des neuen Bundes zugeeignet wird, das Mahl, in dem er sich uns zur Speise gibt und zu einem Leib werden lässt. Da wird die Verwandlung der ganzen Geschichte in den Acker der Welt eingesät.

Im **Weihesakrament** wird deutlich, dass solches Heil nicht aus menschlichem Streben und menschlicher Absprache möglich ist. Es ist der besondere Dienst von Bischof, Priester und Diakon, ihr Auftrag, das äußere Zeichen an Stelle Christi zu setzen.

Weil wir dieses kostbare Vermächtnis in den zerbrechlichen Gefäßen unserer irdischen Existenz und unserer widersprüchlichen Gesellschaft tragen, dürfen wir im **Sakrament der Versöhnung** Heilung und Vergebung erfahren. Im Aussprechen unseres Versagens, unserer Schuld, unserer verkehrten Neigungen und im Hören der Lossprechung wird immer wieder ein Neuanfang erfahrbar.

Das **Ehesakrament** macht deutlich: christliches Leben ist Gemeinschaft. Christ ist man nie für sich allein. Diese Gemeinschaft wird grundgelegt in Ehe und Familie. In der Beziehung von Mann und Frau spiegeln sich göttliches Leben, göttliches Wort, göttliche Liebe in einmaliger Weise. Darum wird der Bund Gottes mit seinem Volk, die Gemeinschaft Christi mit seiner Braut, der Kirche, in dem Sakrament besonders erfahrbar, in dem die Eheleute ihr Ja zueinander sagen und so auf den Ursprung aller Liebe verweisen. Die Treue zu diesem Ja bedarf auch immer wieder der Erneuerung, tagtäglich und besonders freudig an den Hochzeitsjubiläen.

In Jesus hat Gott menschliche Begrenzung auf sich genommen, Angst und Scheitern, Schmerzen und Leiden, Verlassenheit und Sterben. Darum dürfen wir auch im Nachlassen der Kräfte, in Krankheit und Todverfallenheit die besondere Verbundenheit mit Christus, dem Gesalbten, erfahren. Im **Sakrament der Krankensalbung** wird die heilende und aufrichtende Kraft Jesu, aber auch seine begleitende Hilfe im Sterben geschenkt.

Die Annahme unserer Behinderungen, unserer Krankheiten und Gebrechen und unserer Sterblichkeit gehört genauso zum Gelingen des ganzen Lebens wie die Entfaltung unserer Fähigkeiten und Kräfte, wie Beharrlichkeit und Ausdauer bei den Aufgaben, wie Mut und Freude. Wer sein Leben als Ganzes sieht und bejaht, muss mögliche Verluste und Beeinträchtigungen, muss Altern und Sterben nicht verdrängen, sondern kann ihnen gelassen ins Auge schauen.

Der Tod verliert seinen Stachel

Unter den geistlichen Leitsätzen des heiligen Benedikt findet sich auch: »Den unberechenbaren Tod täglich vor Augen haben, das ewige Leben mit allem geistlichen Verlangen ersehnen«. Solch öfteres Denken an das Sterben muss nicht niederdrücken und erschrecken, sondern kann uns eine neue Gelassenheit und Freude geben, denn es hilft uns, Wichtiges und Unwichtiges voneinander zu unterscheiden. So wird mancher Ärger mir ganz unwichtig erscheinen, wird mancher Erfolg und manches Vergnügen keine guten Erinnerungen wecken (weil sich schon nach kurzem die Hohlheit oder gar schädliche Folgen herausgestellt haben). Anderes aber, was ich an Schönem erfahren, was ich Gutes vollbringen durfte, wird mir auch am Ende des Lebens noch wertvoll und kostbar sein.

Manchmal geschieht es, dass ich in einer fremden Stadt plötzlich mit meinem Namen angerufen werde. Ich spüre: Da bin ich gemeint. Da war einst bei meiner Taufe die Frage des Priesters an die Eltern: »Welchen Namen haben Sie Ihrem Kind gegeben?« Ich weiß, dass meine Eltern sich viele Gedanken gemacht haben. Später ist mir bewusst geworden: Gott ruft mich seit Ewigkeit beim Namen, liebt mich als ein einmaliges Wesen. Im Elternhaus habe ich sprechen und leben gelernt. Vieles hat mich geprägt: die Bilder im Haus, die Geschichten, die Kameraden und Lehrer. Manche gute, manche schlechte Eigenart habe ich mitbekommen. Aber dann kam die Zeit, da es auch eigene Entscheidungen zu fällen galt. Wie viel ich mir auch aus Elternhaus und Umwelt angeeignet hatte, ich spürte die Sehnsucht und die Anforderung, erwachsen zu werden, selber mein Leben zu gestalten.

Altabt Odilo Lechner

STATIONEN DES AUFWACHSENS

Zur Welt kommen

Materielle Not, Unsicherheit und Verzagtheit, Zweifel und Ängste – es gibt viele Gründe, keine Kinder in die Welt zu setzen. Doch man kann wohl kaum von »guten« Gründen sprechen, zeigen sie doch, dass vieles im Argen liegt. Was nottut: Mehr Glaube an uns selbst und die Zukunft, mehr Vertrauen auf Gott, mehr Gerechtigkeit unter den Menschen, mehr Offenheit für anderes und andere, mehr Hilfsbereitschaft, mehr Füreinander und Miteinander statt Nebeneinander.

Riesengroß ist das Glück, wenn ein Kind zur Welt kommt. Es steckt so viel Leben und Hoffnung darin. Ein weiser Mann hat einmal gesagt: »Jedes Kind ist die Zusage Gottes, dass er die Menschen nicht vergessen hat.« Kinder sind wortwörtlich die Zukunft der Menschheit, unsere Zukunft, unser eigentlicher Reichtum. Zugleich müssen wir gegenwärtig beobachten, dass in der gesamten westlichen Welt die Geburtenraten aus unterschiedlichen Gründen erheblich sinken. Auf der südlichen Erdhalbkugel, insbesondere in Afrika, bedroht Aids die Zukunft von Jung und Alt. Und hier in Deutschland leben gegenwärtig etwa 2,5 Millionen Kinder auf Sozialhilfeniveau.

Aus menschlicher wie christlicher Sicht kann die Aufforderung des Augenblicks nur lauten: Setzen wir uns ein für die Kinder dieser Welt, damit sie eine gute Zukunft haben! Schließlich ist und bleibt jedes Neugeborene ein kleines Wunder, welches das Gesetz des Lebens weiter trägt. Von Anfang an besitzt es als ureigener Mensch die Fähigkeit, zu lieben, zu lernen und mit anderen zu leben und ist zugleich angewiesen auf unsere Zuneigung und Begleitung.

Renaissance der Religionen?

Gegenwärtig sprechen viele von der »Wiederkehr der Religion«. Soziologen, Psychologen und Theologen bringen mit diesem Begriff ihre Überraschung zum Ausdruck, dass sich Religion entgegen den Erwartungen der 70-er und 80-er Jahre nicht verflüchtigt, dass der Glaube nicht verdunstet und die sogenannte »Säkularisierung« ihn nicht bis unter den Nullpunkt senkt. Nein, wie eine Urkraft meldet sich das Bedürfnis nach Halt, Geborgenheit und einer Rück-Bindung (= re-ligio) zurück. Menschen suchen Orientierung und fragen deshalb nach dem Woher, Wohin und Wozu des Lebens. Schon eine ganze Zeit geschieht dies auch außerhalb und ohne die großen Religionen und Kirchen. Manche Menschen fügen heute nach ganz eigenen Mustern ihren »Lebensglauben« zusammen. Gerade die Lebensfeste Geburt, Schuleintritt, Auszug aus dem Elternhaus, Gründung einer eigenen Existenz, Erreichen des Ruhestandes oder die kirchlichen Feste wie Taufe, Erstkommunion, Firmung, Eheschließung usw. bieten Anlass, den eigenen Standort neu zu bestimmen und dem Glauben eine überzeugende Form zu geben. Unsere Option ist es, an die Botschaft Jesu anzuknüpfen, Zeichen zu suchen und zu bedenken, mit denen er uns nahe sein will auf unserem Lebensweg. Die Feier solcher Stationen des Lebens kann Vergewisserung und Ermutigung schenken, zum Innehalten anregen wie zum Aufbruch. Sie stärkt, wenn sie gelingt, die Beziehung mit den Menschen, auf die es uns ankommt, und sie lässt uns die Schönheit und Tiefe des Lebens erfahren.

Lasst die Kinder zu mir kommen, hindert sie nicht daran! Denn Menschen wie ihnen gehört das Himmelreich.
Matthäus 19,14

> *Das Leben ist eine Chance, nutze sie.*
> *Das Leben ist schön, bewundere es.*
> *Das Leben ist ein Traum, verwirkliche ihn.*
> *Das Leben ist eine Herausforderung, nimm sie an.*
> *Das Leben ist kostbar, geh sorgsam damit um.*
> *Das Leben ist ein Reichtum, bewahre ihn.*
> *Das Leben ist ein Rätsel, löse es.*
> *Das Leben ist ein Lied, singe es.*
> *Das Leben ist ein Abenteuer, wage es.*
> *Das Leben ist Liebe, genieße sie.*
>
> Aus Indien

Die Zeit der Schwangerschaft

Die Frau ist es, die diesem Phänomen Schwangerschaft gegenübersteht – oft mit einem rauschartigen Glücksgefühl, manchmal aber auch mit einem schalen, traurigen Beigeschmack. Sie, die Frau erfährt und spürt, dass sich in ihrem Körper etwas vollzieht, das sie nicht kennt. Schwangerschaft ist keine Krankheit, auch wenn manche Frauen Probleme haben. Schwangerschaft ist sozusagen ein ganz normaler, natürlicher Ausnahmezustand. Dabei geht es nicht nur um die biologische Veränderung, sondern in gleicher Weise um die seelischen Veränderungen.

Um den tatsächlichen Geburtstermin berechnen zu können, muss der Zeitpunkt der letzten Monatsblutung bekannt sein. Von da aus werden genau 280 Tage dazugezählt. Während der folgenden Monate ist die Schwangere innerlich stark mit sich selbst beschäftigt. Oft erlebt der Partner dies staunend mit und ist darauf angewiesen, an den Gedanken und Gefühlen teilhaben zu dürfen.

Geboren wird nicht nur das Kind durch die Mutter, sondern auch die Mutter durch das Kind.
Gertrud von Le Fort

Gegen Ende der Schwangeschaft drängt alles zur Geburt. Das Kind will nun seine weiteren Entwicklungsschritte im Kreis der Familie vollziehen und auch die Eltern sollten sich nun darauf vorbereitet, ihr Leben zusammen mit dem Kind zu gestalten.

Zunehmend entwickelt der Bauch der Frau ein eigenes, individuelles Innenleben. Die Trennung von Mutter und Kind bahnt sich bereits an. Manchmal äußert sich dies in aufkommender Unsicherheit, die der gegenseitigen Ermutigung bedarf. Gedanken kreisen durch den Kopf: »Ist das Kind gesund?«, »Was wird nach der Geburt des Kindes sein?«, »Wie wird unser Leben in der Familie, mein Leben, weitergehen?« Schön, wenn jemand da ist, der solche Fragen mit bedenkt. Manchmal erscheinen die vierzig Schwangerschaftswochen, die vierzig Wochen des Wartens, als ungeheuer lange Zeit. Angesichts der Entwicklungsprozesse aber, die das Kind durchlebt, ist dies eine erstaunlich kurze Zeitspanne. Mit allen Anlagen wird das Baby zur Welt kommen und sich in der Familie entwickeln. Für alle Beteiligten wird es Zeit, sich auf einen Wandel, auf Neues vorzubereiten: Aus der Partnerschaft wird eine Familie entstehen.

Kinder sind kleine Wunder

Ja, Kinder sind kleine Wunder. Sie sind:

- Von Anfang an aktiv
- Bestrebt, selbständig ihren Aktionsradius und ihr »Wissen« über ihre Welt zu erweitern
- Mit wachen Sinnen auf der Suche nach sozialem Kontakt
- Ausgestattet mit sicherem Gespür für die Nahrungsquelle
- Fähig, schon nach wenigen Tagen die Stimme der Mutter zu erkennen oder den Milchgeruch der Mutter vom Geruch einer anderen Muttermilch zu unterscheiden

Kinder sind kleine Wunder:

- Von Anfang an setzen sie sich zur Wehr, fordern ein was sie brauchen.
- Selbstbewusst testen sie die Grenzen aus.
- Sie erkämpfen sich Zuneigung und schöpfen Vertrauen.

Wer »Ja« zu Kindern sagt, kann von ihnen neu lernen, wie »leben« geht:

- Nämlich geduldig Neues ausprobieren
- Sich nicht unterkriegen lassen, wenn es nicht auf Anhieb klappt
- Immer wieder von vorne zu beginnen

Deshalb sind Kinder eine Herausforderung für unser Leben als Erwachsene, jeden Tag neu, und eine Bereicherung im manchmal so fantasielosen Alltagsleben. Und wer möchte sich nicht gerne bereichern lassen?

Auf Namenssuche

Während der Schwangerschaft suchen viele werdende Eltern bereits nach einem Namen. Die Wahl des Namens ist ureigenstes Elternrecht, eines ihrer vornehmsten. Trotzdem gestaltet sie sich manchmal schwierig; denn es gibt unterschiedlichste Fragen:

- Passen Vor- und Familienamen zusammen? Klingt es gut, wenn unser Kind ein Leben lang so gerufen wird?
- Soll es ein Name sein, an dem ausnehmend gute Erinnerungen und Erfahrungen hängen?
- Kann die Verehrung einer besonderen Persönlichkeit aus dem religiösen, sozialen, kulturellen oder politischen Leben eine besondere Rolle spielen?
- Gibt es Traditionen, denen man sich verpflichtet weiß? Sollte zum Beispiel wenigstens der zweite Vorname mit dem der Mutter oder Großmutter bzw. des Vaters oder des Großvaters übereinstimmen oder mit dem der Patin bzw. des Paten?
- Ist es sinnvoll, den Namen des Heiligen zu wählen, der für den Tag der Geburt im Kalender steht?
- Soll die Namenswahl von der Wortbedeutung, die ein Name in seiner ursprünglichen Sprache hat (z. B. David = Liebling), abhängig sein?

Zuletzt bleibt die Wahl des Namens immer eine Herzensangelegenheit, hinter der alle Vernunftgründe zurückstehen müssen.

Namen, die im Trend liegen

Die Standesbeamten erklären, dass sich die Liste der beliebtesten Namen in Deutschland nur sehr langsam ändert. Bei den Mädchennamen stehen zur Zeit auf den vordersten Plätzen: Maria, Sophia, Sofie, Anna, Anne, Leonie, Julia, Lea und Laura. Bei den Jungen sind es die Namen: Alexander, Maximilian, Max, Leon, Lukas, Paul, Luca, Jonas, Felix, Tim, David. Stark im Aufwärtstrend liegt aufgrund des gegenwärtigen Papstes der Name Benedikt.

Gottes Zuspruch

Fürchte dich nicht, denn ich habe dich ausgelöst,
ich habe dich beim Namen gerufen,
du gehörst mir.
Wenn du durch Wasser schreitest, bin ich bei dir,
wenn durch Ströme, dann reißen sie dich nicht fort,
wenn du durchs Feuer gehst, wirst du nicht versengt,
keine Flamme wird dich verbrennen.
Fürchte dich nicht, denn ich bin bei dir.
Denn jeden, der nach meinem Namen benannt ist,
habe ich zu meiner Ehre erschaffen, geformt und gemacht.

Jesaja 43,1b-2; 5a; 7

Der Start ins Leben

Wer sagt, es gibt sieben Wunder auf dieser Welt, hat noch nie die Geburt eines Kindes erlebt. Wer sagt, Reichtum ist alles, hat nie ein Kind lächeln gesehen. Wer sagt, diese Welt sei nicht mehr zu retten, hat vergessen, dass Kinder Hoffnung bedeuten. Wir sind stolz und überglücklich, uns für dich entschieden zu haben.

Quelle unbekannt

In der 36. Schwangerschaftswoche ist das Baby ungefähr 50 Zentimeter groß und 2500 Gramm schwer. Bis es zur Welt kommt, ändert sich daran nicht mehr viel. Ein bisschen schwerer wird es noch, legt Fettpölsterchen zu, reift und bereitet sich – wie die Mutter – auf die Geburt vor. Es macht Gymnastik, strampelt mit Armen und Beinen und dreht sich ab und zu mal zur Seite.

Die inneren Organe sind voll ausgebildet, alle Sinne funktionieren. In den letzten Wochen der Schwangerschaft verliert es seinen zarten Haarflaum am Körper. Nun sind alle Vorbereitungen getroffen, ans kalte Licht der Welt zu kommen. »Da draußen« ist es nämlich etwa 15 Grad kälter als im Mutterleib. Ein Wechsel von 37 Grad Körpertemperatur auf 22 Grad Raumtemperatur steht an! Außerdem hat sich das Ungeborene jetzt in den meisten Fällen gedreht, um in der richtigen Startposition zu sein: Mit dem Kopf nach unten und den Beinen nach oben kann es selbst tatkräftig bei der Geburt mithelfen.

Ein wunderbarer Beginn

Viele Männer stehen ihren Frauen während der gesamten Geburt zur Seite. Die normale Geburt beginnt mit der »Eröffnungsphase«. In diesem Zeitraum rutscht das Baby mit dem Kopf in den Geburtskanal. Als Antriebsmittel fungieren die Wehen, die zunächst in unregelmäßigen Abständen, mit zunehmender Dauer und Intensität aber sekundengenau erfolgen. Die zweite Phase, die »Austreibungsphase«, ist kürzer, überschaubarer und wird oft als leichter empfunden: Das Kind verlässt mit Hilfe der Presswehen kopfüber den Mutterleib. Nun ist das Kind geboren!

Anstrengung, Schmerz und Angst spielen in diesem Augenblick kaum mehr eine Rolle. Am Anfang liegt das Neugeborene auf dem Bauch der Mutter. Sobald sich das Baby die letzten, lebensnotwendigen Blutanteile aus der Plazenta geholt hat, wird die Nabelschnur durchtrennt. Daumenlutschend oder an der Brust saugend, erleben Babys oft ihre ersten Stunden mit Mutter und Vater. Eine gemeinsame Zeit hat begonnen, begleitet von allen guten Wünschen der Eltern, Großeltern und Freunde. In Wiegenliedern finden diese Gefühle einen besonders innigen Ausdruck.

Kindlein mein

1. Kind - lein mein, schlaf nur ein, weil die Stern-lein
   und der Mond kommt auch schon wie - der an - ge -
   kom - men, schwom - men. Ei - a Wie - ge, Wie - ge
   mein, schlaf nur, Kind - lein, schlaf nur ein.

1. Kindlein mein, schlaf nur ein, weil die Sternlein kommen,
und der Mond kommt auch schon wieder angeschwommen.
Eia, Wiege, Wiege mein, schlaf nur, Kindlein, schlaf nur ein.

2. Kindlein mein, schlaf doch ein, will ein Lied dir singen.
Äpfel, Nüss', Birnlein süß will ich dir dann bringen.

3. Kindlein mein, schlaf doch ein, Vöglein fliegt vom Baume,
fliegt geschwind zu mein'm Kind, singt ihm vor im Traume.

Text: Joseph Peslmüller, Melodie: volkstümlich

Entdecke dein Kind!

*Heute sein erstes
Lächeln. Morgen sein
erstes Wort.
Heute sein tapsiges
Greifen. Morgen seinen
ersten Schritt.
Entdecke dein Kind!
Wie es wächst und
wie es lernt.
Wie es zeigt und
wie es fragt.
Wie es weint und
wie es lacht.
Du hast es ihm nicht
beigebracht.
Es liegt in seiner Natur.
Das alles ist ihm
mitgegeben.
Du brauchst es nur zu
locken und zu fördern.
Andere erforschen
Meere und entdecken
ferne Länder.
Was ist das im Vergleich
zu deinem Kind.
Schau, jetzt lächelt es
und ruft deinen Namen.
Freu dich;
denn du entdeckst
dein Kind!«*

Quelle unbekannt

Ein Kind verändert alles

Eingeschliffene Gewohnheiten weichen den uns weniger gewohnten
Bedürfnissen des Säuglings. Oft genug wird die Nacht zum Tag. Ein
Kind verändert aber auch Beziehungen, Rollen, Positionen und Ein-
stellungen. Es teilt die Zeit für die Partnerschaft durch drei und
verlangt uneingeschränkte Aufmerksamkeit. Freude und Besorgnis
richten sich in erster Linie auf das Baby. Das kleine unbekannte
Wesen drängt sich in den Mittelpunkt des Denkens, Fühlens und
Handelns und fordert: Entdecke mich!

Von der Zweier- zur Dreierbeziehung

Gemeinsame Freude, Sorge und Stolz prägen die erste Zeit miteinander. Oft jedoch sind die jungen Eltern so strapaziert, dass sie keine Zeit und Kraft mehr für ihr Leben zu zweit haben. Die enge, natürliche Bindung des Säuglings zur Mutter macht manchen Vater eifersüchtig. In dieser Situation hat es sich bewährt, die eigenen Wünsche offen auszutauschen.

Vielleicht finden sich »Zeitfenster«, in denen das liebe »Kleine« von einer guten Freundin, Oma oder Nachbarin behütet und der ein oder andere Wunsch verwirklicht werden kann:

- Ein Spaziergang zu zweit
- Zeit für einen Kinobesuch
- Ein Abend im Theater oder im Konzert
- Pro Woche einen Abend zu zweit
- Zusammen schön essen gehen
- Ausgiebig miteinander reden
- Gemeinsame Freunde besuchen …

Gebt euren Kindern schöne Namen, darin ein Beispiel nachzuahmen, ein Muster vorzuhalten sei. Sie werden leichter es vollbringen, sich guten Namen zu erringen, denn Gutes wohnt dem Schönen bei.

Friedrich Rückert

Die Taufe

So wie die Beschneidung im Judentum, so ist die Taufe der äußere Ausdruck, die Besiegelung der Zughörigkeit zum Christentum: Sie verbindet alle evangelischen, katholischen, orthodoxen und auch die freikirchlichen Christen untereinander und mit ihrem Ursprung Jesus Christus.

Taufe im Zeichen neuen Lebens

Jesus selbst ließ sich zu Beginn seines öffentlichen Wirkens von Johannes am Jordan taufen, als Zeichen der Umkehr zu einem neuen Leben, das die Existenz Gottes ins Zentrum der eigenen Lebensgestaltung rückt *(vgl. Lukas 3,10-18)*. Schon in dieser biblischen Erzählung steht – wie in der Feier der christlichen Taufe – die reinigende, erneuernde und belebende Kraft des Wassers als Verständnishilfe für das Wirken Gottes im Mittelpunkt: Gott kommt auf die Menschen zu, damit sie Leben erfahren, Leben als Erfüllung aller menschlichen Sehnsucht. In diese Richtung zeigt auch die Begegnung Jesu mit der Frau aus Samaria am alten Jakobsbrunnen *(vgl. Johannes 4,1-26)*. Jesus spricht vom Wasser des Lebens, das im Menschen selbst »zur sprudelnden Quelle wird«, die »ewiges Leben schenkt«. Vor seiner

Die Kirchen selbst betrachten es nicht mehr als Selbstverständlichkeit, dass alle Neugeborenen getauft werden. Aus ihrer eigenen Sicht ist die Taufe ein Sakrament und deshalb zu wertvoll, um unbedacht oder nur als bloße Verzierung eines gesellschaftlichen Ereignisses gespendet zu werden.

Himmelfahrt beauftragt Jesus schließlich seine Jünger: »Drum geht zu allen Völkern … und tauft sie auf den Namen des Vaters und des Sohnes und des Heiligen Geistes, und lehrt sie, alles zu befolgen, was ich euch geboten habe. Seid gewiss: Ich bin bei euch alle Tage bis zum Ende der Welt *(Matthäus 28-20)*«.

So wird die Taufe zum Zeichen der Nähe Gottes, zum Sakrament des »mitwandernden Ursprungs«, der die Christen aller Völker und Zeiten mit Jesus Christus verbindet bis auf den heutigen Tag.

Taufe – ja oder nein?

Für gläubige Eltern stellt sich diese Frage nicht – im Unterschied zu vielen anderen Menschen. Diese sollten die Gründe dafür oder dagegen sorgsam abwägen. Was sind die Motive?

- »Wir möchten nur einem Streit mit den Großeltern aus dem Weg gehen.«
- »Wir haben kaum noch eine Bindung zur Kirche. Aber die Taufe kann ja nicht schaden.«
- »Wir lassen unser Kind nicht taufen. Es soll später einmal selbst entscheiden, welcher Religion es beitreten will – wenn überhaupt.«
- »Wir spüren, dass unsere Arme und Hände schon jetzt ›zu kurz‹ sind. Da tut es gut, das Kind unter Gottes Schutz stellen zu können.«
- »Wir sind überzeugt, unserem Kind mit der Taufe etwas Gutes zu tun, einen wichtigen Grundstein für seine hoffnungsvolle Zukunft zu legen.«
- »Keiner ist eine Insel! Jeder braucht andere Menschen und feste Bezugspunkte in seinem Leben. Deshalb ist uns selbst eine Gemeinde, eine Glaubensgemeinschaft wichtig. Der Glaube stiftet Gemeinschaft mit Christen und seiner Kirchen von Anfang an!«
- »Für uns ist Jesus Christus der exemplarische Mensch schlechthin – ein Vorbild an Humanität und Glauben. Deshalb soll auch unser Kind glauben und vertrauen lernen wie wir.«

Im Erwachsenen-Katechismus steht zu lesen: »Die Säuglingstaufe artikuliert besonders deutlich das Angewiesensein und Einbezogensein in die tragende Gemeinschaft, ohne die das Kind auch menschlich nicht lebensfähig ist.« *(Katholischer Erwachsenen-Katechismus)*

Gegenwärtig steigt die Zahl der Menschen, die vor dem Eintritt in Kindergarten oder Schule, vor der Erstkommunion, als Jugendliche oder vor der Hochzeit als Erwachsene getauft werden.

Das Taufgespräch

Ein Kind taufen zu lassen, ist verbunden mit der Hoffnung, dass es ein Leben im Glauben führen möge. Mit der Taufe ist ein wichtiger erster Schritt getan und weitere werden folgen. Im Leben wie im Glauben sind Eltern und Taufpaten dafür da, dem Täufling mit Rat und Tat beizustehen und Vorbild zu sein.

Ein Taufgespräch, das Kirchen den Eltern anbieten, soll Fragen und Unsicherheiten klären. Alle Beteiligten – meist der Pfarrer (oder der Diakon oder ein vom Pfarrer beauftragter Laie) und die Eltern (evtl. auch die Paten) – können ihre Fragen, Vorstellungen und Wünsche einbringen. Natürlich wird sich der Pfarrer dafür interessieren, warum die Eltern ihr Kind taufen lassen möchten, welche Bedenken oder Hoffnungen sich für sie damit verbinden, welche Gedanken sie bei der Namenswahl bewegt haben.

Im Taufgespräch werden auch sicher Fragen erörtert wie zum Beispiel: »Ist Ihnen klar, was Taufe im christlichen Sinn bedeutet?« Oder: »Möchten Sie Ihr Kind christlich erziehen oder genügt Ihnen eine Art *Willkommensfeier für das Kind* – ohne Verwurzelung in der christlichen Tradition?« Solche Fragen und vielerlei Unsicherheiten zu klären und die Tauffeier miteinander zu gestalten ist der eigentliche Sinn des Taufgespräches.

Die Feier der Taufe

Wenn wir wahren Frieden in der Welt erlangen wollen, müssen wir bei den Kindern anfangen.

Mahatma Gandhi

Auch wenn alle christlichen Konfessionen die Taufe kennen und gegenseitig anerkennen, wird die Tauffeier auf unterschiedliche Weise vollzogen. Während in der katholischen und evangelischen Kirche die Taufe durch Übergießen mit Taufwasser gespendet wird, bleibt in den orthodoxen Kirchen die ursprünglichere Form des

Untertauchens – wie bei der Taufe Jesu am Jordan – erhalten. Außerdem wird sie dort mit der so genannten »Myronsalbung« verbunden, die der katholischen Firmung entspricht.

Im Notfall, d.h. in Todesgefahr, kann jeder Mensch, also auch ein Nichtchrist, die (Jäh-)Taufe spenden, solange er die Absicht hat, im Sinne Jesu bzw. seiner Kirche zu handeln. Normalerweise spenden Priester oder Diakon das Sakrament.

Symbole innerhalb der Tauffeier

Die folgenden Texte sollen helfen, die tragenden Symbole und Symbolhandlungen der Taufe zu erschließen und zu verstehen.

Wasser …
ist nicht nur nass, wenn es regnet,
nicht nur gefährlich, wenn es von den Bergen stürzt
und die Ebene überschwemmt,
nicht nur wunderschön,
wenn sich die Abendsonne darin spiegelt,
nicht nur erfrischend,
wenn ich es nach langer Wanderung trinke,
es reinigt nicht nur,
ist nicht nur lebensnotwendig,
weil sonst nichts auf dieser Erde wachsen und bestehen kann:
Wasser ist ein starkes Zeichen bei der Taufe,
äußerer Ausdruck
für das verheißene und geschenkte neue Leben aus Gott.

Das Taufbecken ist ein wichtiger Ort in jeder Kirche. Meist besteht es aus Stein oder Bronze und ist mit Ornamenten und Figuren verziert. Die alten Taufbecken fassen etwa 150 bis 180 Liter.

Deshalb spricht der Priester beim Übergießen mit dem Taufwasser: »(Name des Kindes), ich taufe dich im Namen des Vaters und des Sohnes und des Heiligen Geistes. Amen.«

Öl …
ist nicht nur Energieträger
für Flugzeuge, Autos, Schiffsmotoren,
es lindert in anderer Form Schmerzen
und heilt unsere Wunden,
es macht die Muskeln des Ringkämpfers geschmeidig
und diente früher als Zeichen der Erwählung
bei der Einsetzung von Kaisern, Königen, Propheten
und Priestern.
Öl ist auch ein Zeichen bei der Taufe,
Ausdruck der verheißenen und geschenkten Kräfte
im Kampf um Menschlichkeit, Gerechtigkeit und Frieden.
Es ist zugleich Zeichen der Zugehörigkeit zu dem,
von dem die Christen ihren Namen haben:
Christus, der Gesalbte, im Zeichen des Kreuzes.

Die Taufe, wie sie in der katholischen Kirche stattfindet, stellt ein Sakrament dar, bei dem der Täufling in die Gemeinschaft der Gläubigen aufgenommen wird. Sie bewirkt die Reinigung von der Sünde und das ewige Leben. Mit der Taufe verbunden ist die Namensgebung.

Deshalb spricht der Priester bei der Salbung des Kindes:
»Du wirst nun mit dem heiligen Chrisam gesalbt; denn du bist
Mitglied des Volkes Gottes und gehörst für immer Christus an,
der gesalbt ist zum Priester, König und Propheten in Ewigkeit.«

*»Darum geht zu allen
Völkern und macht alle
Menschen zu meinen
Jüngern; tauft sie auf
den Namen des Vaters
und des Sohnes und des
Heiligen Geistes, und
lehrt sie, alles zu
befolgen, was ich euch
geboten habe. Seid
gewiss: Ich bin bei euch
alle Tage bis zum Ende
der Welt.«*

Matthäus 28,19f.

*Ein neues Kleid …
ein Geschenk, das Freude bereitet,
ein neues Amtskleid,
das eine neue Rolle, eine neue Aufgabe anzeigt,
vielleicht auch ein wertvolles altes Familienstück,
das bei jeder Taufe seit Generationen mitwanderte.
Paulus forderte die ersten Christen auf:
»Zieht den neuen Menschen an, der nach dem Bild
Gottes geschaffen ist
in wahrer Gerechtigkeit und Heiligkeit!«*

Epheser 4,24

Deshalb spricht der Priester bei der Taufe:
»(Name des Kindes), dieses weiße Kleid soll ein Zeichen
dafür sein, dass du in der Taufe neu geschaffen worden bist
und – wie die Schrift sagt – Christus angezogen hast.
Bewahre diese Würde für das ewige Leben.«

*Eine Kerze …
vertreibt die Dunkelheit,
lässt den Weg erkennen und weckt Hoffnung,
sie verbreitet eine angenehme, erwartungsfrohe Stimmung,
verströmt ein weiches, warmes Licht,
nimmt die Angst,
kann verziert werden mit dem Namen des Kindes.
Paulus schreibt: »Einst wart ihr Finsternis,
jetzt aber seid ihr durch Christus Licht geworden.
So lebt als die Kinder des Lichts.«*

Epheser 5,8f.

Deshalb sagt der Priester bei der Taufe:
»Liebe Eltern und Paten, Ihnen wird dieses Licht anvertraut.
Christus, das Licht der Welt, hat Ihr Kind erleuchtet.
Es soll als Kind des Lichtes leben.«

Der Ablauf der Tauffeier

Im Aufbau überwiegen mehr und mehr Gemeinsamkeiten zwischen evangelischer und katholischer Tauffeier. Zwar ist die »Zeichensprache« der Taufe unterschiedlich ausgeprägt, doch werden zunehmend wechselseitig Elemente übernommen wie z. B. Taufkerze, Taufkleid, Taufspruch.

Elemente der Tauffeier

Begrüßung am Portal
Lied
Frage nach dem Namen
Bitte um die Taufe
Fragen an Eltern/Paten

Einzug in den Altarraum
Wortgottesdienst mit Bibeltext
Antwortgesang
Taufpredigt
Fürbitten mit Anrufung der Heiligen,
insbesondere der Namenspatrone
Vertreibung des Bösen
(Salbung mit Taufbewerberöl)

Prozession zum Taufbrunnen
Weihe des Taufwassers
Absage an böse Mächte
Glaubensbekenntnis
Taufe durch Übergießen mit Wasser

Chrisamsalbung
Übergabe des Taufkleides
und der Taufkerze (Öffnung der Sinne)
Lied, Vaterunser
Segen
Schlusslied

Eigene Beiträge

Viele Pfarrer sind inzwischen sehr offen und froh, wenn die Eltern, Paten oder andere Verwandte die Initiative ergreifen und Vorschläge zur Ausgestaltung der Tauffeier machen. Das kann ein kleines Instrumentalstück auf einer Flöte oder Gitarre, ein lieb gewonnenes Lied aus der Familientradition oder einem Gemeinde-, Jugend- oder Familiengottesdienst oder irgendeine andere Idee sein, die hilft, das geheimnisvolle Geschehen der Taufe durchsichtiger und verständlicher zu machen.

Die Patenschaft – eine wesentliche Entscheidung

Für manche Eltern wird die Taufe ihres Kindes Anlass, wieder über den Kircheneintritt nachzudenken. Andernfalls gewinnt das Patenamt, das vom Christentum aus dem Judentum übernommen wurde, neu an Bedeutung. Ursprünglich sind die Paten Vertrauensleute für das Kind in Krisenzeiten, sowohl Zeugen als auch Bürgen der Taufe und der christlichen Erziehung. Gleichzeitig sprechen sie zusammen mit den Eltern bei der Kleinkindtaufe anstelle des Täuflings, der sich noch nicht äußern kann, die Antworten.

Die Freude und das Lächeln der Kinder sind der Sommer des Lebens.
Jean Paul

Paten müssen das 16. Lebensjahr überschritten haben und selbst getauft, gefirmt und Mitglied der jeweiligen Kirche sein. Zusammen mit einem evangelischen Christen kann auch ein/e Katholik/in Patin/Pate bei einem evangelischen Taufkind sein.

Die richtigen Paten finden

Wichtig: Die Taufe wird in das Stammbuch eingetragen. Auch die Geburtsurkunde ist normalorweise vorzulegen. Beides bitte mitbringen!

Die Auswahl der Paten spielte früher wie heute eine wichtige Rolle. Man vergrößerte ja damit die Verwandtschaft, denn Paten gehörten zur Familie. Waren die Paten aus dem Kreis der Blutsverwandten, sicherte man Ansehen und Bestand des bäuerlichen Guts. Es kam aber durchaus vor, dass ärmere Leute reiche Bauern als Paten nahmen, um dem Kind entsprechende Geschenke und höheres soziales Ansehen zu verschaffen.

Traditionelle Patenleistungen

Mit der Patenschaft wurden gleichzeitig Patenbräuche übernommen. Die Patenkinder bekamen bis zur Ausschulung und oft bis zur Hochzeit feste Geschenke. In manchen Gegenden war es Tradititon, dass der Pate bzw. die Patin zu Ostern ein besonderes Geschenk für sein bzw. ihr Patenkind vorbeibrachte. Mancherorts ist das heute noch so. Die Patin kaufte das Taufkleid oder nähte es selbst, sie überreichte den »Patenbrief«, band den »Patentaler« als Angebinde ins Taufkissen, schenkte zu Weihnachten ein Kleidungsstück, zu Neujahr die »Neujahrsbrezel« und zu Ostern eine bestimmte Anzahl Eier. Die Patin war aber auch zuständig für den Schulranzen, schenkte zur Kommunion oder Firmung eine Uhr oder Kette und schließlich zur Hochzeit ein größeres Geldgeschenk. Als Gegenleistung wurde sie zu allen Familienfesten eingeladen. Das Patenkind hatte bzw. hat stets Hochachtung und Ehrfurcht zu erweisen und zu allen kirchlichen und persönlichen Festen zu gratulieren.

Brauchtum rund um die Taufe

Geschichtlich und volkskundlich betrachtet hat sich die Kindertaufe
erst im fünften Jahrhundert n. Chr. allgemein durchgesetzt. Möglichst
unmittelbar nach der Geburt die Kinder zu taufen, wurde erst seit
dem elften Jahrhundert Brauch.

Beim Taufgang hatten die Eltern in früheren Zeiten ihr bestes
Gewand anzulegen. In das Taufkleid steckte man ein *Blumensträuß-
chen*, dessen Duft Unholde abwehren sollte.

Der Pate legte meist in das Taufkissen den *Tauftaler*, Frauentaler oder
Rittertaler, der in einer etwas ungeklärten Beziehung zur St.-Georgs-
Legende und dem Kampf mit dem Drachen steht. Auch er sollte
Schutz bewirken.

Die *Taufkerzen* mussten sich die Eltern schenken lassen. Damit war
der Glaube verbunden, dass dann der Täufling »Bitte« und »Danke«
sagen lernt.

Nach der Taufe hatte die Magd das neugetaufte Kind mit *Salz und Brot*
an der Haustür zu empfangen, die natürlich nicht zum sofortigen
Verzehr bestimmt waren. Auch wurde in der Stube dann nochmals
das Vaterunser und das Glaubensbekenntnis gesprochen und das
Kind mit Weihwasser besprengt. Niemand hatte nun mehr am Kopf-
ende der Wiege zu stehen, denn diesen symbolträchtigen Platz nahm
nun der Schutzengel ein.

*Lange Zeit fungierte
der Pfarrer gleichzeitig
als Standesbeamter.
An ihm führte kein Weg
vorbei. Er trug die Neu-
geborenen und die
Verstorbenen in das
Matrikelbuch ein, be-
urkundete die Geburt
wie auch den Tod.*

Mein Engel

Mein Engel, du bist wunderschön.
Auf meinem Bild kann's jeder sehn.
Dich streift ein lichtes Sternenband:
Gott selbst hat dich zu mir gesandt.

Du spielst, so stell' ich mir das vor,
die Flöte hell im Engelschor.
Dein Lied kommt mir dann in den Sinn,
und macht, dass ich so fröhlich bin.

Drum malte ich zu deinem Lohne
ins Engelshaar die spitze Krone.
Und auch das goldene Gewand,
weil ich das für dich passend fand.

Ist auch dein Herz ein goldner Stern,
so bist du trotzdem mir nie fern.
Ganz eingehüllt in Gottes Macht
beschützt du mich bei Tag und Nacht.

Norbert Weidinger

Taufsprüche

Der Taufspruch soll das Kind wie ein Versprechen für eine sinnvolle Zukunft ein Leben lang begleiten. Denn Eltern spüren sehr wohl, dass sie selbst ihr Kind nicht von allen Gefahren fernhalten und davor bewahren können. Aus diesen Überlegungen übernehmen inzwischen viele Ehepaare diesen Brauch.

*»Freut euch darüber, dass euere Namen
im Himmel verzeichnet sind.«*
Lukas 10,20

*»Seid fröhlich in der Hoffnung,
geduldig in der Bedrängnis,
beharrlich im Gebet.«*
Römer 12,12

*»Christus spricht: Ich bin das Licht der Welt.
Wer mir nachfolgt, wird nicht in der Finsternis umhergehen,
sondern wird das Licht des Lebens haben.«*
Johannes 8,12

*»Gott ist die Liebe,
und wer in der Liebe bleibt,
bleibt in Gott und Gott in ihm.«*
1 Johannes 4,16

*»Lobe den Herrn, meine Seele,
und vergiss nicht, was er dir Gutes getan hat!«*
Psalm 103,2

*»Ich werde dich zu einem großen Volk
machen, dich segnen und deinen Namen
groß machen. Ein Segen sollst du sein.«*
Genesis 12,2

*»Der Herr segne dich und behüte dich,
der Herr lasse sein Angesicht über dich leuchten,
und sei dir gnädig,
der Herr wende sein Angesicht dir zu
und schenke dir Heil.«*
Numeri 6,24–26

*»Der Herr ist mein Hirte, nichts wird mir fehlen.
Er lässt mich lagern auf grünen Auen.
Muss ich auch gehen in finsterer Schlucht:
Du bist bei mir,
Dein Stock und Dein Stab geben mir Zuversicht.«*
Psalm 23

*»Wer so klein sein kann wie dieses Kind,
der ist im Himmelreich der Größte.
Und wer ein solches Kind um meinetwillen
aufnimmt, der nimmt mich auf.«*
Matthäus 18,4–5

»Für jetzt bleiben Glaube,
Hoffnung, Liebe, diese drei;
doch am größten unter ihnen ist die Liebe.«
1 Korinther 13,13

»Fürchte dich nicht!
Denn ich habe dich ausgelöst.
Ich habe dich beim Namen gerufen,
du gehörst mir.«
Jesaja 43,1

»Der Herr ist treu,
er wird euch Kraft geben und euch
vor dem Bösen bewahren.«
2 Thessalonicher 3,3

»Denn er befiehlt seinen Engeln dich
zu behüten auf all deinen Wegen,
sie tragen dich auf ihren Händen, damit
dein Fuß nicht an einen Stein stößt.«
Psalm 91,11 – 12

»Denn alle, die sich vom Geist Gottes
leiten lassen, sind Söhne Gottes.«
Römer 8,14

»Christus spricht: Ich bin die Tür;
wer durch mich hineingeht,
wird gerettet werden.«
Johannes 10,9

»Verherrlicht ist Gott in der Höhe
und auf Erden ist Friede bei den Menschen
seiner Gnade.«
Lukas 2,14

»Gesegnet der Mann,
der auf den Herrn sich verlässt
und dessen Hoffnung der Herr ist.
Er ist wie ein Baum, der am Wasser gepflanzt ist
und am Bach seine Wurzeln ausstreckt.
Er hat nichts zu fürchten, wenn Hitze kommt,
seine Blätter bleiben grün;
auch in einem trockenen Jahr ist er ohne Sorge,
unablässig bringt er seine Früchte.«
Jeremia 17,7 – 8

Anregungen für die Tauffeier

Gott liebt jeden von uns so, als gäbe es außer uns niemanden, dem er seine Liebe schenken könnte.
Augustinus

- Die Taufkerze lässt sich wunderbar individuell selbst verzieren. Sie sollte unbedingt den Namen des Kindes tragen, damit eine Beziehung wächst zu diesem Lebenszeichen.

- Andere Kinder können in Erinnerung an ihre eigene Taufe eingeladen werden, ihre Taufkerze mitzubringen. Während der Tauffeier werden sie bei einer kleinen Lichterprozession auch entzündet.

- Besonders schön ist es, wenn nicht nur der Priester und die Eltern dem Täufling ein Kreuz mit dem Daumen der rechten Hand auf die Stirn zeichnen, sondern alle Mitfeiernden – auch die Kinder.

Möge die Straße dir entgegeneilen, möge der Wind immer in deinem Rücken sein. Möge die Sonne warm auf dein Gesicht scheinen und der Regen sanft auf deine Felder fallen.
Irischer Segensspruch

- Die Gäste der Tauffeier können für das frisch getaufte Kind gemeinsam ein Lied singen. Besonders schön ist es, wenn jemand dazu ein Instrument spielt, etwa Geige oder Gitarre. Oder aber Kinder üben auf der Blockflöte ein paar Lieder ein, die bei der Tauffeier gesungen und mit der Flöte begleitet werden.

- Anstelle der Fürbitten können gute Wünsche treten wie z. B:

»Ich wünsche dir, dass du täglich neu in deinem Herzen spüren darfst: Ich bin in meinem Leben gewollt und bejaht, es ist gut, dass es mich gibt.«

»Ich wünsche dir, dass Gott dich beschütze und behüte in allen Gefahren – innen und außen!«

»Ich wünsche dir Kraft und Mut, deinen eigenen Weg zu gehen, dein Zuhause in dir selbst zu finden und zu tragen.«

Wer einen Menschen liebt, setzt für immer seine Hoffnung auf ihn.
Gabriel Marcel

»Ich wünsche dir, dass du immer wieder Zeit findest zum Spielen, Feiern, Ruhen, Träumen, zu guten und frohen menschlichen Begegnungen!«

»Ich wünsche dir, dass du immer Freunde und gute Menschen findest, mit denen du gemeinsam die schönen Zeiten genießen kannst, die dich aber auch unterstützen, wenn du Hilfe brauchst und zweifelst.«

Geschenkideen zu Geburt und Taufe

Klassische Geschenke

- Tauftaler = eine wertvolle Münze wie z. B. ein Maria-Theresia-Taler

- Taufbecher aus Silber oder aus Zinn

- Taufkreuzchen, das meist Pate oder Patin schenken

- Ein kleines Weihwasserbecken für das Zimmer des Täuflings

- Goldkettchen mit dem Namen des Täuflings

- In manchen Gegenden beginnt mit dem Tauftag der Aufbau des Hausstandes: ein Geschirrkasten mit edlem Besteck.

Mit einer Kindheit voll Liebe kann man ein ganzes Leben lang aushalten.
Jean Paul

Kunterbunte Geschenkideen

- Teddy (Kuscheltier) für Kummerzeiten wie für schöne Stunden

- Spieluhr, die in das Reich der Träume verhilft

- Ein ansprechendes Kinderbuch

- Eine gut verständliche und reich bebilderte Kinderbibel

- Je nach Jahreszeit ein passendes Kleidungsstück

- Etwas Gestricktes, Gehäkeltes oder Geschneidertes

- Eine Einladung zum Essen, zu einem kleinen Ausflug o. Ä. (für die ganze Familie)

Solange die Kinder klein sind, gib ihnen Wurzeln. Sind sie älter geworden, gib ihnen Flügel.
Aus Indien

Die Kindergartenzeit – Aufbruch ins Leben

*Darum liebe ich
die Kinder,
weil sie die Welt und
sich selbst
noch im schönen
Zauberspiegel
ihrer Fantasie sehen.*

Theodor Storm

In der öffentlichen Diskussion nimmt die frühe Kindheit gegenwärtig einen breiten Raum ein. Ausschlaggebend dafür sind Erkenntnisse der Entwicklungspsychologie und der Gehirnforschung. Sie legen nahe, früher Ausschau zu halten nach den Begabungen der Kinder und sie breiter als bislang zu fördern. Wirtschaftsverbände, aber auch einschlägige Institute für Frühpädagogik mahnen, die Chancen der frühen Bildungsfähigkeit nicht zu versäumen, sondern vielmehr zu unterstützen wie zum Beispiel das Interesse an Vorgängen in der Natur, die Freude an Musik oder die Fähigkeit zur Kommunikation und Auseinandersetzung. Manche Frühpädagogen empfehlen deshalb, Kinder schon mit zwei Jahren in Kinderkrippen bzw. Kindergärten zu bringen und gegebenenfalls schon mit vier Jahren einzuschulen. Neu ausgearbeitete Kindergartenbildungsgesetze und Bildungs- und Erziehungspläne harren der tatkräftigen Umsetzung. Vieles ist im Um- und Aufbruch.

Manche Elternverbände mahnen bei allen Reformbemühungen, das im Grundgesetz abgesicherte Erst-Erziehungsrecht der Väter und Mütter zu achten. Die Kindheit dürfe nicht verzweckt oder zu früh »verschult« werden.

*Frauenvereinigungen
setzen sich dafür ein,
Rahmenbedingungen zu
schaffen, die Berufstä-
tigkeit und Elternschaft
besser miteinander
vereinbaren lassen.*

*Kind sein, das heißt:
leben in einer Fantasie- und Märchenwelt,
glücklich sein, Leben pur;
das ist spontanes, fröhliches, unbeschwertes,
erfrischendes Lachen oder
himmelhoch jauchzend, zu Tode betrübt sein
und doch grenzenlos vertrauen;
das meint Neugierde, Forscherdrang, Ver- und
Entwicklung,
(Selbst)Versunkenheit oder rastloses »Unternehmertum«.
In jedem Fall bleiben Kinder für uns
Augenstern, Lichtblick, ewige Sehnsucht,
nicht sterbende Hoffnung und
unser Spiegelbild.*

Gertrud Weidinger

Das Kind entdeckt sich und die Umwelt

Spätestens im dritten Lebensjahr befindet sich das Kind im »vorschulischen« Alter, im Durchgangsstadium zwischen Kleinkindzeit und Schulzeit. Es erweitert seinen Lebensraum, interessiert sich für Sachen, Menschen, Tiere. Auf diese Weise entdeckt es zugleich schrittweise seine Individualität, wird Stück für Stück selbständiger und selbstbewusster.

Die wesentliche Aufgabe von Eltern, Großeltern und anderen Erziehern ist es, das Kind zu ermutigen, ihm gute Voraussetzungen für das Entdecken zu schaffen, den Unternehmungsgeist zu fördern und die Schritte zur Selbstständigkeit aufmunternd anzuerkennen. Das muss für das Kind immer gekoppelt sein mit der Möglichkeit, sich bei Bedarf in das schützende Nest seines primären Beziehungsnetzes zurückziehen zu können.

Kinder sind ein Buch, in dem wir lesen und in das wir schreiben können. Sie sind kleine Persönlichkeiten, deren Entfaltung uns aufgetragen ist, und zugleich gefährdete Menschen, die wir zu schützen haben.

Gudrun Born

Kindergarten und Elternhaus

Die Dichte an Kindertagesstätten ist in Deutschland regional sehr unterschiedlich. Hinsichtlich der Trägerschaft haben die Eltern zumindest in Stadtnähe freie Wahl. Kirchengemeinden, Kommunen, Wohlfahrtsverbände, freie Träger und private Zusammenschlüsse eifern um die Elterngunst und ermöglichen eine vorentscheidende Weichenstellung, unter anderem auch in Richtung religiöser Erziehung und Bildung.

Wichtig bleibt, dass Eltern und Erzieherinnen Hand in Hand zusammenarbeiten, sich gegenseitig verständigen und ergänzen. Angesichts sehr unterschiedlicher materieller Vorraussetzungen, Zielsetzungen, Erwartungen und auch Erziehungsstile in den Elternhäusern ist bei den Elternabenden viel an Abstimmung zu leisten. Oft ist auch der multikulturelle und interreligiöse Kontext mit allen Konsequenzen zu bedenken. Der Gewinn für das spätere Zusammenleben in der Schule, in der Ausbildung, im Berufsleben kann nicht hoch genug veranschlagt werden, wenn das »Lernen in und aus Unterschieden« frühzeitig eingeübt wird.

Berücksichtigt und gefördert werden sollen vor allem auch Kinder mit Migrationshintergrund, die aus einer anderen Kultur mit einer fremden Sprache kommen. Manchmal ist es kaum zu fassen, wie schnell einige die deutsche Sprache erlernen und damit ihre Bildungschancen erhöhen, während anderen die nötige Unterstützung und damit ein guter Schulstart versagt bleibt.

Konkret möchte das Kind in diesem Lebensabschnitt:
- *Seine Umwelt mit allen Sinnen entdecken*
- *Neues entstehen lassen*
- *Im Spiel mit anderen sich selbst und seinen Körper erforschen*
- *Erfinderisch sein*

Anregungen im Kindergarten

Vielfache Angebote außerhalb des Kindergartens (Turnen, Ballett, vorschulische Musikerziehung, Reiten …) halten heute viele Kindergartenkinder und ihre Eltern ganz schön auf Trab. Vielleicht wäre hier weniger mehr. Was das Kind in erster Linie braucht, sind Bezugspersonen, die sich Zeit nehmen, mit ihm zu reden, zu spielen und auf seine Fragen und Anregungen einzugehen.

Schon immer gab es qualifizierte Erzieherinnen und Erzieher mit hohem Engagement, Einfühlungsvermögen und mit dem Blick für das richtige Angebot zur rechten Zeit. Gerade dort, wo Geschwister in der Familie fehlen, leisten Kinderkrippe oder -garten einen unersetzbaren Beitrag:

- Zur Entwicklung sozialer Fähigkeiten durch Spiele und gemeinsam gepflegte Rituale
- Zur Entdeckung der Ausdrucksfähigkeit in Sprache und Aussprache, Mimik und Gestik
- Zur Bewältigung von widrigen Lebensumständen teils aus eigener Kraft, teils durch gezielte Ermutigung, Begleitung und Unterstützung
- Zur beginnenden Erkundung der Natur und ihrer Gesetzmäßigkeiten durch Spaziergänge, genaue Beobachtung und Durchführung erster Experimente
- Zur Entdeckung musischer und geistiger Begabungen und Interessen durch Eröffnung entsprechender Erlebniswelten
- Zur gezielten Übung der Grob- und Feinmotorik beim Basteln und Malen, zu Koordinations- und Gleichgewichtsschulung bei Musik und Bewegung

Kinder sind »Regisseure ihrer Entwicklung«

Diese Erkenntnis setzt sich immer mehr durch. Kinder treibt ihr Wissensdurst an. Durch Beobachten und Experimentieren, durch selbstvergessene und lustvolle Wiederholung von identischen oder ähnlichen Vorgängen gleichen die Kinder ihre inneren Vorstellungen von der Welt mit der realen Welt ab und schaffen so ihr eigenes Weltbild, ihre Wirklichkeit. Das ist eine anspruchsvolle Tätigkeit, die sie selbst leisten.

Die Kunst ist, mit Kindern im Gespräch zu bleiben nach dem abgewandelten Motto von Maria Montessori: »Hilf mir, die Antworten selbst zu entdecken!« Vielleicht gelingt das nicht sofort, im ersten Anlauf, aber mit der Zeit bestimmt.

Kinder sind in ihrem Innersten »kleine Philosophen« und »kleine Theologen«, die den Dingen auf den Grund gehen wollen. Manchmal stellen sie Fragen, bei denen Erwachsene verzweifelt nach Antworten ringen, wie z.B.

- Was war ich, bevor ich geboren wurde?
- Hat die Zeit einen Anfang?
- Was war, bevor Gott die Welt erschaffen hat?
- Wer hat die Sterne so am Himmel verteilt, sind sie von allein so hell geworden?

Brauchen Kinder Religion?

Der Theologe Fulbert Steffensky gibt folgende Antwort auf diese Frage:

»Nein, Kinder brauchen Religion nicht als ein System, als eine abgepackte Ware. Sie brauchen Religion nicht, wie man Seife zum Waschen braucht. (…) Denn (…) Kinder lernen Religion zunächst nicht als Lehre, sie lernen sie von außen nach innen. Sie lernen sie von den Außenwelten, die sie erleben, von den Ritualen, Rhythmen und erfahrenen Orten. (…)

Wir sind zögernder mit den religiösen Lehren, als unsere Eltern es waren. Das muss ja nicht von Nachteil sein. Vielleicht reinigt unser Zögern den Glauben. (…) Vielleicht entkommen wir mit unserem Zögern der Bedenkenlosigkeit allzu fester religiöser Zeiten.

Ich habe vor einiger Zeit eine meiner ehemaligen Theologiestudentinnen getroffen. Vor ihrem Examen hat sie ihr Theologiestudium abgebrochen, ist mit einem Eklat aus der Kirche ausgetreten und hat sich nicht genug tun können, sich öffentlich als deren Feindin zu erklären. Nun traf ich sie, wir sprachen über dies und das. Sie erzählte, dass sie drei Kinder habe und gestand errötend, dass sie mit ihnen bete. Auf mein Erstaunen sagte sie: »Ich weiß nicht einmal genau, ob ich glaube. Aber das weiß ich: Meine Kinder brauchen mehr als Brot und anständige Kleidung.« Ich bewundere die Demut dieser Frau, die ihre eigene Glaubenskargheit nicht zum Maßstab dessen macht, was sie ihren Kindern zeigt und sagt. Ich bewundere die Fähigkeit, mit diesem Zwiespalt zu leben. Sie konnte Lehrerin ihrer Kinder sein, weil deren Augen und deren Bedürfnisse sie dazu ermächtigten. Wir haben kein Recht, den Kindern die Sprache der Hoffnung vorzuenthalten, selbst wenn wir sie nur noch gebrochen sprechen.«

Fulbert Steffensky

Pädagogen raten dazu, keine fertigen Antworten und Erklärungen zu geben, sondern die Kinder zu bestärken in ihrer Fragehaltung und sie zu weiteren Fragen und zum Entdecken zu ermutigen. So kann ein Kind durchaus auch an den Glauben herangeführt werden.

Was Kinder wirklich benötigen

Manchmal fällt die Fröhlichkeit über mich her und packt mich. Und ich bin unbekümmert, glücklich und fröhlich wie ein Kind.

Christa Weiß

- Kinder brauchen menschliche Zuwendung und Liebe. Je jünger sie sind, umso mehr. Die Zuwendung einer Bezugsperson ist die Voraussetzung für das Gedeihen des Kindes. Sie gibt ihm Vertrauen, Geborgenheit und Wagemut.

- Kinder brauchen darüber hinaus andere soziale Einbindungen, gut gesonnene Begleiter/innen, um wachsen zu können, um sich selbst und ihre Kräfte zu erproben, um ihre eigene Identität durch die Rückmeldungen fester Kontaktpersonen neben den Eltern und Großeltern zu entdecken. Das fördert gleichzeitig ihre sozialen Fähigkeiten und ihr Selbstwertgefühl.

- Die Grundbedürfnisse des Kindergartenkindes nach Essen, Trinken, Bewegung, Wärme und Luft sind lebenslange Bedürfnisse. Der Pflege dieser Grundbedürfnisse kommt in der Familie, aber auch im Kindergarten entscheidende Bedeutung zu.

Kinder sind keine Fässer, die gefüllt, sondern Feuer, die angezündet werden wollen.

Rabelais

- Kinder brauchen Anreize zur Bildung. Das geschieht im Vorschulalter durch Spielen und spielerisches Experimentieren – mit und ohne Unterstützung. Kinder bedürfen der Auseinandersetzung mit der Welt der Dinge, der Farben, der Töne, der Zahlen, der Buchstaben, der Pflanzen, der Tiere, der Rollenspiele ... um sich selbst zu bilden, um für das Leben zu lernen.

- Kinder brauchen Zuwendung, Kommunikation und Ermunterung. Bereits ab dem ersten Lebenstag nimmt ein Kind vieles auf und sein Gehirn entwickelt sich rasant weiter. Jeder Spaziergang, jedes gemeinsame Lied, jedes Wiegen und Streicheln ist wichtig und kann dem Kind vermitteln: Hier bin ich geborgen.

Kinder und Uhren dürfen nicht beständig aufgezogen werden. Man muss sie auch gehen lassen.

Jean Paul

- Kinder brauchen Anreize, körperlich wie geistig. Die mentale und die physische Entwicklung läuft parallel. Ein Kind erobert sich Stück für Stück die Welt. Erst kann es nur greifen und erkundet alles, was es in die Hand bekommt. Dann wird sein Radius durch Krabbeln erweitert, schließlich kann es stehen und gehen. Eine Fülle von Dingen kommt nun in seine Reichweite, die es nicht versteht. Es entwickelt einen erstaunlichen Lerneifer.

- Kinder brauchen Bewegung, denn damit lernen sie ihren Körper, dessen Beherrschung, aber auch seine Grenzen besser kennen. Damit verbunden ist ein größeres Maß an Selbstsicherheit. Gerade der natürliche Bewegungsdrang von Kleinkindern sollte nicht der Lärmempfindlichkeit von Nachbarn geopfert werden. Im Gegenteil: Bewegung muss gefördert werden.

Alle Kinder dieser Erde

Ein altbekanntes Sing- und Tanzspiel

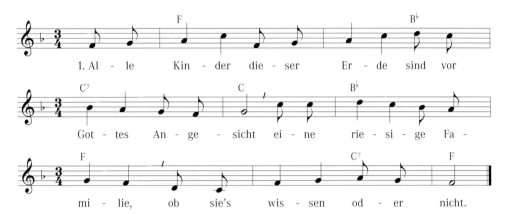

1. Al - le Kin - der die - ser Er - de sind vor Got - tes An - ge - sicht ei - ne rie - si - ge Fa - mi - lie, ob sie's wis - sen od - er nicht.

1. *Alle Kinder dieser Erde sind vor Gottes Angesicht*
   eine riesige Familie, ob sie's wissen oder nicht.

2. *Der Indianerbub im Westen und aus China Li Wang-Lo*
   und der schwarze Negerjunge und der kleine Eskimo.

3. *Alle sind genauso gerne froh und lustig auf der Welt,*
   freu'n sich über Mond und Sterne unterm großen Himmelszelt.

4. *Spielen, lernen, singen, lachen, raufen sich auch mal geschwind,*
   alle sind sie Gottes Kinder, welcher Farbe sie auch sind.

5. *Lasst uns immer daran denken, jedem Kind sein Land gefällt,*
   wir sind alle Schwestern, Brüder in der schönen, weiten Welt.

6. *Alle Kinder dieser Erde sind vor Gottes Angesicht*
   eine riesige Familie, ob sie's wissen oder nicht.

Text: Christel Süßmann,
Melodie: Klaus Theysen

Hurra, Geburtstag im Kindergarten!

In vielen Kindergärten ist es üblich, den Kindergeburtstag in der Kindergartengruppe zu feiern. Damit entfällt ein Teil der nervenaufreibenden Vorbereitungen für die Mutter. Die Feierzeit ist meist auf eine Stunde beschränkt. Die Mutter bringt das Kind – wie üblich – in den Kindergarten und bleibt dort für die Dauer der Feier. Die Erzieherin sorgt für die Gestaltung (Spiele, äußerer Rahmen), die Mutter für das leibliche Wohl.

Knusprige Waffeln mit Erdbeersahnequark

Für 6 Kinder

Zutaten
150 g Vollkornmehl, ganz fein gemahlen, 3 Eier, 100 g Butter, flüssig, aber nicht warm, 125 g Magerquark, ⅛ l Wasser

Vorbereitung zu Hause:
Den Teig anrühren und in ein geschlossenes Gefäß füllen, und für ein Waffeleisen im Kindergarten sorgen.
Steif geschlagene Sahne und pürierte Erdbeeren in zwei getrennte, verschlossene Behälter geben und mitnehmen.

Zutaten für den Erdbeersahnequark
200 g Sahne, 300 g Erdbeeren, 125 g Quark, 3 EL Ahornsirup

Zubereitung:
Alle Teigzutaten zu einer relativ flüssigen Masse verarbeiten und alles eine halbe Stunde bei Zimmertemperatur ruhen lassen. Im Kindergarten dann das Waffeleisen erhitzen und mit einem leicht gebutterten Pinsel innen bestreichen. Zwei Esslöffel Teig in das heiße Waffeleisen geben und etwa 5 Minuten knusprig braun backen. Jede fertig gebackene Waffel besteht je nach Waffeleisen aus vier bis sechs kleinen Waffelherzen und verköstigt damit gleich mehrere Kinder auf einmal.

Zubereitung des Erdbeersahnequarks:
Sahne steif schlagen, Erdbeeren waschen und pürieren und mit Quark und Ahornsirup vermischen. Im Kindergarten die steif geschlagene Sahne unterheben, dann eiligst verzehren (durch die warme Waffel wird die Sahne schnell weich).

Waffeln mit cremigem Käseaufstrich

Diese herzhafte Köstlichkeit macht keine großen Umstände, wenn man die Unterlage »Waffel« beibehält (das Rezept auf Seite 176 ist für süß und salzig geeignet).

Vorbereitung zu Hause:
Waffelteig zubereiten (siehe Seite 176), Käseaufstrich fertig zubereiten und in einem geschlossen Gefäß mitnehmen.

Zubereitung des Aufstrichs:
Schnittlauch fein schneiden, Gouda reiben, mit dem Hüttenkäse und der Crème fraîche vermischen, dann mit Salz und Pfeffer abschmecken und die Schnittlauchröllchen unterrühren (etwas zur Dekoration zurückbehalten).
Im Kindergarten auf jedes Waffelherz einen Teelöffel Käseaufstrich und obenauf ein paar Schnittlauchröllchen zur Verzierung geben.

<u>Zutaten für den Käseaufstrich</u>
Schnittlauch, 50 g Gouda, 100 g Hüttenkäse, 3 EL Creme fraîche, Salz, Pfeffer,

Feiner Milchshake
Für 4 Kinder

Vorbereitung zu Hause:
Sojamilch mit Honig süßen, die Fruchtsäfte langsam zur gesüßten Sojamilch in den laufenden Mixer einfließen lassen, in einem gut schließenden Gefäß transportieren und vor dem Ausschenken noch einmal kräftig schütteln.
Im Kindergarten zur Verzierung auf jedes Glas einige Kokosflocken streuen.

<u>Zutaten</u>
¾ l Sojamilch, 5 TL flüssiger Honig, Saft von 3 großen Orangen und 1½ Limonen, zur Verzierung einige Kokosflocken

Schnelle Durstlöscher

Für den Durst zwischendurch sind Säfte besser als Milch, denn sie löschen schnell den Durst, ohne zu sättigen. Bei einem aktiven Spiele-Geburtstag sollte also für jedes Kind etwa ½ bis 1 Liter Fruchtsaft-Schorle bereitstehen. Am besten ist natürlich frisch gepresster Saft. Ganz wichtig: Der Saft muss mit drei Teilen Mineralwasser (oder Leitungswasser) verdünnt werden, dann löscht er den Durst am effektivsten.

<u>Zutaten</u>
Orangensaft, Apfelsaft oder Traubensaft, Mineralwasser

Mit Behinderung leben lernen

Behinderung – ein Wort, das werdenden Eltern Angst macht. Alle wünschen sich ein gesundes Kind. Doch so groß die Herausforderung auch ist, Ja zu einem behinderten Kind zu sagen, so groß ist der Lohn, die Zufriedenheit und die gegenseitige Liebe, die daraus erwachsen kann.

Eines darf nicht verschwiegen werden: Es gibt Situationen und persönliche Umstände im Leben, in denen Frauen und Männer das sich ankündigende neue Leben keineswegs als Geschenk empfinden. Moderne, medizinische Früherkennung ermöglicht die Abschätzung der Risiken möglicher genetischer Schädigungen und sonstiger Entwicklungsstörungen. Damit verschafft sie je nach Sachlage große Erleichterung oder verschärft den Entscheidungsdruck. Im schlimmsten Fall verdunkeln Gefühle von bodenloser Überforderung, Ausweglosigkeit und Verzweiflung das Seelenleben und lasten unerträglich auf dem Zusammensein. Gedanken an Abtreibung tauchen auf.

Das Wichtigste in solchen Situationen ist: Sich nicht ins eigene Schneckenhaus zurückziehen oder sich zu Kurzschlusshandlungen hinreißen lassen, sondern Rat und Hilfe suchen bei medizinischen und sozialen Beratungsdiensten. Sie verfügen über Erfahrungen, die klären und weiterhelfen können. Denn trotz solch schwieriger Situationen lässt das Leben oft noch unverhoffte Spielräume entdecken. Und plötzlich stehen Wege offen. Die Freude am Leben kehrt zurück – vielleicht langsam, aber stetig.

Ein Sorgenkind

Manchmal ist es tatsächlich schon bald klar: »Ihr Kind ist nicht gesund. Es ist behindert.« Schrecken und Angst vor dem, was dann ansteht, melden sich. Das bedeutet zunächst einmal eine Zeit großer seelischer Belastungen. »Warum musste ausgerechnet uns das treffen?« Diese Frage wird immer wieder laut, bringt aber in keiner Weise weiter. Sie verhärtet und lässt verbittern. Und das ist etwas, was behinderten Kindern absolut nicht helfen wird.

Mit den Tatsachen leben lernen, Schritt für Schritt, das ist die Devise. Doch dies ist leichter gesagt als getan. Kompetente Fachberatung und Begleitung durch Gespräche mit einer Psychologin oder einem Psychologen sind hilfreich. Einrichtungen wie Caritas, Diakonisches Hilfswerk, Eheberatungsstellen der Stadt und des Landratsamtes leisten wertvolle Hilfe. Auch wenn das bedeutet, über den eigenen Schatten zu springen.

Umgang mit behinderten Kindern

Es gibt ein paar wichtige Grundsätze, die den Umgang mit einem behinderten Kind erleichtern:

- Ein behindertes Kind ganz natürlich behandeln!

  Mehr als alle medizinischen Ratschläge braucht ein behindertes Kind eine liebevolle, seelische Behandlung. Sie soll weder zu sehr bemitleiden, noch dem Kind seine Gebrechen zu stark vor Augen führen.

- Das Glück des Kindes hängt von seiner Haltung ab, nicht von der Art der Behinderung.

  Eine Behinderung – mag sie schwer sein oder leicht – hat wenig damit zu tun, ob ein Kind einen Minderwertigkeitskomplex bekommt oder nicht, ob es glücklich wird oder nicht. Es gibt Kinder, die von Geburt an geistig behindert sind und trotzdem durch ihr Verhalten zeigen, dass sie glücklich sind. Die Minderwertigkeitskomplexe werden von außen auf das Kind gebracht. Es gibt keinen Grund, weshalb Mutter oder Vater, Oma, Opa oder Geschwister wegen eines behinderten Kindes Minderwertigkeitskomplexe haben oder sich gar schämen sollten.

- Das Kind fühlt sich besser, wenn es nicht bemitleidet wird!

  Mitleid wirkt wie eine Droge. Selbst wenn das betroffene Kind Mitleid zunächst abstoßend findet, gewöhnt es sich daran und wird davon abhängig. Das klingt jetzt sehr hart. Es heißt auch nicht, dass Kinder mit einer Behinderung nicht Verständnis brauchen oder eine besondere, gezielte Behandlung. Aber es bedeutet, dass dieses Kind genauso behandelt werden will, nach den gleichen (machbaren) Regeln wie ein anderes.

- Fairness der restlichen Familie gegenüber!

  Der Anteil an Aufmerksamkeit und Fürsorge anderen Familienmitgliedern gegenüber tritt oft in den Hintergrund, wenn ein behindertes Kind in die Familie kommt.

  Hier ist die Frage fehl am Platz, wer oder was schuld ist, es gilt einzig und allein festzustellen, wie die Sachlage nun einmal ist, und dass die anderen Beziehungen nicht einfach gekappt werden dürfen. In einem gesunden Umfeld aufzuwachsen, in dem auch die anderen Familienmitglieder ihren Platz haben, ist für ein behindertes Kind eine wesentliche Voraussetzung.

  Übrigens gibt es viele Selbsthilfegruppen. Betroffene Eltern haben sich zusammengeschlossen und treffen sich in regelmäßigen

Ein Kind weiß zunächst nicht, dass es behindert ist. Es wächst in seine spezifische Situation hinein und akzeptiert sie, wie sie ist. Auch die Eltern und das Umfeld sollten das Kind also genau so akzeptieren, wie es ist. Im Lauf der Zeit erkennt es, dass es anders als alle anderen, anders als vielleicht auch seine Geschwister ist. Dieses Anderssein ist eine Besonderheit, die von außen Gewicht erhält. Behinderte werden in unserer Gesellschaft oft mit übertriebener Scheu und Vorsicht behandelt, sie werden ausgegrenzt. Besser ist ein Umgang, der die Eingeschränktheit ihrer Verfassung erkennt und akzeptiert, deswegen aber nicht einen Kontakt und eine Interaktion von vornherein ausschließt.

Abständen, um neueste Informationen auszutauschen, aber auch um über Probleme und Schwierigkeiten reden zu können.

- Das Kind um seiner selbst willen lieben!

Das Kind ist da. Die Freude über dieses Kind und seine Möglichkeiten, die Welt zu erkunden – ganz auf seine Art und in seinen Grenzen – sollte immer im Vordergrund stehen. Das Gefühl: »Ich habe dich lieb«, unabhängig von körperlichen oder geistigen Beeinträchtigungen, muss alles andere überwiegen.

Wir können die Kinder nach unserem Sinne nicht formen; so wie Gott sie uns gab, so muss man sie haben und lieben.
Johann Wolfgang von Goethe

Die Schwester

Die folgende authentische Geschichte erzählt aus der Sicht der großen Schwester von den liebenswerten, bewunderungswürdigen Zügen eines behinderten Kindes und davon, was dieses Kind in der Familie verändert und bewirkt hat.

Ist das Kind ein selbstverständliches Familienmitglied und wird es auch so behandelt, spiegelt sich das auch in der Psyche und Gesundheit des behinderten Kindes wider.

»Mein kleiner Bruder hat vielleicht nicht mein ganzes Leben von Grund auf verändert, die Erfahrung seiner Krankheit gab meinem Leben aber eine ganz bestimmte Richtung. Als er geboren wurde, war ich zwölfeinhalb. In diesem Alter fangen junge Leute an, ihre eigene Identität zu suchen, und bei dieser Suche hat mich die Krankheit meines Bruders sehr beeinflusst. Ich empfinde nichts mehr als selbstverständlich. Ich erlebe bewusst jeden neuen Schritt, der Yoschi gelingt. Es ist nicht leicht für meinen kleinen Bruder, seine Angst zu überwinden oder die Kraft aufzubringen, um etwa die Treppe hochzusteigen. Er sieht so oft seine Grenzen, spürt die Erschöpfung. So wird mir auch klar, was es bedeutet, gesund zu sein. Yoschi hat so viele Fähigkeiten, aber er kann sie nicht voll entwickeln, weil sein Körper einfach zu schwach ist. Meine Mutter erklärte mir einmal, Yoschis Herz klopfe immer so schnell wie das eines Hundertmeterläufers. Der Sportler kann sich nach seiner Anstrengung erholen, doch Yoschis Zustand ist permanent. Wir müssen immer Rücksicht auf Yoschis Krankheit nehmen, meine Eltern sind daher oft abends todmüde und können fast nie ausgehen. Da Yoschi sehr anfällig für Infektionen ist, die ihn das Leben kosten können, müssen wir uns ständig seinen Tod vor Augen halten. Trotz all dem verzweifeln meine Eltern nie. Darum bewundere ich sie sehr. Ich stelle mir manchmal vor, was geschehen wäre, wenn sie resigniert hätten. Ich glaube, Yoschi wäre schon gestorben, wäre da nicht die unendliche Liebe meiner Eltern.

Dass meine Eltern nie aufgaben, ist sicherlich auch durch Yoschis fröhliches Wesen bedingt. Mein kleiner Bruder ist ein echter Lebenskünstler. So habe ich gelernt, mich mit Yoschi zu freuen, zu vergessen, über die Zukunft zu grübeln, und einfach den Moment dankbar zu genießen. Durch Yoschi sehe ich auch, wie unwichtig materielle Dinge sind.

Die Krankheit meines Bruders hat mir aber vor allem ein sehr intensives Lebensgefühl gebracht. Ich erlebe alles bewusster. Ich lerne, das Dasein zu schätzen. Besonders in der Natur verspüre ich das. Wenn ich den Sternenhimmel betrachte, ganz allein auf einem Feld, mitten in einer klaren Nacht, oder wenn ich unter einem Baum liege, in die grüne Krone hineinblicke, den Vögeln zuhöre, fühle ich jedes Mal, dass ich lebe und wie ich dieses kostbare Leben liebe. Die Unendlichkeit und die Schönheit der Natur geben mir ein Gefühl von Sicherheit und Dauerhaftigkeit.

Manchmal fühle ich mich dann auch sehr mit Yoschis Tod konfrontiert, nein, eher mit seiner ungewissen Zukunft. Wenn ich mir in solchen Momenten überlege, dass viele Menschen nie dieses Gefühl von Freiheit, dieses Lebensgefühl erleben können, fahre ich zusammen, weil ich mich daran erinnere, dass mein kleiner Bruder sicherlich auch nie das Alter erreichen wird, in dem er diese Gefühle empfinden kann.

Doch diese Momente überwinde ich schnell, Yoschis Tod ist so unreell, so unwirklich. Irgendwie habe ich auch einen festen Glauben, dass alles kommen wird, wie es soll. Ich vertraue Gott. Yoschis Krankheit brachte mir eigentlich viel. Ich habe so viele Gedanken und Bilder in mir. Ich könnte noch so vieles schreiben, doch ich glaube, ich kann diese Gefühle einfach nicht in Worte fassen. Vielleicht hat Yoschi mich einfach leben gelehrt.«

Beatrice Kieffer

Gebet

Der Herr sei vor dir,
um dir den rechten Weg
zu zeigen.

Der Herr sei neben dir,
um dich in die Arme zu schließen
und dich zu schützen gegen
Gefahren von links und rechts.

Der Herr sei hinter dir,
um dich zu bewahren vor der
Heimtücke böser Menschen.

Der Herr sei unter dir,
um dich aufzufangen,
wenn du fällst,
und dich aus der Schlinge
zu ziehen.

Der Herr sei in dir,
um dich zu trösten,
wenn du traurig bist.

Der Herr sei um dich herum,
um dich zu verteidigen,
wenn andere über dich herfallen.

Der Herr sei über dir,
um dich zu segnen.

Altchristlicher Segenswunsch

Im Zenit der Kindheit

Der Eintritt in die Schule markiert eine Zäsur im Leben eines jeden Kindes. Alle Kinder fiebern ihrem ersten Schultag voller Freude und Aufregung entgegen, denn sie wollen lernen, wollen groß werden und viele Wünsche und Träume verwirklichen.

Mit dem Eintritt in die Schule nähern sich Mädchen und Jungen dem Zenit der Kindheit. Ist das aufregend für alle Beteiligten, wenn die Kinder endlich in die Schule kommen! Die Aufregung beginnt schon lange vor dem Tag X – bei manchen bereits an Weihnachten oder am Geburtstag; denn es gibt kaum einen sehnlicheren Wunsch als einen Schulranzen. Der Schuleintritt bildet sozusagen das neue Statussymbol, das äußere Kennzeichen für die große Veränderung: Aus dem Kind wird ein Schulkind.

Einen ähnlichen Einschnitt markiert für die katholischen Mädchen und Jungen der Weiße Sonntag, die Feier der Erstkommunion in der dritten Jahrgangsstufe. Auch dieses Fest zeigt in gewissem Sinn einen »Statuswechsel« an: nämlich die um einen entscheidenden Schritt gewachsene, vollere Mitgliedschaft zur Kirche und die neue Nähe und Beziehung zu Jesus, dem Freund der Kinder. Wie sie sich wohl im Laufe der Lebensjahre weiterentwickelt? Wird eine lebenslange Freundschaft daraus werden?

Keinen Tag soll es geben!

*Keinen Tag soll es geben,
an dem du sagen musst:
Niemand ist da, der mich hört.*

*Keinen Tag soll es geben,
an dem du sagen musst:
Niemand ist da, der mich schützt.*

*Keinen Tag soll es geben,
an dem du sagen musst:
Niemand ist da, der mir hilft.*

*Keinen Tag soll es geben,
an dem du sagen musst:
Ich halte es nicht mehr aus.*

Nach Uwe Seidel,
verändert von G. Weidinger

Schuleintritt

Gegenwärtig sind die Bundesländer unverkennbar bestrebt, die strengen Regulierungen für die Schulen zu lockern und dem individuellen Entwicklungsstand der Kinder entgegenzukommen. Dies gilt bereits für die Voraussetzungen und Bestimmungen zum Schuleintritt.

So sind zum Beispiel die Stichtage gefallen, die im Blick auf die Geburtstage der Kinder den Schuleintritt regelten. Früher war dies in Bayern der 30. Juni. Bis zu diesem Tag musste ein Kind sechs Jahre alt sein, um im September dann zur Schule gehen zu können. Nun bestimmen die Eltern in entschieden höherem Maße, wann ihr Kind in die Schule kommen soll. Ob Eltern im Anschluss an die PISA-Studie der Empfehlung folgen, die Kinder schon mit vier Jahren zur

Schule zu schicken und Klassen überspringen zu lassen (um die
Bildungszeit zu verkürzen), muss sich erst zeigen. In der Regel
werden die Erziehungsberechtigten davon unterrichtet, dass ihr Kind
zur Schulanmeldung ansteht. Um generell als schulreif zu gelten,
muss ein Kind körperlich, geistig-seelisch und sozial so weit entwickelt sein, dass es am Unterricht erfolgreich teilnehmen kann.

Wann ist ein Kind schulreif?

Für die Regelschule muss das Kind eine Reihe von Voraussetzungen
mitbringen, um nicht überfordert zu werden.
Deshalb ist es für Eltern oft hilfreich, sich zunächst einmal eine
persönliche Liste für ihr Kind zu erstellen mit Fragen wie:
- Was kann mein Kind besonders gut?
- Welche Dinge vermeidet es sehr häufig?
- Wie lernt mein Kind: über das selbstständige Tun, über Erklärun-
  gen der Eltern oder hauptsächlich über Anschauen von Bildern?
- Hat es genug Selbstvertrauen?
- Hat es schon Misserfolge erlebt, und wie ist es damit umgegangen?

Entscheidend für die Schulreife ist nicht die Ausprägung einzelner
Fähigkeiten, sondern das Gesamtbild der Persönlichkeit des Kindes.
Im Einzelnen gibt es drei große Bereiche, die Aufschluss über die
Reife des Kindes geben:
- **Sozial-emotionale Entwicklung** (Kontakt- und Arbeitsverhalten,
  Aufmerksamkeitsfähigkeit, Selbstbewusstsein), Fragen wie zum
  Beispiel: Ist das Kind neugierig und gespannt auf die Schule? Kann
  es sich allein beschäftigen? Bringt es Dinge zu Ende? Kann es
  konzentriert »arbeiten«, auch ohne direkten Kontakt zu einem
  Erwachsenen? Kann das Kind aufmerksam zuhören und auch
  abwarten? Kann es sich in eine Gruppe einfügen? Kann es Enttäuschungen wegstecken? Ist es übervorsichtig?
- **Kognitive Entwicklung** (logisches Denkvermögen, Merkfähigkeit,
  sprachliche Ausdrucksfähigkeit, Mengenerfassung, Zahlenver-
  ständnis sowie Farb-, Form- und Größenwahrnehmung), Fragen
  wie zum Beispiel: Kennt das Kind alle Farben? Kann es schon
  seinen Namen schreiben? Kann es bis zehn zählen? Kann es Men-
  gen erfassen? Kann es sich mehrere Dinge über einen kurzen
  Zeitraum merken? Benutzt es beim Erzählen grammatikalisch
  richtige Sätze? Kann es Dinge einfach erklären?

*Bestehen bezüglich der Schulreife eines Kindes Bedenken, kön-
nen Eltern ihr Kind noch ein Jahr zurückstellen lassen. Die Pflicht zur
Anmeldung in der Schu-
le besteht aber trotz-
dem. Im Zweifelsfall
können Schularzt, Bera-
tungslehrkräfte, Schul-
psychologen und weite-
re Beratungsdienste
beteiligt werden.
Manchmal ist die Ein-
schulung ein Jahr
später für das Kind die
bessere Lösung.*

Lernerfolge sind für den ABC-Schützen Lebenserfolge. Ein guter Schulstart ist also eine wichtige Voraussetzung für die gesamte Schul- und Lebenslaufbahn. Deshalb hat die Frage nach der Schulreife (pädagogischer Begriff), bzw. Schulfähigkeit (ärztlicher Begriff) heute einen besonders großen Stellenwert.

● **Körperliche und motorische Entwicklung**, Fragen wie zum Beispiel: Sieht das Kind? Beherrscht es seinen Körper? Kann es das Gleichgewicht halten und zum Beispiel auf einem Bein stehen? Kann es den Hampelmannsprung nachmachen? Kann es den Stift mit Daumen und Zeigefinger halten? Kann es Linien nachziehen? Kann es einen Menschen malen?

Sollten in einem dieser drei großen Bereichen erhebliche Defizite bestehen, ist es ratsam, das Kind beim Kinderarzt testen zu lassen. In jedem Fall ist es wichtig, nach Rücksprache mit den Erzieherinnen, rechtzeitig sinnvolle Fördermaßnahmen einzuleiten.

Schulanmeldung

Dieser Tag ist ein erster Meilenstein zum Schuleintritt. Meist ist er für ein Kind ein unvergesslicher Tag, dem es lange entgegenfiebert. Der Termin liegt je nach Bundesland zwischen Februar und Mai. In amtlichen Nachrichtenblättern oder Schaukästen und in Zeitungen ist er nachzulesen. Eine wichtige Rolle spielt in größeren Ortschaften die Aufteilung nach Schulsprengeln; d. h., der genaue Wohnsitz der Eltern entscheidet darüber, in welcher Schule das Kind einzuschreiben ist. Bei Sonderwünschen sollten sich Eltern rechtzeitig über mögliche Ausnahmeregelungen informieren.

Mitzubringen sind folgende Unterlagen:

● Geburtsurkunde oder Familienstammbuch
● Früherkennungsuntersuchung U 9 (Untersuchungsheft) oder schulärztliche Untersuchung
● Teilnahme am apparativen Seh- und Hörtest
● Ggf. Zurückstellungsbescheid aus dem Vorjahr
● Evtl. Fragebogen zur Einschulung (manche Schulen verschicken diesen bereits im Vorfeld)

Vater oder Mutter (oder beide) bzw. ein offizieller Vertreter sollen persönlich mit dem zukünftigen Schulkind erscheinen.

Wer an Schulanfänger denkt,
denkt an Schultüte, Schulranzen, Mäppchen,
Schulbücher, Hefte und unendlich viel Kleinkram!
Wer an Schulanfänger denkt,
hat Mädchen und Jungen vor sich mit Zahnlücken,
in der Schulbank sitzend,
mehr oder weniger mühselig Buchstaben
zusammenklaubend.
Wer an den ersten Schultag denkt,
schaut in erwartungsvoll große Augen,
erkennt die Kinderhand fest in der Hand der Mutter,
bedauert so manches Kind,
weil es an der Schultüte schleppt
wie ein Erwachsener an einem Sack Zement
– und denkt zurück an damals.

Die Schule sei keine Tretmühle, sondern ein heiterer Tummelplatz des Geistes.
Johannes Amos Comenius

Alternative, freie Schulen

Das »Einheits-Maß« kann unmöglich allen Menschen und Vorstellungen von Schule gerecht werden – schon gar nicht in unserer plural gewordenen Gesellschaft. Aus dieser Einsicht haben sich auf der Grundlage spezieller pädagogischer Konzepte alternative Schulmodelle entwickelt, erdacht und erprobt von Pädagogen oder Pädagoginnen wie Petersen, Montessori, Steiner oder Freinet. Auch beide Kirchen engagieren sich, zum Beispiel auf der Basis des sogenannten Marchtaler Plans, in diesem Bereich. Unterschiede zur Regelschule sind beispielsweise: die geforderte Mitarbeit und finanzielle Unterstützung der Eltern, die Gestaltung des Schullebens, bestimmte methodische Vorlieben (z. B. Frei- bzw. Projektarbeit) und das Menschenbild, also weltanschauliche oder religiöse Gesichtspunkte. Ob mit der Entscheidung für eine alternative Schule auch das gegenwärtig häufig auftauchende Problem der zu großen Klassen ausgeräumt ist, muss genau geprüft werden. Die Chancen, eine Alternative zur staatlichen Regelschule zu finden, sind in den Städten größer als auf dem Land. Dort reichen die Schülerzahlen manchmal nicht einmal mehr für »normale« Schulen. Einzelfördermaßnahmen sind jedenfalls unter solchen Bedingungen nur schwer möglich.

Wer seine Schüler das ABC gelehrt, hat eine größere Tat vollbracht als der Feldherr, der eine Schlacht geschlagen hat.
Gottfried Wilhelm Freiherr von Leibniz

Kindererziehung ist ein Beruf, wo man Zeit zu verlieren verstehen muss, um Zeit zu gewinnen.
Jean-Jacques Rousseau

Schnupperunterricht

Vielfach besteht in alternativen oder freien Schulen die Möglichkeit, den Unterricht vor Ort an einem »Tag der offenen Tür« zu erleben. Eltern können bei dieser Gelegenheit hineinschnuppern in das Konzept und in den Alltag solcher Schulen, um eine Entscheidung für ihr Kind herbeizuführen.

Die Regelschule nutzt die Zeit zwischen Schulanmeldung und Schulbeginn, um einen Schnupperunterricht für die kommenden Schulkinder anzubieten. Die Kinder dürfen einige Stunden lang »vorzeitig« in die Schule kommen. Das eigens auf sie zugeschnittene Programm mit Spielen, Malen, Erzählen, Vorlesen … steigert erfahrungsgemäß die Vorfreude und macht riesigen Spaß. Er gibt außerdem den begleitenden Erzieherinnen und Grundschullehrkräften Gelegenheit, die zukünftigen ABC-Schützen gezielt auf Motorik, Sprachverhalten, mathematisches Verständnis, Wahrnehmung, Merkfähigkeit, Arbeits- und Anweisungsverhalten sowie auf ihr Sozialverhalten hin zu beobachten. Im Zweifelsfall können nun auf der Grundlage dieser und sonstiger Beobachtungen Eltern, ErzieherInnen und LehrerInnen miteinander zu Rate gehen.

Elternwunsch

Das wünschen wir:
Dass immer einer
steht zu dir,
ein Leben lang
sei dir nie bang!

Den Übergang gestalten

Der Übergang vom Kindergarten bedarf wie andere Übergänge im Leben (z. B. Übertritt an eine höhere Schule, Abitur, Abschluss einer Lehre, Hochzeit) einer sorgsamen und liebevollen Gestaltung. Denn die Vorfreude der Kinder auf die Schule ist schwer in Einklang zu bringen mit heimlichen oder offenen Angstgefühlen oder großem Erwartungsdruck von Eltern oder Großeltern. Die Kleinen spüren, es beginnt etwas Neues. Vater und Mutter merken, sie müssen ihr Kind ein Stück loslassen in Lebensräume, die sie nicht mehr ganz überblicken können und die nicht mehr allein in ihrer Verantwortung stehen. Eine neue Lebensphase beginnt. Beide Seiten möchten wahr und ernst genommen werden und bei der Gestaltung des ersten Schultages ihren Platz finden.

Zu den blütenbunten
Bäumchen
kommen Hummeln her,
möchten gerne
Zucker haben,
und sie betteln sehr.
Doch der Meister
Hoppelpoppel
sagt: »Ihr seid nicht
klug! Ei - dann werden
ja die Tüten gar nicht
süß genug!«
A. Sixtus

Der erste Schultag

Der erste Schultag wird oft von der ganzen Grundschule mitgestaltet. Die Schulleitung begrüßt die »Neuen« und ihre Eltern. Schulkinder tragen dabei gerne ein nettes Lied oder Gedicht oder ein kleines Theaterstück vor. Danach gehen die frischgebackenen Erstklässler

mit ihrer neuen Lehrkraft in das Klassenzimmer. Die Eltern verbringen die Wartezeit von gut einer Stunde miteinander im Gespräch und Austausch.

Die Schultüte

Der Brauch mit der Schultüte hat sich zu Beginn dieses Jahrhunderts von Thüringen, Sachsen und Schlesien auch im Süden Deutschlands und weit darüber hinaus verbreitet. Anfangs wurde der Brauch der Zucker- oder Schultüte hauptsächlich in den Städten gepflegt. Auf dem Land gab es da und dort den Brauch der großen »Kuchenbrezen«. Die Bezeichnung »Zuckertüte« geht wahrscheinlich auf die Fabel vom »Zuckertütenbaum« zurück, der angeblich im Keller der Schule wächst. Nach der Fabel pflücken die Lehrer dort für die braven Schulanfänger die Zuckertüten. Die Trostfunktion wird schon im Namen klar: die »saure« Schulzeit soll versüßt werden.
Beliebt und weithin üblich ist es, die Schultüte mit süßen Sachen zu füllen. Sinnvoller ist es, kleine Dinge, die dem Kind Freude bereiten, in die Tüte zu stecken: ein schönes kleines Spiel, eine unterhaltsame Kassette, etwas zum Basteln, ein interessantes Bilderbuch (evtl. ein Bilderlexikon), ein buntes Springseil, ein Kuscheltier, eine Kleinigkeit für die Lieblingsbeschäftigung, ein bebildertes Kinderkochbuch, ein schönes Bild von der Familie, also Dinge, die das Kind zumindest durch die ersten Schulwochen oder länger begleiten können.

Gebet der Schulneulinge

Nun fängt für uns die Schule an.
Geh du uns lieber Gott voran.
Gib Lehrer, die geduldig sind
und gute Freunde jedem Kind.
Nimm uns in deine gute Hut
und schenk' uns allen frischen Mut.
Amen

Was Hänschen nicht lernt, lernt Hans nimmermehr.
Volksmund

Ich will auch zur Schule gehen
Geschichte zum Vorlesen

Die Zeit verging, und ein Großereignis rückte langsam näher: meine Einschulung. Ich freute mich schon darauf, denn meine beiden Cousinen waren beide natürlich schon in der Schule und wussten aufregende Sachen zu erzählen. Sie erklärten mir, dort würde man Sachen lernen, die man zum »Großwerden« braucht.

Doch bis dieser für mich bedeutende Tag da war, mussten noch einige Hürden genommen werden. Untersuchungen durch den Hausarzt, ein Test der Schulbehörde, der für mich in einigen Teilen ganz schön langweilig war.

Dann war es endlich so weit: Ich ging zum ersten Mal als »ABC-Schütze« zur Schule. Stolz trug ich meine Schultüte und ließ mich mit ihr fotografieren. Wir wurden auf zwei Klassen aufgeteilt, und anschließend folgte der »Einzug der Gladiatoren« in die Klassenzimmer. Nachdem auch die Rangelei um die besten Plätze erledigt war, kam die erste Gelegenheit, mit bereits erworbenen Kenntnissen zu prahlen.

Alles in allem war dieser Tag der bis dahin bedeutendste in meinem bisherigen Leben. Auch deswegen, weil ich bei uns in der Familie einmal der »große Star« war und sich alles um mich drehte. Aber auch in der folgenden Zeit war ich fasziniert von jedem neuen Schultag. Jeder dieser Tage brachte so viel Neues, dass ich jeden Mittag ganz erfüllt

In jedem Menschen steckt noch das Kind, das spielen will.
Johan Huizinga

von diesen Erlebnissen war. Ich konnte es kaum erwarten, bis ich zu Hause war und meiner Mutter davon berichten konnte. Sie hatte es in dieser Zeit mit dem Zuhören nicht immer einfach, denn es sprudelte einfach alles aus mir raus. Doch sie hörte mir zu und nahm sich hinterher auch noch die Zeit, mir bei meinen schwierigen Schulaufgaben zu helfen.

Auch wenn es mir nicht leicht fiel, mich in eine Gruppe einzuordnen, so gelang es mir durch meine Einschulung trotzdem, nette Freundschaften zu schließen. Mit einem Mal erkannte ich viele Gemeinsamkeiten mit den anderen Kindern, und so fiel es mir in dieser Zeit recht leicht, neue Kontakte zu knüpfen. In den Pausen tollte ich mit ihnen über den Schulhof und fand Gefallen daran, mit ihnen zu spielen. War die Schule aus und die Hausaufgaben gemacht, traf ich mich oft mit ihnen am Nachmittag, um noch weiter mit ihnen unterwegs zu sein. Wir unternahmen Streifzüge mit unseren Rädern, machten Spielplätze unsicher und bauten uns geheime Höhlen in den Wäldern. Ja, ich denke gerne an meinen ersten Schultag und die ersten Schuljahre!

Jens Gnädig

Die richtige Ernährung

Für Kinder im Grundschulalter ist richtige Ernährung besonders wichtig, denn sie brauchen Energie, um sich konzentrieren und Leistung bringen zu können.

Die Ernährung beginnt mit einem in Ruhe eingenommenen, guten Frühstück. Deshalb ist es ratsam, Schulanfänger und Schulkinder rechtzeitig an das frühe Aufstehen zu gewöhnen, zum Beispiel mit einer »Trainingswoche« am Ende der Ferien.

Ein gemeinsames Frühstück ist ein guter Start in den Tag. Dazu gehören:

- Milchprodukte (Joghurt, Quark, Milch, Buttermilch)
- Frisches Obst der Jahreszeit
- Getreideflocken (Haferflocken, Weizen- oder Hirseflocken)
- Vollkornbrot
- Als Brotbelag Käse, fettarme Wurst, Honig oder eine nicht zu süße Marmelade und Butter

Schüler, die einen leeren Magen haben, geraten schnell in einen Teufelskreis: müde, lustlos, unaufmerksam, schlecht gelaunt ... Das Frühstück ist die entscheidende Starthilfe für den Tag.

Man müsste das Leben des Kindes als ein berechtigtes selbständiges Leben neben dem eigenen gelten lassen und ehren. Dann würde von selbst eine andere Schule, eine Schule ohne Prüfungen und Wettstreit, entstehen, die das Leben nicht aus dem Auge verlieren, sondern immerfort darauf zugehen würde. Und diese Schule ist die einzig mögliche, die einzige, welche nicht hindert, sondern hilft, die einzige, welche nicht Persönlichkeiten im Keim erstickt, sondern jedem die Möglichkeit gibt, die innersten Wünsche seines Wesens durchzusetzen.

Rainer Maria Rilke

Mit Toastbrot und Nutella allein bekommt der Körper nicht die Energie, die er braucht. Schließlich ist das Kind jetzt in einer Phase, in der es sich »streckt«, und in der es in der Schule zum Lernen und Arbeiten mehr und länger anhaltende Energien benötigt.

Die Pause ist neben dem Spielen und Austoben auch zum ruhigen Verzehr des Pausenbrotes da. Dazu gehören:

● Etwas zu trinken (am besten ungesüßter Tee in einer unzerbrechlichen Trinkflasche, die nicht ausläuft)
● Eine Scheibe Vollkornbrot, in kleine Happen geschnitten und gut verpackt in einer Brotzeitbox
● Außerdem Obst (Äpfel, Orangen, Trauben, Bananen, o. ä. in handliche Stücke geschnitten in die Brotzeitbox geben) oder Gemüse (kleine Stücke Kohlrabi, Karotten, Gurke, Paprika)
● Als Brotauflage etwas Butter, Käse oder nicht zu fette Wurst, Radieschen, Schnittlauch, Kräuterquark …

Das Angebot ist so vielfältig, dass sich für den kleinen Schulanfänger sicher das Richtige findet!

Der sichere Schulweg

Was im vorigen Abschnitt zum Frühstück in Ruhe gesagt wurde, gilt auch für den Schulweg. Ein Schulweg in Hektik und Eile ist gefährlich! Das Kind sollte unbedingt rechtzeitig und in Ruhe das Haus verlassen können. Um die Zeit für den Schulweg bemessen zu können, ist nicht der kürzeste, sondern der *sicherste* Weg zu veranschlagen. In der vorgeschlagenen Trainingswoche kann auch diese Aufgabe geübt und gefestigt werden. Das heißt: Gemütlich zur richtigen Zeit frühstücken und sich dann auf den sicheren Schulweg machen - miteinander! Es muss dem Kind selbstverständlich sein, dass es den sicheren Fußgängerüberweg benutzt, auch wenn dies ein Umweg ist. Zu Recht werden mit Beginn jedes Schuljahrs vor allem die Autofahrer auf die neuen ABC-Schützen aufmerksam gemacht. Gerade für Schulanfänger ist die Schule so aufregend und interessant, dass sie keinen Gedanken an die sichere Bewältigung des Schulwegs verschwenden. Sie reagieren oft impulsiv und müssen die Regeln des Straßenverkehrs auf dem täglichen Schulweg erst verinnerlichen. Deshalb steht die Verkehrserziehung auch in der Schule an wichtiger Stelle.
Das strikte Benutzen von Fußgängerüberwegen, das Beachten der Ampeln, das richtige Verhalten beim Fahren mit dem Bus und anderes mehr will geübt sein.

Mitgehen und mitfeiern

Für die meisten Grundschulkinder steht außer Frage, dass sie im Zenit ihrer Kindheit, bei der Erstkommunionfeier, mit ihren Mitschülern am Altar stehen wollen. Die lange Vorbereitungszeit in gemeindlichen Kommuniongruppen erhöht die Vorfreude, denn da gibt es interessante Dinge zu erleben.

Die Erstkommunion

Der Kommuniontag ist auch heute für die meisten Familien ein »Event«, ein großes gesellschaftliches Ereignis. Aber manche Eltern sind sich nicht sicher, ob sie dem Wunsch ihres Kindes nachkommen und das ganze Familienleben auf dieses Fest hin ausrichten sollen. Wozu eigentlich? Das Kind jedoch möchte auf keinen Fall abseits stehen. Eine Entscheidung steht an.

Der biblische Ursprung

Schon im Alten Testament schloss Gott mehrfach einen Bund mit den Menschen, zum Beispiel mit Noah, Abraham oder Mose. Dabei wurde das gemeinsame Mahl zum Zeichen dieses Bundes zwischen Mensch und Gott, vor allem beim Pascha-Mahl. Es wird im Judentum bis auf den heutigen Tag jährlich gefeiert.

Auch im Neuen Testament, im Leben Jesu, spielen Brotgeschichten und Mahlhalten eine wichtige Rolle; etwa in der Erzählung von der Brotvermehrung mit den fünf Broten und zwei Fischen des kleinen Jonathan. Jesus feierte Mahl mit den Schwachen und Ausgestoßenen (z. B. mit dem Zöllner Zachäus), um ihnen bewusst zu machen, dass Gott zu ihnen hält. Diese Mahlfeiern verstand Jesus selbst als Zeichen für das Ankommen des Reiches Gottes, um das wir wie die Jünger Jesu bei jedem Vaterunser beten: »Dein Reich komme«. So waren die Freunde Jesu schon innerlich vorbereitet, als er mit ihnen vor seinem Sterben Mahl hielt, um von ihnen Abschied zu nehmen. Dabei trug er ihnen auf, dies weiterhin zu tun und die Erinnerung an ihn wach zu halten. Im gebrochenen Brot und im Becher Wein schloss er den Neuen Bund und gab ihnen die Verheißung mit, unter ihnen zu bleiben und ihnen Kraft zu geben auf dem Weg durch das Leben »bis ans Ende der Zeit«.

*Das sage ich mir
jeden Tag:
Du bist mein Freund.*

*Das sage ich mir,
wenn ich durch das
Dunkel gehe:
Du bist mein Freund.*

*Das sage ich mir,
wenn die Sonne brennt:
Du bist mein Freund.*

*Das sage ich mir,
wenn ich froh und
glücklich bin:
Du bist mein Freund.*

*Das sage ich mir,
wenn ich elend und
krank bin:
Du bist mein Freund.*

*Das sage ich mir
heute, morgen,
übermorgen:
Du bist mein Freund.*

Auch als Auferstandener feierte Jesus Mahl mit seinen Jüngern, zum Beispiel in Emmaus. Als Ur-Datum für die Eucharistie gilt jedoch das Abendmahl Jesu in Jerusalem. Der älteste Zeitzeuge, der davon berichtet, ist Paulus in 1. Korinther 11,23–25: »Denn ich habe vom Herrn empfangen, was ich euch dann überliefert habe: Jesus, der Herr, nahm in der Nacht, in der er ausgeliefert wurde, Brot, sprach das Dankgebet, brach das Brot und sagte: Das ist mein Leib für euch. Tut dies zu meinem Gedächtnis! Ebenso nahm der nach dem Mahl den Kelch und sprach: Dieser Kelch ist der Neue Bund in meinem Blut. Tut dies, so oft ihr daraus trinkt, zu meinem Gedächtnis.«

Die Geschichte der Erstkommunion

In der Urkirche wurden jugendlichen und erwachsenen Menschen nach einer Vorbereitungszeit (Katechumenat genannt) Taufe, Firmung und Erstkommunion zusammen gespendet. So wurden sie zu Christen. In manchen orthodoxen Kirchen ist dies auch heute noch bei der Kindertaufe der Fall. In der katholischen Kirche wird mit diesen drei Sakramenten etappenweise die feierliche Aufnahme in die Kirche begangen.

Im Laufe der Zeit wuchs die Ehrfurcht vor dem Kommunionempfang so sehr, dass sich die Menschen nicht mehr für würdig genug hielten, das »Brot des Lebens«, den »Leib Christi« miteinander oder gar mit »unverständigen« Kindern zu teilen. Im 17./18. Jahrhundert waren es Mitglieder des Jesuitenordens, welche die Feier der Erstkommunion einführten. Doch den eigentlichen Anstoß gab Papst Pius X. 1905 und 1910. Er forderte dazu auf, häufiger der Einladung Jesu zu folgen und die heilige Erstkommunion in der »Zeit des beginnenden Vernunftgebrauchs« zu feiern, also etwa ab dem achten Lebensjahr. Als Datum wurde der Weiße Sonntag, der erste Sonntag nach Ostern, festgelegt. Ab diesem Tag soll die in der Taufe gestiftete Beziehung zu Christus durch das heilige Brot belebt, vielleicht sogar zur Freundschaft werden. Zugleich bekunden die Kinder den festen Willen, der Gemeinschaft der Christen nun bewusster angehören zu wollen.

Wer teilt, hat immer Freunde. Wer Freunde haben will, muss teilen.
Elmar Gruber

Frage und Gegenfrage
Eine Erzählung

»Ob sie zur Kommunion gehen dürfe, hatte meine Tochter gefragt. Und die Entscheidung, die ich lange vor mir hergeschoben hatte, nun musste sie getroffen werden. Noch einmal versuchte ich auszuwei-chen: *Möchtest du denn gern?* Da kam sofort die Gegenfrage: *Möchtest du denn, Mami?* Darauf hätte ich vieles antworten müssen, das ich dem Kind in diesem Moment ganz gewiss nicht sagen durfte. Ich hätte erklären müssen, dass ich aus der katholischen Kirche ausgetreten bin, dass ich mein Kind nach der Geburt nicht ungefragt und selbstverständlich einer Kirche übergeben wollte, von der ich mich getrennt hatte. Ich hätte Gründe nennen müssen, hätte vom Papst und seiner Politik erzählen müssen, von der patriarchalischen Struktur der Kirche – und dass ich deshalb nicht wünschen konnte, dass mein Kind ein offizielles Mitglied dieser Institution werde. Aber es gibt auch eine andere Seite dieser Kirche. Und da hätte ich ihr vom Urgedanken des Christentums erzählen können, vom heili-gen Franz von Assisi, von den Priestern in Lateinamerika. Von mei-ner Kindheit schließlich, meinem Kinderglauben und davon, dass ich diesem Kinderglauben eine seelische Stärke verdanke ... Ich habe schließlich *Ja* gesagt.«

Alice Lauterbacher, »Süddeutsche Zeitung«, 22. Mai 1993

Nicht vom Brot allein lebt der Mensch, sondern von jedem Wort, das aus dem Munde Gottes kommt.
Matthäus 4,4

Gemeinsam einen Weg finden
Eine Reihe von jungen Eltern steht heute vor der gleichen Entschei-dung wie die Mutter in der vorangegangenen Geschichte. Vielleicht helfen folgende Gedanken zu einer ehrlichen Lösung:

- Mit dem Partner, Freunden, älteren Kindern die eigenen Erlebnisse der Erstkommunion besprechen. Dies klärt die Bedeutung, die der Tag für alle Beteiligten hatte und haben könnte, lebensnah. Dabei schaut vielleicht das Kind hinter den äußeren Schein.
- Wie erlebt das Kind seine Glaubenswelt? Es weiß sicher viel zu berichten vom Religionsunterricht, von Gesprächen mit Freunden und Freundinnen aus der Klasse. Wenn die Eltern auch bei diesem Thema Gesprächspartner sind, haben sie einen guten Anknüp-fungspunkt, um sich selbst im Glauben weiterzuentwickeln und dem Kind auf dem Weg zur Erstkommunion verlässliche und ehrliche Begleiter zu sein.

Ich wollte, heute wäre ein Fest, einfach um mit allen zu singen und vor Freude zu tanzen, einfach, um dir mit mei-ner Freude zu danken.
Anne d'Arcy

Jeder gibt ein
Stück vom Leben.
Alle essen,
werden satt.
Keiner urteilt
ohne Wissen.
Jeder gibt,
soviel er mag.

Robert Haas

Eine in solchen Gesprächen gefundene Entscheidung gibt dem Kind, wenn es zur Erstkommunion gehen will, die nötige Orientierung. Es weiß nun, wofür es sich entschieden hat und dass auch die Eltern dazu stehen. Es kann sich auf seinen Festtag freuen und ihn bewusster erleben. Eine solche Entscheidung muss keine einsame, einseitige Entscheidung sein. Gemeinsam geht es besser.

Vorbereitung in der Familie auf das große Fest

- Bewusst und öfter wieder »Danke« sagen und »Bitte«, wenn uns jemand Gutes getan hat
- Miteinander ein gemeinsames Essen vorbereiten
- Geschichten aus der Heiligen Schrift gemeinsam lesen
- Beim regelmäßigen Abendgebet die bevorstehende Erstkommunion mit einbeziehen
- Sich Zeit füreinander nehmen zu Gesprächen
- Miteinander ganz bewusst teilen

Von Herzen will ich mich
freuen über den Herrn.
Meine Seele soll jubeln
über meinen Gott.
Denn er kleidet mich
in Gewänder des Heils,
er hüllt mich in den
Mantel der Gerechtig-
keit, wie ein Bräutigam
sich festlich schmückt
und wie eine Braut ihr
Geschmeide anlegt.

Jesaja 61,10

Der Weiße Sonntag

Der klassische Termin für die Erstkommunion oder »Feierliche Kommunion« ist der Weiße Sonntag. Vielerorts verlegen die Gemeinden die Feier jedoch in den Mai, weil sie auf wärmeres Wetter hoffen. Die festliche Kleidung der Knaben, die Anzüge tragen, und der Mädchen, die in weißen Kleidern zum Fest kommen, weisen darauf hin: Es geht um eine Art »Hochzeit«, einen neuen Bund zwischen Gott und diesen jungen Menschen. Vielerorts werden heute einheitliche Kleider, die so genannten »Alben«, getragen. Bei der Erstkommunionfeier wird das Taufversprechen erneuert – erstmals persönlich, nicht durch Pate oder Patin. Zu diesem Festtag strömen alle Verwandten aus nah und fern zusammen. Die Kirchen sind bis auf den letzten Platz gefüllt. Da ist es schwer für die Erstkommunionkinder, sich noch an alles zu erinnern, was sie bei der Vorbereitung erfahren haben, und sich auf den Kern des Festes zu konzentrieren. Weil die Gefahr der Ablenkung groß ist, sind manche Gemeinden zu einer Art »Vor-Kommunion« im kleinen Kreis, am Gründonnerstag, übergegangen.

Wenn einer sagt, ich mag dich, du

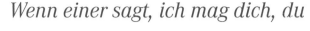

Kv: la-la-la …

Kv: la-la-la …

Kv: la-la-la … 1. Wenn ei - ner sagt: »Ich mag dich, du; ich find' dich ehr-lich

gut!«, dann krieg' ich ei - ne Gän - se - haut und auch ein biss - chen Mut.

1. Wenn einer sagt: »Ich mag dich, du, ich find' dich ehrlich gut!«
Dann krieg' ich eine Gänsehaut und auch ein bisschen Mut

2. Wenn einer sagt: »Ich brauch' dich, du; ich schaff' es nicht allein.«
Dann kribbelt es in meinem Bauch, ich fühl' mich nicht mehr klein.

4. Gott sagt zu dir: »Ich hab dich lieb. Ich wär so gern dein Freund!
Und das, was du allein nicht schaffst, das schaffen wir vereint.«

Text und Melodie: Andreas Ebert

Die Feier der heiligen Messe

Am Weißen Sonntag wird die Messe festlicher gefeiert als sonst. Trotzdem lebt sie auch an diesem Tag von folgenden zwei Teilen:
- Von dem Wortgottesdienst, um sich innerlich vorzubereiten und Gott zu begegnen im Wort der Heiligen Schrift
- Von der Mahlfeier, um mit ihm vereinigt zu werden im heiligen Brot und Wein, und sich am Ende segnen und senden zu lassen

Eingerahmt werden diese Teile durch die feierliche Eröffnung und die Entlassung.

Sendung heißt im Lateinischen »missa«. Daraus ist im Deutschen »Messe« geworden, die Bezeichnung für die ganze Eucharistiefeier.

Zeichen im Mittelpunkt des Festes

Drei Symbole verdeutlichen bei der Erstkommunion den Inhalt der Feier: Brot (in einer kreisrunden, flachen Form, der sogenannten Hostie), Wein und Licht.

Brot ist Zeichen für das Leben. Es steht für die Arbeit der Hände, für das Wachstum auf der Erde, für die Einheit aus vielen Körnern in einem Brot, es ist das Lebens-Mittel schlechthin, das Hunger stillt und Kraft gibt.

Jesus greift diese Erfahrung auf und gibt dem Brot eine neue Bedeutung. Er sagt: »Ich bin das lebendige Brot, das vom Himmel herabgekommen ist. Wer von diesem Brot isst, wird in Ewigkeit leben« *(Johannes 6,51)*.

Wein steht ebenso für die menschliche Arbeit auf den Weinbergen wie für Feiern und Festtagsfreude; denn »Wein erfreut des Menschen Herz« *(Psalm 104,15)*. Wein ist auch Zeichen für die Einheit und für die Verwandlung; die vielen kleinen Trauben werden gepresst, gären und verwandeln sich in Wein. Jesus ergänzt: »Ich bin der Weinstock, ihr seid die Reben. Wer in mir bleibt, und in wem ich bleibe, der bringt reiche Frucht« *(Johannes 15,5)*.

Licht entzünden die Menschen im Dunkeln, zum Beispiel an einer Kerze. Die brennende Kerze ist auch ein Zeichen für Festlichkeit. Sie kennzeichnet das Helle und Schöne. Licht spendet Trost in Traurigkeit und beleuchtet den Weg in der Finsternis. Und es erinnert an die Taufe.

Die Botschaft des Festes

Kommunion feiern heißt, Freundschaft mit Jesus schließen und immer wieder bekräftigen, am Weißen Sonntag und ein ganzes Leben lang. Jesus Christus hält Einkehr in unserem Herzen und in unserem Leben. Wie könnte er uns seine Nähe und Liebe besser spüren lassen!

Jesus kennt die Sehnsucht der Menschen nach Licht und sagt: »Ich bin das Licht der Welt, wer mir nachfolgt, wird nicht in der Finsternis wandeln, sondern das Licht des Lebens haben.«

Johannes 8,12

---

*Kommunion, das ist
Brot teilen und essen, Wein teilen und trinken;
das ist Bitten und Danken, Geben und Nehmen,
Gemeinschaft erleben.*

*Kommunion, das ist
die Erinnerung an Jesus Christus,
der Brot wurde und Wein für uns, der uns eint.
Kommunion, das ist die Feier der Gemeinschaft
untereinander und mit Christus.*

*Kommunion, das ist
die Wandlung des Brotes und des Weines,
unseres Brotes und unseres Weines
in den Leib und das Blut Jesu Christi.
Aber auch wir können Brot und Wein
werden für einander,
und wir werden Leib und Blut Jesu Christi,
wir werden Christen.*

Leopold Haerst

Er begleitet uns auf unserem Lebensweg und lässt uns nie im Stich;
er weiß, wie schön, aber auch wie schwer das Leben manchmal ist, er
kennt Sorgen und Freuden, Ängste und Entspannung, denn er ist
selbst Mensch geworden für uns.

Fest soll mein Taufbund immer stehn

1. Fest soll mein Taufbund immer stehn,
Christus begleite mein Leben.
Ich will auf seinen Wegen gehn
und Hoffnung weitergeben.
Dank sei dem Herrn, der mich aus Gnad'
in seinen Dienst berufen hat,
nie will ich von ihm weichen.

2. Christus, du bist mein Lebenslicht,
du kannst das Dunkel vertreiben.
Du schenkst mir Hoffnung und Zuversicht,
bei dir will ich stets bleiben.
Schwestern und Brüder sind wir gern
in der Gemeinde uns'res Herrn,
lasst uns die Kirche bauen!

Text: Neufassung Alfred Hochedlinger, Melodie: Bonn 1826

Erstkommunion – ein großes Familienfest

Ein Fest will gut durchdacht sein. Das beginnt mit der Frage, ob zu Hause oder in einer Gaststätte gefeiert wird. In beiden Fällen muss einiges vorbereitet werden, angefangen bei der Dekoration bis hin zur Planung des Ablaufs, vom Empfang der Gäste bis zu ihrer Verabschiedung. Dann steht natürlich die Gästeliste an. Neben Oma und Opa wird meist der Taufpate oder die Taufpatin eingeladen. Alle Gäste sollten mit dem Kommunionkind abgesprochen sein. Vielleicht möchte es gerne seine beste Freundin einladen oder einen Freund der Familie, den das Kind besonders gerne mag?

Einfache Tischkärtchen

Material
Pro Gast 1 Kärtchen aus Fotokarton (Größe 15 x 10 cm), Glitzerstlfte, für Jedes Kärtchen 1 getrocknete Ähre, Locher

So geht's:
Kärtchen genau in der Mitte knicken (damit sie stehen) und auf die Vorderseite mit einem Glitzerstift den Namen des Gastes schreiben. Mit dem Locher an der Vorderseite des Kärtchens neben dem Namen 2 Löcher stanzen und eine getrocknete Ähre mit möglichst langen Grannen darin befestigen (die Grannen sollten aus dem oberen Loch weit herausragen). Anschließend kann die Karte noch mit dem Glitzerstift verziert und ausgeschmückt werden.

Servietten verzieren

Material
Viel altes Zeitungspapier als Unterlage, weiche, weiße Servietten, Wassermalfarben, eine alte Zahnbürste, ein altes Teesieb, Wasser, Blätter oder Gräser

So geht's:
Zunächst genügend Zeitungspapier auf dem Tisch ausbreiten, nun eine Serviette von Ecke zu Ecke falten (als Dreieck) und so auf die Zeitung legen. 1 Grashalm oder 1 Blatt auf die Serviettenhälfte legen. Dann mit der Zahnbürste und wenig Wasser die gewünschte Farbe anrühren, über dem Teesieb auf die Serviette absieben. Vorsicht, das spritzt! Die Serviette etwas antrocknen lassen und dann das Gras oder Blatt abnehmen. Jede Serviette kann anders gestaltet werden oder auch in mehreren Farben dekoriert sein.

Tipp: Am besten alte Kleider oder einen alten Arbeitskittel anziehen, dem Farbflecken nichts ausmachen.

Geschenkanregungen für das Kommunionkind

Es hat sich bewährt, zusammen mit dem Kommunionkind eine kleine Liste von sinnvollen Geschenken zusammenzustellen. Das Geschenk soll zum Kind und zum Tag passen:

- Ein kleines Bäumchen für den evtl. vorhandenen Garten. Dieses Bäumchen muss gepflegt werden und erinnert so das Kind immer wieder an diesen Tag.

- Ein blühender Rosenstock (im Topf). Er findet auch auf einem kleinen Balkon noch Platz.

- Eine schöne, dicke Bienenwachskerze, die das Kind immer an Festtagen anzünden darf.

- Ein Fotoalbum, das aus Fotokarton selbst gefertigt ist. Auf den ersten Seiten könnten Fotos, Bilder und Geschichten des Schenkenden Platz finden.

- Ein Geschenkgutschein, der einen Wunsch des Kindes beinhaltet, z. B.: »Du darfst dir einen Tag für einen Ausflug aussuchen« oder »Du bist eingeladen, ein Wochenende zu mir zu kommen« …

- Ein »modernes« Gebetbuch, d. h. mit einer kindgerechten Sprache und vielen Bildern, eine Lebensbeschreibung des Namenspatrons, ein besinnlicher Bildband, CDs mit neuen (religiösen) Kinderliedern zum Anhören und Mitsingen, eine kindgerechte Bibel, ein Kreuz zum Umhängen oder zum Aufhängen im Zimmer etc.

> *Den Menschen fehlt nicht das Brot, sondern die Liebe, die es teilt.*
> Elmar Gruber

Kommuniongebet für Kinder

Jesus, du kennst mich und du hast mich gern.
Im Brot kommst du zu mir. Darüber freue ich mich.
Ich danke dir. Bleibe bei mir alle Tage und für immer.
Amen

Dank sei gesagt, Dank allezeit

Alle: Dank sei ge-sagt, Dank alle - zeit, Dank sei dem Herrn in alle Ewigkeit.

Vors: Dank sei gesagt, für dieses Brot und den Wein, Dank sei gesagt, du lässt uns nicht allein.

Kv: Dank sei gesagt, Dank allezeit,
Dank sei dem Herrn in alle Ewigkeit.

1. Dank sei gesagt für dieses Brot und den Wein,
Dank sei gesagt, du lässt uns nicht allein.
Dank sei gesagt für dieses herrliche Fest,
Dank sei gesagt, dass du uns froh sein lässt.

2. Dank sei gesagt, dass du nun stets bei uns bist,
Dank sei gesagt, dass du uns alle liebst.
Dank sei gesagt, du schenkst uns allen so viel,
bist bei uns bei der Arbeit und beim Spiel.

3. Dank sei gesagt für jeden, der uns beschenkt,
Danke für jeden, der heut' an uns denkt.
Dank sei gesagt für jeden, der uns versteht,
Dank sei gesagt für den, der mit uns geht.

Text: Gertrud und Norbert Weidinger, Melodie: Quelle unbekannt

Gebet der Eltern und Paten

Vater, du hast uns Jesus Christus,
deinen Sohn, zum Bruder gegeben.
Unser Kind hat angefangen, ihn zu lieben.
Darum haben wir den Mut,
es teilhaben zu lassen an der Tischgemeinschaft mit ihm.
Hilf uns, Herr, mit unserem Kind
das Geheimnis seiner Gegenwart dankbar zu glauben.
Schenk uns durch diese heilige Kommunion
eine immer tiefere Gemeinschaft
mit dir und allen, die dich lieben. Amen

Aus dem Gotteslob Nr. 25/3

Ich wünsche dir zur Kommunion, dass Gott Vater und Gott Sohn
beschützen dich mit Segen auf allen deinen Wegen.
Dann wanderst fromm und glücklich du der Gold'nen Himmelspforte zu.

Ernst Moritz Arndt

Dankgebet zur Kommunion

Jesus, ich bin in meinem Leben
mit vielen Menschen zusammen.
Ich bin froh, dass ich Eltern
und Geschwister,
Freunde und Freundinnen habe.
Ich danke dir.
Ich kann malen und tanzen,
singen und beten,
weinen und lachen.
Ich danke dir.
Ich darf von deinem Brot essen
und dadurch deine Liebe spüren.
Ich danke dir.

Dir, Jesus, möchte ich danken
für das Leben, das du mir schenkst,
und für die Gemeinschaft,
die du mir anbietest.
Vertrauensvoll wende ich mich
an dich und möchte dir erzählen,
was mich zur Zeit beschäftigt,
alles was mir einfällt,
möchte ich dir erzählen: ...
Es ist schön für mich zu wissen,
dass du mir zuhörst und mir nahe
bleibst auf allen meinen Wegen.
Amen

Eucharistie – ein zentrales Sakrament

Die Eucharistie blieb – ganz im Sinne Jesu – über seinen Tod und seine Auferstehung hinaus das Bindeglied zwischen ihm, seinen Jüngern und den kommenden Generationen – ursprünglich als Feier in einer kleinen Hausgemeinde, später in den Basiliken des konstantinischen Kaiserreiches, in einfachen Amazonas-Hütten wie in französischen Kathedralen und hohen Domen rund um den Globus. Diese Feier bildet auch im dritten Jahrtausend das Zentrum des Christentums, die Brücke zwischen den Konfessionen und zugleich die Trennungslinie. Die zentrale Bedeutung, das Gedächtnis des letzten Abendmahls Jesu mit seinen Jüngern, verbindet die christlichen Konfessionen untereinander. Gleichzeitig zeigt die konkrete Deutung der jeweiligen Kirche auch Unterschiede im Verständnis des Abendmahls auf.

Die Teilnahme am Leibe und Blute Christi will nichts anderes, als dass wir uns in das verwandeln, was wir empfangen.
Leo der Große

Eucharistie heißt auf Griechisch »Danksagung«. Die Eucharistiefeier ist ein Dankesfest der Christen für die Schöpfung, genauso aber für das Leben vor und das Leben nach dem Tod. Ebenso prägen Glaube, Zuversicht und Hoffnung die Eucharistiefeier.

Große Veränderungen

Die theologische Deutung dieses zentralen Sakramentes, das einzige neben der Taufe, das alle Christen gemeinsam haben, hat sich im Laufe der Kirchengeschichte, im Wechsel der Weltbilder und philosophischen Denkrichtungen ebenso verändert wie der Kirchenbau. Unterschiedliche theologische Auffassungen über die Eucharistie sind auch heute noch der Grund, weshalb ein ökumenischer Gottesdienst in der Regel ein Wortgottesdienst ist.

Hinzukommen unterschiedliche Auffassungen über die Ämter in der Kirche, insbesondere über das Petrusamt des Papstes und das Amt der Priester/Pfarrer, welche der Eucharistiefeier bzw. dem Abendmahl vorstehen. Es bleibt somit Aufgabe aller, den Wunsch Jesu in seinen Abschiedsreden ernst zu nehmen und in Schritten gegenseitiger Annäherungen zu verwirklichen:

> »Heiliger Vater, bewahre sie in deinem Namen,
> den du mir gegeben hast, damit sie eins sind wie wir.«
>
> Johannes 17,11

Das »Geheimnis des Glaubens«

Als Christen haben wir die Verantwortung, dem »Geheimnis des Glaubens« auf der Spur zu bleiben, den »roten Faden« nicht abreißen zu lassen – ein Leben lang. Es wird immer wieder Zweifel geben im Leben eines Menschen. Zweifel, Diskussion, auch Zeiten der Ratlosig-

»Wir wollen den Skandal der zerrissenen Christenheit, der sich angesichts einer immer rascher zusammenwachsenden Welt tagtäglich verschärft, nicht bagatellisieren oder vertuschen. Und wir wollen die konkreten Möglichkeiten und Ansatzpunkte für eine verantwortliche Verwirklichung der Einheit nicht übersehen oder unterschätzen. Diese Einheit entspricht der einheitsstiftenden Tat Gottes, aber doch durch unser Tun in seinem Geist: durch die lebendige Erneuerung unseres kirchlichen Lebens in der Nachfolge des Herrn.«

Aus »Unsere Hoffnung«

keit gehören zum Prozess des Glaubens dazu. Es sind fruchtbare Momente, die unverzichtbar sind. Ein wirkliches Geheimnis lässt sich nicht erklären, nicht in Worte auflösen und auch nicht in Zeichen. Es bleibt gerade deshalb ständiger Denkanstoß und in der Feier dieses Geheimnisses »Wachs- und Lebens-Mittel« für den persönlichen und gemeinschaftlichen Glauben. Zugleich schützt das Geheimnis die Freiheit, Gott zu glauben und zu vertrauen und bei jeder Eucharistiefeier neu zu bitten:

> »Sende deinen Geist auf diese Gaben herab, und heilige sie, damit sie uns werden Leib und Blut deines Sohnes, unseres Herrn Jesus Christus.
> Denn am Abend, an dem er ausgeliefert wurde und sich aus freien Stücken dem Leiden unterwarf, nahm er das Brot und sagte Dank, brach es, reichte es seinen Jüngern und sprach: Nehmet und esset alle davon: Das ist mein Leib, der für euch hingegeben wird.
> Ebenso nahm er nach dem Mahl den Kelch, dankte wiederum, reichte ihn seinen Jüngern und sprach: Nehmet und trinket alle daraus: Das ist der Kelch des neuen und ewigen Bundes, mein Blut, das für euch und für alle vergossen wird zur Vergebung der Sünden. Tut dies zu meinem Gedächtnis.
> Dies ist ein Geheimnis des Glaubens: Deinen Tod, o Herr, verkünden wir, und deine Auferstehung preisen wir bis du kommst in Herrlichkeit.«

Aus der katholischen Liturgie

Wenn du dem Hungrigen dein Brot reichst und den Darbenden satt machst, dann geht im Dunkel dein Licht auf, und deine Finsternis wird hell wie der Mittag.

Jesaja 58,10

Der Sonntag als Tag der Gemeinschaft

Der Sonntag ist der siebte Tag, der Tag der Ruhe, der Besinnung und der Feier des gemeinsamen Glaubens. Er ist ein Feiertag, dem Herrn geweiht und frei von Arbeit. Im Allgemeinen gehören Samstag und Sonntag zusammen als Wochenende, so hat sich das eingebürgert. Doch der Sonntag ist für Christen der erste Tag der Woche. Ein ganz besonderer Tag, der an erster Stelle steht – nicht nur als Tag in der Woche, sondern als Feier für Gott.

»Der Sonntag ist für die frühen Christen »Tag des Herrn«, und er ist zugleich »Tag der Gemeinde«.

Die Gemeinschaft der Glaubenden als Kirche Jesu Christi existiert als sichtbare Wirklichkeit. Deshalb kommen die Gemeinden zusammen, um in der Eucharistie Gottes Erbarmen zu feiern, das er in Tod und Auferstehung Jesu Christi schenkt. So bezeugen sie gemeinsam den Glauben, bestärken einander im Glauben und treten stellvertretend für die Vielen vor Gott. Ihr Zusammenkommen ist ein sichtbares Zeichen ihres Glaubens. Für eine Gemeinde ist dies lebensnotwendig. (…)

Es gibt so viele hungernde Menschen auf der Welt, dass Gott nur in der Gestalt von Brot kommen kann.
Mahatma Gandhi

Die Versammlungen der Gläubigen hatten, wie manche Briefe des Neuen Testamentes zeigen, nicht ausschließlich liturgischen Charakter. Man feierte in der Eucharistie die Vergegenwärtigung des Herrn, von der her die Gemeinden auch ihren Dienst an den notleidenden Brüdern und Schwestern wahrnahmen *(vgl. 1 Korinther 16,1f.)*. So wirkt sich der gemeinsame Glaube, der im Zusammenkommen der Gemeinde gefeiert wird, auch auf das konkrete Einstehen füreinander aus. Wie Jesus nach dem Mahl seinen Jüngern in der Fußwaschung ein Beispiel seiner Liebe gegeben hat *(vgl. Johannes 13,1–20)*, so soll die Erfüllung des neuen Gebotes der Bruderliebe *(Johannes 13,24f)* im tätigen Dienst füreinander das kennzeichnende Merkmal seiner Jünger sein.«

Denn wo zwei oder drei in meinem Namen versammelt sind, da bin ich mitten unter ihnen.
Matthäus 18,20

Katholischer Erwachsenen-Katechismus

Elemente der Eucharistiefeier

Vor dem Gottesdienst:
einander begrüßen, sich sammeln und
still werden

Eröffnung:
Einzug des Priesters und der
liturgischen Dienste, Begrüßung,
Anrufung des Herrn im Kyrie,
Schuldbekenntnis, Gloria

Wortgottesdienst:
hören auf Gottes Wort und Antwort
geben im Zwischengesang (Halleluja),
Gottes Wort neu begreifen, sich im
Credo zu ihm bekennen, Fürbitte halten

Eucharistiefeier:
Bereitung der Gaben, Lobgesang
(Sanktus) und Hochgebet mit dem
Gedenken an Jesu Auftrag,
gemeinsam das Vaterunser sprechen,
Agnus Dei, Kommunion feiern,
danken und bitten

Entlassung:
wichtige Hinweise für das
Gemeindeleben, Segen und Sendung

Nach dem Gottesdienst:
Austausch unter den Teilnehmern,
einander beistehen und bestärken
im Leben und Glauben

Nachdem Gotteslob Nr. 352

*In Wahrheit ist es
würdig und recht, dir,
Vater im Himmel,
zu danken und dich
mit der ganzen Schöp-
fung zu loben.
Denn in dir leben wir,
in dir bewegen wir uns
und sind wir.
Jeden Tag erfahren
wir aufs Neue das
Wirken deiner Güte.
Schon in diesem
Leben besitzen wir
den Heiligen Geist.
Durch ihn hast du
Jesus auferweckt
von den Toten
und uns die sichere
Hoffnung gegeben,
dass sich an uns
das österliche
Geheimnis vollendet.*

Präfation für die Sonntage
im Jahreskreis VII

Brot, das anders schmeckt
Eine Geschichte als Anregung zum Gespräch miteinander

Die Gastbrote

In einer Zeit der Teuerung sah Rabbi Mendel, dass die vielen Bedürftigen, die in seinem Haus zu Gast waren, kleinere Brote als sonst bekamen. Er ordnete an, man solle sie größer machen, als sie vorher waren; denn die Brote hätten dem Hunger und nicht dem Preise gerecht zu werden.

Chassidische Erzählung

Es war an der Südküste eines lateinamerikanischen Landes. In einem Fischerdorf wohnt Marco mit seiner Frau Linda und seinen drei Kindern José, Amalio und Lucia. Er war jahrelang Fischer gewesen. Seit einigen Monaten jedoch ist er arbeitslos. Seine Firma, für die er zum Fischfang gegangen war, hatte sich aus dem Dorf zurückgezogen, weil sich der Fischfang nicht mehr lohnte.

Der Tag ist nahe, an dem Marco seine Familie verlassen muss, um in der großen Stadt, die tausend Kilometer entfernt vom Dorf liegt, eine Arbeit zu finden. Bliebe er im Dorf, so wären die wenigen Ersparnisse bald aufgezehrt, und die ganze Familie müsste dann hungern.

Mutter und Kinder waren an dem Tag zuvor sehr traurig, dass der Vater so weit wegfahren musste, um für sie das tägliche Brot zu verdienen. Auch Marco, der Vater, war traurig, denn er wusste nicht, wann er seine Frau und seine drei Kinder wiedersehen würde. Er dachte den ganzen Tag darüber nach, was er seiner Familie als Andenken hinterlassen könnte, damit seine Frau und die Kinder immer, solange er weg war, an ihn denken würden; und er dachte darüber nach, was er mitnehmen könnte als Erinnerung an seine Lieben.

Es war Abend geworden, und alle saßen am Tisch. Jeder wusste, dass dies das letzte Mal war, dass sie zusammen mit Vater das Abendbrot aßen. Es herrschte eine gespannte Stille, jeder wusste warum.

Nur die kleine Lucia wagte, den Vater zu fragen: »Papa, wenn du morgen wegfährst, schlafe ich noch?«

»Ja«, sagte der Vater, »denn ich werde sehr früh abreisen. Ich brauche zwei Tage, um mit dem alten Bus in die große Stadt im Norden zu kommen. Aber ich werde bald eine Arbeit finden und eine Wohnung, und dann komme ich euch holen, damit wir immer zusammen sind. Ich weiß nicht, wie lange das dauern wird. Ich will von euch ein Andenken mitnehmen. Es soll mich daran erinnern, dass ich euch lieb habe und dass ich bald kommen muss, euch zu holen.

Ich will euch aber euch ein Andenken hinterlassen. Es soll euch
daran erinnern, dass ihr mich lieb habt und dass ihr auf mich wartet.
Ich habe nichts«, fuhr der Vater fort, »was ich euch schenken kann.
Trotzdem gibt es etwas, das wird uns helfen: euch, an mich zu denken, und mir, an euch. Wenn ihr zusammen seid und an diesem Tisch
euer Brot esst, dann denkt ihr an mich. Und wenn ich in der großen
Stadt Brot esse, dann denke ich an euch.«
»Abgemacht!«, riefen die Kinder, und obwohl sie den Vater eine Zeit
lang nicht mehr sehen würden, waren sie nicht mehr so traurig, denn
sie wussten: Jedes Mal, wenn wir mit der Mutter am Tisch essen,
denken wir an Vater und er an uns, bis er kommt, uns zu holen.
Seit diesem Tag hat das Brot den Kindern und der Mutter zu Hause
und dem Vater in der Ferne anders geschmeckt.

Aus Lateinamerika

Wort und Sakrament
Gedanken eines Gottesdienstbesuchers

Heute besuchte ich den Sonntagsgottesdienst. Als die Glocken ver-
stummten, trat die Gemeindereferentin an den Altar und begrüßte
uns. Denn an diesem Sonntag erreichte der Priestermangel endgültig
und unmissverständlich auch unsere Pfarrei.
Wir ließen uns nicht verwirren, sondern sangen und beteten uns
hinein in die Sonntagsliturgie. Der Lektor trug die Lesung vom
müden Propheten Elija unterm Ginsterstrauch vor, dem Gott einen
Engel zur Stärkung sandte. Der Bibeltext ermutigte mich, und auch
die darauf abgestimmte Predigt, denn ich brauche diesen Engel, der
mir sagt: »Steh auf, iss und trink, denn sonst ist der Weg zu weit für
dich.«
Doch als ich bei der Kollekte über das Evangelium, die Brotrede Jesu,
nachdachte, da verspürte ich einen Widerspruch in mir und Sehnsucht nach diesem »Brot des Lebens«. Warum hat es uns heute niemand gereicht? Sind wir nicht deshalb zur Kirche gekommen? Darf
man Wort und Sakrament zwar nicht theologisch, aber praktisch so
voneinander trennen?
Ich bin mir nicht sicher, ob diese Praxis, die Glaubenden sonntags
ohne das eucharistische Brot nach Hause zu schicken, noch im Sinne
Jesu und seiner Verheißung ist. Es muss andere Wege geben.

Das Mahl

Als die Stunde gekom-
men war, begab er sich
mit den Aposteln zu
Tisch. Und er sagte zu
ihnen: Ich habe mich
sehr danach gesehnt,
vor meinem Leiden
dieses Paschamahl mit
euch zu essen.
Lukas 22,14–15

Erntedankfest der Völker

Kv: Körner, verstreut über Berg und Tal, Werden zu Brot, das in diesem Mahl Einheit uns schenkt mit Gott und der Welt. Dank für das Brot, das Leben erhält.

Überleitung

1. Körner, voll tanzender Freude und Geist, Korn, das in Armut Leben verheißt, Körner vom Süden birgt dieses Brot, das alle eint in Freude und Not. Instrumental

Kv: Körner, verstreut über Berg und Tal, Werden zu Brot, das in diesem Mahl
Einheit uns schenk mit Gott und Welt. Dank für das Brot, das Leben erhält.

1. Körner, voll tanzender Freude und Geist, Korn, das in Armut Leben verheißt,
Körner vom Süden birgt dieses Brot, das alle eint in Freude und Not.

2. Körner, gefüllt mit veränderter Kraft, Korn, das Frieden, Gerechtigkeit schafft,
Korn aus Südwesten birgt dieses Brot, das alle eint in Freude und Not.

3. Körner, von Stille und Schweigen durchtränkt, Korn, das die Wand zur Ewigkeit
sprengt, Körner vom Osten birgt dieses Brot, das alle eint in Freude und Not.

Text: Norbert Weidinger, Melodie: Klaus Simon

Weiterführende Gedanken zur Eucharistie

Über allen geschichtlichen Wandel hinweg stellt sich die Frage: Was bedeutet mir persönlich die Eucharistiefeier? Was kann ich tun, dass der Weiße Sonntag nicht bereits der »Einstieg in den Ausstieg« wird, sondern der Beginn einer lebenslangen, lebendigen Beziehung?

Einige praktische Anregungen dazu:

- Die Freude am Erstkommunionfest lebendig halten durch den häufigen Besuch der Sonntagsmesse (besser mit »werben« als mit Druck und Zwang!)
- Herausfinden, ob das Kommunionkind evtl. Interesse am Ministrantendienst hat, um eine attraktivere, aktive Rolle übernehmen zu können
- Gemeinsam Familiengottesdienste, später Jugendgottesdienste kreativ und aktiv mitgestalten oder besuchen, das Engagement der Kinder unterstützen
- Überregionale Angebote nutzen wie Jugendwallfahrten oder Jugendvespern
- Den Kontakt zu den anderen Kommunionkindern evtl. in einer Jugendgruppe weiter pflegen
- Familienfeste nutzen, um vielleicht auch im kleinen Kreis einen bekannten Priester zur gemeinsamen Eucharistiefeier einzuladen und mit persönlichem Zuschnitt das Mahl mit Christus zu feiern, z. B. Abschied aus dem Elternhaus, Silberne oder Goldene Hochzeit …
- Ab und an für sich eine Kirche aufsuchen, im Alltag, im Urlaub oder auf (Geschäfts-)Reisen und einige Minuten der Stille und Zwiesprache einlegen zur Wiederbelebung der Beziehung zu Christus und um für die Familie zu beten
- Sich von Zeit zu Zeit in eine Kirche vor das »Ewige Licht« und den »Tabernakel« zurückziehen, still werden und das Unverständliche zu verstehen suchen, das »Geheimnis des Glaubens« schlechthin
- In Geschichten, Liedern und durch altersgemäße theologische Literatur die Fragen nach dem besseren Verständnis dieses Sakramentes wachhalten und entdecken, welche neuen, an unseren zeitlichen Denkhorizont angepasste Antworten von anderen Mitsucher/innen angeboten werden
- Bestimmte Erinnerungstage im Lauf des Kirchenjahres bewusst feiern, an denen die Eucharistie im Mittelpunkt steht, vor allem

Gebet zur Bereitung der Gaben

Gepriesen bist du,
Herr unser Gott,
Schöpfer der Welt.
Du schenkst uns
das Brot, die Frucht
der Erde und der
menschlichen Arbeit.
Wir bringen dieses Brot
vor dein Angesicht,
damit es uns das Brot
des Lebens werde.

Gepriesen bist du,
Herr, unser Gott,
Schöpfer der Welt.
Du schenkst uns den
Wein, die Frucht des
Weinstocks und der
menschlichen Arbeit.
Wir bringen diesen
Kelch vor dein
Angesicht, damit er
uns der Kelch des
Heiles werde.

Gründonnerstag, Fronleichnam, Erntedankfest; sich innerlich darauf vorbereiten (oder die Feier nachbereiten) mithilfe aktueller Zeitschriften oder entsprechender Texte

● Ansprechende Text sammeln und als Büchlein fortführen. Solche »gebrauchsfertigen« Vorratskammern finden sich auch in dem offiziellen Gesangbuch »Gotteslob« *(Nr. 351, 535–547, 779).*

Warum nicht der Wirkung des Glaubens jeden Tag nachspüren? Gerade in Zeiten von Stress, wenn wir nicht wissen, »wo uns der Kopf steht«, hilft ein Innehalten und Sich-bewusst-Machen, ein Sich-Beziehen auf die Wurzeln des Glaubens, auf die Geborgenheit in der Gemeinschaft der Gläubigen, auf die Verheißung des Heils, auf den Sinn des eigenen Seins.

O heil'ge Seelenspeise

O heil'ge Seelenspeise auf dieser Pilgerreise,
O Manna, Himmelsbrot.
Willst unsern Hunger stillen mit Gnaden uns erfüllen,
uns retten vor dem ew'gen Tod.

Du hast für uns dein Leben, o Jesus, hingegeben
und gibst dein Fleisch und Blut
zur Speise und zum Tranke, – wer preist mit
würd'gem Danke
dies unschätzbare ew'ge Gut?

»Kommt alle, die auf Erden von Not bedränget
werden«,
so spricht dein eigner Mund,
»ich will euch wiedergeben mit meinem Blut
das Leben.
Dies ist der neue ew'ge Bund.«

Mit Glauben und Vertrauen wir dich verdeckt
hier schauen
in deiner Niedrigkeit.
Ach, lass es, Herr, geschehen, dass wir im
Himmel sehen
dich einst in deiner Herrlichkeit.

Übersetzung des Hymnus »O esca viatorum«, 15. Jahrhundert

Gott hält viele Gaben für uns bereit. Da sind zunächst die Erntegaben des Feldes, aber auch allgemein die Früchte unserer Arbeit, wie immer sie auch aussehen mag. Nicht zuletzt die »Begabungen« jedes Einzelnen gehören dazu – Fähigkeiten und Fertigkeiten, die auszubilden und anzuwenden zum Nutzen aller vornehme Pflicht ist. In der Eucharistiefeier gibt Gott sich selbst als Gabe in Form von Brot und Wein, auf dass wir »durch ihn und mit ihm und in ihm« die Gabe des ewigen Lebens erhalten.

Schuld und Vergebung

Es gehört zu den elementaren Erfahrungen des Menschseins: Niemand ist perfekt. Alle machen Fehler, bleiben einander manches schuldig, weil sie zu wenig oder gar nichts tun, wissentlich oder unwissentlich Fehler begehen. Umso mehr sehnen sich Menschen nach der Großzügigkeit des »Barmherzigen Vaters« oder der klaren Liebe des »guten Hirten«. Er folgt dem einen »verlorenen Schaf« durch dick und dünn, um es zu bergen. Diese Gleichnisse Jesu lassen Hoffnung in uns aufkeimen und zugleich die Erkenntnis: Vergebung und Versöhnung sind unsere einzige Chance, aber wir können sie uns nicht einfach nehmen, sie nicht wie selbstverständlich beanspruchen. Sie müssen uns geschenkt werden von den Mitmenschen und von Gott, dem »Freund des Lebens« *(Buch der Weisheit 11,26 b).*

Der Alltag bietet viele Gelegenheiten, um einerseits das Selbstbewusstsein durch Lob und Kräftigung zu stärken und andererseits die Aufmerksamkeit ohne moralischen Zeigefinger auf Dinge zu lenken, die nicht in Ordnung waren.

Zeichen der Versöhnung

Aus diesem Bewusstsein ging Papst Johannes Paul II. zur Jahrtausendwende mit gutem Beispiel voran. Am 12. März 2000 sprach er mit einigen Kurienkardinälen gegen erhebliche Widerstände in den eigenen Reihen ein Schuldbekenntnis aus und bat um Vergebung für Verfehlungen und Irrtümer in der Geschichte der Kirche wie Kreuzzüge, Inquisition, Judenhass.

Erstes Schuldempfinden

Spätestens bei der Vorbereitung auf die Erstkommunion sehen sich Kinder intensiv mit der Thematik »Schuld und Vergebung« konfrontiert. Manche Eltern erleben im alltäglichen Umgang, dass sich schon vorher im Kind Unbehagen regt, zum Beispiel wenn etwas Wertvolles aus Versehen zu Bruch ging, wenn ein böses Wort gefallen ist oder im »unheiligen Zorn« die Fäuste geflogen sind. Es ist völlig normal, dass Schuldgefühle hier nicht ausbleiben.

Psychologen warnen jedoch davor, Kindern vorzeitig Schuldgefühle einzuimpfen, die sie noch gar nicht bewusst als solche verspüren oder benennen können. In der Tat ist mit dem Thema »Schuld« im Kindesalter ein vorsichtiger Umgang angesagt, ohne alle bis ins Jugendalter zu »Unschuldsengeln« erklären zu wollen. Denn es gilt auch: Aus Fehlern kann nur der lernen, dem man hilft, sie zu erken-

nen. Augustinus spricht von der »glücklichen Schuld«. Wer beim
Glaubenlernen davon ausgeht, dass Kinder die »Regisseure« ihrer
Entwicklung sind, wird auch sein Kind sorgsam beobachten und in
schwierigen Momenten begleiten. Das Bilderbuch von »Struwwel-
peter« und »Suppenkasper« ist dazu als Erziehungsmittel mit Sicherheit ungeeignet.

Der Weg zur eigenen Einsicht

Aus seinem altersgemäßen, ich-zen-
trierten Welt- und Selbstbild heraus
kann das Kind erst allmählich begreifen, wo es anderen Schaden zufügt, die
Wahrheit verletzt oder sich auf unlau-
tere Weise Vorteile sichern will. Eltern
tun gut daran, nicht alles durchgehen
zu lassen, sondern Grenzen zu setzen.
Unangemessen wäre die »Holzham-
mer-Methode« und massive Vorwürfe.
Es gilt, mit dem Kind zu sprechen, um
seine Beweggründe und seine Sicht
des Vorfalles zu erfahren. Diese kindlichen Gedanken auszusprechen, miteinander zu bedenken und mit einer
ehrlichen Rückmeldung von Mutter,
Vater, älterem Geschwister oder der
Lehrkraft zu vergleichen. Dies bringt
die Entwicklung des kindlichen Wert-
bewusstseins und Werturteils voran.
So wächst auf der Suche nach besseren Handlungsalternativen (und auch
Wiedergutmachung) im Gespräch die
eigene Einsicht in richtiges oder falsches Handeln. Altersgemäß gilt für
Kinder im Erstkommunionalter das
Bestreben, Strafen zu vermeiden.
Manche Erwachsene raten zur Gegen-
seitigkeitsregel: »Wie du mir, so ich
dir.« Die kann jedoch auch falsch
angewandt werden!

Utopie

Ich seh' ein Land mit neuen Bäumen.
Ich seh' ein Haus aus grünem Strauch.
Und einen Fluss aus flinken Fischen.
Und einen Himmel aus Hortensien seh' ich auch.

Ich seh' ein Licht von Unschuld weiß.
Und einen Berg, der unberührt.
Im Tal des Friedens geht ein junger Schäfer,
der alle Tiere in die Freiheit führt.

Ich hör' ein Herz, das tapfer schlägt,
in einem Menschen, den es noch nicht gibt,
doch dessen Ankunft mich schon jetzt bewegt,
weil er erscheint und seine Feinde liebt.

Das ist die Zeit, die ich nicht mehr erlebe.
Das ist die Welt, die nicht von uns'rer Welt.
Sie ist aus feinstgesponnenem Gewebe,
und Freunde, glaubt und seht: sie hält.

Das ist das Land, nach dem ich mich so sehne,
das mir durch Kopf und Körper schwimmt,
mein Sterbenswort und meine Lebenskantilene,
dass jeder jeden in die Arme nimmt.

Hanns Dieter Hüsch

Wie Jesus mit Schuld umgeht

Beispielhaft für den geglückten Umgang mit Schuld bleibt die Begegnung zwischen Jesus und dem Oberzöllner Zachäus:

Dann kam Jesus nach Jericho und ging durch die Stadt.
Dort wohnte ein Mann namens Zachäus; er war der oberste
Zollpächter und sehr reich.
Er wollte gern sehen, wer dieser Jesus sei,
doch die Menschenmenge versperrte ihm die Sicht;
denn er war klein.
Darum lief er voraus und stieg auf einen Maulbeerfeigenbaum,
um Jesus zu sehen, der dort vorbeikommen musste.
Als Jesus an die Stelle kam, schaute er hinauf und sagte
zu ihm:
»Zachäus, komm schnell herunter! Denn ich muss heute
in deinem Haus zu Gast sein.«
Da stieg er schnell herunter und nahm Jesus freudig bei
sich auf.
Als die Leute das sahen, empörten sie sich und sagten:
»Er ist bei einem Sünder eingekehrt.«
Zachäus aber wandte sich an den Herrn und sagte:
»Herr, die Hälfte meines Vermögens will ich den Armen geben,
und wenn ich von jemand zu viel gefordert habe,
gebe ich ihm das Vierfache zurück.«
Da sagte Jesus: »Heute ist diesem Haus das Heil
geschenkt worden,
weil auch dieser Mann ein Sohn Abrahams ist.
Denn der Menschensohn ist gekommen,
um zu suchen und zu retten, was verloren ist.«

Lukas 19,1-10

Schuldig werden ist der Preis, den jeder einzelne Mensch und jede Gemeinschaft für das Geschenk der Freiheit entrichtet; denn menschliches Handeln liegt in der persönlichen Entscheidung und Verantwortung. Kann ein kleines Kind schon oder ein alter Mensch noch schuldig werden?

Jesus sieht die Menschen mit den Augen Gottes. Er ist bereit zu vergeben und freut sich über die Umkehrbereitschaft des Zachäus. Dieser wiederum spürt den Vertrauensvorschuss, den Jesus ihm gibt – im Unterschied zu den anderen Leuten, die ihn verachten. Zachäus erkennt sofort, was an seinem Tun nicht richtig war.
Seine »Beichte« ist eher eine mittelbare. Aber er fasst gute Vorsätze, die er öffentlich ausspricht. Jesus verkündet ihm die Vergebung durch Gott.

Die erste Beichte

Bei der Erstbeichte der katholischen Kinder wählen die meisten das Beichtgespräch im Beichtzimmer anstelle des Beichtstuhls. Beides ist möglich. Ob die Hilfestellung und Begleitung der Eltern vonseiten des Kindes erwünscht ist, bedarf der vorherigen Klärung.

Die Beichte folgt diesem Ablauf:

- Sich sammeln und besinnen (vielleicht Stichwörter aufschreiben)
- Sein Gewissen erforschen (was nicht so gut gelaufen ist), z.B. anhand der 10 Gebote oder der Dreiteilung: ich und meine Begabungen – mein Umgang mit den anderen – mein Verhältnis zu Gott
- Die eigenen Anteile bedenken und bereuen
- Zu Gott sagen: »Es tut mir leid!« und einen Vorsatz fassen
- Beim Beichtgespräch: den Priester begrüßen, das Kreuzzeichen machen und erzählen (bekennen); sich Vergebung und Versöhnung von Gott zusprechen lassen, alles mit einem »Amen« bekräftigen, sich verabschieden
- Im persönlichen Gebet Gott danken

Durch die Menschwerdung Jesu hat sich Gott solidarisch mit allen Menschen erklärt. Er hat gesagt: »Was ihr dem Geringsten getan habt, habt ihr mir getan«. Daher gibt es kaum noch einen Unterschied zwischen Schuld und Sünde. Gottes Gebote wollen letztlich nicht Gott, sondern uns Menschen schützen.

Das Kreuz als Symbol der Versöhnung

Das Symbol der Versöhnung ist das Kreuz, manchmal, besonders bei Bußgottesdiensten, auch die Besprengung mit geweihtem Wasser. Der Priester trägt als Zeichen die violette Stola, die Farbe der Buße.

- Kleinkinder und Mütter spielen oft ein Spiel: Das Kleinkind rennt der Mutter davon, um seine Selbstständigkeit zu testen, versteckt sich, verspürt Angst und rennt zurück zu ihr. Die Mutter breitet die Arme weit aus, ihr Körper bildet ein Kreuz und sie schließt das Kind in ihre Arme: Die Wiedervereinigung der Getrennten, die Verbannung der Angst geschieht im liebevoll geübten, erlösend-befreiendem Spiel.
- Jesus breitet am Kreuz die Arme aus in »Compassion«, in freiwilliger Mit-Leidenschaft für die Menschheit und jeden einzelnen Menschen, in seiner Menschwerdung: Gott erklärt sich in ihm solidarisch mit dem Leiden der Menschen, die sich von ihrem Ursprung und ihrer Bestimmung entfernt haben, denen ihr Leben aus dem Ruder gelaufen ist. Gott bietet seine Versöhnung an, will sie schenken.

Beim Besprengen mit geweihtem Wasser lautet der deutende Psalmvers: »Entsündige mich mit Ysop, dann werde ich rein; wasche mich und ich bin weißer als Schnee.«

Psalm 51,9

● Der Priester spricht den Menschen in Anknüpfung an die nachösterliche Begegnung Jesu mit seinen Jüngern den Frieden von Gott zu, die Vergebung: »Wem ihr die Sünden vergebt, dem sind sie vergeben!« *(Johannes 20,23a)*. Und Gott vergibt: »So spreche ich dich los von deinen Sünden im Namen des Vaters und des Sohnes und des Heiligen Geistes. Amen«.

Kein leichter Gang: Erinnerung
Eine Erzählung

Auf meine Erstkommunion habe ich mich gefreut, aber nicht auf meine erste Beichte. An diesem Tag wäre ich am liebsten morgens gar nicht erst aufgestanden. Es kribbelte ganz fürchterlich in meinem Magen. Und aufgeregt war ich vielleicht!

Das Mittagessen wollte überhaupt nicht schmecken, obwohl Mutter meine Lieblingsspeise gebacken hatte: Apfelstrudel mit Vanillesoße. »Stell dich doch nicht so an!«, tat mein älterer Bruder groß. »Das ist alles halb so schlimm.« – »Der hat gut reden,« dachte ich, »der geht heute nicht zum ersten Mal beichten.« – »Du musst keine Angst

haben«, fuhr er fort, als ich schwieg. »Wenn du nicht bei unserem Pfarrer beichten magst, dann geh' einfach zu dem anderen Priester, den er immer mitbringt. Der kennt dich nicht. Oder du gehst gleich in den Beichtstuhl. Dort ist es so dunkel, dass dich niemand erkennt.«

Nein! In diesen dunklen Kasten brächten mich keine zehn Pferde. Aber das andere war ein heißer Tipp. Bei dem fremden Priester konnte man sich auch eher einen Fehler leisten; denn ein bisschen Angst hatte ich schon, etwas falsch zu machen, wenn wir auch in der Kommuniongruppe alles durchgesprochen hatten. Im Auto redete Vati beruhigend auf mich ein. Vor der Kirche rannten meine Klassenkameraden schon herum wie aufgescheuchte Hühner. Das ließ Hoffnung aufkeimen. »Warte mal, Vati!«, rief ich vom Rücksitz. »Vielleicht ist der Pfarrer krank geworden und unsere Beichte fällt aus.« Ich hatte mich getäuscht.

In der Kirche sprachen wir erst gemeinsam ein Gebet. Frau Bernhard zeigte uns, wo der Pfarrer und der fremde Priester uns erwarteten. Wir versuchten, still zu werden und unser Gewissen zu erforschen. Das hatte ich schon zu Hause probiert und nachgedacht. Die Spannung stieg. Gott sei Dank saß unser Pfarrer im Beichtstuhl. Ich fragte meinen Freund Phips leise: »Beichtest du, dass wir uns öfters gestritten haben?« Aber er zuckte nur mit den Schultern.

Dann las uns Frau Bernhard aus der Kinderbibel vor. Die Geschichte vom gütigen Vater kannte ich längst. Ich nahm allen Mut zusammen und ging als Erster in das Beichtzimmer. Wie das genau war, bleibt mein Geheimnis – obwohl natürlich jeder fragte: »Na, wie war's?« Das Gute ist, der Priester darf auch nichts weitersagen. Der war jedenfalls sehr freundlich. Das war für mich schon die halbe Miete. Dass ich mich danach sehr erleichtert fühlte, darf jeder wissen. Es war, wie wenn nach langer Zeit in meinem Kinderzimmer wieder einmal Ordnung herrschte. Phips sagte: »Das ist, wie wenn die Tafel in der Schule gelöscht wird. Schwamm drüber! Dann lässt sich viel besser wieder darauf schreiben!« War das die Androhung unserer nächsten Keilerei?

Norbert Weidinger

Die große Schuld des Menschen sind nicht seine Sünden, die er begeht – die Versuchung ist groß und seine Kraft ist klein. Die große Schuld des Menschen ist, dass er jederzeit umkehren kann und es nicht tut.

Aus dem Chassidismus

Gebet vor der Beichte

Guter Gott,
ich möchte gut sein.
Ich möchte den anderen helfen.
Ich habe es nicht immer fertig gebracht.
Verzeih mir!
Ich habe Böses getan
und kann nicht alles gutmachen.
Verzeih mir!
Ich darf dir helfen,
anderen zu zeigen, dass du sie lieb hast.
Ich nehme mir vor …
Gib mir die Kraft, die ich dazu brauche.
Amen

Gebet nach der Beichte

Gott, mein Vater,
du bist gut.
Du hast mir meine Sünden vergeben.
Ich bin sehr froh darüber. Danke!
Jesus, du hast die Kinder
zu dir gerufen und gesegnet.
Ich danke dir, dass du mich annimmst
als dein Kind und
mir eine neue Chance gibst.
Begleite mich und stärke mich,
das zu tun, was ich versprochen habe.
Gib mir dazu deinen Segen.
Amen

Nach Gotteslob Nr. 65

Versöhnen und Versöhnung feiern

Wenn dein Bruder sündigt, dann geh zu ihm und weise ihn unter vier Augen zurecht. Hört er auf dich, so hast du deinen Bruder zurückgewonnen.

Matthäus 18,15

● Manchmal fehlen die Worte. Dann gerät das gegenseitige Bitten um Verzeihung und Versöhnung noch vor Beginn ins Stocken. Deshalb stellt es eine gute Übung dar, schon im Voraus Worte und Sätze zu sammeln die helfen, wenn ein Streit beendet und ein begangener Fehler vergeben und vergessen sein soll; z.B. »Bitte sei mir wieder gut!« – »Ich bin dir nicht mehr böse.« – »Es tut mir leid.« – »Entschuldigung!« – »Verzeihung!« – »Entschuldigung. Ich habe es nicht so gemeint.« – »Das war gemein von mir. Verzeih mir bitte!« – »Das war Quatsch. Lass uns wieder Freunde sein.« Natürlich gibt es noch andere Möglichkeiten …

Da fragte Petrus: »Herr, wie oft muss ich meinem Bruder vergeben, wenn er mir Unrecht tut? Ist sieben Mal denn nicht genug?« »Nein«, antwortete Jesus. »Nicht nur sieben Mal. Es gibt gar keine Grenze. Du musst bereit sein, ihm immer wieder zu vergeben.«

Nach Matthäus 18,21–23

● Wenn die Worte nicht von den Lippen gehen wollen, dem anderen (Freund, Klassenkameraden, Eltern) einen »Ent-Schuldungs-Zettel« auf den Tisch oder den Stuhl legen, z. B. »Das war nicht schön von mir. Lass uns neu anfangen!«

● In der Gruppe oder Familie gemeinsam Bildworte suchen und ergänzen, z. B. »Sich versöhnen ist wie …«, oder den Satz vollenden: »Versöhnung geschieht, wenn …«

● Die »Erstbeichte« mit einem Versöhnungsfest ausklingen lassen, zu dem alle Beteiligten, also Priester, die Vorbereitungsgruppe, die eigenen Eltern eingeladen sind – vielleicht auch Freundinnen und Freunde. Der Tisch ist schon vor der Beichte im Pfarrsaal oder im Gruppenraum oder zu Hause festlich geschmückt. Nach einem gemeinsamen Lied (vielleicht sogar noch weiteren Programmpunkten) folgt das »Versöhnungsmahl« mit Kakao, Keksen und Kuchen.

Buße und Vergebung

Mit der Bußerziehung zur Erstbeichte ist das Problemfeld Schuld und Sünde nicht ein für alle Mal gelöst. Auch Jugendliche und Erwachsene sehen sich permanent damit konfrontiert. Es bleibt uns ein Leben lang an den Fersen haften. Manche versuchen »Schuld« einfach aus ihrem Wortschatz, aus Fühlen und Denken zu verdrängen. Sie erklären sie zum Tabu: Darüber spricht »man« nicht. Aber schuldig werden sie trotzdem und das isoliert, sondert ab (die eigentliche Wortbedeutung von »Sünde«). Es verführt dazu, ständig Sündenböcke suchen zu müssen, um den anderen das eigene Fehlverhalten in die Schuhe schieben zu können. Verhaltensforscher stellen dies verstärkt in unserer Zeit fest und sagen: Viele leiden heute an einem »Unschuldswahn«. So muss es uns nicht wundern, wenn auch die Formen von Buße und das Bußsakrament ins Abseits geraten sind.

Wende dich mir zu,
und sei mir gnädig:
Denn ich bin einsam
und gebeugt.
Befrei mein Herz
von der Angst,
führe mich heraus
aus der Bedrängnis!
Sieh meine Not
und Plage an,
und vergib mir all
meine Schuld.
Psalm 25,16-18

Die Schuld auf andere schieben

Dadurch wird der Umgang mit Schuld und Sünde nicht besser, unser Leben nicht freier. Das sehen wir sofort ein, wenn wir selbst die Leidtragenden sind. Als Opfer fordern wir unverzüglich von den anderen, die Zehn Gebote, die Gesetze, die Regeln des Anstands und der Fairness einzuhalten. Denn die bewiesene Schuld der anderen setzt uns wieder ins Recht. Fühlen wir uns im Unrecht, also schuldig, beginnt das Spiel mit dem Verschieben der Gültigkeitsgrenzen von Geboten, Gesetzen und Regeln oder mit den Rechtfertigungen vor oder nach der Tat, mit dem Ausspielen der Gesetzeslücken und der Macht. Schuldgefühle und Schuld nicht wahrhaben zu wollen, endet in Extremfällen bei Vertreibung, Folter und Völkermord.

Es geht um die Wahrheit

Soziologen sind überzeugt: Wir brauchen Schuld und Schuldgefühle, weil sie die menschliche Natur im Zaum halten und vor der Verrohung bewahren. Sonst verliert der Mensch die Scheu, Schwächere schamlos auszubeuten. Es ist wahr. Schuldgefühle können missbraucht werden. Und es stimmt, dass Schuld uns unerträglich belasten kann. Aber ohne sie wäre das Zusammenleben unter den Menschen furchtbar. Nur Ehrlichkeit und Mitgefühl helfen weiter, nur bei der Wahrheit zu bleiben macht wirklich frei, so wie die Vergebung von Gott und den Mitmenschen. Das ist der Weg, um Schuld loszuwerden und die Spuren, die sie im sozialen Geflecht hinterlässt.

Sünde ist:
zu wenig Liebe zu den
Pflanzen und Tieren,
zu den Menschen,
ganz nah und ganz
fern, und zu Gott.
Quelle unbekannt

Das Zehngebot, der Dekalog

Die Präambel, das Vorwort, verdeutlicht: Es geht Gott nicht um ein Gebot um des Gebotes oder Verbotes willen, sondern um die Freiheit der Menschen. Gott hat Israel aus der Knechtschaft befreit. Nun durfte Israel – und dürfen wir – keinen anderen Menschen knechten. Wer diesen Zusammenhang erkannt hat, wird wie im hebräischen Urtext innerlich die Befehlsform durch die Zukunftsform ersetzen. Er wird statt »du sollst« lesen »du wirst«, weil er das Geschenk der Freiheit zu schätzen weiß.

1. Du sollst keine anderen Götter neben mir haben.
2. Du sollst den Namen Gottes nicht verunehren.
3. Gedenke, dass du den Sabbat heiligst.
4. Du sollst Vater und Mutter ehren.
5. Du sollst nicht töten.
6. Du sollst nicht ehebrechen.
7. Du sollst nicht stehlen.
8. Du sollst kein falsches Zeugnis geben wider deinen Nächsten.
9. Du sollst nicht begehren deines Nächsten Hab und Gut.
10. Du sollst nicht begehren deines Nächsten Frau.

Aus dem Gotteslob Nr. 61

Jesus bleibt für uns Christen das Maß – auch im Umgang mit Sünde und Schuld. Die lebendige Beziehung zu ihm weckt Einsicht auch in verworrenen und aufgeheizten Lebenssituationen. Mit ihm entdecken wir neue Umgangsformen und Möglichkeiten der Umkehr. Buße und Umkehr wollen befreien und die Liebe neu beleben.

Jesus und die Ehebrecherin
Eine Geschichte aus der Bibel

Jesus begibt sich vom Ölberg zum Tempel, wo die Menschen auf sein aufrichtendes Wort warten, berichtet Johannes in seinem Evangelium. Da will ihm die Priesterschaft eine Falle stellen. Eine Frau war in flagranti beim Ehebruch ertappt worden. Sie zerren sie in die Mitte, verweisen auf die Vorschrift des Gesetzes, eine solche Frau zu steinigen, und reiben sich die Hände: Würde Jesus sich über das Gesetz erheben? Dann hätten sie einen Grund zur Anklage. Würde er sich auf die Seite der Frau schlagen? Aber Jesus setzt auf die eigene Einsicht der Menschen. Er bringt Ruhe zum Nachdenken in die aufgeheizte Situation und bezieht Stellung für die Sünderin. Jesus bückt sich und schreibt mit dem Finger auf die Erde. Als sie hartnäckig weiter fragen, richtet er sich auf und sagt zu ihnen: Wer von euch ohne Sünde ist, werfe als erster einen Stein auf sie. Und er bückt sich wieder und schreibt auf die Erde. Als sie seine Antwort hören, geht einer nach dem andern fort, zuerst die Ältesten. Jesus bleibt allein zurück mit der Frau, die noch in der Mitte steht. Er richtet sich auf und sagt zu ihr: Frau, wo sind sie geblieben? Hat dich keiner verurteilt? Sie antwortet: Keiner, Herr. Da sagt Jesus zu ihr: Auch ich verurteile dich nicht. Geh und sündige von jetzt an nicht mehr!

Nach Johannes 8,7b-11

Vergebung und Versöhnung kennt viele Formen
Täglich gibt es Streit und Unfrieden. Genauso oft sollten Menschen sich die Hand zur Versöhnung reichen.

Im alltäglichen Leben
- Sich in der Familie nicht auf das (oft immer gleiche) Fehlverhalten fixieren, sondern allen die Kraft zur Umkehr zutrauen
- Bei »dicker Luft« mit anderen einen Telefonanruf wagen, um ein Gespräch bitten und sich gegenseitig aussprechen
- Seine eigenen Anteile offen darlegen, hoffen, dass auch der andere so handelt, und sich direkt mit dem anderen versöhnen
- Danach ein Zeichen der Versöhnung setzen: einen Händedruck, eine Umarmung. Auch mit Gott alles ins Reine bringen
- Einen Brief, eine E-Mail, eine SMS hinterherschicken oder eine Rose, einen Blumenstrauß, ein kleines Buch …
- Wenn das nicht gelingt, Auswege und Lösungsansätze in der Streitschlichtung, in einer Familien- oder Partnertherapie, suchen
- Zumindest im Gebet den Faden zueinander nicht abreißen lassen
- Wenn Versöhnung unmöglich geworden ist, sich an Gott wenden, sich von einem Priester Vergebung Gottes zusprechen lassen

Im Gottesdienst
- Mit innerer Anteilnahme das Sündenbekenntnis im Bußteil der Messe nachempfinden
- Ganz bewusst die Vaterunser-Bitte mitsprechen: »Und vergib uns unsere Schuld …«
- Den Friedensgruß austauschen

Der Maßstab

Der Inbegriff christlicher Ethik ist das Liebesgebot, das untrennbar die Gottesliebe und die Nächstenliebe in sich vereinigt. (…) In der Person Jesu, in seinen Worten und Taten wird Gottes Wille anschaulich und erfahrbar. (…) Das Eigentliche christlicher Ethik ist jene Liebe, die an der Liebe Jesu teil hat und an ihr Maß nimmt, »einander zu lieben, wie ich euch geliebt habe« (Johannes 13,34), eine Liebe bis zum äußersten, bis zur Hinhabe des Lebens für die anderen.

Katholischer Erwachsenen-Katechismus

Zur Beichte, beim Bußgottesdienst und danach

- Zur Beichte gehen und innerlich die Schritte nachvollziehen und das Sakrament der Versöhnung empfangen
- Einen Bußgottesdienst besuchen; er rückt stärker die soziale Bedeutung von Sünde und Schuld in den Blick und hebt die individuelle Verengung auf – dabei mit den anderen öffentlich um Vergebung bitten und sie erfahren
- Als Jugendliche/r und Erwachsene/r die »Wiedergutmachung« stärker in den Blick nehmen, d. h., auch die Folgen unseres Versagens und unserer Unterlassungen; nach Möglichkeiten des Ausgleichs suchen und sie verwirklichen
- Die Bußzeiten im Kirchenjahr und im Familienleben nutzen und in der eigenen Lebensgestaltung Zeichen der Umkehr erproben; z. B. aufmerksamer aufeinander zugehen, eine kleine Adventsfeier oder einen Kreuzweg gestalten; anders leben, damit andere überleben
- Daran denken: Zielpunkt aller Buße und Versöhnung ist die Wiederbelebung der Liebe zu Gott und den Menschen

Warum siehst du den Splitter im Auge deines Bruders, aber den Balken in deinem Auge bemerkst du nicht?
Matthäus 7,3

Das II. Vatikanische Konzil legt drei mögliche Formen für die Feier der Versöhnung vor:
- Feier der Versöhnung für Einzelne (Einzelbeichte)
- Gemeinschaftliche Feier der Versöhnung mit anschließendem Bekenntnis und Lossprechung der Einzelnen (Bußgottesdienst)
- Gemeinschaftliche Feier der Versöhnung mit allgemeinem Bekenntnis und der Generalabsolution (Bußgottesdienst)

Katholischer Erwachsenen-Katechismus

Wenn Gott das Lied der Versöhnung spielt, will ich Flöte und Gitarre sein, Harfe und Tamburin, verzaubert von seinen Fingern.
Andrea Schwarz

Ein Wunder
Eine Erzählung

Einmal saß ich bei einer Bahnfahrt neben einem jungen Mann, dem sichtlich etwas Schweres auf dem Herzen lastete. Schließlich rückte er dann auch damit heraus, dass er ein entlassener Sträfling und jetzt auf der Fahrt nach Hause sei. Seine Verurteilung hatte Schande über seine Angehörigen gebracht, sie hatten ihn nie im Gefängnis besucht und auch nur ganz selten geschrieben. Er hoffte aber trotz allem, dass sie ihm verziehen hatten.

Um es ihnen aber leichter zu machen, hatte er ihnen in einem Brief vorgeschlagen, sie sollten ihm ein Zeichen geben, an dem er, wenn der Zug an der kleinen Farm kurz vor der Stadt vorüberfuhr, sofort erkennen könne, wie sie zu ihm stünden. Hatten die Seinen ihm verziehen, so sollten sie in dem großen Apfelbaum an der Strecke ein weißes Band anbringen. Wenn sie ihn aber nicht wieder daheim haben wollten, sollten sie gar nichts tun, dann werde er im Zug bleiben und weiterfahren, weit weg. Gott weiß, wohin.

Als der Zug sich seiner Vaterstadt näherte, wurde seine Spannung so groß, dass er es nicht über sich brachte, aus dem Fenster zu schauen. Ein anderer Fahrgast tauschte den Platz mit ihm und versprach, auf den Apfelbaum zu achten. Gleich darauf legte er dem jungen Sträfling die Hand auf den Arm. »Da ist er«, flüsterte er, und Tränen standen ihm plötzlich in den Augen, »alles in Ordnung. Der ganze Baum ist voll weißer Bänder.«

In diesem Augenblick schwand alle Bitternis, die ein Leben vergiftet hatte. »Mir war«, sagte der Mann später, »als hätt' ich ein Wunder miterlebt. Und vielleicht war's auch eins.«

Quelle unbekannt

Gebet zur Danksagung

*Ich danke dir, Herr,
für die Vergebung,
die ich erfahren habe,
und für den Mut zu
einem neuen Beginn.*

*Ich danke auch für
die Versöhnung mit
der Kirche, der ich mit
meiner Schuld Schaden
zugefügt habe.*

*Ich will mir Mühe geben,
nicht nur mit Worten
dankbar zu sein.
Auch ich will vergeben,
wenn andere mir
schaden oder mir
wehe tun.*

Aus dem Gotteslob

---

*Lobe den Herrn, meine Seele,
und alles in mir seinen heiligen Namen!
Lobe den Herrn, meine Seele,
und vergiss nicht, was er dir Gutes getan hat:
der dir all deine Schuld vergibt und all deine
Gebrechen heilt.
Der Herr ist barmherzig und gnädig,
langmütig und reich an Güte.
Wie ein Vater sich seiner Kinder erbarmt,
so erbarmt sich der Herr über alle,
die ihn fürchten.*

Psalm 103,1-3.8.13

*Mit der Schuld ist es wie
mit einer Zellentür.
Da hilft mir selbst der
Schlüssel nichts, den
ich hätte.
Sie hat innen kein
Schlüsselloch.
Sie kann nur von außen
geöffnet werden.*

Alfred Delp

Gott sagt: Ich bin Vater,
Bruder, Bräutigam,
Familie, Nahrung,
Gewand, Wurzel, Bau-
grund: Alles, was du
willst, bin ich. Auch dein
Diener werde ich sein;
ich bin doch gekommen,
um zu dienen, nicht um
bedient zu werden.
Ebenso bin ich auch
Freund, Glied, Kopf,
Bruder, Schwester und
Mutter, alles bin ich.
Du musst mir nur
Vertrauen schenken.

Johannes Chrysostomus

Sag ja zu mir, wenn alles nein sagt

Sag ja zu mir, wenn alles nein sagt,
weil ich so vieles falsch gemacht.
Wenn Menschen nicht verzeihen können,
nimm du mich an trotz aller Schuld.
Tu meinen Mund auf, dich zu loben,
und gib mir deinen neuen Geist.

Uns ist das Heil durch dich gegeben;
denn du warst ganz für andre da.
An dir muss ich mein Leben messen;
doch oft setz' ich allein das Maß.

Gib mir den Mut, mich selbst zu kennen,
mach mich bereit zu neuem Tun.
Und reiß mich aus den alten Gleisen;
ich glaube, Herr, dann wird es gut.

Denn wenn du ja sagst, kann ich leben;
stehst du zu mir, dann kann ich gehn.
Dann kann ich neue Lieder singen,
und selbst ein Lied für andre sein.

Zu viele sehen nur das Böse
und nicht das Gute, das geschieht.
Auch das Geringste, das wir geben,
es zählt bei dir, du machst es groß.

Drum ist mein Leben nicht vergeblich,
es kann für andre Hilfe sein.
Ich darf mich meines Lebens freuen,
und andren Grund zur Freude sein.

Diethard Zils

Wenn der Geist sich regt

1. Wenn der Geist sich regt, der Le-ben schafft, un-ver-ständ-lich noch, doch vol-ler Kraft, ü-ber-win-det mu-tig die Dis-tanz, ste-het auf und reicht die Hand zum Tanz! Kv: Füllt den neu-en Wein nicht in die al-ten Schläu-che! Zwängt die jun-ge Kir-che nicht in al-te Bräu-che! Öff-net Herz und Oh-ren weit dem neu-en Klang! Schöpfet Mut für eu-ren Glauben! Seid nicht bang! Seid nicht bang! Wenn der

Kv: *Füllt den neuen Wein nicht in die alten Schläuche! Zwängt die junge Kirche nicht in alte Bräuche! Öffnet Herz und Ohren weit dem neuen Klang! Schöpfet Mut für euren Glauben! Seid nicht bang!*

1. *Wenn der Geist sich regt, der Leben schafft, unverständlich noch, doch voller Kraft, überwindet mutig die Distanz, stehet auf und reicht die Hand zum Tanz!*

2. *Wenn der Geist sich regt und Feuer legt und verbrennen will, was ihr noch pflegt, gebt ihm Raum, errichtet nichts, das trennt, Feuer warf er auf die Erde, dass es brennt.*

Text: Norbert Weidinger, Melodie: Ludger Edelkötter

Im Übergang –
erwachsen werden

Als Pubertät bezeichnet man die Lebensjahre bei Jungen und Mädchen, in denen die körperlichen und seelischen Veränderungen hin zur Geschlechtsreife stattfinden. Diese zeitliche Phase beginnt bei Mädchen etwa ein bis zwei Jahre früher als bei Jungen, etwa ab dem zehnten Lebensjahr. Ab dieser Zeit beginnt sich das Verhältnis zwischen den Geschlechtern grundlegend zu ändern.

Irgendwann lässt es sich nicht mehr übersehen: aus dem Kind wird ein/e Jugendliche/r – nicht auf einen Schlag, sondern allmählich, manchmal verbunden mit inneren und äußeren Wachstumsschüben und -prozessen, die einer zweiten, einer »sozialen« Geburt gleichkommen. Sprache ist verräterisch: Wir sagen das »Kind«, aber »der/die Jugendliche«. Pubertät hat mit Sexualität zu tun; Jungen reifen zu Männern, Mädchen zu Frauen. Nicht nur ein bisschen, nein, ganz. Für die Familie beginnt eine mehr oder weniger »lebhafte« Zeit; denn alles wird zu eng: nicht nur die Klamotten, sondern auch das Elternhaus samt den darin untergebrachten Geisteswelten und Lebensvorstellungen, obwohl man andererseits das »Hotel Mama« (noch) nicht missen möchte. Aber Ausreißversuche der einen oder anderen Art können versuchsweise gestartet werden. Sie gehören zu dieser Übergangsphase, die bei Mädchen zwischen 10 und 18 Jahren, bei Jungen zwischen 12 und 20 Jahren gemeistert werden will mit ihren körperlich-seelischen »Umbauten« und den sozialen Umbrüchen. Niemand kann sie einfach überspringen.

Pubertät und Jugendzeit oder: sich freischwimmen

Pubertät kommt vom lateinischen »pubertas« und heißt »Mannbarkeit«. Diese Übersetzung fängt nur einen Teil der Wirklichkeit ein. Pubertät, das ist eine Zeit der »Häutung«, Loslösung und Neuorientierung. Sie verläuft bei Jungen und Mädchen in drei Phasen, nämlich Vorpubertät, Pubertät und Adoleszenz (lat. heranwachsend, Jugendalter). Alle drei Entwicklungsabschnitte sind genetisch gesteuert. GPR 54 ist »sein« Name. Dieses Gen gibt im Gehirn mit Hilfe von Wachstumshormonen, Testosteron bei Jungen und Östrogen bei Mädchen, das Startsignal. Der Körper streckt sich nach oben, lässt die Bart- und/oder Schamhaare sprießen, erhöht den Adrenalinausstoß und leitet den Stimmbruch ein. Die äußeren und inneren Geschlechtsorgane und -merkmale bilden sich aus. Diese körperlichen Veränderungen haben im emotionalen Bereich ein verstärktes

Schamgefühl, Selbstzweifel und einen Zickzack-
verlauf des allgemeinen Stimmungsbarometers
zur Folge. Im Zusammenleben beginnen Geheim-
niskrämerei, das Tuscheln und das Ausschauhal-
ten (mit leuchtenden Augen) nach Stars und
Idolen. Verklemmte Schüchternheit und extreme
Wutausbrüche wechseln sich ab. Jungen und
Mädchen werden füreinander interessant, die
Eltern ihnen peinlich.

Die äußeren Veränderungen

In der zweiten Phase, der eigentlichen Pubertät,
produziert der Körper zu viel Hautfett. Pickel
nehmen zu, Wachstumsschübe führen dazu, dass
die Körperproportionen nicht immer passen
wollen, der erste Samenerguss erfolgt und die
Menstruation setzt ein, die Vorboten der
Geschlechtsreife und Zeugungsfähigkeit. Gefühlsmäßig geht die
Achterbahnfahrt weiter von »Allmachts- und Größenwahnvorstellun-
gen« zu Selbstwertproblemen, großer Unsicherheit und Verletzlich-
keit. Um dies auf der sozialen Ebene ins Lot zu bringen, müssen
typische Rollenmuster überzogen ausgetestet werden mit Alkohol,
Macho-Gehabe, lauter Musik und coolen Mopeds, also Risikoverhal-
ten bei den Jungen, und mit ausgiebigem Schminken, Frisieren und
provozierendem Outfit bei den Mädchen. All das ist gepaart mit
überraschenden Rückzügen.

Erneute Ich-Findung

Mit 15 bis 16 Jahren (dritter Abschnitt) hat »man(n)« und »frau« sich
an die körperlichen Veränderungen gewöhnt und beginnt sie zu
genießen. Das Körperliche nimmt noch immer einen hohen Stellenwert ein (Sport, Fitness, erste Sexualkontakte, aber leider auch ne-
gative Erlebnisse wie z. B. Essstörungen). Innerlich baut sich ein
neues Selbstwertgefühl auf, gepaart mit Sinnsuche und -findung.
Die Zukunftsorientierung setzt ein. Politik wird interessant. Die
Loslösung von elterlichen Vorgaben und das damit einhergehende
Selbständigwerden ist unübersehbar. Die Empfänglichkeit für religiöse bzw. pseudoreligiöse Angebote lässt sich beobachten. Bei all dem
gibt es große Schwankungen zwischen Mädchen und Jungen.

*Je stärker die Stürme in
dieser Enge des Lebens-
meeres, umso mehr
muss die Schiffsbesat-
zung zusammenhalten
und sich ganz aufeinan-
der einspielen und ver-
lassen lernen. Die glück-
lich überstandene
Überfahrt macht alle
Anstrengungen wett.*

An die Eltern

Manchmal denke ich nach und sinne und frage,
warum ich da bin.
Ob ihr wohl wisst, dass ich euch anvertraut bin
für einige Jahre, aber nicht euer Besitz?
Ihr habt mich nicht so, wie man sich Dinge verschafft
und dann mit ihnen umgeht,
solange sie einem gefallen.
Euch gehöre ich nur, soweit ihr mich vertraut macht
und Verantwortung übernehmt für mein Leben.

Meine Eltern, wenn ich älter werde
und anders, als ihr es euch gewünscht habt,
wenn ihr bemerkt, dass mit mir ein anderes Leben begann,
auch ein fremdes, das eurem nicht gleicht,
werdet mir Freunde, die mich bejahen, so wie ich bin.
Schenkt mir die Liebe, die annimmt, vertraut und begleitet,
damit ich sie lerne und mutig werde zu schenken.

Mein Vater und meine Mutter,
wenn ihr mich frei gebt aus Liebe,
kann ich mich finden,
euch und das Leben.

Bitte einer Sechzehnjährigen

Eltern in Not

In der Zeit der neuen Ich-Findung Pubertierender verändert sich auch das Familiengefüge insgesamt. Nicht immer eine leichte Sache, die man mit einem Lächeln allein meistern kann.

Anfangs schmunzeln die meisten Eltern leise in sich hinein. Mit der Zeit werden die unberechenbar ausbrechenden Attacken ungemütlich, ärgern und erschrecken. Die gewohnte Vater-Mutter-Kind-Idylle zerbricht, manchmal mit lautem Getöse. Neues ist (noch) nicht in Sicht. Eigentlich können Vater und Mutter tun, was sie wollen: Sie bleiben Zielscheibe und Wand, an der sich Jugendliche in diesem Übergang reiben wollen und müssen. Unterstellungen und Ironie bilden ein gefährliches Glatteis, auf dem beide Seiten nur ausrutschen und das Gesicht verlieren können. Psychologen raten auch dazu, sich nicht anzubiedern; d.h., Erwachsene sollten Erwachsene bleiben und sich nicht plötzlich jugendlich geben – schon gar nicht in der Kleidung. Jugendliche können es partout nicht leiden, wenn Eltern plötzlich auch Interesse an der Disco und anderen Orte zeigen, die sie für sich reservieren möchten.

Im Hintergrund präsent sein

Wichtig bleibt umgekehrt, dass Eltern präsent bleiben und sich dem Kontakt stellen, wenn er gesucht wird, um das Herz ausschütten oder Fragen zu stellen. Das sollte vorsichtig geschehen: Zurückhaltung ist angebracht, sich keinesfalls aufdrängen mit Lebensweisheiten aller Art. Vernünftige, gut begründbare Regeln, die flexibel, nicht stur umgesetzt werden können, erweisen sich als hilfreich, um als Jugendlicher allmählich wieder in geordnetere Bahnen zu gelangen. Ein professioneller Ratgeber sagt: »Betonen Sie vor Ihren Söhnen und Töchtern nicht, wie schön die konfliktfreien Phasen sind. Das kann als Provokation missdeutet werden. Aber genießen sie diese, solange sie dauern.« Und noch etwas hilft, die »Selbsthilfegruppe«: Der Austausch mit Eltern, die in der gleichen Situation sind. An eines müssen sich alle gewöhnen: Den Maßstab für das Verhalten und die Verhaltensmuster der jungen Leute bildet ab sofort für längere Zeit die Gruppe der Gleichaltrigen, die sogenannte »Peergroup« – also nicht die altvertraute Umgebung. Der Ablösungsprozess vom Elternhaus muss sein, und er ist schmerzhaft – diese Erfahrung machen alle Familien.

Sexuelle Aufklärung

Die Zeiten der 50er-Jahre sind passé. Damals war sexuelle Aufklärung tabu. Auch die »Sexwelle« der 60er ist abgeebbt, aber dessen ungeachtet: Die Aufgabe bleibt. Schon in der Grundschule, sowie in allen weiteren Schularten sind Familien- und Sexualerziehung als fächerübergreifendes Bildungs- und Erziehungsziel und Aufklärungsunterricht in Biologie und im Religionsunterricht angeordnet. Dennoch liegt beides in erster Linie in der Verantwortung der Eltern, die sich jedoch erfahrungsgemäß (v. a. in der Pubertät der Kinder) mit diesem Thema schwer tun. Auch wenn über die Medien, das Internet, Zeitschriften, Aufklärungsliteratur und nicht zuletzt das Fernsehen alle Informationen frei zugänglich sind für Eltern wie Jugendliche, stellen Lehrer/innen, Ärzte und Psychologen immer wieder erschre-

Aus der Sicht christlicher Sexualethik sind körperliche und seelische Liebe nicht voneinander zu trennen. Sie ergänzen und steigern sich gegenseitig. Die Sexualität ist ein Geschenk der Liebe Gottes, das die gegenseitige Liebe zwischen den Menschen belebt und stärkt, die Einsamkeit besiegt.

Engel der Jugendzeit,
verbünde dich mit mir
auf der Suche
nach einer neuen Welt
jenseits elterlicher
Dächer
und heimatlicher
Hügellandschaft!
Ausbruch aus der
Geborgenheit,
Aufbruch in eine
leuchtende Zukunft
wollen gewagt sein.

Steh mir zur Seite,
Engel, mit Rat und Tat,
dass ich frank und
frei »Ich« sagen lerne
und verlässliche
Freunde gewinne.

Oder muss ich
meinen Engels-
glauben abstreifen
wie die Kinderschuhe?
Stellst du dich mir in
den Weg wie Jakob?
Bist du Freund
oder Feind?

Werde mein Freund und
bringe mir Glück!

Norbert Weidinger

ckende Wissenslücken bei den Heranwachsenden fest. Jugendliche geraten in dieser Konstellation eher unter den Druck, vorgeben zu müssen, »alles bestens im Griff zu haben«. Es gibt für sie wenig Anlaufstellen, wo sie ihre Nöte loswerden können, wenn die Wirklichkeit nicht mit der medialen Welt übereinstimmt. Gerade angesichts der Gewalt, die auch und besonders häufig in Familien stattfindet, stellt sich jedem Menschen und jedem Erzieher die Aufgabe, diese menschliche Urkraft zu kultivieren, Risiken zu vermindern und Hilfestellung zu geben. In Alltagsnischen können sich jedoch unverhofft Glücksmomente auftun für »erlösende«, befreiende, offene Gespräche zwischen Sohn und Vater, Mutter und Tochter. Jedenfalls sollten Eltern damit rechnen und sich innerlich für klärende Worte bereit halten. Meist löst sich die Verkrampfung erst in späteren Jahren, wenn das gegenseitige Vertrauen im sturmfreiem Klima wieder ins Lot gekommen ist. Umso wichtiger sind vorher entsprechende Beratungsstellen im näheren Umfeld.

Freiheit, die ich meine …

Hallo Tanja!
Entschuldige, dass ich Dich gleich mit meinen Problemen überfalle. Ich habe mich heute wieder mal wahnsinnig über meine Eltern aufregen müssen. Sie wollen einfach nicht wahrhaben, dass ich alt genug bin, um meine Angelegenheiten selbst zu regeln. Heute Nachmittag sollte ich beim 70. Geburtstag von Oma dabei sein, obwohl ich mit meiner Clique etwas unternehmen wollte. Weil ich mich weigerte, will Papa mir jetzt nicht erlauben, in den Sommerferien mit Euch zum Zelten zu gehen. Dabei hatte ich mich darauf so sehr gefreut. Kürzlich haben sie mir auch verboten, abends länger als bis 10 Uhr in der Disco zu bleiben, obwohl am nächsten Tag schulfrei war. Überhaupt soll ich immer was für die Schule tun. Als gäbe es nichts Wichtigeres im Leben!
Ich habe es satt, immer bevormundet zu werden. Ich kann doch machen, was ich will. Schließlich werde ich 16 …!

Gertrud Weidinger

Die Fabel vom Seepferdchen

Jeder kennt die Geschichte von »Hans im Glück«, einem Einfaltspinsel, der ohne Plan und Ziel mit einem Goldklumpen auszog und mit leeren Händen zurückkehrte – nachdem er eine Reihe, wie ihm schien, vielversprechender und sinnvoller Tauschhandel abgeschlossen hatte. Doch so viel Glück muss Hans erst mal haben …

Es war einmal ein Seepferdchen, das eines Tages seine sieben Taler nahm und in die Ferne galoppierte, sein Glück zu suchen.
Es war noch gar nicht weit gekommen, da traf es einen Aal, der zu ihm sagte: »Psst. Hallo, Kumpel. Wo willst du hin?«
»Ich bin unterwegs, mein Glück zu suchen«, antwortete das Seepferdchen stolz.
»Da hast du's ja gut getroffen«, sagte der Aal, »für vier Taler kannst du diese schnelle Flosse haben, damit kannst du viel schneller vorwärtskommen.«
»Ei, das ist ja prima«, sagte das Seepferdchen, bezahlte, zog die Flosse an und glitt mit doppelter Geschwindigkeit von dannen.
Bald kam es zu einem Schwamm, der es ansprach: »Psst. Hallo, Kumpel. Wo willst du hin?«
»Ich bin unterwegs, mein Glück zu suchen«, antwortete das Seepferdchen.
»Da hast du's ja gut getroffen«, sagte der Schwamm, »für ein kleines Trinkgeld überlasse ich dir dieses Boot mit Düsenantrieb; damit könntest du viel schneller reisen.«
Da kaufte das Seepferdchen das Boot mit seinem letzten Geld und sauste mit fünffacher Geschwindigkeit durch das Meer.
Bald traf es auf einen Haifisch, der zu ihm sagte: »Psst. Hallo, Kumpel. Wo willst du hin?«
»Ich bin unterwegs, mein Glück zu suchen«, antwortete das Seepferdchen.
»Da hast du's ja gut getroffen. Wenn du diese kleine Abkürzung machen willst«, sagte der Haifisch und zeigte auf seinen geöffneten Rachen, »sparst du eine Menge Zeit.«
»Ei, vielen Dank«, sagte das Seepferdchen und sauste in das Innere des Haifisches und wurde dort verschlungen.
Die Moral dieser Geschichte: Wenn man nicht genau weiß, wohin man will, landet man leicht da, wo man gar nicht hin wollte.

R. F. Mager

Herr, hilf den Jungen!

Sie verfügen über den unerschöpflichen Reichtum der Zukunft.
Sie sind Meister des Enthusiasmus und der Hoffnung.
Sie dürsten danach, in einer Welt ohne Untermenschen und Übermenschen zu leben.
Die Welt hat ihn nötig, diesen wunderbaren Reichtum, der Jugend heißt.
Lass kein leichtes Leben die jungen Menschen verderben.
Lass keine Schwierigkeit sie entmutigen.
Und lass sie vor der schlimmsten Gefahr gefeit sein:
Vor der Gefahr, sich einzurichten und das Feuer zu verlieren.

Dom Helder Camara, Erzbischof von Recife, Brasilien

Auch diese Zeit miteinander gestalten

Es steht dir frei

*Ein wandelnder
Terminkalender,
ein Kerzenleuchter
für das Fest,
ein Briefbeschwerer
ganz aus Eisen,
ein Aschenbecher
für den Rest?*

*Ein Aktendeckel
mit Rezepten,
ein Hut, ein Lied,
ein Zirkuszelt,
ein Gläschen Wein,
ein Sofakissen,
ein Stückchen Himmel
auf der Welt?*

*Was willst du machen
aus deinem Leben,
was willst du werden,
es steht dir frei …*

Lothar Zenetti

Flügge werden, das heißt: mehr Zeit mit den Freunden verbringen, Neues ausprobieren und sich auf die eigenen Füße stellen. Trotzdem lässt sich noch einiges mit der Familie unternehmen, oder?

- Einmal im Monat einen gemeinsamen Spieleabend miteinander gestalten. Jedes Mal überlegt sich ein anderer ein Spiel seiner Wahl.
- An einem Wochenende des Jahres mit der Familie unterwegs sein, z. B. miteinander wandern, eine Fahrradtour, ein Wochenende an einem See … Wichtige Dinge lassen sich eher nebenbei aussprechen und austauschen. Tapetenwechsel tut gut!
- Eltern können Kindern von der eigenen Kindheit, von ihren Abnabelungsversuchen, von den Freundschaften als Jugendliche, von der Schule erzählen
- Alte Bild-CDs, Videoaufzeichnungen oder Fotoalben miteinander anschauen und Erlebnisse austauschen
- Zu einem bestimmten Zeitpunkt kann ein »besonderes« Familienessen vereinbart werden. Die Absprachen sind:

  1. Jeder muss sich den Abend ganz freihalten. Deshalb sollte der Termin mit der ganzen Familie geplant sein!
  2. Jeder kümmert sich selbstverantwortlich um einen Speisegang, Vater um die Vorspeise, die Kinder gemeinsam um die Hauptspeise, die Mutter um die Nachspeise etc.
  3. Keiner darf dem anderen sagen, was er vorhat.
     Das bedeutet, dass die Speisen noch nicht herumstehen dürfen.
  4. Das Geschirr wird anschließend gemeinsam abgespült.

  Es ist erstaunlich, wie viel Spaß so ein »Überraschungsessen« gerade den Heranwachsenden macht!

- Der Freundeskreis der Heranwachsenden wird einmal im Jahr zum Essen eingeladen. Die Eltern bewirten die Freunde und nutzen den Abend, sich mit den jungen Leuten zu unterhalten und sie immer besser und näher kennenzulernen.

- Freizeit nach Wunsch: Jedes Familienmitglied soll sich aussuchen, was unternommen werden kann! Papa will ins Theater, Mama zum Frühstücken, der Sohnemann zum Fußball und das Töchterchen zum Eislaufen: Alle müssen einmal mit!

*Uns hilft nicht das,
was verwöhnt,
sondern das,
was versöhnt.*

Kalenderspruch

Die Firmung: Fest im Glauben

In die stürmische Zeit der Pubertät fällt die Feier der Firmung –
gerade zur rechten Zeit. Allerdings variiert der Zeitpunkt der Spendung. Mutige Pfarrgemeinden warten, bis die Jugendlichen etwa
13 Jahre oder noch älter sind. Andere befürchten: »Dann werden es
immer weniger!« und setzen sie schon in der fünften Klasse an.

Ein neuer Trend?

Kirchliche Großereignisse wie Kirchen- und Katholikentage beruhi-
gen die Kritiker: Es gibt ein »Wiedererwachen der Religion« unter
der Jugend. Attestiert wird auch, dass glaubende junge Menschen
Krisenzeiten und Schwierigkeiten im persönlichen wie im öffentlichen Leben besser überstehen und sich sozial stärker engagieren.
Das ist ein ermutigendes Zeichen, wenn man bedenkt, dass sich trotz
aller Umwelt-, Ungleichheits- und Wirtschaftsprobleme die Jugend
nicht ins No-Future-Denken flüchtet, sondern glaubt, an einer
zukunftsfähigen Welt mitgestalten zu können. Mit der Firmung
stehen richtungsweisende Weichenstellungen an für das spätere
Leben, für die der christliche Glaube Orientierungswissen bereithält.

*Je unsicherer die äuße-
ren Bedingungen sind
(z. B. die Chance, eine
Lehrstelle zu bekom-
men), um so wichtiger
wird die »Innenaus-
stattung« eines jungen
Menschen, werden
die Grundhaltungen
für die nahe wie die
ferne Zukunft.*

Ja oder Nein

*Du kannst dir nicht
ein Leben lang
die Türen alle offen halten,
um keine Chance zu verpassen.*

*Auch wer durch keine Türe geht
und keinen Schritt nach vorne tut,
dem fallen Jahr für Jahr
die Türen eine nach der anderen zu.*

*Wer sich entscheidet, wertet, wählt,
und das bedeutet auch: Verzicht.
Denn jede Tür, durch die er geht,
verschließt ihm andere.*

*Man darf nicht mogeln
und so tun,
als könne man beweisen,
was hinter jeder Tür geschehen wird.
Ein jedes Ja
– auch überdacht, geprüft –
ist zugleich Wagnis
und verlangt ein Ziel.*

*Das aber ist die erste aller Fragen:
Wie heißt das Ziel,
an dem ich messe Ja und Nein?
Und: Wofür lohnt es sich zu leben?*

Paul Roth

Siebenfacher Geist

Du, Geist der Wahrheit.
Heiliger Geist, beatme mich,
damit ich ein Gespür finde
für das Wesentliche in
meinem Leben.

Du, Geist der Stärke.
Heiliger Geist, bewirke in mir,
dass mir Boden
unter meinen Füßen wächst.

Du, Geist der Freiheit.
Heiliger Geist, befreie mich,
damit ich lerne,
Frieden und Gerechtigkeit
zu verallgemeinern.

Du, Geist des Rates.
Heiliger Geist, verlocke mich,
damit ich das
Abenteuer mit Gott wage.

Du, Geist der Wissenschaft.
Heiliger Geist, bedenke in mir,
dass ich die Schöpfung und
die Geschöpfe
in Leidenschaft achte.

Du, Geist des Gebetes.
Heiliger Geist, bete in mir,
damit Gott sich in mir
aussprechen kann.

Du, Geist der Liebe Gottes.
Heiliger Geist, behüte mich,
damit ich leben kann
in der Hoffnung auf immer.

Quelle unbekannt

Die Firmung

In katholischen Familien wurde die Firmung schon immer in kleinerem Rahmen gefeiert. Deshalb gibt es auch kaum Brauchtum; es sei denn den Ausflug mit dem Firmpaten und die Firmuhr. Oft feierten nur der Firmpate und die Eltern mit. In Anlehnung an den Ritterschlag im Mittelalter sollte der Firmling mit bischöflichem Segen und Backenstreich gestärkt werden und seinen Glauben neu bekräftigen für das zukünftige Leben.

Wie alle Sakramente ist die Firmung ein Zeichen der geschenkten Nähe Gottes. Sie stärkt und festigt den jungen Menschen vor allem durch die Zusage, dass der Geist Gottes den »Firmling« ein Leben lang begleiten wird im Einsatz für das Gute, für eine menschliche Welt, auf seiner Suche nach Sinn. Wenn die Jugendlichen bei der Firmung jünger sind, geht der Charakter eines »Initiationsritus«, einer bewussten Begleitung beim Übergang in die Welt der Erwachsenen, verloren. Die Firmfeier ist so etwas wie das ganz persönliche Pfingstfest in Erinnerung an das erste Pfingsten in Jerusalem. Damit löste Jesu sein Versprechen ein, den Beistand zu senden, den Heiligen Geist *(Johannes 15,25-26* gerade die Erzählungen in der *Apostelgeschichte 8,14-17; 19,5-6).*

Die Feier der Firmung

Die Firmung wird vom Bischof gespendet. Sie bekräftigt die Taufe und schließt die Aufnahme in die Kirche ab. Deshalb wird die Firmung auch als Sakrament der Mündigkeit bezeichnet. Die Firmung hat folgenden Ablauf:

Erneuerung des Taufversprechens:
Absage an die Mächte des Bösen,
Glaube an den dreifaltigen Gott

Singen oder Sprechen des Glaubensbekenntnisses mit der gesamten Gemeinde

Zwei Gebete um das
Kommen des Heiligen Geistes

Vortreten der Firmlinge an den Altar gemeinsam mit der Patin/dem Paten und anschließende Chrisamsalbung jedes einzelnen Firmlings; dabei taucht der Bischof seinen rechten Daumen in den Chrisam und zeichnet dem Firmling damit ein Kreuz auf die Stirn mit den Worten:

(Name der/des Jugendlichen) sei besiegelt durch die Gabe Gottes, den Heiligen Geist. Der Gefirmte antwortet: Amen.
Der Bischof legt ihm die Hand auf die Schulter und spricht: Der Friede sei mit dir.

Als die Apostel in Jerusalem hörten, dass Samarien das Wort Gottes angenommen hatte, schickten sie Petrus und Johannes dorthin. Diese zogen hinab und beteten für sie, sie möchten den Heiligen Geist empfangen. Denn er war noch auf keinen von ihnen herabgekommen; sie waren nur auf den Namen Jesu des Herrn getauft. Dann legten sie ihnen die Hände auf, und sie empfingen den Heiligen Geist.
Apostelgeschichte 8,14 17

Auch wenn ein Pate, eine Patin zur Seite steht, dokumentiert die Feier die bewusste Entscheidung des jungen Menschen für Christus, besiegelt durch die Salbung der Stirn mit Chrisamöl und in der Handauflegung des Bischofs.

Symbol der Firmung: die Salbung

Im alltäglichen Leben gebrauchen wir Creme und Salbe zum Schutz unserer Haut, als Erste Hilfe oder Beschleunigung der Heilung bei Verletzungen. Salben tun uns gut, machen uns frisch, halten jung, machen schön …

Schon bei der Taufe hat uns der Priester mit **Chrisam** auf Jesu Namen gesalbt: Christus heißt »der Gesalbte«; mit der Salbung bei der Firmung wird jeder in seinem Christsein »vervollständigt«, seine Beziehung zu Christus und zur Kirche bestärkt und besiegelt.

Die Salbung in **Kreuzesform** besagt, dass wir nun mit Christus in einer Schicksalsgemeinschaft stehen. Wenn wir auf das Leben Jesu blicken, ihm ernsthaft nachfolgen wollen, wissen wir: es wird auch Probleme geben. Dafür ist uns der Heilige Geist, der »Beistand von oben« geschenkt.

Jeder Firmling kann sich also durch Gott gestärkt wissen. Nach diesem ausdrücklichen Bekenntnis zum Glauben erhält der Firmling die Gaben des Heiligen Geistes: Weisheit, Einsicht, Rat, Stärke, Frömmigkeit und Gottesfurcht.

Liebe junge Christin!
Lieber junger Christ!

In Deinem Alter willst du Dich selbst entdecken und fragst:
Wer bin ich? Was will ich werden? Auf wen kann ich mich verlassen?
Da ist Dir im Firmsakrament Gott begegnet und hat Dir seinen Geist geschenkt.
Den Geist, der Dir sagt: Du bist unendlich wertvoll, Du hast eine unverlierbare
Würde. Den Geist, der Dich ermutigt, sowohl Deine Berufung wie auch
Deinen Auftrag in der Welt zu erkennen und zu verwirklichen. Schließlich den
Geist, der Dir helfen will, Dein Lebenshaus auf ein festes Glaubensfundament
zu stellen.
Ich bitte Dich: Nutze die Chance. Lass die Firmung in Deinem Leben weiter-
wirken. Sei kritisch gegenüber den Verlockungen einer Spaßgesellschaft. Trau
Dir etwas zu, gib nicht vorschnell auf. Suche Gott im persönlichen Gebet und in
der Gemeinschaft der Kirche. Vertraue ihm, denn er will, dass Dein Leben gelingt.
In froher Erinnerung an unsere Begegnung an Deinem Firmtag grüße ich Dich
herzlich mit den besten Glück- und Segenswünschen für eine gute Zukunft,

Dein Ernst Blöckl

Zusammen mit einem Bild schenkte Prälat Domdekan Ernst Blöckl († 2004) allen jungen Menschen, die er firmte, diesen Brief. Er war ein sehr beliebter und begeisterter Firmspender.

Der Adler
Eine Geschichte von der Freiheit

Das ist die Geschichte eines Mannes, der in den Wald ging, um nach einem Vogel zu suchen, den er mit nach Hause nehmen könnte:
Er fing einen jungen Adler, brachte ihn heim und steckte ihn in den Hühnerhof zu den Hennen, Enten und Truthühnern. Und er gab ihm Hühnerfutter zu fressen, obwohl er ein Adler war, ein König der Vögel.
Nach fünf Jahren erhielt der Mann den Besuch eines naturkundigen Mannes. Und als sie miteinander durch den Garten gingen, sagte der:
»Der Vogel dort ist kein Huhn, er ist ein Adler!«
»Ja«, sagte der Mann, »das stimmt. Aber ich habe ihn zu einem Huhn erzogen. Er ist jetzt kein Adler mehr, sondern ein Huhn, auch wenn seine Flügel drei Meter breit sind.«
»Nein«, sagte der andere. »Es ist immer noch ein Adler, denn er hat das Herz eines Adlers. Und das wird ihn hoch hinaufffliegen lassen in die Lüfte.« – »Nein, nein«, sagte der Mann, »er ist ein richtiges Huhn und wird niemals wie ein Adler fliegen.«
Darauf beschlossen sie, eine Probe zu machen.
Der naturkundige Mann nahm den Adler, hob ihn in die Höhe und sagte beschwörend: »Der du ein Adler bist, der du dem Himmel gehörst und nicht dieser Erde: breite deine Schwingen aus und flie-
ge!« Der Adler saß auf der hochgestreck-
ten Faust und blickte um sich. Hinter sich
sah er die Hühner nach ihren Körnern
picken, und er sprang zu ihnen hinunter.
Der Mann sagte: »Ich habe dir gesagt, er
ist ein Huhn.«
»Nein«, sagte der andere, »er ist ein Adler.
Ich versuche es morgen noch einmal.«
Am anderen Tag stieg er mit dem Adler
auf das Dach des Hauses, hob ihn empor
und sagte: »Adler, der du Adler bist, breite
deine Schwingen aus und fliege!«
Als der Adler wieder die scharrenden
Hühner im Hof erblickte, sprang er aber-
mals zu ihnen hinunter und scharrte mit
ihnen.

Der Adler kann nicht vom flachen Boden weg- fliegen; er muss müh- selig auf einen Fels oder Baumstumpf hüpfen: Von dort aber schwingt er sich zu den Sternen.
Hugo von Hofmannsthal

Wirf dich aufs Leben wie auf eine Beute dem Adler gleich im Sturz; denn wenn es dich selbst tausend Jahre freute, es wärc doch zu kurz.
Al-Mutamid

Mit ungehemmten
Flügeln dringen
wir jung wie Adler
in die Luft;
Doch jeder Tag kürzt
uns die Schwingen,
und endlich sinken wir
gelähmt zur Gruft.
Ernst Moritz Arndt

Da sagte der Mann wieder: »Ich habe dir gesagt, er ist ein Huhn.«
»Nein«, sagte der andere, »er ist ein Adler und hat immer noch das Herz eines Adlers. Lass es uns noch ein einziges Mal versuchen; morgen werde ich ihn fliegen lassen.«

Am nächsten Morgen erhob er sich früh, nahm den Adler und brachte ihn hinaus aus der Stadt, weit weg von den Häusern an den Fuß eines hohen Berges. Die Sonne stieg gerade auf, sie vergoldete den Gipfel des Berges, jede Zinne erstrahlte in der Freude eines wundervollen Morgens.

Er hob den Adler hoch und sagte zu ihm: »Adler, du bist ein Adler. Du gehörst dem Himmel und nicht dieser Erde. Breite deine Schwingen aus und fliege!« Der Adler blickte um sich, zitterte, als erfüllte ihn neues Leben – aber er flog nicht.

Da ließ ihn der naturkundige Mann direkt in die Sonne schauen. Und plötzlich breitete er seine gewaltigen Flügel aus, erhob sich mit dem Schrei eines Adlers, flog höher und höher und kehrte nie wieder zurück.

James Aggrey

Geschenkideen für die Firmung

Ich will bei der
Wahrheit bleiben.
Ich will mich keiner
Ungerechtigkeit beugen.
Ich will frei sein
von Furcht.
Ich will keine
Gewalt anwenden.
Ich will in jedem
zuerst das Gute sehen.
Mahatma Gandhi

Ein Geschenk vom Firmpaten oder von der Firmpatin, das hat gute und lange Tradition. Mit ihm wird die Freude darüber zum Ausdruck gebracht, dass das Patenkind sein Leben im Glauben weitergestaltet und sich seiner christlichen Orientierung bewusst ist. Patin oder Pate schenken daher wohlüberlegt symbolisch und/oder werthaltig. Es gibt viele Möglichkeiten und Geschenkideen:

- Die erste Uhr vom Paten, natürlich eine besonders schöne
- Ein Ring oder ein goldenes Kettchen von den Eltern
- Eine besonders schöne Ausgabe der Bibel mit Kunstdrucken
- Ein Globus, um den »Horizont« zu weiten und auf die allmählich in den Blick kommenden Weltprobleme zu lenken
- Mancherorts auch das katholische Gotteslob; vielleicht wäre aber eine jugendgemäße Gebetssammlung oder ein Bildband mit besinnlichen Texten hilfreicher
- Ein Jugendlexikon, um sich schlau zu machen
- Das lang ersehnte Fahrrad, um die Welt zu entdecken
- Eine Digital-Kamera, um das Leben einzufangen
- Ein Surfbrett, um es mit Wind und Sturm aufnehmen zu können

Firmsprüche

Mit dir erstürme ich Wälle,
mit meinem Gott überspringe ich Mauern.
Psalm 18,30

Zeige uns den Weg, den wir gehen sollen;
lass uns erkennen, was gut ist
für uns und für andere,
damit wir alle uns am Leben freuen können.
Nach Psalm 27

Wer diese Worte hört und danach handelt,
ist wie ein kluger Mann,
der sein Haus auf Fels baute.
Als nun ein Platzregen fiel und die Wasser kamen
und die Winde wehten und stießen an das Haus,
fiel es doch nicht ein;
denn es war auf Fels gegründet.
Matthäus 7,24–25

Gepriesen sei Gott,
denn er hat mein Gebet nicht verworfen,
und mir seine Hand nicht entzogen.
Psalm 66,20

Du sollst den Herrn, deinen Gott
lieben mit ganzem Herzen,
mit ganzer Seele und mit all
deinen Gedanken.
Dies ist das wichtigste und erste Gebot.
Ebenso wichtig ist das zweite:
Du sollst deinen Nächsten lieben
wie dich selbst!
Matthäus 22,37-39

Sei treu bis in den Tod,
dann werde ich dir den Kranz
des Lebens geben!
Offenbarung 2,10

Gottes Wort
hat jeden Tag Geburtstag,
und ich bin eingeladen.
Kyrilla Spiecker

Gott ruft jeden.
Die Antwort, die wir geben,
entscheidet über Sinn oder
Sinnlosigkeit unseres Lebens.
Elisabeth Nikrin

Wenn Wind und Sturm aufziehen,
bauen die einen Mauern,
die anderen Windmühlen.
Quelle unbekannt

So oft habe ich den Eindruck: Mein Leben wird von außen bestimmt, von Terminen, von Zufällen, von den Anforderungen anderer. Oft bin ich unzufrieden, weil alles anders läuft, als ich es mir vorgestellt habe. Und doch gibt es immer wieder Schritte zu einem neuen Anfang, zu einem Berufseinstieg, zum Abenteuer einer Urlaubsreise, zur Hochzeit. Darum ist es auch gut, Feste zu feiern, Geburtstage, Hochzeiten, Jubiläen eines Menschen, einer Firma, einer Gemeinde. An solchen Festen klingt eine Grundmelodie auf: Es ist gut, dass es dich, dass es euch, dass es uns gibt. In jedem Fest feiern wir die Ermutigung, neu »Ja« zu sagen zu unserem Leben. An ihm wird deutlich spürbar, was im Alltag oft verdeckt und verhüllt ist. Feste geben dem Leben einen Glanz, den Glanz des Anfangs, den wir nicht vergessen sollen, den Glanz einer Zukunft, die wir erhoffen. Dieser Glanz kann hineinleuchten auch in die Müdigkeiten und Enttäuschungen des Alltags, kann helfen, immer wieder mit kleinen Schritten auf ein großes Ziel zuzugehen.

Altabt Odilo Lechner

EIGENSTÄNDIG MITTEN IM LEBEN

Auf eigenen Füßen stehen

Die große Liebe

Welch aufregende und glückliche Zeit! Festhalten möchte man diese Zeit, als ständigen Begleiter neben sich haben, in Stein meißeln, in Ewigkeit verwandeln. Aber die Zeit bleibt nicht stehen. Alles ist ständig im Fluss. Also: »Carpe diem, nütze die Zeit, genieße sie in vollen Zügen, lass dich tragen von ihr!« Und irgendwann entsteht der Wunsch, das Leben miteinander zu teilen, eine gemeinsame Wohnung zu beziehen.

Abgenabelt von zu Hause für sich selbst verantwortlich, niemandem Rede und Antwort stehen müssen, das Leben in die eigene Hand nehmen – all dies steht für die erste Zeit des Ungebundenseins, für eine Zeit der Freiheit, für Momente, in denen wichtige und unwichtige Entscheidungen ganz allein getroffen werden können. Erfahrungen und Erlebnisse damit, wie man sein Leben gestalten und verändern kann, gehören genauso dazu wie ganz banale Dinge des Alltags, zum Beispiel einkaufen, sauber machen, Wäsche waschen, kochen … Das Leben will jetzt ganz allein »auf die Reihe gebracht« werden! Und das ist oft gar nicht so einfach.

Bekanntlich lebt der Mensch nicht gerne allein. Seit Menschheitsbeginn sucht der »Eine« ein Gegenüber, eine Ergänzung, eine Abrundung im »Anderen«. Zunächst zarte, dann immer tragfähigere Bande werden geknüpft, Liebe kann sich entwickeln und festigen. Vielfach entsteht daraus eine Familie. Der »klassische Weg« dazu geht von einer festen Liebesbeziehung über die gefestigte Partnerschaft zur Hochzeit und Familiengründung.

Gehst du mir mit?

*Gehst du mit mir, dann folge ich dir an jeden Ort.
Sprichst du mit mir, dann sage ich dir mein
schönstes Wort.
Lebst du mit mir, dann teil' ich mit dir mein Haus,
mein Brot.
Weinst du mit mir, dann bleib' ich bei dir in aller Not.
Lachst du mit mir, dann geh' ich mit dir auf jeden Tanz.
Schläfst du mit mir, dann gebe ich dir mich selber ganz.
Träumst du mit mir, dann zeige ich dir das Paradies.*

Lothar Zenetti

Freundschaft und Partnerschaft

Menschliches Leben bewegt sich zwischen Erd- und Himmelswurzeln. Die Erdwurzeln stehen als Bild für unser körperliches Dasein, die Himmelswurzeln deuten auf das Verwurzelt-Sein in einer höheren Macht hin.

Und gleichzeitig ist menschliches Leben immer eingebunden in ein Miteinander, es hat ein Du neben sich. »Das Ich wird erst Ich am Du«, so charakterisiert Viktor E. Frankl, der österreichische Neurologe und Psychotherapeut, die gesunden Beziehungen der Menschen untereinander. Zwischen Erde und Himmel, zwischen Ich und Du – genau dies beschreibt das Eingebettetsein in Freundschaft und Partnerschaft. Alles beginnt allerdings mit dem Himmel; denn wer im »siebten Himmel« schwebt, sieht die Dinge auf der Erde mit anderen Augen, mit der berühmten »rosaroten Brille«.

Zusammenleben ohne oder mit Trauschein

Viele Paare entschließen sich, zunächst unverheiratet zusammenzuleben. Die Zahl derer vergrößert sich ständig. Manche von ihnen betrachten das Zusammenleben als »Probe-Ehe«, andere wünschen sich eine Heirat in näherer oder entfernterer Zukunft. Ein guter Teil der Paare allerdings lehnt die Ehe grundsätzlich ab – quer durch alle sozialen Schichten, nicht nur unter den Studenten. Die gegenwärtige Entwicklung, die Skepsis gegenüber der Institution Ehe, lässt sich ganz sicher als Ausdruck sich wandelnder Lebensauffassungen und als Kritik an der herkömmlichen Ehe beziehungsweise als Ablehnung einer institutionellen Sicherung verstehen.

Für und Wider: Ist die Ehe als Institution noch tragfähig?

Einiges spricht dagegen: z.B. die überholte Auffassung von trauter Zweisamkeit; die Ansicht, Ehe sei nur etwas für traditionsgeleitete, ängstliche, schutzbedürftige Menschen. Dagegen spricht auch die Meinung, Ehe sei der Rest einer »verlogenen Glückspropaganda« alten Stils. Ideal und Wirklichkeit klaffen zu weit auseinander. Die Einstellung, das lebenslange Eheversprechen sei schlichtweg eine unzumutbare Überforderung bei der heutigen Lebenserwartung, spricht ebenso gegen die Institution. Das »Wider« findet sich auch in den Gedanken, Ehe schränke die persönliche Freiheit unzulässig ein, und die gesetzlichen Regelungen ließen im Falle des Scheiterns ein Auseinandergehen nur unter materiellen Einbußen zu …

Verliebt!

»Sie (er) liebt mich, sie (er) liebt mich nicht …« Wie oft zählen so die Kinder Blütenblätter aus? Und wenn es dann so weit ist, hat man ganz andere Dinge im Kopf: Du bist der wichtigste Mensch der Welt! Mit dir möchte ich meine Zeit gestalten und verbringen! Ich will mit dir ganz allein auf einer Wiese liegen und träumen!

Ich habe den Wunsch, ganz offen zu sein für dich! Meine Gefühle sollst du spüren und erleben können!

Vieles spricht dafür

Manche Argumente dienen der Ehe: Wer sich gebunden hat, wirft nicht so schnell das Handtuch – Partnerschaft bedarf einer gesetzlichen Regelung, sonst bleibt wie überall der Schwächere der Verlierer. Dafür spricht auch der Gedanke, dass Trennungsprozesse in der nicht ehelichen Gemeinschaft genauso schmerzhaft sind. Schließlich wollen dauerhafte personale Beziehungen erlernt werden und brauchen deshalb einen Schonraum. Die Ehe gewährt dazu mehr Sicherheit. Was trägt, ist der Glaube an die gegenseitige Liebe. Aus diesem Glauben heraus lässt sich eine dauerhafte Bindung wagen; wenn sie zusätzlich auf dem Fundament des Christentums ruht, wächst damit auch die Hoffnung und die Zuversicht, die gestellten Anforderungen zu meistern, weil es nicht allein auf unsere menschlichen Kräfte ankommt.

Bewusst abwägen

Das einzig Wichtige im Leben sind die Spuren von Liebe, die wir hinterlassen, wenn wir weggehen.
Albert Schweitzer

Vieles davon lässt sich nicht so schnell von der Hand weisen. Dennoch sollten sowohl die einen als auch die anderen Argumente vor dem eigenen Erfahrungshintergrund auf ihre Stichhaltigkeit hin durchdacht und nicht einfach ungeprüft übernommen werden. Heiraten kann ein Akt bloßer Tradition sein. Es muss jedoch ein bewusster Akt der Entscheidung für den anderen sein. Diese Entscheidung gilt es, auszusprechen und abzustimmen: »Lasse ich sie/ihn wissen, dass ich endgültig bei ihr/ihm bleiben möchte, oder muss sie/er fürchten, ich wolle mir noch eine Rückzugsmöglichkeit offenhalten.«

Tausend Ideen und Fantasien

Damit das Mögliche entsteht, muss immer wieder das Unmögliche gewagt werden.
Hermann Hesse

Wer verliebt ist, hat viele Ideen, die gemeinsame Zeit zu gestalten. Wer verliebt ist, überlegt sich tausend Mal am Tag, womit er dem anderen eine Freude machen, wie er ihn überraschen kann:
- Verliebte holen einander von der Schule oder Arbeitsstelle ab
- Sie schenken sich oft winzige Kleinigkeiten
- Sie besorgen Karten für Konzerte, fürs Kino
- Sie brennen CDs mit »gemeinsamen« Liedern
- Sie schreiben Gedichte, Texte, Liebeslieder füreinander
- Sie gehen endlos miteinander spazieren

- Sie treiben gemeinsam Sport
- Sie treffen sich so dann und wann mit Freunden
- Sie laden sich gegenseitig zum Kochen und Essen ein
- Sie nehmen sich einfach unheimlich viel Zeit füreinander

Verliebt sein,
ist eine Chance,
lieben zu lernen.
Alte Volksweisheit

Gedankenspulen

Verliebte wollen einander
möglichst oft begegnen
und sich nahe sein.
Sie ziehen sich gegenseitig an.
Bilder von einem idealen »Du«
entstehen im Kopf.
Solche Bilder finden sich
im anderen.

Verliebt zu sein heißt:
prickelnde Spannung,
mitreißendes Gefühl.
Verliebte erleben und
genießen die Spannung.
Sie spüren, dass tausend Wünsche
in ihnen geweckt werden.

Die Sehnsucht nach
körperlicher Nähe entflammt:
Sich umarmen, küssen,
aneinanderschmiegen, streicheln …
mit dem Körper die Gefühle
ausdrücken, ungeschminkt und alle.
Es ist ein unbeschreibliches
Gefühl zu erleben,
was der Körper alles
ausdrücken kann.
Verliebte leben davon.

Einer sorgt für den anderen,
einer gibt dem anderen aber auch
den nötigen Freiraum.
Verliebte Menschen gehen vorsichtig
und tolerant miteinander um.
Sie binden sich so aneinander.

Verliebte erleben die Welt
sensibler als andere Menschen.
Sie können die kleinen Dinge
des Lebens besser sehen
und sich daran freuen. Sie kosten
winzige Momente voll aus.

Verliebte wirken ausgeglichener
und gelassener.
So schnell bringt sie nichts
aus der Ruhe.
Sie reagieren geduldig
und mit großer Toleranz.

Sind das nicht alles Dinge,
die ein Leben wirklich lebenswert
machen, die sich eigentlich
jeder Mensch so wünscht?
Ist das vielleicht der Grund,
dass Verliebte manchmal mit
neidischen Blicken verfolgt werden?

Allein unterwegs im Leben

*Allein musst du entfal-
ten deine Schwingen,
allein nach deinem
Ideale jagen,
allein dich auf die See
des Lebens wagen,
allein, allein nach
deinem Himmel ringen.*

Georg Herwegh

Nicht alle jungen Menschen gehen den Weg der Partnerschaft und möglichen Ehe. Viele suchen andere Pfade: Wer in einer Großstadt am Klingelschild eines Hochhauses steht, wird sich über die Menge der Schilder wundern. Im Haus selbst gibt es nur Ein- oder Zwei-Zimmer-Appartements, die Flut der Namen ist unüberschaubar. Die Zahl der Singles hat in den letzten Jahren deutlich zugenommen. Was sich schon Anfang der 90er-Jahre in Deutschland abzeichnete, hat sich ungebrochen gesteigert. Überdurchschnittlich wuchs die Zahl der 20- bis 35-jährigen Frauen, die in Einpersonenhaushalten wohnen. Die allein stehenden Männer sind meist in der nächsten Altersgruppe (30–50-jährige) zu finden.

Ein Phänomen der Städte

*Am reichsten sind
die Menschen,
die auf das Meiste
verzichten.*

Rabindranath Tagore

Eine der möglichen Ursachen liegt sicher am Arbeitsplatzangebot, das in Großstädten deutlich höher ist als auf dem Land. Ebenso spielt der Dienstleistungsfaktor eine gewichtige Rolle, d. h. gute Verkehrsanbindungen, große Arztauswahl, nahe Einkaufsmöglichkeiten … Städte als Zentren der Wirtschaft und der erhofften Lebenschancen finden immer mehr Zulauf. Im Wettbewerb um gute Stellen oder auch nur um ein gesichertes Einkommen gilt es, die privaten Wünsche erst einmal hintan zu stellen und flexibel zu sein, lang zu arbeiten, sich frei versetzen zu lassen – ein Leben, das ein Single-Dasein fördert. Langfristige Beziehungen werden schwierig, gemeinsames Planen, gar eine Familie zu gründen, scheint manchmal beinahe aussichtslos.

*Niemals bin ich weniger
allein, als wenn ich
scheinbar allein bin …
Allein war Maria, da
redete sie mit dem
Engel. Sie war allein, als
der Heilige Geist über
sie kam und die Kraft
des Höchsten sie über-
schattete. Sie war allein
und bewirkte das Heil
der Welt und empfing
die Erlösung für alle.*

Ambrosius

In zunehmenden Maß hat diese Entwicklung Konsequenzen für alle Wirtschaftsbereiche, vom Wohnungsbau über die Nahrungsmittelindustrie bis in den Freizeitsektor hinein. Im Jahr 2010 wird fast jeder zweite Haushalt ein Single-Haushalt sein.

Die hohe Zahl der Singles, also der freiwillig allein lebenden, unverheirateten Männer und Frauen meist jüngeren und mittleren Alters, wirft die Frage auf: Handelt es sich um Pioniere eines neuen Lebensstils als Alternative zu Ehe und Familie?

Wer gilt als Single?

Als »Singles« sollten nur diejenigen allein lebenden bezeichnet werden, schlagen Soziologen vor, die zumindest für eine gewisse Dauer unverheiratet und freiwillig sowie ohne »festen Partner« alleine wohnen, also ihr Leben als bewusste und zeitweilige Alternative zu dauerhafter Partnerschaft und Familie verstehen. Trotzdem bleiben die Übergänge fließend zum Beispiel zu einem Zusammenleben ohne Trauschein, wenn beide ihre Wohnung nicht aufgeben möchten. Vielfach lässt sich allerdings nicht ganz klar bestimmen, ob das Single-Dasein wirklich so freiwillig gewählt ist. Durchaus sind auch emotionale Hinderungsgründe vorstellbar: (noch) nicht den Partner fürs Leben gefunden zu haben, über Enttäuschungen, zerbrochene Freundschaften oder Beziehungen nicht hinweggekommen zu sein, zu starke Bindungen an das Elternhaus zu empfinden. All dies kann das Eingehen einer (neuen) Bindung verhindern.

Menschen, die aus der Hoffnung leben, sehen weiter, Menschen, die aus der Liebe leben, sehen tiefer.
Aurelius Augustinus

Nur eine Phase des Lebens?

Ein Single-Leben ist in jedem Fall verbunden mit größtmöglicher Selbstbestimmung, aber zuweilen auch häufigem Alleinsein. Für den einen ist das Single-Dasein das Ideal grenzenloser Freiheit, das er bewusst wählt, für den anderen ein Zustand, der möglichst schnell überwunden werden soll, was aber nicht immer nach Wunsch gelingt. So sind viele Menschen im Verlauf ihres Lebens immer wieder Singles, etwa in einer vor- oder nachehelichen Lebensphase.

Erfahrungen sammelt man wie Pilze: einzeln und mit dem Gefühl, dass die Sache nicht ganz geheuer ist.
Erskine Caldwell

Heiraten – der gemeinsame Schritt

Man muss das Leben lieben, um es zu leben,
und das Leben leben, um es zu lieben.

Thornton Wilder

Die Erfahrung lehrt uns,
dass Liebe nicht
darin besteht, dass
man einander ansieht,
sondern dass man
gemeinsam in die
gleiche Richtung blickt.

Antoine de Saint-Exupéry

Viele Paare gehen gemeinsam und glücklich ihren Weg. Sie wollen ihrer Beziehung auch nach außen hin eine klare, feste Form geben: Sie heiraten.

Da ist viel zu bedenken, damit die Hochzeit zu einem Fest wird. Eine wichtige Frage ist die Entscheidung für oder gegen die kirchliche Trauung. Genügt nicht doch die standesamtliche Eheschließung? Augenblicklich scheint die kirchliche Hochzeit wieder »in« zu sein. So jedenfalls zeigen es repräsentative Umfragen. Das Entscheidende ist nur, ob junge Menschen mehr dahinter sehen als die Verschönerung dieses Knotenpunktes in ihrem Leben.

Schutz und Sicherheit

Ein Religionslehrer einer Nürnberger Berufsschule befragte seine Schülerinnen und Schüler, ob sie an einen Gott oder ein höheres Wesen glaubten, ob man sich auf das Gute im Menschen verlassen

könne, ob sie einmal kirchlich heiraten wollten. Das Ergebnis war einigermaßen verwirrend. Dass der Gottglaube für viele zum »Notaggregat« für aussichtslose Fälle des Lebens geworden ist und die Menschen nicht ganz so verlässlich erlebt werden, überraschte nicht. Erstaunlich aber war, dass es mehrere Schülerinnen gab, die nicht an Gott glaubten, konsequenterweise keinen Gottesdienst besuchten, am Guten im Menschen zweifelten, keine Hoffnung auf ein Leben nach dem Tod hegten, aber dennoch kirchlich heiraten wollten. Ingesamt wollte fast niemand in diesen Klassen auf die kirchliche Trauung verzichten. Vielen Paaren jedoch ist es wichtig, ihre Partnerschaft, ihre gegenseitige Treue und Verantwortung, zu dokumentieren und ihre Ehe einem höheren Schutz anzuvertrauen. Sie beginnen den neuen Lebensweg ganz bewusst mit Gott und legen vor diesem Hintergrund ihr Eheversprechen nicht nur im Standesamt, sondern in einer Kirche ab

> ## In guten und in schlechten Tagen
>
> *Ich schenke dir die ganze Welt:*
> *meine tiefsten Gedanken,*
> *meine bestgehüteten*
> *Geheimnisse,*
> *meine stärksten Gefühle.*
> *Mich selbst will ich an*
> *dich verschenken,*
> *mit allem, was ich bin und habe.*
>
> *Ich verspreche dir keineswegs*
> *das Blaue vom Himmel:*
> *Ich verpfände mein Leben an dich,*
> *um es mit dir zu teilen*
> *in guten und in schlechten Tagen,*
> *mit Gottes Hilfe.*
>
> Norbert Weidinger

Grundpfeiler der Ehe

Menschen, die heiraten, tun dies, weil sie eine große Anziehungskraft füreinander verspüren und als Mann und Frau zusammensein wollen. Ihre zärtliche Gemeinschaft erleben sie als Steigerung ihrer Lebensqualität. Sie investieren sich selbst mit »Haut und Haar«, mit ihrer Liebe, gegenseitigem Vertrauen und letzter Entschiedenheit. Die Ehe als Lebensbund ist eine sehr starke gegenseitige Bejahung, vielleicht die stärkste, die ein Mensch durch den anderen erfahren kann. In der Eheschließung geben sich Mann und Frau öffentlich das Versprechen lebenslanger Partnerschaft und Liebe. Sie teilen nicht nur »Tisch und Bett«, sondern auch Freuden und Sorgen, glückliche und krisenhafte Lebensabschnitte miteinander. Dazu gehört, zu lernen, sich fair auseinanderzusetzen. Jede Partnerschaft, so auch die Ehe, lebt von der Balance zwischen Geben und Nehmen, Gelten und Gelten lassen, Lieben und Geliebt werden. Ehe bedeutet, sich zeigen zu können, wie man ist, und so angenommen zu werden. Aus dieser Gemeinschaft wächst neues Leben, aus der Partnerschaft die Familie.

Wofür leben wir, wenn nicht, um uns gegenseitig das Leben zu erleichtern?
Georges Eliot

Das Einzige, was die Ehe heiligen kann, ist Liebe, und die einzig echte Ehe ist die, die von Liebe geheiligt ist.
Leo Tolstoi

Ehehindernisse

Es gibt mögliche Ehehindernisse, wie sie vor allem das katholische Kirchenrecht, zum Teil aber auch das staatliche Recht kennt. Dies sind:

- Minderjährigkeit (unter 14 bzw. 16 Jahren)
- Eheunfähigkeit (z. B. Unfähigkeit zur Zeugung)
- Eine bereits bestehende Ehe
- Religionsverschiedenheit
- Priesterweihe oder Ordensgelübde
- Blutsverwandtschaft in gerader Linie
- Blutsverwandtschaft in der Seitenlinie bis zum vierten Grad einschließlich
- Schwägerschaft
- Gesetzliche Verwandtschaft (Adoption)

Die Kirchen können von einzelnen Ehehindernissen befreien, nicht aber von denen »natürlichen Rechts«, nämlich Eheunfähigkeit, bestehende Ehe, Blutsverwandtschaft in gerader Linie. Diese Ehehindernisse lassen sich nicht nur als Verbote interpretieren, sie schützen auch die Rechte eventueller Dritter, wollen auf Schwierigkeiten aufmerksam machen, die beide Partner möglicherweise zusätzlich auf ihre Schultern laden.

Der gesetzliche Schutz der Ehe

Laut Grundgesetz ist die Ehe die rechtmäßige, auf Dauer angelegte Form der Lebensgemeinschaft von Mann und Frau und Grundlage der Familie. Ehe und Familie stehen unter dem besonderen Schutz der staatlichen Ordnung (*Grundgesetz Art. 6,1*).

Biblische und theologische Hintergründe

... wir wollen einander lieben; denn die Liebe ist aus Gott, und jeder, der liebt, stammt von Gott und erkennt Gott. Wer nicht liebt, hat Gott nicht erkannt; denn Gott ist die Liebe.
1 Johannes 4,7-8

Schon im Alten Testament wird von den Propheten die Geschichte Gottes mit den Menschen wie eine eheliche Beziehung dargestellt. Im Neuen Testament steht die Liebesgeschichte Jesu zum Menschen für die Liebesgeschichte zweier Menschen untereinander (*1 Johannes*). So wird Gottes Liebesgeschichte in menschlichen Liebeserfahrungen leibhaftig erfahrbar. Paulus vergleicht im Brief an die Epheser den Ehebund unter Christen mit dem Liebesbund zwischen Christus, dem Bräutigam, und seiner Braut, der Kirche (*Epheser 5,21-33*).

Die katholische Kirche versteht auf dieser Grundlage die Ehe, anders als die evangelische, als Sakrament. »In Menschwerdung, Tod und Auferstehung hat Christus sich seiner Kirche geschenkt. Nur in diesem Geheimnis kann die Ehe als Sakrament verstanden und gelebt werden. Sie ist eine Weise der Christusnachfolge« *(Katholischer Erwachsenen-Katechismus).*

Der folgende Segen aus der katholischen Trauung bringt dies zum Ausdruck. Darin wird deutlich, aus welcher Kraft heraus die Ehe gelingen kann, welche Bedeutung Ehe hat und wofür sie ein Zeichen ist:

Gott ist die Liebe, und wer in der Liebe bleibt, bleibt in Gott, und Gott bleibt in ihm.
1 Johannes 4,16 b

Segensgebet über das Brautpaar

*Wir preisen dich, Gott, unser Schöpfer,
denn im Anfang hast du alles ins Dasein gerufen.
Den Menschen hast du erschaffen als Frau und Mann
und ihre Gemeinschaft gesegnet.
Einander sollen sie Partner sein
und ihren Kindern Vater und Mutter.
Wir preisen dich, Gott, unser Herr,
denn du hast dir ein Volk erwählt
und bist ihm in Treue verbunden;
du hast die Ehe zum Abbild deines Bundes erhoben.*

*Dein Volk hat die Treue gebrochen,
doch du hast es nicht verstoßen.
Den Bund hast du in Jesus Christus erneuert
und in seiner Hingabe am Kreuz für immer besiegelt.
Die Gemeinschaft von Mann und Frau
hast du so zu einer neuen Würde erhoben
und die Ehe als Bund der Liebe
und als Quelle des Lebens vollendet.
Wo Mann und Frau in Liebe zueinander stehen
und füreinander sorgen,
einander ertragen und verzeihen,
wird deine Treue zu uns sichtbar.*

Die Ehe aus der Sicht der Kirchen

*Die Liebe erträgt alles,
glaubt alles, hofft alles,
hält allem stand.
Die Liebe
hört niemals auf.*
1 Korinther 13,7–8

Aus Sicht der Kirche ist die Ehe ein gottgewollter Lebensraum für Frau und Mann, eine Lebensform, die dem gemeinsamen Leben und der Liebe Halt und Gestalt gibt und immer wieder neu belebt werden muss. Wo zwei Menschen übereinkommen, einander für immer in schlechten und guten Zeiten anzugehören, und ihr Entschluss in öffentlicher Form bestätigt wird, besteht eine rechtmäßige Ehe.

Nach evangelischer Auffassung wird die Ehe auf dem Standesamt geschlossen, und das Paar kommt als Ehepaar zur kirchlichen Trauung. Martin Luther spricht in diesem Zusammenhang von der Ehe als »weltlich Ding«.

Die katholische Kirche sieht die Ehe als Sakrament und geht daher von der Unauflösbarkeit der Ehe aus. Dennoch ist auch in der katholischen Kirche eine sogenannten Annullierung der Ehe wegen unterlaufener Formfehler oder wegen nachweisbar mangelnden Ehewillens einer der Partner möglich. Die orthodoxe Kirche gestattet eine Scheidung und Wiederverheiratung ausschließlich bei der ersten Eheschließung, danach aber nicht mehr.

Konfessions- und religionsverschiedene Ehen

Die große Zahl verheirateter Christen in konfessionsverschiedenen Ehen (vor allem zwischen katholischen und evangelischen Partnern) muss die christlichen Kirchen und Gemeinschaften zu enger Zusammenarbeit führen. Früher stellte die Konfessionsverschiedenheit ein Ehehindernis dar. Heute ist formell nur noch das Einholen einer kirchlichen Erlaubnis nötig, was aber ohne größere Schwierigkeiten gewährt wird. Der katholische Partner wird verpflichtet, das ihm Mögliche zugunsten einer katholischen Erziehung zu tun. Damit ist die gemeinsame, beiden Eltern überantwortete christliche Erziehung grundsätzlich anerkannt.

Leben zwischen Ebbe und Flut

*Weit wie das Meer ist die Liebe,
unendlich weit
und still und unruhig,
blau wie der Himmel
und schwarz wie die Nacht,
ein Lebensraum,
ein Lebensgrund für Wasservögel,
Fische und Pflanzen aller Art.
Es trägt, reißt mit,
erobert Fels und Land.*

*Weit und schön wie das Meer
ist die Liebe
und doch auch bedroht.
Deshalb sind wir heute hier
und begleiten die beiden,
die den Bund ihrer Liebe
feiern und besiegeln.
Mit ihnen erbitten wir Gottes
Segen für diesen Bund,
mit ihnen teilen wir die Hoffnung,
dass ihre Liebe stärker ist als
alle Bedrohung,
stärker als der Tod.*

Die Zahl religionsverschiedener Ehen (Partner muslimisch, buddhistisch, hinduistisch …) ist im Ansteigen begriffen. Dies betrifft vor allem den Anteil christlich-muslimischer Ehen. Eine gültige kirchliche Eheschließung ist in solchen Fällen nur möglich über einen bischöfliche Dispens (Entbindung vom trennenden Ehehindernis).

Die standesamtliche Hochzeit

Weil im Mittelalter die Zahl der Geheimehen enorm zunahm und die Lage für Staat und Kirche immer unübersichtlicher wurde, bestand man mehr und mehr auf einer öffentlichen Eheschließung. So entwickelten sich – entsprechend zunehmender Trennung von Staat und Kirche – die standesamtliche Hochzeit und die kirchliche Hochzeit.

Zur standesamtlichen Hochzeit muss am Standesamt ein »Aufgebot zum Zweck der Eheschließung« bestellt werden. Im Normalfall sind dazu von jedem Partner mitzubringen:

- Ein Nachweis zur Person und Abstammung, d. h. eine beglaubigte Abschrift aus dem Familienbuch der Eltern, die nicht älter als sechs Monate ist (meist reicht eine einfache Geburtsurkunde nicht aus) oder eine Abstammungsurkunde (erhältlich am Standesamt des Geburtsortes) oder (bei einem ausländischen Partner) Geburtsurkunde mit Elternangabe, von einem vereidigten Dolmetscher übersetzt, das Stammbuch oder die Geburtsurkunde der Eltern, die Einbürgerungsurkunde u. ä.
- Aufenthaltsbescheinigung, ausgestellt zum Zwecke der Eheschließung mit Angabe des Familienstandes vom Einwohnermeldeamt des Hauptwohnsitzes, der Staatsangehörigkeit und der Adresse
- Reisepass oder Personalausweis
- Nachweis über den derzeit ausgeübten Beruf, z. B. Ernennungsurkunde, Meisterbrief, Zeugnis, Firmenbescheinigung
- Sofern die Eintragung in die Personenstandsbücher gewünscht wird, zusätzlich der Nachweis über evtl. erworbene akademische Grade wie Promotions- oder Diplomurkunde und auch Religionszugehörigkeit (Taufschein) etc.

Zuständig für die Entgegennahme des Aufgebotes ist jedes Standesamt, in dessen Bezirk einer der Partner seinen Wohnsitz hat.

Mir ist die Ehe etwas Hohes, [...] ich möchte das Leben nicht ohne Ehe denken. [...] Doch bleibt der Entschluss dazu [...] immer ein halbes Wunder. Aber wie spiegelt mir mein eigenes Leben, dass der Entschluss aus dieser wunderbaren Erhöhung aller Kräfte, aus dem produktiven Zustand hervorgeht, aus der Einsamkeit. So war ich [...] einsam und glücklich in Paris, und ein Jahr später saß ich verheiratet in Rodaun, und ich werde es bis an meinen Tod nicht bereuen.

Hugo von Hofmannsthal

Vorbereitung auf die kirchliche Hochzeit

Voraussetzung für die kirchliche Trauung ist die standesamtliche Heiratsurkunde. Damit wird die Rechtssicherheit gewahrt, da sonst keine rechtlich gültige Ehe zustande käme.

Wer sich entschließt, kirchlich zu heiraten, sollte sich möglichst bald mit seinem Wohnsitzpfarramt in Verbindung setzen. Dabei können zwei wichtige Termine festgelegt werden: der Hochzeitstermin und der Termin für das Traugespräch.

Mindestens drei Wochen vor der kirchlichen Hochzeit muss ein kirchliches Aufgebot bestellt werden. Katholische Brautleute brauchen dazu einen Taufschein, der nicht älter als ein halbes Jahr ist (zu bekommen in der Taufpfarrei oder im Matrikelamt der Taufstadt). Kirchlich kann außerdem nur heiraten, wer seine standesamtliche Hochzeit urkundlich belegen kann.

Ehevorbereitungskurse

Zusätzlich bekommen die Paare bei ihrem ersten Kontakt mit dem Pfarramt Informationen über Ehevorbereitungskurse. Diese Kurse dauern mindestens einen ganzen Tag. Sie möchten bei der inneren Vorbereitung auf die Hochzeit helfen und Impulse für das Zusammenleben als Ehepaar und Familie geben. Oft werden sie von einem Team gestaltet, das sich meist aus einer/einem Psychologin/en, einer/m Ärztin/Arzt und einer/m Theologin/en zusammensetzt.

Die Suche nach dem schönsten Stammbuch macht Freude, kostet aber auch Zeit.

Das Traugespräch oder Brautgespräch

Ein Traugespräch ist ein vorbereitendes Gespräch der Brautleute mit dem Pfarrer, um zunächst die Ehefähigkeit und den Ehewillen zu prüfen. Es ist aber auch als seelsorgerisches Bemühen zu sehen, Kontakt zu dem Brautpaar aufzunehmen.

Für eine kirchliche Hochzeit ist ein Brautgespräch in jedem Fall notwendig. Dabei werden:

- Das Ehevorbereitungsprotokoll ausgefüllt
- Das Eheverständnis als Christen erläutert
- Der Traugottesdienst (Sinn und Aufbau) besprochen
- Lieder, biblische Lesungen und Gebete ausgesucht

- Noch zu klärende persönliche Fragen angesprochen
- Technische Fragen (z. B. Blumenschmuck, Musikstücke, das Fotografieren im Gottesdienst …) diskutiert

Ein Kernpunkt des Traugespräches ist die Frage nach dem Eheverständnis. Die Kirche erwartet, dass die Partner in der Ehe ihren Glauben bezeugen und leben. Ein weiterer Punkt bezieht sich darauf, den gelebten Glauben und die Zugehörigkeit zur Kirche den möglichen Kindern zu vermitteln und die Nachkommen im Glauben zu erziehen. Auch dies erwartet die Kirche vom Ehepaar.

Die kirchliche Trauung

Der tiefste Grund für einen Traugottesdienst liegt darin, dass in der Kirche vor dem Altar das Eheversprechen vor dem Angesicht Gottes, d. h., ganz bewusst in der Verantwortung vor dem allmächtigen Schöpfer und im Vertrauen auf seine Hilfe gegeben wird. Deshalb ist es der katholischen Kirche wichtig, dass am Anfang einer christlichen Ehe die kirchliche Trauung steht und somit das Versprechen einer lebenslangen Bindung vor Gott. Dies muss nicht unbedingt in der Heimatgemeinde sein. Die Trauung erfolgt in der Regel nach der Ordnung der Kirche, in der sie entsprechend der Entscheidung des Paares stattfindet.

Traugespräch wie Ehevorbereitungskurs sind gute Gelegenheiten, sich zu informieren, sich mit anderen auszutauschen über Ansichten, Einsichten, aber auch über Probleme und Aspekte, die unverständlich erscheinen. Der eigene Horizont wird erweitert, und man lernt den Partner / die Partnerin in Glaubensdingen noch eingehender kennen.

Segnungsgebet über die Ringe

Herr unser Gott,
du bist menschlichen Augen verborgen,
aber dennoch in unserer Welt zugegen.
Wir danken dir, dass du uns deine Nähe schenkst,
wo Menschen einander lieben.
Segne diese Ringe, segne diese Brautleute,
die sie als Zeichen ihrer Liebe und Treue tragen werden.
Lass in ihrer Gemeinschaft
deine verborgene Gegenwart unter uns sichtbar werden.
Darum bitten wir durch Christus unsern Herrn.

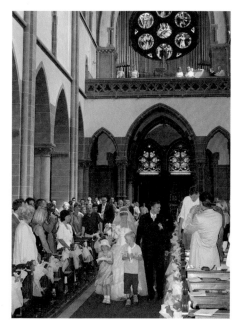

Die Zeichen bei der Trauung

Wie bei jedem Sakrament, so spielen auch bei der katholischen Trauung Symbole eine wichtige Rolle. Die Zeichen der kirchlichen Trauung sind das Tauschen der Ringe, das Ja-Wort, das Verschränken der Hände und die Besiegelung mit der Stola des Priesters. In diesen Handlungen findet die Hoffnung auf Endgültigkeit und Treue sichtbaren Ausdruck.

Die Ringe

Ein Ring gilt als Zeichen der Liebe und Treue, er ist ohne Anfang und Ende. Er steht für Verlässlichkeit und ist somit Zeichen der Bindung.

Das mit dem Ring verbundene Eheversprechen

Die Braut, der Bräutigam legt bei der Trauung das Eheversprechen meist in dieser Formel ab:

»… (Der Name des Partners) vor Gottes Angesicht
nehme ich dich an als meine/n Frau/Mann.
Ich verspreche dir die Treue
in guten und bösen Tagen,
in Gesundheit und Krankheit,
bis der Tod uns scheidet.
Ich will dich lieben, achten und ehren
alle Tage meines Lebens.«

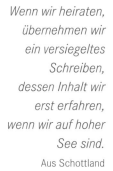

*Wenn wir heiraten,
übernehmen wir
ein versiegeltes
Schreiben,
dessen Inhalt wir
erst erfahren,
wenn wir auf hoher
See sind.*
Aus Schottland

»Trage diesen Ring als Zeichen
unserer Liebe und Treue:
Im Namen des Vaters und des Sohnes
und des Heiligen Geistes.«

Die Stola des Priesters

Die Stola ist ein uraltes Amtsabzeichen und weist den katholischen Priester als Amtsnachfolger Jesu und Beauftragten der Kirche aus.

Die Brautkerze

Die Kerze gilt als Symbol Christi, als Zeichen für seine Anwesenheit. Seit dem Mittelalter gehört sie zu jeder Brautmesse. Sie soll die Gebete um Segen und Gelingen der Ehe zum Himmel tragen.

Aufbau der Trauung

Eröffnung
Empfang des Paares vor der Kirche
Einzug mit Musik, Eingangslied
Begrüßung
Bußakt, evtl. Gloria
Tagesgebet

Wortgottesdienst
Lesung und Antwortgesang
Evangelium
Predigt

Trauung
Fragen an die Brautleute
Segnung der Ringe
Vermählung
Bestätigung der Vermählung
Feierlicher Trauungssegen
Fürbitten

Eucharistiefeier
Gabenbereitung
Eucharistisches Hochgebet
Vaterunser
Friedensgruß
Kommunion
Danklied
Schlussgebet

Abschluss
Segen
Feierlicher Auszug aus der Kirche

Findet nur ein Wortgottesdienst als Trauung statt, entfällt die Eucharistiefeier, und der Trauungsabschnitt wird beendet mit Vaterunser, Schlussgebet und Danklied.

Die kirchliche Trauung ist ein Sakrament, das entsprechend festlich begangen wird. Die Feierlichkeit der Zeremonie, der willentliche Entschluss zu einem Eheversprechen vor Gott und der Gemeinschaft der Gläubigen, der Segen Gottes für diesen Lebensbund – all das sind Bänder, die das Leben der Brautleute umschließen und den Bund stärken. Wer die Ehe so bewusst angeht und lebt, hat einen wichtigen Schritt dazu getan, dass in guten wie in schlechten Tagen eine stabile, tragfähige und glückliche Verbindung besteht.

Hochzeitssegen

Der Herr segne eure Hände und alles,
was ihr damit vollbringt,
damit sie zart und behutsam sind,
dass sie halten können,
ohne zur Fessel zu werden,
dass ihnen innewohne die Kraft,
zu helfen, zu trösten und zu segnen.
Der Herr segne eure Augen,
dass sie das Kleine und
Unscheinbare nicht übersehen,
dass andere sich wohlfühlen
können unter ihrem Blick.
Der Herr segne eure Ohren,
dass sie hellhörig seien
für die Stimmen der Not,
dass sie verschlossen seien
für den Lärm und das Geschwätz.
Der Herr segne euren Mund,
dass nichts von ihm ausgehe,
was verletzt oder zerstört,
dass er aufrichtende
und heilende Worte spreche.
Gott segne euer Herz,
dass es Wärme schenken
und bergen kann.

Aus Lateinamerika

Brauchtum rund um die Hochzeit

Das Hochzeitsbrauchtum hat auch bei uns noch eine lebendige Tradition. Mit Familie, Freunden und Kollegen wird im großen oder kleinen Rahmen für ein unvergessliches Fest gesorgt. Je nach Region und Familie gibt es vielerlei Ideen für das junge Glück und seinen Start in ein gemeinsames Leben.

Der Polterabend

Ursprünglich wurden am Polterabend der Brautführer und die Brautführerin gewählt. Die Braut selbst wurde von ihresgleichen verabschiedet und mit bunten Bändern und Schleifen behängt. Heute wird der Polterabend mehr als Möglichkeit gesehen, altes Porzellangeschirr loszuwerden. Nach dem Motto: »Scherben bringen Glück« werden die Glückwünsche für das Brautpaar sehr laut hörbar gemacht. Das Brautpaar muss nun gleich beweisen, wie gut es auch im Haushalt harmoniert, indem es gemeinsam das zerbrochene Geschirr aufkehrt. Die folgenden Bräuche haben ihren Ursprung im Zeremoniell der Bauernhochzeit des 19. Jahrhunderts.

Die Wegsperre

Im letzten Jahrhundert war es auf dem Land üblich, den Heiratskandidaten im eigenen Dorf zu suchen. Nur die reicheren Bauern suchten in umliegenden Dörfern, wenn im eigenen Dorf kein ebenso reicher Bauer aufzutreiben war. Derartige Überschreitungen der Norm wurden mit einer Geldbuße belegt. Der Brauch der Wegsperre gibt noch ein Zeugnis davon. Heute sperren Buben und Mädchen den Weg zur Kirche mit fantasievoll geschmückten Bändern ab und verlangen so auf ihre Weise eine Bezahlung für den »Einkauf« in die neue Gemeinde.

Heute findet sich der Brautwagen meist in Form eines schicken Autos, reichlich geschmückt und verziert.

Der Brautwagen

Ebenfalls aus dieser Zeit stammt der Brauch des Brautwagens. Der Brautwagen sollte augenfällig für das ganze Dorf das Heiratsgut der Braut zur Schau stellen. Zweck war die Dokumentation, dass die Partnerwahl ebenbürtig, d. h. aus gleichen Besitzverhältnissen (in bäuerlichem Denken) getroffen wurde.

Lena Christ zum Beispiel schildert in ihrem Roman »Matthias Bichler« einen Brautwagen, der den Hausstand einer wohlversorgten Braut verriet: Himmelbett, Wiege, Flaumkissen und Spinnrad, Flachszöpfe, ja sogar ein Hausaltar waren zu finden.

In dieser Kutsche reiste die Braut ihrem »Hochzeiter« entgegen, von Musikanten begleitet und von einer Kinderschar, die immer wieder eine Stange über den Weg hielt, um sich ihre »Abgabe« zu sichern. Heute fungiert der Brautwagen nur noch als Requisit bei folkloristischen Umzügen.

Der Hochzeitsbitter

Die vornehmste Aufgabe dieses Mannes war es, die Gäste zur Hochzeit einzuladen. Bei der Hochzeit selbst bestimmte der Hochzeitsbitter oder Hochzeitslader früher die Größe und Anordnung des Hochzeitszuges in die Kirche. Nachdem sich die stolz gekleideten Verwandten und schließlich die reich geschmückte »Hochzeiterin« – die Braut – gezeigt hatten, führte der Hochzeitslader mit Kuhglocken den Bräutigam und die Braut zueinander. Dann stärkte sich die Hoch-

Im Hochzeitsbrauchtum schlägt sich einerseits der hohe Stellenwert des Ehesakraments auch im weltlichen Leben nieder, andererseits ist es ein Ausdruck der Freude darüber, dass zwei Menschen zueinandergefunden haben. Das ganze Umfeld des Brautpaars nimmt teil an diesem entscheidenden Schritt und freut sich darüber. Egal ob Freunde, Verwandte, Nachbarn oder Gemeindemitglieder, alle feiern mit frohem Herzen mit und stärken diesen Lebensbund und die Gemeinschaft.

zeitsgesellschaft mit einem kräftigen Imbiss. Eine ausführliche Danksagung des Hochzeitsladers im Namen der Hochzeitsgäste schloss sich an. Zu diesem Voressen gab es Kraut und Würstchen, dazu wurde Bier getrunken. Im »Abdank«, der Rede des Hochzeitsladers, gedachte man besonders der verstorbenen Eltern und Freunde. Auch heute sind Überbleibsel dieses Hochzeitsladers bekannt: Die Trauzeugen laden alle Freunde, Verwandten und andere Gäste ein, sorgen für die Verpflegung und Gestaltung des Tages, organisieren Geschenke und Beiträge für das Brautpaar und agieren gegebenenfalls als eine Art Conférencier beim Hochzeitsfest.

Nur die Liebe lässt sich unendlich oft teilen, ohne weniger zu werden.
Anne Morrow Lindbergh

Eine bayerische Hochzeit

Immer mehr Hochzeiten werden heute – altem Brauchtum verpflichtet – klassisch gestaltet. Alte Bräuche leben auf, werden aus der verstaubten »Es-war-einmal-Zeit« wieder ins Leben gerufen. Die folgende Schilderung einer »echten« Hochzeit stammt aus dem Raum um München, im Mai 1993:

Der bayerische Hochzeitslader

Die Liebe ist der Stoff, den die Natur gewebt und die Fantasie bestickt hat.
Voltaire

Eine besondere Rolle in der Traditionspflege spielt der Hochzeitslader – den es freilich nicht nur in Bayern gibt.
Etwa 130 Männer sind es in ganz Deutschland noch, die von Haustür zu Haustür gehen und die Gäste zu den Feierlichkeiten bitten.

- Der Hochzeitslader, auch »Progader« genannt (vom Wort Prokurator = für andere verwalten), darf beim Einladen der Gäste erst nach Aufsagen seines Verses das Haus betreten. Meist wird er dann zu einem Umtrunk aufgefordert – die erste Probe für eine feuchtfröhliche Feier. Früher war es üblich, mit Kreide das Datum der Hochzeit, das Mahlgeld (den Preis also) und den Rosmarienstrauß an die Tür zu malen. Alle Gäste tragen später Sträußchen an der Kleidung.
- Dem Hochzeitslader darf natürlich nicht das Markenzeichen fehlen: der Hochzeitsladerstecken. Der Stock (meist aus Rosenholz) ist mit Blumen, Früchten und bunten Bändern verziert. Da schlängeln sich Liebe (rot) und Treue (blau) um Jungfräulichkeit (weiß) und Hoffnung (grün): als Vorboten und Glücksbringer einer guten traditionellen Ehe.

Der Hochzeitslader verlangt übrigens, dem Brauch entsprechend, für sein Ehrenamt nur Trinkgeld und ein Hemd.

So beginnt der Hochzeitstag

Erst muss die Braut unter der Begleitung von Kranzljungfrauen und dem Brautführer aus dem Elternhaus verabschiedet werden. Mit einem schwülstigen Vers wartet der Lader dann schon auf, und manche Damen zücken bereits die bestickten Taschentücher. Die Braut oder »Hochzeiterin« wird dann mit einer großen Gefolgschaft von Eltern, Verwandten und Freunden zum Bräutigam, dem »Hochzeiter«, geführt. Nach Einnahme der Früh- oder Morgensuppe (heutzutage Weißwürste und Brezen) und dem ersten Umtrunk wird der »Hochzeiter« von seinem Elternhaus verabschiedet. Der ganze Zug der Hochzeitsgäste bewegt sich dann zur Kirche.

Nach der Kirche ins Wirtshaus

Nach dem Ja-Wort wird das Brautpaar ans Familiengrab zum Beten geschickt. Dann pilgert die ganze Sippschaft, wieder wohlgeordnet, mit voranschreitender Musikkapelle ins Wirtshaus. Der Wirt empfängt die Frischvermählten, die Wirtin reicht einen Teller Sauerkraut mit einer schön verzierten Gabel und den Worten: »Bist du Braut, na versuch's Kraut!« Die Braut ist auf die Antwort vorbereitet: »A bisserl Salz fehlt no, aber sonst is ganz guad.« Ist der Wirt mit dem Essen noch nicht fertig, leitet der Lader den »Hungertanz« ein. Alle, bis auf das Brautpaar, dürfen tanzen. »S'Essen is fertig, derf ma auftragn?«, erlaubt sich der Wirt zu fragen und bekommt vom Lader die Antwort: »Des schafft jetza d'Braut o.«

Nach dem Essen tanzen die Gäste zur Verdauung und Unterhaltung den sogenannten »Krauttanz«. Beim Krauttanz vergnügen sich alle, inklusive Hochzeiterin. Nur der Hochzeiter ist zum »Krauthüten« verurteilt. Im Anschluss folgt dann der Brautwalzer. Die folgenden Tänze werden als »Ehrtänze« bezeichnet, bei denen der Progader Lieder und Reime auf die Gäste vorträgt. Im Anschluss gibt es Kaffee und die Hochzeitstorte wird angeschnitten. Neben der Braut wird nun auch ihr Strauß, der Tradition folgend, entführt. Manchmal versteigert man auch die Schuhe der Braut. Dem Hochzeitslader kommt dabei die Rolle des Ordnungshüters zu.

Pflicht ohne Liebe macht verdrießlich. Verantwortung ohne Liebe macht rücksichtslos. Gerechtigkeit ohne Liebe macht hart. Wahrheit ohne Liebe macht kritiksüchtig. Erziehung ohne Liebe macht widerspruchsvoll. Klugheit ohne Liebe macht gerissen. Freundlichkeit ohne Liebe macht heuchlerisch. Ordnung ohne Liebe macht kleinlich. Sachkenntnis ohne Liebe macht rechthaberisch. Macht ohne Liebe macht gewalttätig. Ehre ohne Liebe macht hochmütig. Besitz ohne Liebe macht geizig. Glaube ohne Liebe macht fanatisch.

Aus Asien

Wie mich der Vater geliebt hat, so liebe ich euch auch. Bleibt in meiner Liebe! Wenn ihr meine Gebote haltet, werdet ihr in meiner Liebe bleiben, so wie ich die Gebote meines Vaters gehalten habe und bleibe in seiner Liebe. Dies ist euch gesagt, und damit meine Freude in euch ist und eure Freude vollkommen wird.

Johannes 15,9–11

Abendessen mit Unterhaltung

Zurück geht's zum Abendessen, obwohl die meisten Gäste schon übersättigt sind. Dann schlägt der Progader in Versform angemessene Hochzeitsgaben vor, und Brautführer und Kranzljungfrauen müssen mit den Gästen anstoßen und bewahren so das Brautpaar davor, den Rest der eigenen Hochzeit nur noch im Dämmerzustand mitzuerleben. Dann heißt's Abdanken. Nicht gerade zimperlich geht der Hochzeitslader mit den Gästen in speziell zugeschniederten Texten um. Das »Preißndablecka« ist beispielsweise nach wie vor ein beliebter Volkssport in Bayern. Bis spätestens 23.30 Uhr dürfen die Brautleute mit den Hochzeitsgästen noch den Tanzboden unsicher machen. Danach sollen die Frischvermählten ins Bett.

Nach einem Artikel aus der »Süddeutschen Zeitung« vom Wochenende 29.–31.5.93, von Susanne Krippgans

Weißes Brautkleid und Brautstrauß

Die Farbe Weiß symbolisiert Vollkommenheit, Freude, Festlichkeit und Reinheit. Seit urchristlicher Zeit ist Weiß die Farbe des Taufkleides. Im Abendland steht sie als Farbe der Lebenswende (z. B. beim

Erstkommunionkleid, beim Eintritt ins Kloster). Vielfach wird aus dem weißen Brautkleid das Taufkleid des erstgeborenen Kindes genäht.

Rosmarin und Myrte waren früher die »Blumen« bei der Hochzeit. Sie wurden als Brautkranz oder im Brautsträußchen (oft am Oberteil des Brautkleides und am Revers des Anzugs vom Bräutigam befestigt) verwendet. Heute stimmt man den Brautstrauß gerne auf die Blumenvorlieben der Braut oder auf den Charakter des Brautkleides ab. In vielen Gegenden ist es üblich, den Brautstrauß nach der Hochzeit vor den Marienaltar in der Kirche zu stellen.

Wir winden dir den Jungfernkranz

1. Wir winden dir den Jungfernkranz mit veilchenblauer Seide; wir führen dich zu Spiel und Tanz, zu Glück und Liebesfreude! Schöner, grüner, schöner grüner Jungfernkranz, veilchenblaue Seide, veilchenblaue Seide!

1. *Wir winden dir den Jungfernkranz mit veilchenblauer Seide;*
wir führen dich zu Spiel und Tanz, zu Glück und Liebesfreude!

2. *Lavendel, Myrt' und Thymian, das wächst in meinem Garten;*
wie lang bleibt doch der Freiersmann? Ich kann es kaum erwarten.

3. *Und als der schmucke Freier kam, war'n sieben Jahr' verronnen;*
und weil er die Herzliebste nahm, hat sie den Kranz gewonnen.

Text: Johann Friedrich Kind,
Melodie: Carl Maria von Weber, aus dem »Freischütz«

Geschenkideen und Hochzeitsspiele

Meist wird zu einer Hochzeit eine Geschenkeliste zusammengestellt. Sie enthält Dinge, die das Brautpaar sich wünscht. Die Gäste suchen sich einen Geschenkvorschlag aus, streichen ihn von der Liste und geben die Aufzeichnungen an andere Geladene weiter.

Manchmal liegen auch in Haushaltsgeschäften oder großen Kaufhäusern sogenannte Hochzeitslisten aus. Auch hier sucht man sich einen Geschenkwunsch heraus. Wer aber trotzdem noch nach anderen Geschenkideen sucht, findet hier einige Anregungen:

- Familien-Hausbuch
- Diverse Kochbücher
- Gesundheitsbuch zum Nachschlagen
- Ein allgemeines Lexikon
- Weltatlas oder Globus
- Ein passendes Gemälde (nach Absprache mit dem Paar)
- Ein selbst gefertigtes Kunstwerk (z. B. eine getöpferte Obstschale, einen selbst gedrechselten Leuchter …)
- Eine sogenannte »Streitkerze«. Sie wird in Krisenzeiten, wenn beide keine Worte mehr finden, als Zeichen der Gesprächsbereitschaft entzündet.
- Ein Essensgong z. B. das beliebte pentatonische Glockenspiel
- Urlaubs- und Reiseliteratur für die Hochzeitsreise
- Musikinstrument und Noten dazu
- Feine Pralinen

Das Herz der Ehe

Material
Ein altes Bettlaken, rote Sprayfarbe, zwei Nagelscheren

Spieler
Spielleiter, Brautpaar

Ein großes Herz wird mit der roten Farbe auf das Bettlaken gesprüht. Zu Beginn der Hochzeitsfeier stellen sich alle Gäste im Kreis auf. In der Mitte stehen das Brautpaar und der Spielleiter, der dem Brautpaar die Nagelscheren überreicht. Braut und Bräutigam müssen nun je die Hälfte des Herzens mit der Nagelschere um die Wette ausschneiden. Wer seine Hälfte zuerst ausgeschnitten hat, hat in der Ehe »das Sagen«.

Geldballons

Der Spielleiter verteilt viele Luftballons an die Hochzeitsgäste. Die Luftballons werden aufgeblasen und in jeden Ballon werden eine oder zwei Geldmünzen gesteckt. Dann werden die Ballons zugeknotet. Die Braut zieht die Schwimmflossen an und der Bräutigam Arbeitshandschuhe.

Nun versucht die Braut mit den Flossen so schnell wie möglich die Luftballons zu zertreten, der Bräutigam muss die Geldmünzen aufsammeln. Das Spiel ist beendet, wenn alle Ballons zertreten und die Münzen aufgesammelt sind.

Material
Luftballons, Münzen, Arbeitshandschuhe, Schwimmflossen

Spieler
Spielleiter, Brautpaar

Erkennungsspiel

Damenversion

Dem Bräutigam werden die Augen verbunden, anschließend setzen sich ein paar Frauen in einer Reihe auf die Stühle. Der Bräutigam muss nun versuchen, seine Braut an ihren Beinen zu erkennen (dazu den Rock, die Hose etwas hochnehmen). Erlaubte Tastzone ist dabei der Bereich vom Knöchel bis zum Knie. Ein Beigeordneter achtet darauf, dass der Bräutigam die Situation nicht »ausnützt«.

Material
Augenbinde, Stühle

Spieler
Braut bzw. Bräutigam sowie mehrere Frauen bzw. Männer

Variante:
Es werden zunächst mehrere Frauen ausgesucht. Nachdem man dem Bräutigam die Augenbinde umgelegt hat, verlassen die Damen leise ihre Stühle. Nur die Braut bleibt auf dem ersten Stuhl sitzen und rutscht nach dem Abtasten eilig immer einen Stuhl weiter.

Herrenversion

Der Braut werden die Augen verbunden, anschließend stellen sich die Männer in einer Reihe auf die Stühle, damit die Braut sich nicht bücken muss. Die Braut muss nun versuchen, ihren Bräutigam an seinen Waden zu erkennen. Dazu werden die Hosenbeine hochgekrempelt. Auch die Braut wird von einer Frau begleitet, die die »blinde Handführung« überwacht.

Variante:
Analog der Variante zur Damenversion

Sprüche, Gedichte, Lebensweisheiten

Wir müssen stark werden,
ohne je unsere Zärtlichkeit zu verlieren.

Che Guevara

Du bestehst nur noch aus Strukturen.
Bist du geometrisch geboren,
oder hat dich die Zeit gepackt
und in ihre rettungslos geraden
Formen gezwungen?
Kennst du das Geheimnis nicht mehr?
Das Geheimnis des weitesten Weges?

Elias Canetti

Die erste Pflicht im Leben ist,
so glücklich wie möglich zu sein.
Eine zweite Pflicht hat bis heute noch
keiner entdeckt.

Oscar Wilde

Die wahre Kunst des Lebens
besteht darin
im Alltäglichen
das Wunderbare zu sehen.

Pearl S. Buck

Vereint seid ihr geboren,
und vereint sollt ihr bleiben immerdar.
Ihr bleibt vereint,
wenn die weißen Flügel des Todes
eure Tage scheiden.
Wahrlich, ihr bleibt vereint
selbst im Schweigen von Gottes Gedenken.
Doch lasset Raum
zwischen eurem Beisammensein.
Und lasset Wind und Himmel
tanzen zwischen euch.
Liebet einander,
doch macht die Liebe nicht zur Fessel.
Schaffet eher daraus ein webendes Meer
zwischen den Ufern eurer Seelen.
Füllet einander den Kelch,
doch trinket nicht aus einem Kelche.
Gebet einander von eurem Brote,
doch esset nicht vom gleichen Laibe.
Singet und tanzet zusammen
und seid fröhlich,
doch lasset jeden von euch allein sein.
Gleich wie die Saiten einer Laute allein sind,
erbeben sie auch von derselben Musik.
Gebt einander eure Herzen,
doch nicht in des andern Verwahr.
Denn die Hand des Lebens
vermag eure Herzen zu fassen.
Und stehet beieinander,
doch nicht zu nahe beieinander:
Denn die Säulen des Tempels stehen einzeln.
Und Eichbaum und Zypresse
wachsen nicht im gegenseitigen Schatten.

Khalil Gibran

An der Grenze mache nicht halt,
frag auch nicht, wo du bist.
Wenn sie dich fragen,
sag, du wärst ein Schmetterling,
frei, nicht an Grenzen gebunden,
sag, du wärst ein Vogel mit der Welt als Heimat,
sag, du wärst ein Mensch,
der wissbegierig nach Menschen jenseits der Wälder,
Flüsse und Mauern sucht,
sag, du wärst auf der Flucht vor Unverständnis und Kleinkrieg,
vor Überdruss und Überheblichkeit,
sag, du hättest Platz in dir,
weil du verstehen willst, lernen willst, teilen kannst,
sag, du wärst Schwester und Bruder.

Paul Reding

In eurer Ehe möge es keinen Tag geben, an dem ihr sagen müsst:
Damals haben wir uns geliebt, heute ist die Liebe gestorben.
Keinen Tag, an dem ihr sagt:
Wir haben keine Freunde, die uns verstehen,
die mit uns sprechen, die uns zuhören,
die uns helfen, die mit uns leiden, die sich mit uns freuen.
Keinen Tag, an dem ihr sagt:
Ich bin allein, du bist mir fremd!
Ihr möget einander Gutes tun, einander trösten und verzeihen.
Eure Liebe bleibe fantasievoll und lebendig,
und eure Sehnsüchte mögen sich erfüllen.
Die Tür eurer Wohnung möge offen sein für Menschen,
die euch wichtig sind und denen ihr wichtig seid.
Die Rat geben und denen ihr raten könnt.
Eure Ehe bleibe spannend, und ihr möget alle Spannungen aushalten.
Eure Ehe bleibe glücklich, indem ihr eurer Treue traut.
Euch in der Treue Gottes aufgehoben wisst.
Dann wird für euch und für andere
eure Ehe ein Zeichen der Hoffnung und des Mutes.
Gottes Liebe möge in eurer Liebe greifbar und spürbar werden,
denn Gott will in uns sichtbar werden.

Irischer Hochzeitssegen

Familiengründung und Familienleben

Kommt das erste Kind auf die Welt, verändert sich die Zweierbeziehung zu einer Dreierbeziehung. Vielleicht sind ja weitere Kinder geplant. Damit dieses Beziehungsgeschehen in der Familie glückt, stellt sich immer wieder die Frage: Was ist notwendig, dass die Beziehungen in der Familie gelingen und sich so entwickeln, dass die einzelnen Familienmitglieder ihren Platz und die Chancen auf gute Entfaltung finden? Hier ist es besonders wichtig, dass jeder zu seinem Recht kommt und keiner untergeht.

Die Familie als vielfaches Beziehungsgeflecht

Die Familie ist ein kompliziertes Gebilde. Sie lebt von drei Beziehungsgeflechten: Zunächst die Beziehung von Mutter und Vater. Sie steht am Anfang einer Familie. Vielfach werden Eheleute auch »Architekten« der Familie genannt.

Sobald ein Kind geboren wird, entsteht ein neues Beziehungsgeflecht zwischen den Eltern und dem Kind.

Wenn mehr als ein Kind in der Familie aufwächst, kommt ein drittes Beziehungsgeflecht hinzu: das der Geschwister untereinander.

Alle drei Untergruppen einer Familie haben jeweils eigene Regeln. Und alle drei hängen doch so eng miteinander zusammen, dass Probleme in einer Gruppe (z. B. Streit unter den Geschwistern) Auswirkungen auf das Ganze, auf die Familie haben.

Ein berufstätiges Ehepaar hastet vor dem Geburtstag der kleinen Tochter in ein Spielwarengeschäft und erläutert der Verkäuferin: »Wir sind den ganzen Tag beruflich von zu Hause weg. Wir brauchen etwas, was die Kleine erfreut, sie lange beschäftigt und ihr das Gefühl des Alleinseins nimmt.« »Tut mir leid«, lächelt die Verkäuferin freundlich, »Eltern führen wir nicht!«

Willi Hoffsümmer

Beziehungen unterliegen der Wandelbarkeit

Die drei Beziehungsgeflechte können nur dann gut funktionieren, wenn alle Familienmitglieder in einem lebendigen Austausch von Geben und Nehmen, Gelten und Geltenlassen, Lieben und Geliebt werden miteinander verbunden sind. Weil aber alle Familienmitglieder Menschen, also bedürftige Wesen sind, ist es notwendig, auf die wechselseitigen Bedürfnisse und Interessen zu achten. Wenn aus irgendwelchen Gründen das Gleichgewicht zwischen Geben und Nehmen auf längere Zeit gestört ist, entwickeln sich oft Konflikte. Dann gibt es Reibereien und Missverständnisse.

Liebe und Achtung gehören zusammen

Diese drei Beziehungsgeflechte können allerdings nur einen Teil der Familie ausmachen. Das, was alle zusammenhält, sind gegenseitige Achtung und Liebe. Und Liebe ist weit mehr als gut funktionierende Beziehungen. Liebe bedeutet, sich vom eigenen Ich weg dem Anderen zuwenden, sich zu freuen, dass er da ist. Dieser Prozess ist geprägt von Entwicklungen, die alle in der Familie miteinander teilen.

Miteinander in der Familie: als Ehepaar

Auch die Partnerschaft entwickelt sich im Laufe der Ehejahre. Der Schlüssel zu einem guten Miteinander liegt in der Ausgewogenheit zwischen Nähe und Distanz. Beide Partner brauchen in ihrer Beziehung einerseits Bindung, andererseits aber auch die persönliche Eigenständigkeit. Die Liebe zwischen beiden Menschen verbindet sich mit dem Wunsch nach Nähe und Geborgenheit, nach ganzem Angenommensein. Die Verlässlichkeit dieser Nähe wird in einer dauerhaften Bindung gesucht. Dabei bleibt immer ein Rest an eigenen Gedanken und Gefühlen, der selbst mit dem vertrautesten Menschen nicht teilbar ist.

Zugleich aber bewähren sich Partnerschaft und Liebe im Austausch mit dem anderen Menschen, der uns gegenübersteht: Eine eigene gewachsene Persönlichkeit mit ihrer eigenen Geschichte, ihrer eigenen Persönlichkeitsstruktur. Das kann spontane Übereinstimmung bedeuten, aber auch ganz grundlegende Verschiedenheit: ein Spannungsfeld, das eine Partnerschaft mit sich bringt, und das nur durch gegenseitiges Mitteilen der Ängste, Sorgen und Freuden fruchtbar wird. Der Austausch zwischen dem Ich und dem Du bildet den Dreh- und Angelpunkt für das Ehepaar, für die ganze Familie.

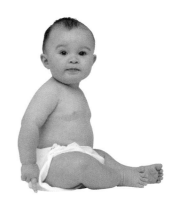

Unsere eigene Liebesbedürftigkeit ist das Naheliegendste, was wir auf diesem Weg zum Miteinander entdecken. Dabei werden wir auch feststellen, dass wir aufeinander angewiesen sind. Es geht um die Fähigkeit, einander das zu geben, was der eine vom anderen braucht – ein ständiger Lernprozess, ständige Überraschungen und Herausforderungen.

Miteinander in der Familie: als Eltern und Kinder

Die Empfindung des Einsamseins ist schmerzlich, wenn sie uns im Gewühl der Welt, unerträglich jedoch, wenn sie uns im Schoße unserer Familie überfällt.
Marie von Ebner-Eschenbach

Kinder sind zunächst ganz darauf angewiesen, dass ihr Dasein, mit allem, was dazu gehört, von den Eltern wahr und ernst genommen wird. Um überleben zu können, brauchen Kinder die Fürsorge der Eltern, zumindest eines Elternteils, oder einer über einen gewissen Zeitraum hin gleichbleibenden Bezugsperson. Eltern übernehmen am Anfang die ganze Verantwortung für das Kind.

Drei Grundbedingungen der elterlichen Liebe braucht das Kind, um gesund aufwachsen zu können:

- Die Erfahrung des unbedingten Angenommenseins. Diese Annahme darf nicht an Leistungen oder Bedingungen geknüpft sein. »Ich bin, so wie ich bin, von meinen Eltern geliebt«, lautet die Grundaussage. Diese Erfahrung ist die Basis für das Vertrauen in die eigenen Kräfte und in den eigenen Lebenswert. Sie fördert das Grundvertrauen.
- Das Kind muss in Liebe aufwachsen, in einer Liebe, die Halt und Orientierung gibt, die aber auch Ziele aufzeigt. Damit sind natürlich Maßstäbe verbunden. Sie müssen sich jedoch nach den Kräften des Kindes richten.
- Die elterliche Liebe muss eine freisetzende, loslassende Liebe sein. Das Kind bekommt dadurch Mut, sich aus den elterlichen Bindungen zu lösen, seine eigenen Wege zu gehen und eine ganz eigene Persönlichkeit mit Stärken und Schwächen zu verwirklichen.

Diese drei Grundbedingungen konkretisieren sich in vielen kleinen und großen Pflichten, in gegenseitiger Rücksichtnahme und in der altersgemäßen Übertragung von Verantwortung. Das ist gar nicht so einfach und bereitet vielen Eltern und Familien Probleme. Die tagtägliche Umsetzung stellt eine ständige neue Herausforderung dar, ein ständig neues Entscheiden und Verantworten. Das ist anstrengend für alle Beteiligten.

Es sollte also auch keine Bestürzung auslösen, wenn einem mal alles über den Kopf wächst und Glücksgefühle auf sich warten lassen.

Kleine Hand

Kleine Hand in meiner Hand,
Ich und du im jungen Grase,
Ich und du, im Kinderland
Gehn wir auf der langen Straße:
Kleine Hand in meiner Hand!

Kleine Hand in meiner Hand,
Die einander zärtlich fassen:
Ich und du, nichts hat Bestand,
Einmal, ach! muss ich dich lassen
Kleine Hand aus meiner Hand.

Kleine Hand in meiner Hand,
Kleiner Schritt bei meinem Schritt,
Kleiner Fuß im weiten Land:
Einmal geh ich nicht mehr mit.
Einmal gehst du ohne mich,
Wie ein Traum mein Bild verblich.
Friedrich Schnack

Eines ist klar: Jede auch noch so normale Eltern-Kind-Beziehung weist Lücken, Defizite und Fehler auf. Schließlich sind wir alle Menschen!

Konsequenzen für das Leben in der Familie

Sowohl für die partnerschaftliche Beziehung der Eltern untereinander als auch für die Eltern-Kind-Beziehung ist es von enormer Wichtigkeit, sich miteinander auszutauschen, die eigenen Vorstellungen und Ideen auszusprechen und ernst zu nehmen. Wenn sich die Familienmitglieder einander zuwenden, im Gespräch miteinander stehen und sich in einer liebenden Grundhaltung begegnen, wächst der Boden für gegenseitiges Vertrauen. Den Grundstock für eine positive Familienbeziehung bildet in jedem Falle die gegenseitige Achtung, Zuneigung und Liebe – ohne Bedingungen.

Die Konsequenz heißt also auf einen einfachen Nenner gebracht: Miteinander reden, reden und nochmal reden, in einer Atmosphäre des Angenommenseins.

Und wenn es mit dem Reden überhaupt nicht mehr geht, gibt es kompetente Fachleute, mit deren Hilfe vielleicht der Austausch wieder in Gang gesetzt werden kann.

Das süßeste Glück, das es gibt, ist das des häuslichen Lebens, das uns enger zusammenhält als ein anderes. Nichts identifiziert sich stärker, beständiger mit uns als unsere Familie, unsere Kinder.

Jean-Jacques Rousseau

Die Familie im Umfeld von Großeltern

Eine Familie ist keine Insel. Sie lebt auch in und von der Beziehung zu anderen Menschen.

Zunächst ist da an die Eltern der jeweiligen Ehepartner, Großväter und Großmütter der Kinder, zu denken. Auch sie wollen schließlich ihren Platz haben. Und nachdem Großmütter und Großväter selbst auch Kinder aufgezogen haben, glauben sie, dem jungen Paar oft sagen zu müssen, wie es geht. Das gibt so manches Mal Anlass zu Streitereien. In solchen Situationen ist es wichtig, dass Ehepaare an einem Strang ziehen. Es ist besser, einmal klar und unmissverständlich seine Meinung zu äußern, als ständig unter dem Druck des schwelenden Konfliktes zu leben.

Solche Spannungen übertragen sich unweigerlich auf die Beziehungen innerhalb der jungen Familie. Möglicherweise tut es den Großeltern weh, wenn das eigene, erwachsene »Kind« oder »Schwiegerkind« eigene Wege geht. Aber schließlich sind es die jungen Eltern, die Verantwortung für ihre eigene Familie übernommen haben.

Friedvolles Miteinander

Woher kommt es, dass sich Großeltern mit dem Enkelkind oft so gut verstehen? Vielleicht, weil sie mehr Erfahrung haben. Vielleicht, weil sie mehr Zeit und Geduld haben. Vielleicht, weil sie nicht so sehr im täglichen Stress stehen und mehr Muße haben, die Perspektive des Kindes einzunehmen und sich mit ihm auf einer Stufe zu treffen.

Erfreulicherweise gibt es jedoch auch genug Beispiele, die zeigen, dass Alt und Jung in friedlicher Gemeinschaft miteinander leben und sich gegenseitig bereichern können. Schließlich ist ein Opa um die Ecke für ein junges Paar manchmal auch eine Chance.

Nur »erkaufen« – und sich dafür in die Familiengestaltung hineinreden lassen – sollte man sich solche Annehmlichkeiten nicht. Es kommt schon wieder die Zeit, in der die Kinder aus dem »Gröbsten« heraus sind. Dann gibt es wieder Luft zum Leben. Und manchmal haben Großeltern ja auch tolle Tipps und Ratschläge.

Die Ehe als Prozess mit mehreren Phasen

Die Ehe ist ein lebenslanger Prozess. Sie ist also kein Fest, keine Feier für einen Tag, die mit der Trauung ihren Höhepunkt und Abschluss fände. Der Glaube an den treuen Gott, der mit den Liebenden zieht wie mit dem Volk Israel auf seinem Zug durch die Wüste, kann helfen, manche Hürde zu nehmen und manche Barriere geduldiger aus dem Weg zu räumen. Die Ehe bedarf ständiger »Wiederbelebungsversuche« im Kampf gegen Gewöhnung und Routine, sie braucht Hege und Pflege wie eine Pflanze, an der wir möglichst lange unsere Freude haben möchten.

Wer um die Gezeiten, die Phasen der Ehe weiß, wird nicht gleich kopflos in Panik geraten, wenn sich etwas zu ändern beginnt im Zusammenleben. Er kann genauer wahrnehmen, was sich ereignet und gelassen reagieren. Gerade Beziehungen, die bleiben sollen, verändern sich, müssen mitwachsen dürfen mit allem, was sich sonst im persönlichen, partnerschaftlichen, beruflichen oder gesellschaftlichen Leben tut.

Aus den in der Eheberatung gewonnenen Einsichten heraus werden normalerweise vier Phasen der Ehe unterschieden:

- In der Phase der stabilen Paarbildung finden die beiden Partner als Paar zueinander und gewinnen gleichzeitig jeder für sich eine neue eigene Identität. Denn jeder hat durch die Nähe, die Gespräche und Auseinandersetzungen mit dem anderen die Chance, sich selbst (und den anderen) viel intensiver zu erleben. In dieser Zeit muss sich auch die Nähe und Distanz zu den Ursprungsfamilien, zu den früheren Freundinnen, Freunden und Vereinskameraden einpendeln.

- In der Aufbau- und Produktionsphase lernen beide Ehepartner, sich aufeinander zu verlassen, sie üben die Rollenverteilung neu ein, sobald Kinder da sind. Ein neues Beziehungsgeflecht entsteht mit neuen Wünschen nach Zärtlichkeit, mit Eifersuchtsgefühlen und Intimitätsängsten. Sicher macht sich manchmal auch Rivalität bemerkbar. Gleichzeitig fordert die Gesellschaft gerade in diesen Jahren die Übernahme von Verantwortung im Beruf, in der Kirche, in der Politik. Da hat sich mancher schnell verrannt und verzettelt. Es müssen – oft im gegenseitigen Ringen – Schwerpunkte gesetzt und Einschränkungen in Kauf genommen werden.

- In der Phase der Familienauflösung bleibt die Krise der mittleren Jahre unausweichlich. Wieder verändert sich das Beziehungsnetz, muss das Gleichgewicht neu gesucht und gefunden werden. Die Abnabelung der Kinder oder ihr Auszug aus der Familie führen des Öfteren zu Verlustängsten und Depression. Andererseits winken eine nicht mehr gekannte Freiheit und neue Möglichkeiten zur Verwirklichung eigener Ideen. Deshalb sprechen manche Psychologen vom Durchleben einer »zweiten Pubertät« für beide Partner. Gleichwertigkeit und Gleichberechtigung wollen neu in die Tat umgesetzt und gespürt, Zuneigung und Liebe neu entdeckt werden. Viele Ehen halten dieser Belastungs- und Zerreißprobe nicht

»Nur wer sich ändert, bleibt sich treu.« Ein Sprichwort, das eigentlich besagt, dass wir uns alle weiterentwickeln und nicht in unseren Einsichten und Ansichten erstarren sollen. Was für ein Glück, was für eine Chance, sich gemeinsam mit dem Partner und mit der Familie weiterzuentwickeln. Aber auch: was für ein Risiko! Denn Entwicklungen lassen sich nicht immer vorhersehen oder gar erzwingen. Offenheit, Ehrlichkeit, Verständnis, Rücksichtnahme, Gesprächsbereitschaft – es gehört nicht wenig zu einer guten gemeinsamen Entwicklung.

stand. Nicht wenige Ehepartner ergreifen die Flucht. Darum sind Achtsamkeit und sensibles Wahrnehmen geboten, das Eingehen auf Körpersignale und der Wille zur Veränderung sind gefragt.

● In der Altersehe hängen viele Partner – wenn sie nicht gelernt haben, ihren eigenen Lebensideen Richtung und Gestalt zu geben – wieder mehr aneinander. Manche können sich mit endlosen Zänkereien und Stellungskriegen das Leben schwer machen, insbesondere wenn die Pensionierung erfolgt ist und der Lebensraum neu geordnet werden muss. Erst der Verlust eines Partners lässt manchmal die Augen aufgehen und erkennen, was einer wirklich am anderen hatte.

Die Ehe als lebenslanger Prozess verspricht eine spannende endlose Geschichte zu werden, wenn beide Partner die Zuversicht, die Hoffnung und die Liebe nicht verloren geben oder sich rauben lassen.

*Mutter,
schallt es immerfort
und fast ohne Pause.
Mutter hier und
Mutter dort
in dem ganzen Hause.*

*Überall zugleich zu sein,
ist ihr nicht gegeben.
Sonst wohl hätte sie,
ich mein,
ein bequemes Leben.*

*Jedes ruft,
und auf der Stell
will sein Recht
es kriegen.
Und sie kann
doch nicht so schnell
wie die
Schwalben fliegen.*

*Ich fürwahr
bewundere sie,
dass sie noch
kann lachen.
Was allein hat sie
für Müh,
alle satt zu machen.*

*Kann nicht
einen Augenblick
sich zu ruhen erlauben.
Und das hält sie
gar für Glück!
Sollte man es glauben?*

Johannes Trojan

Festtage in der Familie

Familienfeste wie Muttertag und Vatertag oder der jährlich wiederkehrende Hochzeitstag geben Anlass, den Familienalltag für diesen Moment zu vergessen und ein Fest in der Familie zu feiern.

Muttertag

Dieses Fest hat trotz der damit zusammenhängenden Geschäftemacherei einen guten Kern. Ein Tag im Jahr soll der Mutter gehören, wenigstens einer. Ob nun der Muttertag am zweiten Sonntag im Mai gefeiert wird oder an einem Tag, der für die Mutter innerhalb der Familie von Bedeutung ist, bleibt jeder Familie selbst überlassen. Ein Tag nur für die Mutter könnte jeder Tag im Jahr sein!

Über die Entstehung

Der Mai ist auch in den Städten voll von Blumen. Diese Tatsache findet heute ihre kommerzielle Ausnutzung am zweiten Maisonntag, dem Muttertag. Die Idee kam aus Amerika von Ann Jarvis und wurde 1908 verbreitet. Seit 1914 ist dieser Tag ein offizieller Feiertag in den USA. Gleichzeitig hatte auch England eine Muttertagsbewegung, die wohl auf ältere Traditionen zurückgeht. Der »Mothering Sunday« in England wurde seit Langem am Sonntag »Laetare« gefeiert und trägt somit einen doppelten Sinn: als Fest der Mutterkirche und als volkstümliches Familienfest.

*Ein Herz voll Liebe,
ein Sträußlein klein,
will ich dir bringen
lieb' Mütterlein.*
Volkstümlich

Im Laufe der Zeit löste sich das kirchliche Fest immer mehr vom Familienfest. Es wurde der »Mothers day« daraus. An diesem Sonntag im Jahr sollten die Kinder der Mutter ihren Dank für die Fürsorge und Liebe in Worten und Geschenken ausdrücken. Von Amerika aus kam der Muttertag über die Heilsarmee 1917 in die Schweiz. 1919 wurde er in Schweden eingeführt, 1932 in Holland. Für Deutschland war der Erste Weltkrieg der Beginn des Muttertages. Man dachte dabei an die Leistungen und Opfer, die Mütter während des Krieges zu bewältigen hatten. Ab 1925 löste sich das Weltkriegsmotiv für den Muttertag auf, und nun sollten wirklich die Mütter gemeint sein: Der Muttertag wurde zum offiziellen gesetzlichen Feiertag erklärt.

*Der Muttertag war
zunächst eine Angelegenheit städtischbürgerlicher Kreise.
1933 wurde dieser Tag
auf den zweiten Maisonntag gelegt. Allmählich bemächtigte sich
die ganze Geschenkindustrie des Festes,
sodass man heute von
einem regelrechten
»Muttertagsfieber«
sprechen kann.*

Kritische Anmerkungen

Für Nachdenkliche allerdings ist diese Entwicklung ganz und gar nicht erfreulich. Zum einen sehen sie nicht ein, wieso es einer terminlichen Festlegung bedarf, um der Mutter für ihre Fürsorge zu danken. Der andere Punkt richtet sich auf ein mögliches schlechtes Gewissen, das Familienangehörige der Mutter gegenüber haben und darauf, dass dies allzu gern zugedeckt wird mit Pralinen, Sträußen und Düften. Eigentlich geht es um die vernachlässigte Situation so vieler Frauen. Deshalb forderten schon 1971 demonstrierende Frauen: »Wir wollen Rechte statt Rosen!« Wo Menschenrechte verletzt werden, sind meist Frauen die Leidtragenden. Darüber darf auch ein Muttertag nicht hinwegtäuschen.

Vatertag

Der Vatertag an Christi Himmelfahrt ist eine gute Gelegenheit, den Vater, der vielleicht wegen der Arbeit oft abwesend ist, in den Mittelpunkt zu stellen und sich ganz ihm zu widmen, seine Wünsche und Vorstellungen zu erfahren und seine wichtige Rolle zu würdigen.

Er wurde ebenfalls von einer Amerikanerin »erfunden« und sollte die Väter an ihre Pflichten erinnern bzw. die Verbindung zwischen Vätern und Kindern festigen. Dieser Tag wird in den USA seit 1916 bzw. 1924 begangen. Im Laufe der Jahre hat sich auch die Feier des Vatertages verändert: Meist junge Männer schließen sich in Gruppen zusammen und begehen diesen Tag. Oft ziehen sie mit einem Handwagen zum Feiern in die freie Natur.

Besonders junge Familien jedoch besinnen sich auf den Hintergrund dieses Festes und feiern miteinander; denn warum sollte nicht auch an einem Tag des Jahres dem Vater dafür gedankt werden, dass er Tag für Tag zur Arbeit, ins Büro oder ins Geschäft fährt? Dass er abends das und jenes noch erledigt, ein Spielzeug repariert, noch schnell zum Einkaufen fährt …? Darum hat es durchaus einen Sinn, den Vater an einem Tag in den Mittelpunkt zu stellen.

Der Vatertag wird an Christi Himmelfahrt begangen. Ein möglicher Hintergrund für dieses Datum könnte der biblische Bericht über die Himmelfahrt Jesu sein. Die Jünger waren mit Jesus auf den Ölberg gegangen. Dort verabschiedete sich Jesus und wurde durch eine Wolke ihren Blicken entzogen. Vielleicht wird dieser Männerausflug damals am Himmelfahrtstag fortgeführt?

Der Hochzeitstag

Besondere Hochzeitstage wie die Silberhochzeit oder die goldene Hochzeit begehen viele Ehepaare mit dem gemeinsamen Besuch eines Gottesdienstes. Im Kreise von Kindern, Enkeln und Verwandten wird anschließend gefeiert.

Trotzdem sollte der jährliche (»normale«) Hochzeitstag seine Bedeutung für das Ehepaar nicht verlieren. Man sagt Männern manchmal nach, sie würden den eigenen Hochzeitstag vergessen. Wenn dieser Tag aber gefeiert wird und eine echte Bedeutung für das Paar hat, wird er wohl kaum in Vergessenheit geraten. Um diesen Tag

Die Ehejubiläen

Nach 1 Jahr: baumwollene Hochzeit
Nach 5 Jahren: hölzerne Hochzeit
Nach 7 Jahren: kupferne Hochzeit
Nach 8 Jahren: blecherne Hochzeit
Nach 10 Jahren: Rosenhochzeit
Nach 15 Jahren: kristallene Hochzeit
Nach 20 Jahren: Porzellanhochzeit
Nach 25 Jahren: silberne Hochzeit
Nach 30 Jahren: Perlenhochzeit
Nach 35 Jahren: Leinwandhochzeit
Nach 40 Jahren: Rubinhochzeit
Nach 50 Jahren: goldene Hochzeit
Nach 60 Jahren: diamantene Hochzeit
Nach 65 Jahren: eiserne Hochzeit
Nach 70 Jahren: Gnadenhochzeit
Nach 75 Jahren: Kronjuwelenhochzeit

richtig feiern zu können, sollte das Paar frühzeitig zu planen beginnen, damit notwendige Vorbereitungen getroffen werden können. Besonders in jungen Familien mit einem Baby oder einem kleinerem Kind wird dann eine zuverlässige Betreuung gebraucht.

Verschiedene Hochzeitstage

Neben den bekannten Hochzeitsjubiläen wie silberne Hochzeit nach 25 Ehejahren und goldene Hochzeit nach 50 Ehejahren gibt es noch eine ganze Reihe von weniger bekannten Hochzeitsgedenktagen. Die Bezeichnung dieser Feste hängt wohl vor allem mit traditionellen Geschenken an diesem Tag zusammen.

Besonders schön ist es, wenn sich über den Lauf der Jahre die Kinder an den Hochzeitstag der Eltern erinnern und ihnen zu den größeren Jubiläen ein kleines Fest organisieren. Aber auch sonst kann der Hochzeitstag der Eltern in jedem Jahr Gelegenheit sein, nach Hause zurückzukehren, einen Tag mit den Eltern zu verbringen, einen gemütlichen Spaziergang zu machen und über die Vergangenheit zu reden. Denn je älter das Jubelpaar wird, desto wichtiger ist der Besuch der Kinder und Enkelkinder – auch hier sind Zeit, Aufmerksamkeit und Hilfsbereitschaft die schönsten Geschenke.

Gefeiert werden kann auch:

- *Nach 6 ½ Jahren: zinnerne Hochzeit*
- *Nach 12 ½ Jahren: Petersilienhochzeit*
- *Nach 37 ½ Jahren: Aluminiumhochzeit*
- *Nach 67 ½ Jahren: steinerne Hochzeit*

Ich bleibe derselbe, so alt ihr auch werdet, bis ihr grau werdet, will ich euch tragen. Ich habe es getan, und ich werde euch weiterhin tragen. Ich werde euch schleppen und retten.

Jesaja 46,4

Anregungen für den Muttertag

Die Mutter von ihren sonstigen alltäglichen Haushaltspflichten zu entlasten und ihr einen schönen Tag zu schenken, für dieses Ziel sollten sich Väter und Kinder etwas Besonderes einfallen lassen.

Der Tag beginnt mit einem Frühstück, das Vater und Kinder allein herrichten. Damit der Platz der Mutter besonders schön aussieht, können die Kinder ein aus Wiesenblumen gefertigtes Kränzchen um den Teller legen. Wenn Mutter zum Frühstück erscheint, wird dieses Kränzchen auf ihren Kopf gelegt: »Heute bist du Königin!«
Frisch gestärkt setzt sie sich dann auf einen besonderen Stuhl oder Sessel und kann dort die Lieder, Verse und Gedichte, aber auch die selbst gebastelten Geschenke in Empfang nehmen.
Dann heißt es: »Heute hast du drei Wünsche frei! Was möchtest du heute gerne tun?« Mit Papier und Stift hat sie nun reichlich Zeit, sich Wünsche für die Gestaltung des Tages zu überlegen.
Dabei könnte doch der Kaffeetisch von den Kindern oder dem lieben Papa abgeräumt werden, oder?

Alle sind jetzt gespannt, was Mutter sich wünscht:
- Einen ausgiebigen Spaziergang mit der ganzen Familie (ohne Murren)
- In Ruhe ein gemeinsames Spiel mit der Familie
- Einen Mittagsschlaf halten
- Allein mit Papa einen Stadtbummel machen
- Am Abend zusammensitzen und erzählen
- Einige ungestörte Stunden zur freien Verfügung, um ein Buch zu lesen, Musik zu hören …

Damit ist die Tagesgestaltung von der Mutter bestimmt, und es ist Sache der Kinder und des Vaters, alles zu tun, um ihre Wünsche zu realisieren.

Eine Alternative dazu:
Die Mutter muss sich nicht die Wünsche für die Tagesgestaltung überlegen und aufschreiben, sondern darf in ein großes Glas fassen und drei zusammengefaltete Lose ziehen. Die Lose müssen allerdings in Zusammenarbeit von Vater und Kindern vorher geschrieben und zusammengefaltet werden. Auf den Losen stehen alle möglichen Wünsche, die die Mutter haben könnte und die auch erfüllbar sind. Eine tolle Überraschung, die der lieben Mama sicher Spaß machen wird.

Kalter Muttertagshund

Ein leichtes Rezept zum Muttertag für Kinderbäckerinnen, -bäcker und für Väter

Zubereitung:

Kokosfett schmelzen und abkühlen lassen. 2 Eier mit Puderzucker und Kakao schaumig rühren, das abgekühlte Kokosfett langsam in die Eimasse rühren. Eine Kastenform mit Alufolie auslegen. Mit einer dünnen Schicht Schokomasse beginnen, und dann Schicht für Schicht abwechselnd Schokomasse und Kekse daraufgeben. Die letzte Schicht soll Schokomasse sein. Den Kalten Hund über Nacht in den Kühlschrank stellen.

Zutaten
175 g Kokosfett,
2 Eier, 150 g Puder-
zucker, 40 g Kakao-
pulver, Alufolie,
1 Packung Butter-
kekse

Gedichte zum Muttertag

Ich seh die andern all,
die bringen ihre Gaben.
Du musst auf jeden Fall
von mir auch etwas haben:
Streck aus die Arme weit!
Jetzt werf ich mich hinein.
Mich selbst! Ich bin ja dein.

Friedrich Güll

Was soll ich dir sagen?
Was soll ich dir geben?
Ich habe ein Herzchen,
das denkt und spricht:
Ich hab' dich lieb!
Mehr weiß ich nicht.

Liebe Mutter, nimm als Gabe
diese bunten Blumen an.
Sie sind alles, was ich habe,
alles, was ich geben kann.

Heut, zu diesem lieben Feste,
wünsch ich dir das Allerbeste;
Glück, Gesundheit, langes Leben
mög der liebe Gott dir geben.

Anregungen für den Vatertag

Der Tag kann ähnlich wie der Muttertag gestaltet werden: mit drei offenen Wünschen oder der Wunschverlosung. Papas Lieblingsessen muss natürlich mit eingeplant sein!

Nachdem der Vatertag an Christi Himmelfahrt gefeiert wird und die Abende draußen schon lau sind, könnte der Tag seinen Abschluss im Garten, auf dem Balkon oder in einem nahe gelegenen Park finden. Mit dabei sind Becher und ein Krug mit »richtigem« oder »falschem« Cocktail. Der »richtige« Cocktail ist für Erwachsene, der »falsche« für die Kinder.

»Richtiger« Cocktail

Für die Großen (reichlich für 2 Erwachsene)

Zutaten
1 Flasche qualitativ guter Rotwein,
1 Flasche ungesüßter Orangensaft,
Saft einer Zitrone,
etwas Orangenlikör,
z. B. Grand Manier,
Mineralwasser mit Kohlensäure,
Eiswürfel

Zubereitung:

Rotwein und Orangensaft gut miteinander vermischen, Zitronensaft dazugeben und einen Schuss Orangenlikör. Nochmals gut verrühren. Zum Schluss mit Mineralwasser nach Geschmack auffüllen. Wenn das Getränk lange mit auf einen Ausflug geht, sind Eiswärfel eine gute Kühlung. Getränk mit Eiswürfeln in die Thermoskanne geben – fertig!

»Falscher« Cocktail

Für die Kleinen (reichlich für 2–4 Kinder)

Zutaten
1 Flasche roter Kirschsaft, 1 Flasche ungesüßter Orangensaft, Saft einer halben Zitrone, Mineralwasser mit Kohlensäure, Eiswürfel

Zubereitung:

Alle Zutaten zusammenmischen und zum Schluss mit Mineralwasser aufgießen.

Der »falsche« Cocktail sieht fast genauso aus wie der »richtige« Cocktail. Also Vorsicht, dass die Kinder nicht den Erwachsenenkrug erwischen!

Haferflocken-Nuss-Plätzchen

Auch für Kinder leicht machbar – etwa 20 Stück

Zutaten
100 g Haferflocken,
150 g geriebene
Haselnüsse, 1 Ei,
½ TL Backpulver,
100 g weiche Butter,
100 g cremigen
Honig, 20 ganze
Haselnusskerne zum
Verzieren

Zubereitung:

Haferflocken und alle anderen Zutaten (bis auf die ganzen Haselnüsse) zu einem Teig verkneten, 1 Stunde kühlen. Dann etwa 20 kleine Kugeln formen, auf ein Backblech geben und die ganzen Haselnusskerne als Verzierung oben aufdrücken. Bei 200 °C etwa 20–25 Minuten backen.

Das Gebäck passt gut zu den leckeren Cocktails auf Seite 280 und ist so einfach herzustellen, dass es als Vatertagsgeschenk – von den Kindern gemacht – sicher Gefallen findet.

Gedichte und Gedanken zum Vatertag

Will das Glück nach seinem Sinn
dir was Gutes schenken,
sage Dank, und nimm es hin
ohne viel Bedenken.

Wilhelm Busch

Wie ein Kind, das von dem Vater
ließ auf einen Gaul sich heben,
also reitest du, o Bruder,
also reit' ich durch das Leben.
Weil des Rosses Zaum wir halten,
glaubst du, dass wir es regieren?
Sieh, der Vater geht daneben,
an dem Halfter es zu führen!

Wilhelm Müller

Ein Vater gibt keinen Rat,
er gibt das Vorbild.

Volksmund

Wie der Acker, so die Ruben,
wie der Vater, so die Buben.

Sprichwort

Anregungen für den Hochzeitstag

Der Hochzeitstag ist das Fest der Eltern. Deshalb sollten sie auch nach Möglichkeit zu zweit etwas unternehmen.

Der Hochzeitstag ist ein Tag der Rückschau: So war das damals, so hatten wir es uns vorgestellt. In Ruhe kann betrachtet werden, was war, wie es geworden ist, ob und warum es anders gekommen ist, und nicht zuletzt, wie es weitergehen soll. Dieser Tag soll eine Feier sein, bei der die Gefeierten mit Stolz und Zufriedenheit zurückschauen und mit Hoffnung und Zuversicht nach vorn blicken.

Da gibt es viele Ideen. Sie können zum Beispiel:

- Miteinander dort essen gehen, wo das Hochzeitsmahl gehalten wurde
- Etwas unternehmen, das beide in ihrer ersten gemeinsamen Zeit gerne getan haben (Kino, Tanzen, Disco, Squash spielen …)
- Trauzeugen oder Freunde von »damals« besuchen
- Fotos, Filme, Dias aus der Zeit vor der Hochzeit oder von der Hochzeit selbst anschauen
- Miteinander etwas Schönes erleben, etwa den Tag in einem Erlebnisbad zubringen, ein Konzert besuchen, einen ungewöhnlichen Auftritt erleben, einen Zirkusbesuch genießen, eine Bergtour unternehmen …
- Einfach nur zu Hause sein und Zeit füreinander haben, sich und das Zusammensein genießen

Weitere Ideen für Ihren Tag

- Ein leeres, gebundenes Buch, »Unser Buch« genannt. Es kann Kommunikationsort und -hilfe sein für die alltäglichen Sorgen und Kümmernisse, für Dinge, die man dem Partner schon lange sagen wollte, oder für Durststrecken des Nicht-miteinander-reden-Könnens. Mit dem Buch lässt sich reden. Ihm kann man geheime Gedanken, Wünsche, Bedürfnisse anvertrauen, und der Partner kann darin lesen und seine Antwort darunter schreiben.

- Einen Gutschein für einen Wunsch, den der Ehepartner wegen der Kinder zurückstellen musste, z. B. für 10 Klavierstunden, Gitarrenstunden, Tennisstunden oder Squashstunden, für den Besuch eines Observatoriums, für Wochenendkurse in Seidenmalerei, Töpferei, für die diversen Hobbys.
- Wenn es sich mit den Kindern ermöglichen lässt, bietet sich auch eine kleine Wochenendreise zu zweit an. Das Ziel muss gar nicht weit entfernt sein. Wichtig ist nur, dass der Abend und die anschließende Übernachtung exklusiv für das Paar reserviert sind.

Generell sollte sichergestellt sein, dass die Kinder gut versorgt sind und die anstehende Arbeit nicht um ein Vielfaches nachgeholt werden muss.

Gedichte zum Hochzeitstag

Herzensgratulation! … Jahre schon!
Gottes Segen, Gottes Walten
mögen euch gesund erhalten,
und das Glück, vergnügt und heiter,
bleibe ständiger Begleiter!

Volkstümlich

Einen Menschen lieben,
heißt, einwilligen,
mit ihm alt zu werden.

Albert Camus

Liebe hat kein Alter,
sie wird ständig geboren.

Blaise Pascal

Die Liebe

Die Liebe hemmet nichts;
sie kennt nicht Tür noch Riegel
und dringt durch alles sich;
sie ist ohn' Anbeginn,
schlug ewig ihre Flügel
und schlägt sie ewiglich.

Matthias Claudius

Wir gratullieren

Wir gratulieren unserem
Elternpaare/Ehepaare,
um das sich mit Recht heute alles dreht,
und das nun … lange Jahre
gemeinsam durch ein reiches Leben geht.

Wir danken für die Liebe, Sorge, Treue,
mit der ihr uns geleitet und geführt.
Und unser Wunsch soll sein,
dass ihr aufs Neue
die Dankbarkeit unserer Herzen spürt.

Bleibt stets gesund,
bleibt zuversichtlich heiter,
und bleibt uns das, was ihr wart und seid.
Dann geht das Leben miteinander weiter
in schönster Freude und Verträglichkeit.

Friedrich Morgenroth

Krise – Trennung – Scheidung

Harmonie und Dishar-monie sind untrennbar miteinander verbunden. Zum Glück ist es nicht so, dass große Überein-stimmung auch großen Zwist mit sich bringt. Aber trotzdem: Gegen Streit ist niemand gefeit, und es ist sogar wichtig, sich in strittigen Dingen auseinanderzu-setzen und einen gemeinsamen Weg zu finden, einen gangbaren Kompromiss oder eine sinnvolle Lösung.

Spannungen, Probleme, Konflikte, Auseinandersetzungen und Streit gehören zum menschlichen Leben. Grundsätzlich sind solche Dinge wichtig, um das Zusammenleben zu ordnen. Die Häufigkeit, die Menge und die Streitinhalte sind es meist, die ein Zusammenleben belastend und zermürbend machen. Dem gegenüber steht die Ursehnsucht des Menschen nach Harmonie und Frieden, nach Aus-gleich, Entspannung und Ruhe.

Streit und Auseinandersetzung

Das Problem vieler Menschen ist nicht, dass sie streiten, sondern dass sie nicht streiten können. Dieser Satz gilt für den Streit Erwach-sener ebenso wie für den Streit der Kinder untereinander.

Streitursachen bei Kindern

Oft spielen Kinder miteinander ganz selbstvergessen und ruhig. Plötzlich ertönt Geschrei. Es wird geschlagen, getreten, gestritten. Die Ursache? Wenn kleine Kinder sich streiten, geht es häufig um Spielzeug und um Mitspielen-Wollen. Der eine möchte das, der ande-re jenes und der Dritte fühlt sich ausgeschlossen. Situationen, die zu Hause, auf dem Spielplatz, im Kindergarten und in der Schule ständig vorkommen.

Kinder stören sich oft gegenseitig durch das, was sie gerade wollen. Die momentanen Bedürfnisse können höchst unterschiedlich sein. Oft genug sind die verschiedenen Wünsche Streitanlass.

Das Gefühl, zurückgesetzt zu sein, Emotionen von Rivalität und Eifersucht sind weitere Streitursachen: In der Schule wendet sich die Lehrerin beispielsweise vermehrt einem Kind zu. Der Rivale verfolgt dies sehr genau. Bei passender Gelegenheit holt das Kind dann zum »Gegenschlag« aus.

Zur Entwicklung der Ich-Identität bei Kindern gehört die Abgrenzung zu anderen und natürlich die Auseinandersetzung. Nicht die Vermeidung dieses wichtigen Erfahrungsbereichs, sondern die »Kultur des Streitens« steht als Erziehungsaufgabe an.

Jedes Kind ist anders

Kindern geht es ähnlich wie Erwachsenen. Sie empfinden einige Menschen auf Anhieb symphatisch, andere sagen ihnen weniger zu. Gerade mit Kindern, die sie nicht mögen, kommen sie häufig in Konflikt. Sie müssen jedoch lernen, auch mit solchen Kindern zurechtzukommen und sie zu akzeptieren wie sie sind.

Wichtige Spielregeln:

- Jedes Kind darf beim Spielen dabei sein.
- Kinder müssen nicht immer alle gleichzeitig dasselbe spielen.
- Wenn Kinder zusammen spielen, haben alle die gleichen Rechte. Es gibt kein Heimrecht für ein Kind und sein Spielzeug!
- Dort, wo Kinder spielen, sollen sie auch gemeinsam aufräumen. Das darf nicht Aufgabe eines Erwachsenen (oder des Gastgebers) sein.
- Streitende Kinder sollen erst dann auseinandergehen, wenn der Streit so weit beigelegt ist, dass sie am nächsten Tag wieder miteinander spielen können.

Diese Spielregeln sind nicht nur für die Kinder wichtig. Auch Eltern müssen sie kennen und akzeptieren, damit sie im Streitfall richtig reagieren können.

Als Erwachsene im Kinderstreit richtig reagieren

Konflikte und Streit zu unterdrücken durch Eingriffe von Erwachsenen ist eine weit verbreitete, weil relativ bequeme Reaktion. Wie aber soll das Kind lernen, wie es richtig streitet, wie es zu einer positiven Lösung kommen kann? Jetzt im Kindesalter werden bereits die Weichen für »faires Streiten« gestellt.

Sinnvolle Verhaltensregeln:

- Kinder müssen lernen, den Streit unter sich auszutragen! Erwachsene sollten nur dann eingreifen, wenn Größere verwickelt sind und natürlich, wenn brutale Gewalt angewendet wird.

Das große Glück

Als Kind hat jeder Mensch
ein Sehnen nach einem großen Glück,
das ihm das Leben bringen soll,
und nachher verlieren es die
meisten Menschen,
weil sie ihr Sehnen auf kleine Erfolge
und Eitelkeiten einstellen,
und lassen sich einreden,
das große Glück,
nach dem sie sich sehnten,
sei eben nur ein Kindertraum gewesen,
statt dass sie sich sagen,
ich will es finden,
nicht so, wie ich es mir als
Kind gedacht, aber dennoch finden,
so wie es sein muss.

Albert Schweitzer

- Streitabläufe sind oft sehr schwer zu durchschauen. Im Streit spielt jeder seine Rolle.
- Es gibt »streitsüchtige« Kinder. Sie sollten nicht ständig durch Ausschluss dafür bestraft werden, dass offensichtlich irgendwo ein anderes Problem vorliegt.
- Die Aufforderung: »Lass dir das nicht gefallen, schlage zurück!« stimmt das Kind innerlich auf eine Revanche ein. Das löst keinen Streit.
- Trotz vorangegangenem Streit ist es wichtig, dass sich die Kinder in einer ihnen entsprechenden Form verabschieden.

Die Nacharbeit der Eltern

Das Wichtigste ist: Eltern müssen mit dem Kind über den Streit reden. Im Gespräch mit dem Kind soll geklärt werden, wie es zum Streit kam, wo das Kind daran beteiligt war und wie man den Streit besser hätte lösen können. (Das setzt voraus, dass die Eltern der Streitkinder davon wissen – entweder über die Gasteltern oder durch Nachfragen beim Kind selbst.)

Streit und Auseinandersetzung unter Erwachsenen

Streit unter Erwachsenen wird in vielfacher Weise ausgetragen, manchmal ganz unerkannt auf »Nebenkriegsschauplätzen«.

Ungesunde Streitformen

Oft ist es einfacher, einem Streit auszuweichen. Doch damit ist das Problem nicht gelöst. Für beide Seiten ist das sehr unbefriedigend und keine Dauerlösung.

- Die Probleme werden nicht ausgetragen, die Konflikte unter den Tisch gekehrt
- Dem Streit wird ausgewichen …
- Man schweigt sich auseinander
- Ein Streitpartner gibt einfach um des lieben Frieden willens nach, statt einen echten Kompromiss auszuhandeln. So begibt er sich in die Rolle des Opfers
- Der Streit wird »beseitigt« über demagogische und autoritäre »Schläge unter die Gürtellinie«, bis hin zu wirklichen Schlägen. Partnerschaft und Liebe gehen verloren. Gegenseitige Offenheit kann nicht mehr erwartet werden

Faires Streiten unter Erwachsenen

Das faire, offene, partnerschaftliche Gespräch ist die sinnvollste und gewinnbringendste Art, sich auseinanderzusetzen. Sie ist aber auch die Schwierigste!

Es gibt drei Grundpfeiler dazu:

- Auf Gefühle und Erwartungen des Partners eingehen, ohne sich in dessen Gefühlen zu verlieren
- Dem Streitpartner zutrauen, selbst mit seinen Problemen klarzukommen
- Die eigenen Gefühle und Wünsche wahrnehmen und sie aussprechen. Vorurteile erkennen und hinterfragen

In einem Gespräch vernetzt sich vieles. Es werden Signale gesendet und empfangen. Mitteilungen laufen über verschiedene Ebenen (über die Körpersprache, gemeinsames Tun und Reden). Jeder Gesprächspartner ist anders und auf seine Weise einmalig.

Auch im Streit gibt es Linien, die nicht überschritten werden dürfen. Selbstachtung und die Achtung des Gegenübers müssen zu einem gewissen Grad immer erhalten bleiben, denn auch aus dem Gegeneinander des Streits will wieder ein Miteinander erwachsen.

Faires Streiten lernen und trainieren

Wer richtig streiten will, sollte Folgendes beachten:

- Hinhören lernen
- Sich versichern, dass man das Gesagte auch richtig verstanden hat (durch Nachfragen)
- Den anderen ausreden lassen
- Sachlich bleiben (auch wenn es schwer fällt) und die Hintergründe erläutern
- Sich klar und verständlich ausdrücken
- Behauptungen begründen
- Die eigenen Gefühle beachten und aussprechen
- Beim Thema bleiben
- Nicht verallgemeinern
- Versuchen, sich in den anderen hineinzuversetzen
- Die Belastbarkeit des anderen erkennen
- Persönliche Angriffe und Beleidigungen vermeiden
- Dem anderen kein schlechtes Gewissen machen
- Erkennen, dass die Schuld nicht nur beim Partner zu suchen ist
- Sich immer wieder klarmachen, dass es nicht um Bosheit geht, sondern um dauerhafte Lösungsversuche
- Dem anderen großzügig und ernsthaft verzeihen können

Faires Streiten »kann man« nicht einfach so beim ersten Mal! Es muss immer und immer wieder geübt werden.

Zwei Menschen

Wir reden
Wir reden dauernd
aneinander vorbei

Wir reden
Wir reden uns
immer weiter auseinander

Vielleicht
schweigen wir
uns wieder zusammen

Lothar Zenetti

die krüge sind leer

wir haben keinen
wein mehr
die krüge sind leer

die freiheit ist verspielt
unser mut ist gekühlt

wir haben keinen
wein mehr
die krüge sind leer

unser glaube zerronnen
unsre liebe verglommen

wir haben keinen
wein mehr
die krüge sind leer

unsre güte verbraucht
unsre hoffnung
verraucht

wir haben keinen
wein mehr
die krüge sind leer

unsre freiheit verspielt
unser mut ist gekühlt

wir haben keinen
wein mehr
die krüge sind lcer

Wilhelm Willms

Beratung bei Problemen und Krisen in der Ehe

Auch mit dem besten Willen zu einer fairen Auseinandersetzung können in jeder Ehe Krisen entstehen. Laut Lexikon bedeutet das griechische Wort »krito« auf Deutsch übersetzt »ich scheide, sondere, sichte, unterscheide, wähle aus«. Hierin steckt schon ein ganzes Bündel an Hilfestellungen. Wer scheiden, sichten, auswählen kann, hat Wichtiges von Unwichtigem getrennt. Das ist in Krisen oft ein entscheidender Punkt.

Krisen brauchen oft Helfer

Manchmal kann ein Paar aus sich heraus oder mit Hilfe von Freunden eine Krise meistern. Oft gibt es nach Jahren der Gemeinsamkeit jedoch Krisen, die trotz aller Bemühungen der Partner ein Gefühl von Ratlosigkeit und Verzweiflung auslösen.

Partner können lernen, sich selbst und den anderen besser zu verstehen und die Beziehung zueinander zu verändern, wenn sie ein Gespräch mit einem professionellen Berater suchen; denn Krise bedeutet auch Chance!

Professionelle Beratung

Auch dann, wenn eine Trennung unvermeidlich erscheint, ist eine Beratung sinnvoll. Je früher Hilfe gesucht wird, desto größer sind die Möglichkeiten zu guten Entwicklungen. Im Allgemeinen ist es günstig, wenn beide Partner zur Beratung kommen. Aber auch Einzelgespräche mit nur einem Partner sind möglich. Meist bedarf es einer Reihe von Gesprächen, um den Beziehungsproblemen und den damit verbundenen individuellen Schwierigkeiten jedes Partners klärend nachzugehen und sie verändern zu können. Auch Kinder und sonstige Familienangehörige werden auf Wunsch einbezogen.

Die Kirche unterhält jeweils Zentren, die professionelle – meist kostenlose – Beratung leisten.

Trennung

Missverständnisse, Enttäuschungen und Verletzungen sind immer dort zu finden, wo Menschen in Beziehung zueinander leben. Auch in der Partnerschaft und Ehe. Wenn Erwachsene nicht gelernt haben, fair miteinander zu streiten, werden die Verletzungen und Enttäuschungen irgendwann zu einer hochexplosiven Bombe. Es ist also nötig, auf ungute Gefühle aufmerksam zu machen.

Früher galt das Streiten in der Ehe als Tabu: »In der Ehe streitet man nicht, und schon gar nicht vor den Kindern!« Heute wissen wohl alle jungen Paare, dass Streiten sehr wichtig ist. Dennoch haben viele Angst davor. Sie befürchten, dass Kritik am Partner und seinem Verhalten zu irreparablen Schäden führt. Aus lauter »Liebe« und Harmoniebedürfnis schlucken sie vieles herunter und unterlassen eine sinnvolle Auseinandersetzung. So werden die Probleme unter den Tisch gekehrt. Unter der nach außen sichtbaren glatten Oberfläche mehren sich die Risse. Irgendwann hält einer der beiden das nicht mehr aus. Die Oberfläche bricht, und die Scherben liegen da. Ratlosigkeit und Verzweiflung überwältigen das Paar. Wie soll es nun bloß weitergehen?

Die letzte Konsequenz

Oft ist der Zug bereits abgefahren. Einer ist schon ausgestiegen, hat resigniert. Um sich und dem Ehepartner weitere Verletzungen zu ersparen, trennen sich viele Paare.

Kinder spüren sehr genau, ob das Klima zwischen den Eltern stimmt. Sie werden unruhig und fragen besorgt nach: »Lassen *wir* uns jetzt scheiden?«

Wenn trotz Beratung kein tragender Grund mehr für die Beziehung hergestellt werden kann, ist es für alle Beteiligten vernünftiger, sich zu trennen.

Klärende Distanz

Mit der Trennung wird ein Schritt vollzogen, der einerseits entlastet, andererseits neue Lasten und Sorgen bringt. In der Regel ist zunächst die Erleichterung groß, denn was zu diesem Schritt geführt hat, war

Segen in
unguten Zeiten

Möge der Wind
dich liebkosen,
wenn du traurig bist,
die Sonne
dich umschmeicheln,
wenn es dir
schlecht geht.
Möge der Regen
die Tränen aus deinem
Gesicht waschen,
die du in verzweifelten
Stunden weinst.
Segensspruch aus Irland

Jedes Scheitern einer Ehe ist für die Betroffenen schmerzlich. Es hinterlässt Wunden und häufig auch bedrückende soziale Folgen. (…) Getrennt Lebende und Geschiedene, die für ihr weiteres Leben allein bleiben, können und sollen weiterhin am Leben der Kirche teilnehmen …

Katholischer Erwachsenen-Katechismus

nicht mehr auszuhalten. Doch mit der Trennung ist ein Abschied verbunden, der schmerzt. Schließlich hat die Verbindung positiv begonnen, hatten beide Partner die Hoffnung auf ein schönes Leben in Harmonie, auf eine glückliche Zukunft. Nun wird diese Vision auf die letzte Probe gestellt. Die Distanz mag helfen, die Dinge besser zu erkennen. Dann gibt es die Möglichkeit, dass sich alles zu einem gemeinsamen Guten wendet. Oder es ist vielleicht tatsächlich besser, getrennt zu bleiben.

Scheidung

Stellt sich im Laufe eines besprochenen Zeitrahmens heraus, dass auch nach einer größeren Distanz und nach ernsthaftem Nachdenken die Beziehung nicht zu retten ist, reicht meist einer der beiden Partner die Scheidung ein.

Und nun geht oft genug das Gerangel um die Kinder, um den Unterhalt und das Sorgerecht an. Wenigstens hier sollten die beiden gewesenen Ehepartner fair miteinander umgehen – nicht zuletzt der Kinder wegen. Um die Kinder nicht weiter zu belasten, müssen die Erwachsenen ein Verhältnis finden, das ohne Verbitterung und Hass einen neutralen Umgang miteinander erlaubt. Das tut den beiden ehemaligen Ehepartnern und den Kindern gut.

Eltern bleiben, denn Kinder sind besonders gefährdet

Zum großen Teil halten Kinder (je nach Alter mehr oder weniger intensiv) aus Mitleid zum nach außen hin schwächeren Elternteil. Das bringt sie oft in Konflikte, gerade wenn sie »die andere Seite« besuchen. Innerlich fühlen sie sich hin- und hergerissen. Sie mögen den Vater genauso gerne wie die Mutter. Aber sie leben bei der Mutter, empfinden sie als den schwächeren Elternteil und schlagen sich auf ihre Seite. Spielt der Vater dann beim Besuch die Rolle des Schwächeren, weiß das Kind überhaupt nicht mehr wohin.

Gerade hier sollten Eltern unter allen Umständen versuchen, miteinander zu reden, in gemeinsamer Verantwortung die Sorge um das Kind im Auge zu haben und in gegenseitiger Achtung miteinander umzugehen. Dies bedarf unbedingt klarer Absprachen unter allen Beteiligten.

In vielen Fällen ist es angebracht, für das Kind und beide Elternteile (möglicherweise getrennt voneinander) auch während dieser Zeit eine Beratung in Anspruch zu nehmen.

Scheidung – für Kinder ein schwerer Schlag

Was für die Eltern ein Ende mit Schrecken war, ist für Kinder eine unbegreifliche Katastrophe. Sie leiden in jedem Fall sehr unter der Trennung, und oft entwickeln sie das Trauma, dass sie Mitschuld am Auseinanderreißen der Familie tragen. Angst und Trauer wenden sie gegen sich selbst und lösen damit innere Konflikte aus, die schwere seelische Schäden hinterlassen können.

Für Kinder sind beide Elternteile gleich wichtig, und mit der Trennung der Eltern verlieren sie Orientierung und Sicherheit, ihr Vertrauen in die Verlässlichkeit von Bindungen wird schwer und nachhaltig erschüttert.

Auch wenn man es auf den ersten Blick nicht sieht: Jedes Kind braucht nach der Scheidung seiner Eltern besonders viel Aufmerksamkeit und Zuwendung. So kann es den Schmerz über das Erlebte überwinden. Denn mit der Trennung der Eltern bricht für ein Kind zunächst eine Welt zusammen.

Niemals ist ein langes Wort. Sag niemals nie.
George Bernard Shaw

Positive Entwicklungen fördern

Doch schlussendlich ist es so, dass eine Scheidung häufig auch vom Kind im Nachhinein als die bessere Lösung erkannt werden kann. Das hängt auch vom Alter des Kindes bzw. dessen Fähigkeit zur Einsicht ab. In einer Familienatmosphäre leben zu müssen, die durch Spannungen und Streit geprägt ist und in der sich ein Kind aus Solidarität und Liebe zu beiden Elternteilen zerrissen fühlt, ist eine Qual. Dann ist es auch für das Kind besser, wenn die Eltern getrennte Wege gehen. Die gemeinsame Erziehung des Kindes kann trotzdem gelingen, denn es braucht beide Rollenvorbilder, braucht von der Mutter wie vom Vater Zuwendung, Anerkennung, Ermunterung. Diesem Ziel zuliebe sollten ehemalige Partner keine Anstrengung scheuen. Regelmäßiger und intensiver Kontakt des Kindes mit beiden Elternteilen ist eine Voraussetzung dafür, dass Eltern ihre Kinder nicht instrumentalisieren und nicht die Probleme, die sie mit ihrem ehemaligen Partner hatten und haben, mittragen lassen. Professionelle Hilfe und Unterstützung von freien und kirchlichen Trägern sowie von Selbsthilfegruppen sollten in Anspruch genommen werden.

Als der Juwel noch in meinem Besitz war, wusste ich seinen Wert nicht zu schätzen. Als ich ihn an einen anderen Mann verlor, überfiel mich tiefe Schwermut.
VI. Dalai Lama

Gott allein genügt

Nichts soll dich
schrecken,
nichts dich ängstigen.
Wer Gott hat,
dem fehlt nichts.
Gott allein genügt.

Teresa von Avila

Der Wunsch, das Christentum ganz und radikal zu leben, ist die Antriebsfeder für jene Menschen, die sich für Mönchtum, Ordensleben, Priestertum oder einen der vielen kirchlichen Berufe entscheiden. Die Lebensform der Ordensleute und Priester hat den Hauch des Außergewöhnlichen, fast Exotischen in unserer Gesellschaft, weil ihr Werte zugrunde liegen, die im Gegensatz zum Üblichen stehen. Auch ohne diesen Ruf selbst zu fördern, genießt diese seltener werdende »Spezies« schnell den Ruf von »religiösen Artisten«, von Menschen mit bewundernswerten Höchstleistungen in Gebet und Askese. Den wirklichen Unterschied aber macht, dass Ordensleute und Priester alles, ihr ganzes Leben, auf eine Karte setzen – ohne letzte Sicher-

> *Nimm hin, Herr,*
> *meine ganze Freiheit:*
> *Gedächtnis, Verstand, Willen,*
> *alles was ich besitze;*
> *Du hast es mir gegeben,*
> *zu dir wende ich es zurück,*
> *gib mir nur deine Liebe und Gnade,*
> *das ist mir genug.*
>
> Ignatius von Loyola,
> Gründer des Jesuitenordens

heiten. Die Kirche braucht Menschen, die sich in ihren Dienst bzw. in den Dienst der Mitmenschen mit dieser Ausschließlichkeit, mit festem Willen und Überzeugung stellen. Aber es gilt auch die Lehre vom allgemeinen Priestertum (begründet in der Taufe).

Ich bin berufen,
etwas zu tun
oder zu sein,
wofür kein anderer
berufen ist.
Ich habe einen Platz
in Gottes Plan,
auf Gottes Erde,
den kein anderer hat.
Ob ich reich
oder arm bin,
verachtet oder geehrt
bei den Menschen,
Gott kennt mich
und ruft mich beim
Namen.

John Henry Newman

Bischof, Priester, Diakon

Innerhalb der Grundstruktur der katholischen Kirche stehen die Ordensleute als Bindeglied zwischen den Laien (griech. Laos = Volk Gottes) und den Priestern (griech. presbyteroi = die Älteren, Senioren). Aber Presbyter konnten auch jüngere Männer werden. Alle drei Gruppen sind untereinander verbunden durch das allgemeine Priestertum, das ihnen in der Taufe und Firmung zugesprochen ist. Die Bezeichnung Priester nimmt bewusst Abstand zum antiken Priesterbild, zum kultischen Mittler zwischen Gott und den Menschen.

Eine Berufungsgeschichte ist nie abgeschlossen,
sie läuft ein Leben lang weiter.
Man muss immer wieder neu
die Antenne ausrichten auf das,
was Gott von einem will.
Für wenige gibt es ein großcs Berufungserlebnis.
Da muss man aber genau hinschauen, wie echt das ist.
Meist muss man sich die Teile zusammensetzen.
Erst kommt der Gedanke ... ich wehre mich ...
er lässt mich nicht los, kommt immer wieder.
Gott kann ganz schön hartnäckig sein.

Worte eines jungen Priesters

Paulus schreibt an Timotheus, seinen ersten Mitarbeiter: »Vernachlässige die Gnade nicht, die in dir ist und dir mit prophetischen Worten verliehen wurde, als die Ältesten dir die Hände auflegten.«
Nach 1 Timotheus 4,14

Urkirchliche Gemeinden

Aus dem vielschichtigen biblischen Bild vom Aufbau der christlichen Gemeinden in der Zeit nach Jesu Tod und Auferstehung schälte sich Anfang des zweiten Jahrhunderts der »monarchische Episkopat« heraus. Das bedeutet: An der Spitzo stcht dcr Bischof (griech. episkopos = Aufseher, Schiedsrichter), der die Gemeinde im Zusammenwirken mit den Presbytern leitet. In der Rangordnung folgen die Diakone (griech. diakonoi = die Dienenden), denen ursprünglich die karitativen und sozialen Aufgaben anvertraut waren.

Priester als Mittler

Nach urkirchlicher Auffassung bedient sich Christus (bzw. der Heilige Geist) der Person des Bischofs und des Priesters, um sein Wirken und seine Gegenwart in der Gemeinde sichtbar werden zu lassen. Im Sakrament der Priesterweihe prägt ihnen Christus sein Bild ein auf der Basis des Taufsakramentes. Durch dieses unauslöschliche Merkmal werden sie zur Gemeindeleitung befähigt, zur Feier der Eucharistie und Spendung der anderen Sakramente.

Berufen zum Dienst

Wer sich heute eine lebendige Kirchengemeinde anschaut, entdeckt noch viele weitere haupt- oder nebenberufliche Dienste wie z.B. Gemeinde- und Pastoralreferenten und -referentinnen, Religionslehrer und -lehrerinnen, Krankenhausseelsorger und -seelsorgerinnen, Erzieher und Erzieherinnen, Pfarrsekretäre und -sekretärinnen, Kirchenmusiker und -musikerinnen, nicht zu vergessen die Ministranten und Ministrantinnen und Pfarrjugendleiter und -leiterinnen und noch viele andere.

Sie alle tragen dazu bei, dass die Gemeinde Jesu Christi sich immer wieder verjüngt, neu aufbaut und stabilisiert. Die Botschaft der Heiligen Schrift soll auch die nächste Generation erreichen und Menschen in Not und Traurigkeit begleiten. Was alle eint und verbindet, ist die Berufung zum Dienst, dem sie, ähnlich wie die Ordensleute (vielleicht nicht in der gleichen Ausschließlichkeit und Radikalität) gefolgt sind. Wie bei einem Leib mit vielen Gliedern sind alle Teile gleichermaßen wertvoll und sollten sich nicht über einander erheben (vgl. 1 Korinther 12,12–31a).

Von der Lebensform her stehen die Priester der Berufung der Ordensleute nahe; denn mit der Diakonatsweihe verpflichten sie sich zur Einhaltung des Zölibats, also der Ehelosigkeit.

Gebet

Herr meines Lebens,
du hast mich ins Dasein gerufen aus Liebe.
Deine Liebe ist so schöpferisch und grenzenlos,
dass du jedem Menschen sein eigenes Gesicht
und Wesen geben kannst.
Welchen Platz in deiner Welt hast du mir zugedacht?
Herr, zeige mir, was ich tun soll in meinem Leben.
Herr, mache mich fähig, dein Wort zu hören und
ihm zu folgen.
Mache mich bereit, auf deinem Weg zu gehen.
Lass mich nicht taub sein für deinen Ruf,
sondern gib mir die Kraft, dir immer besser zu dienen
und nachzufolgen.
Nimm mich, Herr, in deinen Dienst.
Für dich will ich leben. Amen

John Henry Newman

Die Priesterweihe

Wer Priester werden möchte, studiert nach dem Abitur Theologie und tritt in ein Priesterseminar ein. Dessen Leiter (Regens), sein Stellvertreter (Subregens) und ein geistlicher Begleiter (Spiritual) tragen die Verantwortung für die Vorbereitung auf das Priesteramt. Deshalb wird der Regens vor der Diakonats- und Priesterweihe vom Bischof gefragt: »Weißt du, dass diese (Bewerber) würdig sind?«
Die biblischen Wurzeln des Sakramentes der Priesterweihe ist *1 Timotheus 4,14*, in dem Paulus Timotheus an die Handauflegung erinnert. Auch die *Apostelgeschichte (20,28)* berichtet davon.

Durch das Sakrament wird ein Mensch auf neue Weise mit dem prophetischen und priesterlichen Auftrag Christi verbunden. Die Priesterweihe sondert den Menschen aus, im Dienst des Wortes zu leben und ein Mann des Evangeliums zu werden, welches ist eine Macht Gottes zum Heile für jeden (Röm 1,16). Alle Geweihten, Bischöfe, Priester und Diakone, sind in erster Linie verantwortlich für die Verkündigung des Evangeliums, für Predigt, Unterweisung und Ermutigung und für alle Formen, in denen das Mysterium Christi der Welt verkündigt wird.

Katholischer
Erwachsenen-Katechismus

Die Weihehandlung

Drei Rituale kennzeichnen die Weihe der Priester innerhalb einer Eucharistiefeier:

- Nach der Frage an den Regens (Vorstellung und Erwählung) legen sich die Weihekandidaten lang gestreckt auf die Erde als Ausdruck der Bereitschaft, sich ganz Gott hinzugeben; dazu singen die Mitfeiernden die Allerheiligenlitanei und bitten um Hilfe und um die Sendung des Heiligen Geistes; anschließend versprechen die Kandidaten ihrem Bischof Gehorsam und ernsthafte Ausübung ihres Berufes.
- Nach der Salbung der Hände mit Chrisam erhalten die jungen Männer das Evangelienbuch, die Hostienschale (Patene) und den Kelch als Zeichen der Beauftragung zum priesterlichen Dienst.

● Am Ende legen der Bischof und alle anwesenden Priester ihnen die Hände auf und versammeln sich im Kreis zum abschließenden Weihegebet des Bischofs; diese bewegende Geste dokumentiert die Aufnahme in das Priesteramt. Danach werden den Neugeweihten die priesterlichen Amtszeichen (Stola) und liturgischen Gewänder angelegt.

Diakonat und Priestertum heute

Um die Vereinigung mit Gott zu erfahren, muss der Mensch sein bestes Kleid anziehen … dies ist der nackte Glaube.

Johannes von Kreuz, Reformer des Karmelitenordens

Der Priesterberuf stellt Höchstanforderungen an den Menschen, zumal immer mehr Pfarreien wegen des Priestermangels zu Verbänden zusammengeschlossen werden müssen. Deshalb soll die Wiedereinführung des Diakonats im Haupt- oder Nebenberuf – also nicht nur als Durchgangsstadium zum Priestertum – Entlastung bringen, ebenso wie die Beauftragung von Pastoralreferent/inn/en und Gemeindereferent/inn/en. Dennoch ergeben sich bei der Feier der Sakramente, die den Priestern vorbehalten sind (Eucharistie, Buße, Krankensalbung) Engpässe. Das auf Paulus zurückgehende Idealbild vom Priester, »der allen alles wird« verführt nicht selten zu Überbeanspruchung bis zum Burnout. Skandale in den USA, Österreich und anderswo haben deutliche Schatten auf dieses Amt geworfen und

Nur von Verwandelten können Wandlungen ausgehen.

Søren Kierkegaard

mahnen zu sorgfältiger Auswahl. Glücklicherweise gibt es jedoch sehr viele gute Priester, die trotz der Aufgabenfülle kontaktfreudig, mit offenem Ohr und spirituellem Tiefgang den Menschen zugewandt aus der Kraft der Botschaft Jesu leben und sie lebendig verkünden. Darauf bleiben alle, die als Christen (über)leben wollen, zentriert – so wie die Priester und alle pastoralen Mitarbeiter/innen auf menschliche und geistliche Unterstützung, das Gebet, angewiesen sind. Von der Kraft Gottes leben sie.

Berufung ist wie:

Jeder ist berufen, etwas in der Welt zur Vollendung zu bringen.

Martin Buber

● Eine überraschende SMS, die mich sehr beschäftigt und nicht mehr loslässt: Soll ich antworten oder alles auf sich beruhen lassen?
● Ein Lockruf aus weiter Ferne und wie gleichzeitig die innerste Stimme in mir selbst
● Die Suche nach dem richtigen Weg zum Berggipfel
● Eine Tür, die sich überraschend öffnet: Noch weiß ich nicht, wohin sie letztlich führt, noch kann ich umdrehen oder mutig eintreten – eine Vertrauenssache!

Ich möchte ein Mensch werden wie du

1–3. Ich möch te ein Mensch wer-den wie du. Ich möch-te ein Mensch wer-den wie

1. du: Dessen Le - ben und Ge - stalt andern Hoffnung schenkt und Halt. Ich

2. du: Der Einsamen zur Seite steht, mit ihnen re - det, isst und geht. Ich

3. du: Dessen Leiden Früchte trägt und wie ein Sa - me Wur - zeln schlägt. Ich

möch-te ein Mensch wer - den wie du. Ich möch-te ein Mensch wer - den wie du.

1–3. Ich möchte ein Mensch werden wie du. Ich möchte ein Mensch werden wie du:
   1. Dessen Leben und Gestalt andern Hoffnung schenkt und Halt.
   2. Der Einsamen zur Seite steht, mit ihnen redet, isst und geht.
   3. Dessen Leiden Früchte trägt und wie ein Same Wurzeln schlägt. Ich möchte
      ein Mensch werden wie du. Ich möchte ein Mensch werden wie du.

Text: Norbert Weidinger, Melodie: Hans Florenz

- Ein Traum in der Nacht: Ich frage mich: Ist es wahr? Wird es wahr?
- Ein wunderschönes Porträt, das ein Künstler von mir selbst angefertigt hat; erst langsam erkenne ich mich darauf, Stück für Stück
- Ein innerer Konflikt: Soll ich ja sagen oder nein?
- Bei Elija ein leiser Windhauch, der mich aber sehr tief berührt
- Bei Petrus und Andreas, Jakobus und Johannes der Zuruf eines Menschen mitten im Alltagsgeschäft: »Komm mit!«
- Bei Paulus ein Blitz am helllichten Tag, der mich aus der Bahn wirft, aus den alten Gleisen reißt

Glaube ist der Vogel,
welcher singt,
wenn die Nacht noch
dunkel ist.

Rabindranath Tagore

Vom Leben umgeben

*Verstehen kann man
das Leben rückwärts,
leben muss man es
vorwärts.*

Søren Kierkegaard

Viele Stationen des Lebens sind durchschritten, einige noch zu durchschreiten. Wichtige Übergänge wurden mehr oder weniger gut gemeistert, andere haben wir noch zu bewältigen, ohne aus dem Gleichgewicht zu geraten. Was hält das Leben, das uns von allen Seiten umgibt, noch bereit an Tief- und Höhepunkten, wenn wir altern? Dienstjubiläen vielleicht, goldene Hochzeit, runde Geburtstage und die Lebensfeste der nachwachsenden Generation … Sie bringen Abwechslung in manchen »grauen Alltag«, bieten die Gelegenheit, das Wertvollste im Leben miteinander zu teilen, nämlich unsere Zeit. Was könnte es Schöneres geben, als an solchen Tagen einander hochleben zu lassen und unser Leben zu feiern mit nahen Verwandten, Nachbarn und Freunden und in überschäumender Freude. Solche Festtage, die uns das Leben schenkt, lassen manche Krise, manche schwere Krankheit, manchen schmerzhaften Abschied (zum Beispiel von den eigenen Eltern) im Rückblick funkeln wie einen geschliffenen Diamanten. Dankbarkeit erfüllt das Herz – auch gegenüber dem, der uns unser Leben geschenkt hat. Glücklich der Mensch, der sagen kann: Alles in allem war mein Leben randvoll und wunderschön.

*Ich habe
immer geglaubt,
mit achtzig wäre
man alt,
aber jetzt bin ich
anderer Ansicht.
Es gibt Zeiten,
in denen ich mich
wie ein Junge fühle.
So lange man
imstande ist,
zu bewundern
und zu lieben,
so lange ist man jung.
Und es gibt so viel
zu bewundern
und zu lieben.*

Pablo Casals

Das Leben feiern

Solche Lebensfeste leben von den Gästen, unserer eigenen großzügigen Gastfreundschaft und dem Geist, der uns und ihnen die richtigen Worte und Lieder in den Mund legt. Wenn sie verklungen sind, kann in uns die Einsicht keimen: Eigentlich ist unser ganzes Leben ein »Gastspiel«. Niemand kennt sein Zeitkonto, keiner bleibt für immer. Nähere ich mich der »Endstation«? Der Philosoph Martin Heidegger behauptet, das ganze Leben ist »Sein zum Tode«. Alte Ordensregeln raten: »Den Tod täglich vor Augen haben«.

Ende und Neubeginn

Wie so oft kommt es auf die Perspektive an. Aus christlicher Sicht ist selbst der Tod vom Leben umgeben; denn auch er ist Übergang – der letzte Übergang in ein neues, alle Vorstellungen sprengendes und alle Hoffnungen übersteigendes Leben bei Gott. Dies ist der eigentliche Zielpunkt menschlichen Lebens. Jetzt sind wir Pilger, die sich Schritt für Schritt diesem Ziel nähern. Die Sakramente an den Knotenpunkten unseres Lebens stärken uns für diese Pilgerschaft, so auch das Sakrament der Krankensalbung. Der Glaube hält manche Stärkung für uns bereit, wenn uns unterwegs doch die Angst packen sollte, die Kraft verlassen will und der Lebensmut. Im Kreuzgang des Klosters Lluch, im Nordwesten Mallorcas, haben Pilger einer anderen Generation ein Zeugnis ihrer Zuversicht in Stein gemeißelt …

Das Alter ist kein Kerker, sondern ein Balkon, von dem aus man zugleich weiter und genauer sehen kann.
Marie Luise Kaschnitz

An die Pilger Europas

Geh,
seit Deiner Geburt bist Du
auf dem Weg.

Geh,
eine Begegnung wartet auf Dich.
Wo? Mit wem?
Du weißt es noch nicht?
Vielleicht mit Dir selbst.

Geh,
Deine Schritte werden
Deine Worte sein,
der Weg Dein Gesang.
Deine Ermüdung Dein Gebet.
Dein Schweigen wird schließlich
zu Dir sprechen.

Geh,
allein, mit anderen,
aber tritt heraus aus Dir,
Du, der Du Dir Rivalen
geschaffen hast,
wirst Kameraden finden.
Du, der Du Dich von Feinden
umgeben siehst,
wirst sie zu Freunden machen.

Geh,
auch wenn Dein Geist nicht weiß,
wohin Deine Füße Dein Herz führen.

Geh,
Du bist für den Weg geboren,
den Weg der Pilger.
Ein Anderer kommt Dir entgegen
und sucht Dich,
damit Du IHN finden kannst.

Im Heiligtum am Ende des Weges,
dem Heiligtum im Innersten
Deines Herzens,
ist Er Dein Friede,
ist Er Deine Freude.

Geh,
es ist ja der Herr, der mit Dir geht.
Quelle unbekannt

Stärkung in der Not: die Krankensalbung

Wenn unsere Tage verdunkelt sind und unsere Nächte finsterer als tausend Mitternächte, so wollen wir stets daran denken, dass es in der Welt eine große, segnende Macht gibt.

Martin Luther King

Im gleichförmigen Ablauf der Tage spielt der Gedanke an schwere Krankheiten oder drohende Unglücksfälle wohl nur eine sehr geringe Rolle. Allzu beschäftigt sind wir damit, das Alltägliche zu bewältigen. Die möglichen Gefahren, die Unberechenbarkeit des nächsten Augenblicks sind uns nicht immer bewusst, denn die Arbeit, die Familie und alle möglichen sonstigen Pflichten und auch Freuden nehmen uns ganz gefangen. Das »memento mori«, der Gedanke an die Sterblichkeit, an die Endlichkeit des irdischen Daseins schlummert tief in uns. Doch manchmal gerät unser Leben urplötzlich in Gefahr – im Straßenverkehr, auf einer Bergwanderung, beim Schwimmen im Meer –, ohne dass wir uns darauf vorbereiten können. Dann nützt vielleicht gerade noch ein Stoßgebet und die Hilfe professioneller Sanitäter im Rettungswagen. Hoffentlich trägt uns das oftmals im Leben mühsam zurückerlangte Ur- und Gottvertrauen, wie es im Buch Kohelet unübertroffen ins Wort gehoben ist: »Alles hat seine Zeit« *(Kohelet* oder *Prediger 3,1-11),* auch und gerade alles Gegensätzliche, alles, was uns oft so unvereinbar erscheint und uns zu zerreißen droht.

Innerlich vorbereitet sein

Es gibt aber auch das andere im Leben: Wir werden krank, eine Operation steht bevor, es bleibt uns die Zeit, uns darauf einzustellen. Je näher der Tag rückt, umso stärker befallen uns innere Unruhe, Unsicherheit und unklare Ängste. In solchen und ähnlichen Lebenssituationen kann uns das Sakrament der Krankensalbung helfen, Ruhe, Gelassenheit und Zuversicht durch »Zeichen der Nähe Gottes« zurückzugewinnen. Es ist zugleich auch ein Angebot an alle, die sich lange Zeit nicht von einer Krankheit erholen können und deshalb eine Stärkung suchen.

Biblischer Hintergrund

Die Krankensalbung galt als das Sterbesakrament, als »Letzte Ölung«. Wer aber auf das Leben und Handeln Jesu schaut, entdeckt, wie sehr ihm

---

Rückblick

*Ich konnte mein Leben nicht planen.
Ich konnte es nicht machen
und nicht vorhersehen.
Aber ich ahne die Hand
die mich führt.
Ich staune über den Plan,
den Du in mein Leben gelegt hast,
über die Wendungen in meinem
Schicksal und seine Geradlinigkeit.*

*Du führst mich,
und ich erkenne hinterher,
dass es Deine Hand war,
und ich erkenne hinterher:
so war es gut.*

*Und ich schaue zurück
und danke Dir.*

Josef Gräf

die Kranken und die Linderung ihres körperlichen und seelischen Leidens am Herzen lagen. Jesus wollte den Verdacht zerstreuen, als habe irgendein schuldhaftes Verhalten die Krankheit verursacht, als sei sie eine »Strafe Gottes«. Deshalb sind uns so viele Heilungsgeschichten überliefert, in denen er den Kranken auch die Vergebung Gottes zuspricht. Die Beendigung ihres Elends war ihm so wichtig, dass er sogar wider die religiösen Vorschriften am Sabbat heilte *(vgl. Lukas 13,10-13)*.

Im Markusevangelium wird erzählt, dass er auch seine Jünger mit diesem Auftrag aussandte:

> »Die Zwölf machten sich auf den Weg und riefen die Menschen zur Umkehr auf. Sie trieben viele Dämonen aus und salbten viele Kranke mit Öl und heilten sie.«

Markus 6,12-13

Eine weitere biblische Begründung für die Krankensalbung liefert der Jakobusbrief:

> »Ist einer von euch bedrückt? Dann soll er beten. Ist einer fröhlich? Dann soll er ein Loblied singen. Ist einer von euch krank? Dann rufe er die Ältesten der Gemeinde zu sich; sie sollen Gebete über ihn sprechen und ihn im Namen des Herrn mit Öl salben. Das gläubige Gebet wird den Kranken retten, und der Herr wird ihn aufrichten; wenn er Sünden begangen hat, werden sie ihm vergeben.«

Jakobus 5,13-15

Krankensalbung in der frühen Kirche

Gemäß den biblischen Überlieferungen wurde die Krankensalbung zunächst als Mittel zur Genesung angewandt. Sie sprach den Beistand Gottes zu, gab Sicherheit und Geborgenheit in der Gemeinschaft der Gläubigen – ein wichtiger Aspekt im Gesundungsprozess. Zugleich aber erneuerte und stärkte sie die Verheißung auf ein ewiges Leben. In der Praxis der frühen Kirche trat die Krankensalbung gegenüber der Taufe, Buße und Priesterweihe in den Hintergrund. Berichte aus dem fünften Jahrhundert zeigen, dass sie mit der Heilung von leiblichen und seelischen Schwächen eng verbunden war. Ab dem neunten Jahrhundert wurde die Salbung eher als »Sterbesakrament« angesehen. Dies hat das II. Vatikanische Konzil korrigiert.

Die Krankensalbung ist die Feier der liebenden Sorge Christi für ein Glied seiner Kirche, das von Krankheit heimgesucht ist. Als Sakrament ist sie nicht nur ein Angebot der Erleichterung und des Trostes, sondern auch die Übertragung einer Gnade, die uns im tiefsten Grund unseres physischen Leidens heilen soll.

Katholischer Erwachsenen-Katechismus

Wer sich nach Licht sehnt, ist noch im Dunkeln. Die Sehnsucht selber ist schon ein kleines Licht.

Quelle unbekannt

Stärkung und Ermutigung

Wer um das Sakrament der Krankensalbung bittet, bringt zum Ausdruck, dass er sich bewusst auf Gott besinnt. Deshalb ist die Krankensalbung ein Zeichen vollzogener Umkehr zu Gott. Sie stärkt Kranke gegenüber Pessimismus und Niedergeschlagenheit, hilft, die Krankheit zu ertragen und die Angst vor dem Tod nicht übermächtig werden zu lassen. Schließlich ist die Salbung eine Form der Sündenvergebung, der Aussöhnung zwischen Gott und Mensch.

Krankensalbung in der Familie

Die Krankensalbung wird im Krankenzimmer zu Hause oder im Krankenhaus meist mit der Spendung der Krankenkommunion verbunden, an der auch die anwesenden Familienmitglieder auf Wunsch teilnehmen können. Manchmal möchten kranke Menschen zugleich die Beichte ablegen. Dann verlassen die Familienangehörigen für diese Zeit den Raum und kehren danach zurück.
Bei dieser Feier sollten durchaus Familientraditionen weiter gepflegt werden. In manchen Familien stehen oder liegen für diesen besonderen Anlass nicht nur wunderschön bestickte Tischdecken, Kerzenleuchter und ein Kreuz aus Urgroßmutters Zeiten bereit. Vielleicht gibt es auch besondere Gebete und Lieder. Beides sollte nicht ungenutzt bleiben. Möglicherweise hat das kranke Familienmitglied auch Herzenswünsche, die sich verwirklichen lassen.

Vorbereitung und Feier

Ein Katholik, der das Sakrament der Krankensalbung empfangen möchte, kann sich im nächstgelegenen Pfarrbüro melden und einen

Termin vereinbaren. In vielen Gemeinden wird sie vor Weihnachten und Ostern im Kranken- und Seniorengottesdienst in der Kirche gespendet. Wie zur Krankenkommunion richten die Familienangehörigen das Krankenzimmer her. Auf einem Tisch werden neben ein paar Blumen (nur wenn möglich), ein Kreuz, Kerzen und Weihwasser bereitgestellt. Nach der Ankunft des Priesters und einem kurzen Gespräch beginnt die Feier.

Erinnerung ist alles, von Anfang wächst sie mit uns und hüllt uns ein. Schon als wir noch auf Neues ausgingen, war sie da und wurde alt, während wir noch jung hießen. Mir scheint oft, dass wir alles erst dann erleben, wenn's schon vorüber ist. Die Zeit, und was in ihr aufeinander folgte, ist dann ganz ausgebreitet; Zwischenräume verschwinden, und entfernt Erlebtes wird vereint. Erinnerung hat alles gleichzeitig gemacht.

Alexander von Villers, Briefe eines Unbekannten

Die Krankensalbung

Begrüßung durch den Priester (Friedenswunsch)

Besprengung mit Weihwasser, dabei spricht der Priester: *Dieses geweihte Wasser erinnere uns an den Empfang der Taufe und an Christus, der uns durch sein Leiden und seine Auferstehung erlöst hat.*

Wenn der/die Kranke es wünscht, kann nun die Beichte erfolgen oder der Priester spricht: *Brüder und Schwestern, damit wir die Feier der Kranken- salbung in der rechten Gesinnung begehen, prüfen wir uns selbst und bekennen unsere Schuld.*

Allgemeines Schuldbekenntnis und Lossprechungsformel

Schriftlesung

Fürbitten

Handauflegung und Dankgebet des Priesters:
Sei gepriesen, Gott, allmächtiger Vater: Für uns und zu unserem Heil hast du deinen Sohn in diese Welt gesandt. Wir loben dich. – Alle: Wir preisen dich. Sei gepriesen, Gott, eingeborener Sohn: Du bist in die Niedrigkeit unseres Menschenlebens gekommen, um unsere Krankheiten zu heilen. Wir loben dich. – Alle: Wir preisen dich. Sei gepriesen, Heiliger Geist, du unser Beistand: Du stärkst uns in den Gebrechlichkeiten unseres Leibes mit nie erlahmender Kraft. Wir loben dich. – Alle: Wir preisen dich. Gott, schenke deinem Diener/deiner Dienerin, der/die mit diesem heiligen Öl in der Kraft des Glaubens gesalbt wird, Linderung seiner/ihrer Schmer- zen und stärke ihn/sie in seiner/ihrer Schwäche. Durch Christus unsern Herrn. – Alle: Amen

Salbung der Stirn und der Hände mit Chrisamöl: *Durch diese heilige Salbung helfe dir der Herr in seinem reichen Erbarmen, er stehe dir bei mit der Kraft des Heiligen Geistes: Der Herr, der dich von Sünden befreit, rette dich, in seiner Gnade richte er dich auf. - Alle: Amen.*

Gemeinsames Vaterunser – Nun kann auf Wunsch die Kranken- kommunion erfolgen, die mit dem Segen des Priesters schließt.

Gebete und Gedanken

Der Engel, nach dem ihr ausschaut,
er ist schon unterwegs.

Maleachi 3,1

Nicht das Freuen, nicht das Leiden,
stellt den Wert des Menschen dar,
immer nur wird das entscheiden,
was der Mensch dem Menschen war.

Quelle unbekannt

Man darf ein Schiff nicht an einen
einzigen Anker und das Leben
nicht an eine einzige Hoffnung binden.

Epiktet

Gebet

Schöpfer meiner Stunden und meiner Jahre,
du hast mir viel Zeit gegeben.
Sie liegt hinter mir, und sie liegt vor mir.
Sie war mein und wird mein,
und ich habe sie von dir.
Ich danke dir für jeden Schlag der Uhr
und für jeden Morgen, den ich sehe.
Ich bitte dich nicht, mir mehr Zeit zu geben.
Ich bitte dich aber um viel Gelassenheit,
jede Stunde zu füllen.

Ich bitte dich, dass ich ein wenig dieser Zeit
freihalten darf von Befehl und Pflicht,
ein wenig für Stille, ein wenig für das Spiel,
ein wenig für die Menschen am Rande
meines Lebens, die einen Tröster brauchen.

Jörg Zink

Wer nur den lieben Gott lässt walten

Wer nur den lieben Gott lässt walten
und hoffet auf ihn allezeit,
den wird er wunderbar erhalten
in aller Not und Traurigkeit.
Wer Gott dem Allerhöchsten traut,
der hat auf keinen Sand gebaut.

Was helfen uns die schweren Sorgen,
was hilft uns unser Weh und Ach?
Was hilft es, dass wir alle Morgen
beseufzen unser Ungemach?
Wir machen unser Kreuz und Leid
nur größer durch die Traurigkeit.

Sing, bet und geh auf Gottes Wegen,
verricht das Deine nur getreu,
und trau des Himmels reichem Segen,
so wird er bei dir werden neu.
Denn welcher seine Zuversicht
auf Gott setzt, den verlässt er nicht.

Georg Neumark

In der Welt habt ihr Angst,
aber seid getrost,
ich habe die Welt überwunden.

Aus den Abschiedsreden Jesu

Den Garten des Paradieses
betritt man nicht mit den Füßen,
sondern mit dem Herzen.

Quelle unbekannt

Sterben, trauern, hoffen – über den Tod hinaus

Der Tod hat viele Gesichter, er geht viele Wege. Er bedeutet das Ende des Sterbens, das Ende des Lebens. Jedes Sterben und jeder Tod ist einmalig.

Als Zurückgebliebene erleben wir den Tod auf vielfältige Weise: den unbewussten oder bewussten, den menschlichen oder unmenschlichen, den langsamen oder jähen, den Tod im Mutterleib, den Tod nach wenigen Lebenstagen, im Kindes- oder Jugendalter, den Tod am Ende eines erfüllten Lebens, den durch Unfall oder Krankheit, aus Verzweiflung oder Einsamkeit, durch Katastrophen in Natur und Technik oder den Tod durch Gewalt und Krieg.

Brüche im Alltag

Der Tod träfe uns nicht so unvermittelt hart, wenn es uns gelänge, den gesellschaftlichen Verdrängungsmechanismen keinen Raum zu geben, sondern sensibel zu werden für die »kleinen Tode«. Sie ereilen uns im Leben. Wir könnten sie als Vorübungen des Abschiednehmens und Trauerns nutzen:

- Die Phasen des Übergangs von der Kindheit in die Selbstständigkeit und Eigenverantwortlichkeit der Jugend
- Das Zerbrechen einer Freundschaft
- Das Verlassen des Elternhauses
- Das Durchleiden einer schweren Krankheit
- Das Ende einer schönen Zeit

Freilich behaupten lebensfrohe Menschen, dass sie auch das Gegenteil im Leben gibt: kleine Auferstehungen, so wie es in einem neuen Lied (in Anlehnung an Marie Luise Kaschnitz) besungen werden:

Manchmal feiern wir mitten im Tag ein Fest der Auferstehung:
Stunden werden eingeschmolzen und ein Glück ist da
Waffen werden umgeschmiedet und ein Friede ist da
Worte werden aufgebrochen und ein Lied ist da

Ich wünsche dir den Frieden der Meeresdünung, den Frieden einer sanften Brise, den Frieden der schweigsamen Erde, den Frieden einer klaren Sternennacht. Ich wünsche dir den Frieden Jesu Christi, der unser Frieden ist für alle Zeit.

Aus Irland

Sterbebegleitung – Erfahrungen aus der Hospizbewegung

Sterben heißt, sich endgültig trennen von Dingen, Menschen, Wünschen, Ideen und von seinem irdischen Dasein. Sterbebegleitung bedeutet, dem sterbenden Menschen bei vielen Dingen zu helfen:

- Den Kontakt zur Mit- und Umwelt möglichst lange aufrechterhalten - was zu Hause leichter möglich ist (z.B. ins Wohnzimmer umbetten, die Tür immer einen Spalt offen lassen) als im Krankenhaus
- Ruhig und offen nach Wünschen fragen, die eigene Unsicherheit nicht fälschlicherweise verbergen
- Einfach da sein, mit dem Sterbenden sprechen und ihm vielleicht die Hand halten
- Die Worte, die ihm wichtig sind, finden und aussprechen; sie stellvertretend formulieren und dann auf seine Reaktionen achten (das Gehör schwindet als letzter der Sinne)
- Eigene Gedanken ehrlich mitteilen (vielleicht wünscht er sich, den Schmerz zu sehen, die Tränen als Ausdruck tiefer Trauer; möglicherweise gibt ihm das die Erlaubnis, seine eigenen Gefühle sprechen zu lassen)
- Seine elementaren Bedürfnisse unter Achtung seiner Würde und Intimität befriedigen: waschen, rasieren, erfrischen, frisch betten, Durst stillen, Mund befeuchten usw.
- Ihm die Möglichkeit geben, sich von geliebten Menschen zu verabschieden, mit ihnen den Lebensweg nochmals nachzugehen, Unerledigtes abzuschließen, auch Wichtiges zu beenden, das »Haus zu bestellen«, sich zu versöhnen
- Ihn spüren lassen, was er anderen bedeutet hat: Dankbarkeit zeigen für das, was er gegeben und gewirkt hat und was sein Andenken wachhalten wird; eine solche Rückschau kann wahrer Trost sein
- Ihn in Phasen der Angst und Aggression annehmen und gelassen bleiben
- Mit ihm beten oder den Priester rufen (wenn er es wünscht)
- Seinen Wunsch, zu sterben, ernst nehmen; wenn er nach allem Auf und Ab so weit ist, »Ja« zu sagen, dann wird auch die Zustimmung seiner Nächsten für sein Sterben wichtig. Dem Scheidenden vermitteln: »Du darfst!« Das stellt oft einen wertvollen Liebesbeweis dar. Solche Augenblicke können endgültiges Abschiednehmen und gegenseitiges Loslassen sehr erleichtern

Das Leben muss man das ganze Leben über lernen, und, was dich vielleicht noch mehr erstaunt: Das ganze Leben lang muss man das Sterben lernen.

Seneca

Schließe mir die Augen beide mit den lieben Händen zu! Geht doch alles, was ich leide, unter deiner Hand zu Ruh.

Und wie leise sich der Schmerz Well' um Welle schlafen leget, wie der letzte Schlag sich reget, füllest du mein ganzes Herz.

Theodor Storm

● Ihn nochmals mit Liebgewordenem in Kontakt zu bringen: mit
seiner Musik, einem bestimmten Bild, mit Dingen, die er vielleicht
noch einmal zur Hand nehmen möchte

Was zählt für den Sterbenden, ist, für ihn da zu sein, die spürbare
Nähe, das Aushalten der Hilflosigkeit. Wer dies wagt, erlebt, dass ihm
selbst Kraft und Trost zuwachsen.

*Wir sind mitten
im Sterben
zum Leben bestimmt.*
Lothar Zenetti

Die endgültige Grenze: der Tod

Die Grenze zwischen Leben und Tod ist natur-
wissenschaftlich nur schwer eindeutig festzu-
legen. Ein erstes Stadium des Sterbens ist die
nicht aufhebbare Bewusstlosigkeit, ein letztes
der Zerfall des Körpers. Der Stillstand von
Kreislauf und Atmung wird als Augenblick des
Todes festgestellt. Das aber bedeutet nicht
unmittelbar den Tod der Organe. Deswegen
sind Organtransplantation und Wiederbelebung des Kreislaufs möglich. Heute glaubt
man, dass nach dem Aufhören von Kreislauf
und Atmung mit dem Funktionsausfall des
Zentralnervensystems und des Gehirns endgültige Stadien des Sterbens erreicht sind.
Das Bewusstsein setzt unwiederbringlich aus.

*Engel am Abend des Lebens,
der Abendstern zieht auf.
Sein Licht vermischt sich
mit den letzten Sonnenstrahlen
des Tages.
Ich staune, wenn ich zurückschaue,
Frieden kehrt ein.*

*Die Ernte ist eingebracht,
alles hast du
verzeichnet im Buch des Lebens.
Wunderschöne Dinge sind
mir gelungen,
einiges zerrann zwischen
den Fingern.
Zuversichtlich schaue ich nach vorn.*

Was wir nicht wissen

Der Tod errichtet eine unverschiebbare Grenze, über die unser Wissen nicht hinausreicht.
Auch die Erforschung der Nahtod-Erfahrungen
von bereits klinisch Toten kommt nicht durch
jene absolute Schallmauer hindurch, zerreißt
jenen undurchdringlichen Vorhang nicht.
Christen versammeln sich am Sterbebett und
halten Totenwache mit der ganzen Familie;
denn der Tod ist ein Teil, die letzte Etappe des
Lebens. Niemand soll dabei allein und einsam
sein. Oft beten die Anwesenden dabei den
schmerzhaften oder den glorreichen Rosen-

*Wie wird es werden,
das Hinübergehen in jene
andere Welt?
Wirst du mich dort hingeleiten?
Du warst lebenslang meine Brücke
zu Gott.
Bleib es auch bei meinem
letzten Gang,
dann ist mir nicht bang.*
Norbert Weidinger

kranz oder einige Psalmen, wie zum Beispiel *Psalm 23, 27, 90 oder
91*, oder sie verharren beim Verstorbenen in Stille.

Phasen der Trauer

Wenn die Kraft zu
Ende geht,
ist Erlösung Gnade.
Sterben ist kein ewiges
Getrenntsein.
Es gibt ein Wiedersehen
an einem helleren Tag.
Kardinal Michael Faulhaber

Die Nachricht über den Tod eines nahestehenden Menschen wirkt auf viele wie ein Schock, der die Erstarrung jeglicher Lebensbewegung zur Folge hat. Sie wahrzunehmen und zu lösen, ist die erste schwierige Aufgabe. Erst durch das Eintauchen in das entstandene Gefühlschaos gewinnt das geschundene und zerrissene Ich allmählich wieder Vertrauen. Die stoische Ruhe, welche die Umwelt oft fordert, das Stillhalten ohne zu klagen, bewirkt genau das Gegenteil. Durch Ernstnehmen und allmähliches Aussprechen des Schmerzes, durch Weinen und Zulassen der tiefen Traurigkeit, durch elementare Formen des Trostes wie wortloses, stilles Umarmen oder Hand-auf-die-Schulter-Legen kann sich die Erstarrung lösen.

Die zweite Phase der Trauerarbeit nimmt oft mit der Rückkehr des Alltags ihren Anfang. Eine Erschütterung des Lebenswillens tritt ein. Der überstanden geglaubte Schmerz kehrt zurück, macht überempfindlich und gereizt. Gefühle von Ohnmacht und Hilflosigkeit, Selbstvorwürfe oder Anklagen gegen andere (Ärzte, Krankenhauspersonal) und Auflehnung gegen das Schicksal wechseln einander ab. Nun gilt es, die Verwirrung zu ordnen, die Gefühle zu entflechten und anzunehmen. Diese Annahme wird jedoch manchmal durch vorschnelle Verurteilungen aus der nächsten Umgebung erschwert. In der Begleitung solcher Trauerarbeit wäre es wichtig, Loslassen und unheilsames Sich-gehen-Lassen zu unterscheiden. Klagen zu dürfen ist nur die eine Seite der Medaille, neue Lebensräume zu entdecken die mindestens ebenso wichtige zweite.

Neuen Mut finden

Wenn der/die Trauernde durch Erstarrung und Erschütterung hindurch gegangen ist wächst wieder Zustimmung zum Leben. Der Abschied vom Toten ist vollzogen. Seine Nähe wird auf neue, andere Weise gespürt. Nun kann entdeckt werden, wie das vom Verstorbenen Angestoßene, sein Geist, sein Lebenswerk, weiterleben will und wo der/die Trauernde dazu einen Beitrag leisten kann. Auf diese Weise gelingt es, das Leben neu zu bejahen, Pläne zu schmieden, aufzubrechen. Manche Menschen werden durch die Trauerarbeit offener. Doch dieser Trauerprozess kann bei der Bestattung noch nicht abgeschlossen sein. Viele Formalitäten zu erledigen holt zwar in den Alltag zurück, hemmt aber den Trauerprozess. Die »richtige« Trauer verläuft vom Bewusstwerden zum Annehmen des Verlustes.

Das letzte Weggeleit

Das Brauchtum macht regional unterschiedliche Vorgaben. In einigen
Gegenden werden erst die Toten bestattet und dann die Totenmesse
(Requiem) gefeiert, in anderen ist es genau umgekehrt. Die Bestimmungen lassen es allerdings kaum noch zu, die Verstorbenen zu
Hause aufzubahren und von dort aus zu Grabe zu tragen. Seit 1964
ist auch für Katholiken die Feuerbestattung und Urnenbeisetzung
freigegeben, da sie nicht mehr gleichbedeutend mit der Ablehnung
des Auferstehungsglaubens ist.

*Jeden Tag blüht
uns der Tod.
Und sind wir
dann gestorben,
blüht uns das Leben auf.*
Petrus Ceelen

Brauchtum und Elemente des Feierns

In einem Brauchtumsbuch hielt ein Vertreter der Volkskunde fest:
»Wenn man die Verarmung an Brauchtum beobachtet, das sich um
Sterben und Tod einst rankte, dann muss man den Eindruck gewinnen: Hier grassiert *die Galoppierende* (Schwindsucht).« Und dann
erinnert er an die Versehgänge des Dorfpfarrers mit dem Glöckchen,
das der Ministrant unaufhörlich in Gang hielt, an das Läuten der
Totenglocken, die mächtigen Trauerzüge, die sich durch den ganzen
Ort bewegten (nicht nur von der Friedhofskapelle zum Grab), an das
Wehklagen der Klagefrauen, an die Totenwache, an das Totengebet –
meist der schmerzhafte Rosenkranz – im Haus der Verstorbenen, an
die Totenwaschung, die oft gottesdienstähnlichen Charakter hatte im
Sinne einer »letzten Taufe« und Vorbereitung auf den Weg ins »himmlische Jerusalem«, an die Grabbeigaben wie den Ehering, den Rosenkranz und das Gebetbuch, an das Anhalten der Uhren im Haus, an
das Anlegen der Trauerkleidung etc.

Schlussstück

*Der Tod ist groß.
Wir sind die Seinen
lachenden Munds.
Wenn wir uns mitten
im Leben meinen,
wagt er zu weinen
mitten in uns.*
Rainer Maria Rilke

Der Tod als Tabu

Der Tod wird zunehmend aus dem normalen Alltagsleben verdrängt
bis hin zum regionalen Fahrverbot von Leichenwagen am Tag. Alles,
was mit dem Jenseits zu tun hat, wird gern weggeschoben, tabuisiert.
Im konsumbetonten Hier und Jetzt fällt es vielen Menschen zunehmend schwer, innezuhalten und sich der Spannweite des Lebens
bewusst zu werden – eines Lebens, für das der Tod das Ende eines
Abschnitts bedeutet. Die Achtung und Be-Achtung des Todes
gemahnt an die eigene Sterblichkeit und daran, das eigene Handeln
und Denken im Licht eines großen Ganzen, einer Gemeinschaft von
Menschen, zu sehen, die miteinander, füreinander und nicht nur
nebeneinander her leben. Das Brauchtum hingegen bezeugt, wie sich

Die Beerdigung

Begrüßung der Trauergäste durch den Priester in der Aussegnungshalle – gemeinsames Lied oder Psalm 130

Gebet

Schriftlesung

Antwortgesang – Psalm 103

Gang zum Grab – z. B. mit dem Gesang »Zum Paradies mögen Engel dich geleiten« oder andere Lieder

Nach der Ankunft am Grab wird der Sarg in die Erde gesenkt. Die Anwesenden stehen um das Grab herum, die Angehörigen in nächster Nähe.

Der Priester spricht Worte aus dem Johannesevangelium: »*Ich bin die Auferstehung und das Leben …*«

Besprengung mit Weihwasser und Deuteworte

Beräucherung mit Weihrauch und Deutewort

Der Priester wirft Erde auf den Sarg mit Deuteworten.

Er steckt das Totenkreuz in die Erde mit Deuteworten.

Gemeinsames Lied, z. B. »Lobgesang des Zacharias«

Fürbitten

Abschließendes Gebet

Segen

---

*Haltet mich nicht auf,
… der Herr hat meine
Reise gelingen lassen.
Lasst mich also
zu meinem Herrn
zurückkehren.*

Genesis 24,56

*Wir wollen nicht trauern,
dass wir sie
verloren haben,
sondern dankbar sein,
dass wir sie
gehabt haben,
ja auch jetzt
noch besitzen.
Denn wer heimkommt
zum Herrn,
bleibt in der Gemeinschaft der Gottesfamilie
und ist uns nur
vorausgegangen.*

Hieronymus

Menschen mit der Bedeutung des Todes auseinandergesetzt und an der Trauer, aber auch an der Hoffnung und am Glauben auf ein Leben danach teilgenommen und große Anteilnahme gezeigt haben.

Beileidsbekundungen
Sie sind gedacht als ein letztes Zeichen der Wertschätzung des toten Menschen und Anteilnahme am Leid der Hinterbliebenen.

Teilnahme am Trauergottesdienst und an der Beerdigung
Christen geben beim Abschied am Grab mit ihrem Gebet und mit dem Händedruck ihrer Hoffnung auf Gottes Erbarmen und auf ein Wiedersehen mit dem Toten Ausdruck. Allerdings wird inzwischen die Bestattung manchmal von freien Theologen oder Leichenrednern geleitet – ohne deutlichen Bezug zum Christentum.

Die Sterbebildchen
Auch hier zeichnet sich ein Wandel ab. Wer den Bezug zum Christentum verloren hat, bevorzugt Fotos mit Naturmotiven gegenüber Zeugnissen des Auferstehungsglaubens in der christlichen Kunst. Meist wird das Andenken an die Verstorbenen mit einem Foto wachgehalten – inzwischen auch auf vielen Grabsteinen.

Blumen- oder Kranzspende am Grab
Sie wird des Öfteren abgelöst durch einen Spende für eine Selbsthilfegruppe, kirchliche oder sonstige Hilfsorganisationen wie Missio, Misereor, Amnesty International, UNICEF und andere mehr.

Ich bin ein Gast auf Erden und hab hier keinen Stand; der Himmel soll mir werden, da ist mein Vaterland. Hier reis ich bis zum Grabe; dort in der ewgen Ruh ist Gottes Gnadengabe, die schließt all Arbeit zu.
Paul Gerhardt

Unsere Toten sind nicht abwesend, sondern nur unsichtbar. Sie schauen mit ihren Augen voller Licht in unsere Augen voller Trauer.
Augustinus

*O Welt,
ich muss dich lassen,
ich fahr dahin
die Straßen
ins ewig Vaterland.
Meinen Geist will
ich aufgeben,
dazu mein Leib
und Leben
legen in Gottes
gnädig Hand.*

*Meine Zeit ist
nun vollendet,
der Tod das
Leben endet,
Sterben ist
mein Gewinn;
kein Bleiben ist
auf Erden;
das Ewge muss
mir werden,
mit Fried und Freud
ich fahr dahin.*

*Auf Gott steht
mein Vertrauen,
sein Antlitz will
ich schauen
wahrhaft durch
Jesus Christ,
der für mich
ist gestorben,
des Vaters Huld
erworben
und so mein Mittler
worden ist.*
Nürnberg um 1555

Die Leichenrede

Die Reden des Pfarrers oder der Gemeindevertreter, würdigen nicht nur die Verdienste und die Bedeutung der Verstorbenen, sondern spenden auch den Hinterbliebenen oft viel Trost.

Grabbeigaben

Vor allem beim Begräbnis von Kindern und Jugendlichen lässt sich entdecken, dass als Zeichen besonderer Verbundenheit von Freundinnen und Freunden, aber auch von Eltern und Großeltern lieb gewonnene Gegenstände des oder der Verstorbenen mit ins Grab gegeben werden. Manchmal sind sie auch als Grabschmuck zu sehen.

Das Verteilen einer Brezel oder Semmel

An diesem Brauch erfreuten sich vor allem die Schulkinder, die früher für die Teilnahme an der Beerdigung schulfrei hatten.

Der Leichenschmaus

Er übernimmt eine wichtige Funktion für den Übergang in die »Zeit danach«. Er bestärkt durch den zwanglosen Austausch die Trauernden in ihrer Hoffnung, dass das Leben weitergeht, Einsamkeit und Tod nicht das letzte Wort haben müssen. Wenn so viele Menschen versichern, den Kontakt nicht abreißen zu lassen, dann tut das gut. Der Leichenschmaus kann einen wichtigen neuen Lebensimpuls für die Trauernden setzen.

Die Gedenkgottesdienste

Sie werden nach altem Brauch, regional jedoch verschieden, auf den 7., 30. und 365. Tag nach dem Tod terminiert.

Das Tragen von Trauerkleidung

war früher nach Verwandtschaftsgraden geregelt, insbesondere in der zeitlichen Länge: Verwandte ersten Grades (Bruder, Schwester, Sohn, Tochter, Vater, Mutter, Ehemann, Ehefrau) mussten drei volle Jahre in Trauerkleidung gehen. Erst im vierten Jahr wurde mit der »Austrauer« begonnen. Verwandte zweiten Grades (Großeltern, Enkelkinder, Onkel, Tante, Neffe, Nichte) hielten nur ein Trauerjahr. Diese Regelung galt auch beim Tod des Taufpaten. Alle weiteren Verwandten waren selbige dritten Grades und nicht in die vorgeschriebene Ordnung bezüglich der Trauerkleidung einbezogen.

Jenseitsvorstellungen:
Wiedergeburt, Paradies, Auferstehung

Die Todesanzeigen in den Zeitungen bringen es unübersehbar zum Vorschein: Esoterik, Globalisierung, Flüchtlingsbewegungen und weltweite Medienberichterstattung bewirken das Auftauchen verschiedenster Jenseitsvorstellungen in unserem Kulturkreis. Da gilt es, genau hinzusehen, aus den Unterschieden zu lernen und sich auf der Wahrheitssuche anregen zu lassen. Ähnlichkeiten und Anklänge wie »Wiedergeburt« und »Wiedergeborenwerden aus Christus«, »Paradies« und »Nirwana«, »Jüngstes Gericht« (sowohl im Islam wie im Christentum bekannt) sind Anlass zum Dialog. Dieser kann jedoch nur stattfinden, wenn wir den christlichen Glauben an die Auferstehung kennen und auch in Worte fassen können.

Herr, dir in die Hände
sei Anfang und Ende,
sei alles gelegt.
Quelle unbekannt

Die Auferstehungshoffnung der Christen

Christen hoffen auf ewiges, neues Leben und ein Wiedersehen nach dem Tod. Ihre Hoffnung macht sich fest an der Auferweckung Jesu Christi durch Gott: Er hat den aus menschlicher Sicht Gescheiterten dem Tod entrissen und in seine Herrlichkeit geholt. Daran knüpft sich unsere Zuversicht, dass Christus, der Weg, Wahrheit und Leben

Mit dem Tod
beginnt
das eigentliche Sein,
das wir Lebende
unruhvoll
umschwärmen
wie der Falter
das Licht.
Franz Marc

Gebete und Deuteworte

»Ich bin die Auferstehung und das Leben.
Wer an mich glaubt, wird leben, auch wenn er stirbt,
und jeder, der lebt und an mich glaubt,
wird in Ewigkeit nicht sterben.«

»Im Wasser und im Heiligen Geist wurdest du getauft.
Der Herr vollende an dir, was er in der Taufe begonnen hat.«
»Dein Leib war Tempel des Heiligen Geistes. Der Herr schenke dir ewige Freude.«
»Von der Erde bist du genommen, und zur Erde kehrst du zurück.
Der Herr wird dich auferwecken.«
»Im Kreuz unseres Herrn Jesus Christus ist Auferstehung und Heil.
Der Friede sei mit dir.«

Aus dem Gotteslob Nr. 88

*Du bist nicht tot,
sondern nur
untergegangen
wie die Sonne.
Wir trauern nicht wie
über einen,
der gestorben ist,
sondern wie über einen,
der sich vor uns
verborgen hat.
Nicht unter den Toten
suchen wir dich,
sondern unter den
Seligen des Himmels.*

Theodoret von Kyros

ist, unseren Weg vorangegangen ist. Durch ihn sind wir befreit von Schuld und versöhnt mit Gott. Die Auferstehung sprengt alle Begriffe, zerbricht alle Bilder, die wir uns davon machen.

In seiner »Einführung in das Christentum« versucht Papst Benedikt XVI. den Kern des Auferstehungsglaubens so zu umschreiben:

> »Es ist zunächst völlig klar, dass Christus bei der Auferstehung nicht wieder in sein voriges irdisches Leben zurückgekehrt ist, wie solches etwa vom Jüngling zu Naim und von Lazarus gesagt wird. Er ist auferstanden ins endgültige Leben hinein, das nicht mehr den chemischen und biologischen Gesetzen eingefügt ist und deswegen außerhalb der Todesmöglichkeit steht, in jener Ewigkeit, welche die Liebe gibt. Darum sind die Begegnungen mit ihm *Erscheinungen*; darum wird der, mit dem man noch zwei Tage zuvor zu Tische gesessen war, von seinen besten Freunden nicht wiedererkannt und bleibt auch als Erkannter fremd: Nur wo er das Sehen gibt, wird er gesehen; nur wo er die Augen auftut und das Herz sich auftun lässt, kann mitten in unserer Todeswelt das Angesicht der todesüberwindenden ewigen Liebe erkennbar werden und in ihr die neue, die andere Welt: die Welt des Kommenden.«

Joseph Ratzinger

Der Tod als Durchgang

Der katholische Bibelforscher Gerhard Lohfink fasst zusammen, was das für uns Christen und unsere persönliche Existenz bedeutet: »Im Tod tritt der ganze Mensch mit *Leib und Seele*, das heißt mit seinem ganzen Leben, mit seiner persönlichen Welt und der ganzen unverwechselbaren Geschichte seines Lebens vor Gott hin. Mit unserer eigenen persönlichen Welt ist die übrige Welt und die gesamte Geschichte verknüpft. Im Tod tritt deshalb mit uns selbst die ganze übrige Geschichte vor Gott hin. Im Tod versinkt alle Zeit. Deshalb erlebt der Mensch im Durchschreiten des Todes nicht nur seine eigene Vollendung, sondern zugleich die Vollendung der Welt.«

Christ ist erstanden

Christ ist erstanden von der Marter alle.
Des solln wir alle froh sein; Christ will unser Trost sein.
Kyrieleis.
Wär er nicht erstanden, so wär die Welt vergangen.
Seit dass er erstanden ist, so freut sich alles, was da ist.
Kyrieleis.
Halleluja … Des solln wir alle froh sein;
Christ will unser Trost sein, Kyrieleis.

Ich will dich rühmen,
Herr, denn du hast
mich aus der Tiefe
gezogen, und lässt mei-
ne Feinde nicht über
mich triumphieren.
Du hast mein Klagen
in Tanzen verwandelt,
hast mir das Trauerkleid
ausgezogen und mich
mit Freude gegürtet.
Darum singt dir
mein Herz.
Aus Psalm 30

Auferstehung als Vollendung

Sich diesem zentralen »Geheimnis des Glaubens« schrittweise zu
nähern, bleibt lebenslange Aufgabe des Christen. Unsere Hoffnung
ist es, wie Christus auferweckt zu werden von Gott und Heimat zu
finden in dieser vollendeten Welt. Die Auferstehung lässt uns alle auf
ein Wiedersehen hoffen bei Gott. Die Vision in der Offenbarung, dem
letzten Buch des Neuen Testamentes, gibt uns eine Vorahnung davon:

»Dann sah ich einen neuen Himmel und eine neue Erde;
denn der erste Himmel und die erste Erde sind vergangen,
auch das Meer war nicht mehr.
Ich sah die heilige Stadt, das himmlische Jerusalem,
von Gott her aus dem Himmel herabkommen;
sie war bereit wie eine Braut, die sich für ihren Mann geschmückt .
Da hörte ich eine laute Stimme vom Thron her rufen:
Seht, die Wohnung Gottes unter den Menschen!
Er wird in ihrer Mitte wohnen, und sie werden sein Volk sein;
und er, Gott, wird bei ihnen sein.
Er wird alle Tränen von ihren Augen abwischen:
Der Tod wird nicht mehr sein, keine Trauer, keine Klage,
keine Mühsal.
Denn was früher war, ist vergangen.
Er, der auf dem Thron saß, sprach: Seht, ich mache alles neu!«

Tod ist Fallen,
und nur im Glauben
kann dieses Fallen
als ein Fallen
in die Hände des
lebendigen Gottes,
der Vater genannt wird,
gedeutet werden.
Karl Rahner SJ

Das - und nicht weniger - erwarten Christen in ihrem Auferste-
hungsglauben.

Von der Raupe
Eine Geschichte zum Vorlesen

Du kamst, du gingst
mit leiser Spur,
ein flücht'ger Gast
im Erdenland.
Woher? Wohin?
Wir wissen nur:
aus Gottes Hand
in Gottes Hand.

Ludwig Uhland

Da war einmal ein guter Mensch. Er hatte Mitleid mit dem hässlichen Gewürm der Raupen, wie sie sich Stunde für Stunde vorwärts plagten, um mühselig den Stängel zu erklettern und ihr Fressen zu suchen - keine Ahnung von der Sonne, dem Regenbogen in den Wolken, den Liedern der Nachtigall!

Und der Mensch dachte: Wenn diese Raupen ahnten, was ihnen als Schmetterling blühen wird: Sie würden ganz anders leben, froher, zuversichtlicher, mit mehr Hoffnung. Sie würden erkennen: Das Leben besteht nicht nur aus Fressen, und der Tod ist nicht das Letzte. So dachte der gute Mensch, und er wollte ihnen sagen: Ihr werdet frei fliegen und Blüten finden! Und ihr werdet schön sein!

Aber die Raupen hörten nicht. Das Zukünftige, das Schmetterlinghafte, ließ sich in der Raupensprache einfach nicht ausdrücken. Er versuchte, Vergleiche zu finden: Es wird sein wie auf einem Feld voller Möhrenkraut ... Und sie nickten, und mit ihrem Raupenhorizont dachten sie nur ans endlose Fressen.

Seht nicht auf
das Leben,
das ich beendet habe,
sondern auf das,
welches ich beginne.

Augustinus

Nein, so ging es nicht. Und als der gute Mensch neu anfing: Ihr Puppensarg sei nicht das Letzte, sie würden sich verwandeln, über Nacht würden ihnen Flügel wachsen, sie würden leuchten wie Gold - da sagten sie: Hau ab! Du spinnst! Du hältst uns nur vom Fressen ab! Und trotzdem ließ er nicht nach in seinen Bemühungen, ihnen das unerhört Neue verständlich zu machen. Auch wenn alle Worte zu kurz zu greifen schienen und »Beweise« nicht zu erbringen waren. Denn er kannte die ganze Wahrheit.

Josef Gräf

Über dieses Buch

Über die Autoren

Gertrud Weidinger, Grundschullehrerin, gibt ihre reichhaltige Erfahrung zu christlichem Brauchtum in ihrer täglichen Arbeit an Kinder und pädagogisch Verantwortliche weiter.

Dr. Norbert Weidinger ist u.a. als Theologe und Erziehungswissenschaftler in der Fortbildung für ErzieherInnen und LehrerInnen engagiert. Wichtige Themen seiner Arbeit sind das Kirchenjahr, Symbolerschließung, Meditation und Gebetserziehung.

Altabt P. Dr. theol. Odilo Lechner OSB war fast vier Jahrzehnte Abt von St. Bonifaz in München und von Andechs. Bekannt wurde er durch zahlreiche Publikationen zu Themen der Seelsorge, der christlichen Erziehung und der zeitgemäßen christlichen Spiritualität.

Bildnachweis

Alle Bilder Weltbild Bildarchiv außer 26, 64/65, 100, 106, 122, 128, 132, 134, 141, 159, 160, 192, 199, 211, 234, 254, 295, 299, 302, 305, 308, 314: KNA, Bonn
Illustrationen: Kirsten Straßmann, Recklinghausen

Quellenverzeichnis

Wir danken allen Verlagen und Rechteinhabern für die freundliche Erteilung der Abdruckgenehmigungen. Der Quellennachweis wurde nach bestem Wissen und Gewissen erstellt. Sollten dennoch Urheberrechte falsch wiedergegeben oder vergessen worden sein, geschah dies ohne Absicht. Der Verlag ist selbstverständlich zu einer Nachhonorierung bereit und bittet möglicherweise nicht berücksichtigte Rechteinhaber, sich mit ihm in Verbindung zu setzen.

54 *Elisabeth Stiemert:* Der Steinegeburtstag © Elisabeth Stiemert, Detmold

73 *Josef Guggenmos:* Geh in den Garten am Barbaratag © Rechte bei den Erben

74 *Barbara Cratzius:* Der Heilige Nikolaus und die Kornschiffe © Rechte bei der Autorin

76 *Willi Fährmann:* Wie Sankt Nikolaus einem Menschen ein neues Herz gegeben hat © Rechte beim Autor

92 *Hertha Lang:* Weihnachten früher: Das weiße Schürzchen © Rechte bei der Autorin

93 Zumba, zumba, welch ein Singen. Deutscher Text von Lieselotte Holzmeister. Melodie aus Spanien. Von der Fidula-CD 4428 »Nikolaus! Nikolaus!« © Fidula-Verlag, Boppard/Rhein

103 *Wolfgang Poeplau:* »Wenn du zum Tor des Lebens gelangen willst ...« © Rechte beim Autor

104 *Ursula Wölfel:* Der Hamster. Aus: Ursula Wölfel: 28 Lachgeschichten © Thienemann Verlag, Stuttgart-Wien

171 *Gudrun Bonn:* Kinder sind ein Buch, in dem wir lesen. Aus: Das Zeichen. Religiöse Monatszeitschrift der Pallottiner, Nr. 10, S. 341, Limburg 1984 © Rechte bei der Autorin

173 *Fulbert Steffensky:* Brauchen Kinder Religion? Aus: Publik-Forum. Zeitung kritischer Christen. EXTRA-Ausgabe: »Gepflanzt am Wasser des Lebens«. Oberursel, November 2004.

175 Alle Kinder dieser Erde. Aus: Christel Süßmann: »Steffis Garten« © Boje Verlag Köln 1964

180 *Beatrice Kieffer:* Die Schwester. Aus: Neue Gespräche 16, S. 26 f., 1986

188 *Jens Gnädig:* Ich will auch zur Schule gehen. © Rechte beim Autor

193 *Alice Lauterbacher:* Die Erstkommunion © Süddeutsche Zeitung 1993

208 Körner verstreut über Berg und Tal. Text von Norbert Weidinger, Melodie von Klaus Simon. Erschienen auf CD »Spuren unterm Sternendach«, 1994, und im Notenheft »Songs zum Singen, Spielen, Tanzen« 1998 © Taktwechsel Eigenverlag, Sonnenstr. 25, 97785 Gräfendorf

213 *Hanns Dieter Hüsch:* Utopie – Ich seh ein Land mit neuen Bäumen. Aus: Hanns Dieter Hüsch/Uwe Seidel: Ich stehe unter Gottes Schutz, Seite 81, 2006/9 © tvd-Verlag, Düsseldorf 1996

225 *Norbert Weidinger/Ludger Edelkötter:* Wenn der Geist sich regt. LP Notenheft »Weitersagen« © Impulse Musikverlag

Impressum

Es ist nicht gestattet, Abbildungen und Texte dieses Buches zu digitalisieren, auf digitalen Medien zu speichern oder einzeln oder zusammen mit anderen Bildvorlagen/Texten zu manipulieren, es sei denn mit schriftlicher Genehmigung des Verlages.

Weltbild Buchverlag
-Originalausgaben-
© 2007 Verlagsgruppe Weltbild GmbH,
Steinerne Furt 67, 86167 Augsburg
Alle Rechte vorbehalten

Projektleitung: Julia Kotzschmar
Redaktion: Martin Stiefenhofer
Umschlagfotografie: KNA, Bonn; Weltbild Bildarchiv
Umschlaggestaltung und Layout:
X-Design, München
Satz: Lydia Koch, Augsburg
Reproduktion: Point of Media, Augsburg
Druck und Bindung: Offizin Andersen Nexö
Leipzig GmbH, Zwenkau

Gedruckt auf chlorfrei gebleichtem Papier

Printed in Germany

ISBN 978-3-89897-500-1

Register nach Stichworten

Register nach Anlässen